The Definitive READING F.C.

A statistical history to 1998

David Downs and Leigh Edwards

Volume 11 in a series of club histories.
A *Soccer Data* Publication from Tony Brown,
on behalf of the Association of Football Statisticians

Published in Great Britain by Tony Brown,
4 Adrian Close, Beeston, Nottingham NG9 6FL.
Telephone 0115 973 6086. E-mail soccer@innotts.co.uk
First published 1998.

© David Downs and Leigh Edwards, 1998

All rights reserved. No part of this publication may be reproduced, stored in a retrieval system, or transmitted in any form, or by any means, electronic, mechanical, photocopying, recording or otherwise without the prior permission in writing of the Copyright holders, nor be otherwise circulated in any form or binding or cover other than in which it is published and without a similar condition including this condition being imposed on the subsequent publisher.

Illustrations from the collections of David Downs, Leigh Edwards and Bryan Horsnell, with acknowledgements to the copyright holders.

Other volumes in this series are:

>   *Rochdale*
>   *Northampton Town*
>   *Chesterfield*
>   *Portsmouth*
>   *Barnsley*
>   *Queen's Park Rangers*
>   *Scunthorpe United*
>   *Aldershot*
>   *Torquay United*
>   *Luton Town*

Please write to the publisher for news of future volumes.

ISBN 1 899468 11 0

FOREWORDS............by Maurice Evans

I have many memories of Reading F.C., from the day I signed way back in 1952 until I left after getting a free transfer in 1966. I returned as reserve team manager in 1974 and went on to become manager until 1984. Almost 25 years of my life, so you could say that I am a Reading fanatic; I will readily admit that I am!

My lasting memory as an apprentice was watching Ronnie Blackman power balls into the net with his head and Johnny Brooks' pin-point passes all over the field. I recall making my debut at 18 against Southampton and playing with some very good players. Johnny Walker and Ray Reeves made a lasting impression on me; Johnny for his antics both on and off the field and Ray for that tremendous left foot. I can still see the bar shuddering when he hit a penalty against it at Nottingham Forest. When I went in goal in training (because I was injured) and foolishly tried to stop one of Ray's blockbusters, he broke my little finger!

Jimmy Wheeler always did well and seemed to score nearly every week. Dick Spiers was my mate; we roomed together on away trips and were always talking about the game the following day. We were supporters as well as players; we both loved the club. Dick should certainly have played at a higher level.

As a coach under Charlie Hurley, we won promotion to the Third Division in 1975/76. I was manager when Reading won the Fourth Division championship in 1978/79. In contrast, being relegated on the last day of the 1982/83 campaign bitterly disappointed me. I was sacked the following season when we were third in the table; "You have been here too long" said Mr. Smee the Chairman. That was because I cared about Reading F.C. and still do.

....Ronnie Blackman

The game that changed my life took place on 13th February 1949. Reading's regular centre-forward Tony MacPhee had been suspended for a fortnight. I was most surprised to be selected to play in his place the following week against Leyton Orient at Elm Park as I was then unable to command even a regular reserve team slot. We won 3-0 and I had the luck to score all three. I was in the side for the rest of the 1948/49 season and we finished second to Swansea in the old Third Division (South). That summer I accepted a full time contract, gave up my job and moved to Reading with my wife.

The highlight of my Reading career was the 1950-1952 period, when we played some great attacking football. The side included a number of experienced players and was captained by Maurice Edelston, an inside-forward with a lot of class.

I scored 74 goals in 77 League games during those two seasons, many created by the accurate crosses of the two wingers, Dennis Simpson and Ken Bainbridge. Poor away form at the end of 1951/52 cost us promotion, although our right-half Jack Lewis broke a 30 year-old national record for the number of goals scored by a player other than a forward, with 15.

Perhaps the two most talented players during my time at Elm Park were local boys who later established themselves with First Division clubs. Stan Wicks, a commanding figure in defence, went to Chelsea in 1954 and the following year was the regular centre-half in their Championship side. The natural ability and potential of inside-forward Johnny Brooks took him to Tottenham. I later saw him partner Stanley Matthews at Wembley for England against Yugoslavia. A likeable, unassuming person, I don't believe Johnny realised how good a player he was.

Early in my Reading days I played a few times alongside Ronnie Dix, a schoolboy idol of mine, who came from Spurs to finish his career at Elm Park. He had been a First Division star before the war, a top class inside-forward. I had watched him with some awe play for Derby County in the late 1930s at Fratton Park, never dreaming that one day......!

Reading F.C. was well supported in those days, both home and away, and the fans gave me a great deal of encouragement (even when I returned later with Ipswich!) My happiest professional years were spent at Reading; I enjoy return visits and am always made welcome. I meet many middle-aged supporters who smilingly tell me that they watched me when a schoolboy, usually with their Dad. I am proud to have been a part of the history of this fine, old established football club.

.....and Trevor Senior

I feel honoured to be asked to write a foreword to this detailed history of Reading F.C. Having spent many memorable seasons with the club the chance to share one or two memories with everyone was a must.

My first season started far better than I could ever have wished. I scored 41 League and Cup goals as we gained promotion to Division Three. I won a Golden Boot, was selected for the PFA representative side and won the Rothmans award for top scorer in the Country.

The 1985/86 campaign will be remembered for a long time; thirteen straight wins at the beginning of the season, winning the Third Division championship, a second PFA team selection and a second Golden Boot.

We had some great games at Elm Park. I used to enjoy the midweek evening games but one that really sticks in my mind was on a Saturday when we were trailing 0-3 at home to Plymouth Argyle. Kevin Bremner was moved from midfield to up-front and what a difference! The late Dean Horrix, a provider of many of my goals, scored one, Kevin another and myself two. A great comeback to win 4-3.

After moving to Watford and Middlesbrough I returned to Reading for a few more seasons, picking up a "Player of the Year" award. My proudest moment was breaking the club's League and Cup goalscoring record in 1983/84. My only disappointment was that I did not play at Wembley in the 1988 Simod Cup Final as I was then with Middlesbrough. However I was at the game as a spectator and it brought a lump to my throat! I was sad to leave Reading but all good things must come to an end. The club is still very close to my heart.

AUTHOR'S INTRODUCTION

Although there have been several previous publications telling the story of Reading Football Club, such as "Biscuits and Royals", "The A to Z of Reading F.C." and "Record Breaking Royals", this is the first purely statistical history and certain to become a collector's item.

Details of scores, attendances, dates and line-ups may seem rather uninspiring, yet they serve two important purposes. Not only are they a vital and reliable reference source for those researching the club's past, but they will also rekindle memories for those that watched, or perhaps even played in, the games to which they refer.

The first set of statistics to which I can relate personally are those for the 1947/48 season, when I began watching Reading as a fascinated five year-old. I was delighted therefore when three of the club's best known players - Ron Blackman, Maurice Evans and Trevor Senior - whose careers spanned the half century from then until the present day, agreed to write forewords for this book. I admired them all, not just because of their playing ability and contribution they made to the club's success, but because they were gentlemen and sportsmen, both on and off the field.

Sometimes statisticians can influence team selection! Near the end of the 1993/94 Second Division championship season, I pointed out to the then team manager, Mark McGhee, that utility player Adrian Williams had worn every possible shirt number for Reading, including 1 as an emergency goalkeeper, and 12 and 14 as substitute, except 10. On 5th March 1994, shortly after our conversation, Adrian completed the full set by lining up in the number 10 shirt for the home game against Wrexham. That became a Football League record and statistic which, in these days of specialist substitute goalkeepers, is unlikely ever to be equalled.

I record my sincere thanks to those statistically minded aficionados who have helped with the compilation of this book. A telephone call from Leigh Edwards about a Reading line-up from the early 1960s began the events that led to this publication. Leigh is the veritable footballing encyclopaedia and his vast knowledge, not just of Reading, but of football at all levels, has helped to fill the gaps that were apparent in my own collection of statistics. In addition to Leigh, I am also grateful to four lifelong Reading supporters - Clive Baskerville of the Reading Evening Post, Peter Baxter, Alf Beagley and Bryan Horsnell - who have been remorseless in tracking down some of the missing bits and pieces that have helped complete the book. Up the Royals!

David Downs
June 1998

PUBLISHER'S NOTE

My thanks go as usual to the authors for their patient answers to my many questions whilst all the data for the book went onto the computer. Also, to Alf Beagley his help with the final stages of the book. Michael Joyce's player database formed the basis of the "Players A-Z" section and Brian Tabner kindly provided the attendances from the ledgers of the Football League.

As someone who spent part of his working life in Reading, the Royals are one of the clubs whose results I look out for on a Saturday night. Perhaps I can take this opportunity to wish the club success in its new home!

Tony Brown
June 1998

Reading's first professional team, 1895/96. Back; Babes, Hustins, Cannon, Watts. Centre; Spiers, Bach, Wheeler. Front; Hadley, G Reid, J Reid, Cunningham.

Reading Football Club: A Brief History

Reading Football Club was formed in 1871. The inaugural meeting of the club was held at the Bridge Street Rooms under the chairmanship of Mr JE Sydenham, who later became the first Honorary Secretary of the club. The early matches were played at Reading Recreation Ground, and the club later fulfilled its fixtures at Reading Cricket Ground, Coley Park and Caversham Cricket Ground before finally moving to Elm Park on September 5, 1896.

In those days, the club played only friendly and cup matches. Reading were the first winners of the Berks & Bucks Senior Cup, defeating Marlow in the final of the 1877/78 competition, scoring the only goal in the last minute of extra time. They also appeared in the F.A Cup competition, sharing with Notts County the honour of being the first of today's League clubs to enter. Reading's record defeat in the Cup occurred as long ago as 1894, when they were beaten 18-0 by Preston North End in the first round.

That same year (1894) Reading became founder members of the Southern League, formed to answer the demand for a regular fixture list. In order to improve its playing standards, the club adopted professionalism in 1895. Reading F.C. was registered as a limited liability company on August 11th that year, with Mr. JB Messer as Chairman. The club's stay in the Southern League was undistinguished, though it finished runners-up in 1903, 1905 and 1915 and won the Championship of the Second Division in 1911. Among the leading players were Johnny Holt and Herbert Smith, both of whom won full England International Caps whilst with Reading.

At the start of the 1920/21 season, the Southern League clubs were elected en bloc to form Division Three of the Football League. In 1925/26, Reading won the Championship of the Division. Promotion was assured with a thrilling 7-1 victory over Brentford; international honours were gained by Dai Evans (Wales) and Billy McConnell and Hugh Davey (Northern Ireland).

The club's best run in the F.A. Cup came the following season. They reached the semi-final, where they were defeated 3-0 by Cardiff City, the eventual winners, at Wolverhampton. The attendance record for Elm Park was set in round 5, when 33,042 people watched Reading's 1-0 victory over Brentford.

Reading lost their place in Division Two in May 1931 and remained in Division Three (South) until the outbreak of World War Two. The club won the Southern Section Cup, beating Bristol City in the two-legged final in 1938. When taking part in the regional London War League and Cup competitions, they gained another honour by beating Brentford in the London War Cup Final of 1941, by 3-2 at Stamford Bridge. A compensation for the privations of wartime football was the opportunity to watch several famous players, the majority stationed at nearby Aldershot, guesting for the club. Among the guests were Matt Busby and Frank Swift (Manchester City), Joe Mercer (Everton), George Hardwick (Middlesbrough) and Frank Soo (Stoke City).

When League football resumed after the war, Reading quickly came to prominence once again. The club's record victory, 10-2 versus Crystal Palace, was recorded in September 1946. Reading twice finished runners-up in the Third Division (South), in 1948/49 and 1951/52. In the latter season Ron Blackman established the club's individual League scoring record with 39 goals and Jack Lewis set a Football League record with 15 goals from wing-half. Reading also amassed a total of 112 League goals. Two other well-known players appearing for the side were Maurice Edelston, a former amateur international, and Stan Wicks, an England "B" International.

Reading finished fifth in the Division in 1957/58 and became founder members of the new non-regional Division Three, remaining there until the club's centenary season of 1970/71. This proved to be one of the least successful in the club's history; Reading were relegated to Division Four on goal average. It took five years for the club to regain Division Three status, third place and promotion being achieved in 1975/76, but the club slipped back into Division Four at the end of the following season.

1978/79 brought promotion once again. Reading were Champions of Division Four under the management of Maurice Evans and set a Football League record by not conceding a goal in 1,074 minutes. Steve Death was the goalkeeper throughout that period; he set a new record for appearances with a total of 536 first team games in all competitions between 1969 and 1982.

In the 1982/83 season however, Reading F.C. almost ceased to exist. Relegation back to Division Four was bad enough, but the club had to fight off a threatened merger with Oxford United and the proposed sale of Elm Park. Eventually Reading survived. At the end of the season, Roger Smee (a former player at the club) was installed as Chairman. He appointed Ian Branfoot as manager and, under his guidance, Reading returned to Division Three by finishing third in Division Four in 1983/84.

After a season of consolidation, Reading won the Division Three Championship in 1985/86, returning to Division Two after an absence of 55 years. The club set a new Football League record by winning outright the first 13 games, and a new club record with a total of 94 points. The return to Division Two lasted only two seasons, as Reading were relegated in 1987-88. However, the two year period in Division Two contained what many regard as the club's greatest achievement. Reading reached Wembley for the first time ever, beating four First Division sides on their way to the Simod Cup Final. They beat First Division club Luton Town 4-1 at Wembley on March 27th 1988 in front of an attendance of 61,470, the largest crowd ever to watch a Reading game. Martin Hicks, Reading's captain at Wembley, went on to set a new club record of 577 first team appearances in major competitions.

Reading spent several seasons back in Division Two (the former Division Three) until the arrival of John Madejski as Chairman and Mark McGhee as manager revitalised the club. Under their leadership, Reading became committed to a policy of attractive, attacking football. Steady progress, including a flourishing youth scheme and the introduction of several international players to the first team, led to the Royals becoming Division Two Champions in 1993-94. Reading thus became the only club to have won the Championships of the Second, Third, Third (South) and Fourth Divisions of the Football League.

The 1994-95 season in Division One proved as traumatic as any in the long history of the club. Reading adjusted quickly to the demands of their new status, and spent the majority of the campaign in the play-off positions. Even the departure of Mark McGhee in December did little to halt the team's progress. New joint player-managers Mick Gooding and Jimmy Quinn led the side to an eventual second place, the highest ever achieved by Reading. Northern Ireland International Quinn became Reading's most capped player, and Adrian Williams became a regular in the Welsh team.

It was the first time ever that the team finishing second in the Division was not granted automatic promotion to the top flight, so Reading faced the lottery of the play-offs. Reading defeated Tranmere Rovers 3-1 on aggregate in the semi-final to win a place in the Wembley final against Bolton Wanderers. Goals from Lee Nogan and Adrian Williams gave Reading a 2-0 lead at half time, but Bolton eventually won 4-3 after extra time in one of the most thrilling matches ever seen at the national stadium.

Further records were established in the 1995/96 season. Reading reached Round 5 of the Football League Cup for the first time and record receipts of £110,741 for a game at Elm Park were taken at the F.A. Cup tie against Manchester United. Reading shattered their transfer sales record twice, firstly as Simon Osborn was sold to Queens Park Rangers for £850,000 in July 1995, then a month later as Shaka Hislop moved to Newcastle United for £1,575,000.

The sale of these and other star players made survival in Division One difficult and Reading just avoided relegation in 1995/96 and 1996/97. Player-managers Gooding and Quinn left the club within days of the end of their second full season in charge, and Terry Bullivant was appointed team manager on June 30th 1997. Unfortunately, his appointment did not lead to the success anticipated, and the team spent the majority of the 1997/98 campaign in the relegation places. Bullivant resigned in March 1998 and was replaced by Tommy Burns, who was unable to prevent Reading finishing at the bottom of the Division.

Compensation for the return to Division Two came from the prospect of Reading Football Club leaving Elm Park (its home for 102 years) and relocating to the Madejski Stadium, a purpose built, 25,000 all-seated ground where there is limitless opportunity for development and progress.

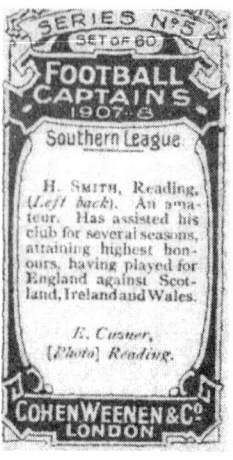

READING IN THE SOUTHERN LEAGUE 1894-1920

Reading's score given first in the left hand columns

1894/95

home	away		p	w	d	l	f	a	pts
1-1	2-3	Millwall	16	12	4	0	68	19	28
2-3	2-5	Luton Town	16	9	4	3	36	22	22
0-1	3-1	Southampton	16	9	2	5	34	25	20
6-2	3-2	Ilford	16	6	3	7	26	40	15
		Reading	16	6	2	8	33	38	14
2-1	2-5	Chatham	16	4	5	7	22	25	13
1-1	2-5	Royal Ordnance	16	3	6	7	20	30	12
1-2	2-0	Clapton	16	5	1	10	22	38	11
0-3	4-3	Swindon Town	16	4	1	11	24	48	9

1895/96

home	away		p	w	d	l	f	a	pts
2-4	0-2	Millwall	18	16	1	1	75	16	33
0-3	2-7	Luton Town	18	13	1	4	68	14	27
3-2	0-5	Southampton	18	12	0	6	44	23	24
		Reading	18	11	1	6	45	38	23
4-1	2-1	Chatham	18	9	2	7	43	45	20
3-0	0-3	Gillingham	18	7	4	7	30	37	18
2-1	2-1	Swindon Town	18	6	4	8	38	41	16
5-2	1-1	Clapton	18	4	2	12	30	67	10
5-2	6-2	Royal Ordnance	18	3	3	12	23	44	9
3-1	5-0	Ilford	18	0	0	18	10	81	0

1896/97

			p	w	d	l	f	a	pts
1-5	0-6	Southampton	20	15	5	0	63	18	35
1-7	1-3	Millwall	20	13	5	2	63	24	31
2-1	1-2	Chatham	20	13	1	6	54	29	27
2-1	4-4	Tottenham Hotspur	20	9	4	7	43	29	22
2-0	0-3	Gravesend United	20	9	4	7	35	34	22
0-0	1-4	Swindon Town	20	8	3	9	33	37	19
		Reading	20	8	3	9	31	49	19
3-2	0-1	Gillingham	20	7	2	11	32	42	16
1-0	2-2	Northfleet	20	5	4	11	24	46	14
1-0	0-6	Sheppey United	20	5	1	14	34	47	11
6-0	3-2	Wolverton LNWR	20	2	0	18	17	74	4

1897/98

			p	w	d	l	f	a	pts
0-2	1-2	Southampton	22	18	1	3	53	18	37
2-2	2-3	Bristol City	22	13	7	2	67	33	33
3-3	1-1	Tottenham Hotspur	22	12	4	6	52	31	28
5-1	1-1	Chatham	22	12	4	6	50	34	28
		Reading	22	8	7	7	39	31	23
4-1	3-4	Gillingham	22	9	4	9	37	37	22
1-0	1-3	Sheppey United	22	10	1	11	40	49	21
1-0	1-1	Gravesend United	22	7	6	9	28	39	20
2-1	1-0	Millwall	22	8	2	12	48	45	18
1-0	1-2	Swindon Town	22	7	2	13	36	48	16
1-1	1-1	Northfleet	22	4	3	15	29	60	11
6-0	0-2	Wolverton LNWR	22	3	1	18	28	82	7

1898/99

			p	w	d	l	f	a	pts
2-0	0-0	Southampton	24	15	5	4	54	24	35
0-1	0-1	Bristol City	24	15	3	6	55	33	33
2-2	2-2	Millwall	24	12	6	6	59	35	30
1-1	0-0	Chatham	24	10	8	6	32	23	28
		Reading	24	9	8	7	31	24	26
2-0	0-0	Gillingham	24	10	5	9	38	30	25
2-0	0-3	Tottenham Hotspur	24	10	4	10	40	36	24
4-0	1-2	Bedminster	24	10	4	10	35	39	24
1-0	1-6	Swindon Town	24	9	5	10	43	49	23
1-0	1-1	Brighton United	24	9	2	13	37	48	20
2-0	1-3	Gravesend United	24	7	5	12	42	52	19
2-0	0-1	Sheppey United	24	5	3	16	23	53	13
5-0	1-1	Royal Artillery	24	4	4	16	17	60	12

1899/1900

home	away		p	w	d	l	f	a	pts
0-1	1-2	Tottenham Hotspur	28	20	4	4	67	26	44
2-0	0-2	Portsmouth	28	20	1	7	59	29	41
2-0	2-0	Southampton	28	17	1	10	70	33	35
		Reading	28	15	2	11	41	28	32
1-1	1-2	Swindon Town	28	15	2	11	50	42	32
0-0	0-1	Bedminster	28	13	2	13	44	45	28
1-2	0-2	Millwall	28	12	3	13	36	37	27
2-0	2-1	Queen's Park Rgs.	28	12	2	14	50	58	26
3-0	2-1	Bristol City	28	9	7	12	44	47	25
3-0	1-2	Bristol Rovers	28	11	3	14	46	55	25
3-1	2-4	Gillingham	28	9	6	13	39	49	24
2-0	1-2	Gravesend United	28	10	4	14	38	58	24
3-1	1-2	Chatham	28	10	3	15	38	58	23
1-0	1-0	West Ham United	28	8	5	15	30	45	21
2-0	2-1	Sheppey United	28	3	7	18	24	66	13

1900/01

home	away		p	w	d	l	f	a	pts
0-1	0-0	Southampton	28	18	5	5	58	26	41
0-1	0-1	Bristol City	28	17	5	6	54	27	39
0-0	1-2	Portsmouth	28	17	4	7	56	32	38
1-2	1-1	Millwall	28	17	2	9	55	32	36
3-1	0-1	Tottenham Hotspur	28	16	4	8	55	33	36
3-1	0-1	West Ham United	28	14	5	9	40	28	33
1-1	0-0	Bristol Rovers	28	14	4	10	46	35	32
3-0	0-0	Queen's Park Rgs.	28	11	4	13	43	48	26
		Reading	28	8	8	12	24	25	24
0-1	0-2	Luton Town	28	11	2	15	43	49	24
1-0	1-1	Kettering	28	7	9	12	33	46	23
2-1	2-1	Gillingham	28	7	5	16	34	51	19
0-1	3-4	Gravesend United	28	6	7	15	32	85	19
1-0	0-1	Watford	28	6	4	18	24	52	16
1-0	0-0	Swindon Town	28	3	8	17	19	47	14

1901/02

			p	w	d	l	f	a	pts
0-1	0-0	Portsmouth	30	20	7	3	67	24	47
1-1	2-4	Tottenham Hotspur	30	18	6	6	61	22	42
2-0	0-2	Southampton	30	18	6	6	71	28	42
3-0	1-2	West Ham United	30	17	6	7	45	28	40
		Reading	30	16	7	7	57	24	39
0-0	2-0	Millwall	30	13	6	11	46	31	32
1-1	1-1	Luton Town	30	11	10	9	31	36	32
2-1	2-1	Kettering	30	12	5	13	44	39	29
2-1	0-1	Bristol Rovers	30	12	5	13	43	39	29
3-1	0-1	Gillingham	30	10	7	13	39	38	27
3-1	1-1	Northampton Town	30	11	5	14	53	65	27
7-1	0-1	Queen's Park Rgs.	30	9	6	15	34	42	24
1-1	2-0	Watford	30	9	4	17	36	58	22
8-0	3-1	Wellingborough	30	9	3	18	34	72	21
2-0	1-0	Brentford	30	7	6	17	34	61	20
3-0	4-0	Swindon Town	30	2	3	25	17	92	7

1902/03

			p	w	d	l	f	a	pts
1-1	1-4	Southampton	30	20	8	2	83	20	48
		Reading	30	19	7	4	72	30	45
1-5	1-1	Portsmouth	30	17	7	6	69	32	41
0-0	0-2	Tottenham Hotspur	30	14	7	9	47	31	35
2-0	1-1	Bristol Rovers	30	13	8	9	46	34	34
5-0	4-0	Gillingham	30	11	11	8	37	35	33
2-1	0-1	Millwall	30	14	3	13	52	37	31
5-1	2-1	Northampton Town	30	12	6	12	39	48	30
1-0	3-1	Queen's Park Rgs.	30	11	6	13	34	42	28
6-0	1-1	West Ham United	30	9	10	11	35	49	28
5-3	3-0	Luton Town	30	10	7	13	43	44	27
6-1	1-1	Swindon Town	30	10	7	13	38	46	27
1-0	1-1	Kettering	30	8	11	11	33	40	27
2-0	2-1	Wellingborough	30	11	3	16	36	56	25
5-2	2-1	Watford	30	6	4	20	35	87	16
5-0	3-0	Brentford	30	2	1	27	16	84	5

1903/04

			p	w	d	l	f	a	pts
1-2	1-1	Southampton	34	22	6	6	75	30	50
2-2	4-7	Tottenham Hotspur	34	16	11	7	54	37	43
1-0	0-0	Bristol Rovers	34	17	8	9	64	42	42
2-1	0-1	Portsmouth	34	17	8	9	41	38	42
1-1	1-1	Queen's Park Rgs.	34	15	11	8	53	37	41
		Reading	34	14	13	7	48	35	41
2-2	1-0	Millwall	34	16	8	10	64	42	40
1-1	1-2	Luton Town	34	14	12	8	38	33	40
1-3	1-0	Plymouth Argyle	34	13	10	11	44	34	36
1-1	1-2	Swindon Town	34	10	11	13	30	42	31
3-0	1-0	Fulham	34	9	12	13	34	36	30
1-0	1-1	West Ham United	34	10	7	17	39	44	27
1-1	0-0	Brentford	34	9	9	16	34	48	27
1-0	2-1	Wellingborough	34	11	5	18	44	63	27
0-1	3-1	Northampton Town	34	10	7	17	36	60	27
3-0	0-0	Gillingham	34	6	13	15	26	43	25
3-0	2-2	Brighton & Hove A.	34	6	12	16	46	69	24
3-0	2-1	Kettering	34	6	7	21	39	76	19

1904/05

			p	w	d	l	f	a	pts
1-1	0-0	Bristol Rovers	34	20	8	6	74	36	48
		Reading	34	18	7	9	57	38	43
2-0	0-3	Southampton	34	18	7	9	54	40	43
2-0	0-1	Plymouth Argyle	34	18	5	11	57	39	41
3-2	3-1	Tottenham Hotspur	34	15	8	11	53	34	38
0-0	0-2	Fulham	34	14	10	10	46	34	38
3-0	2-4	Queen's Park Rgs.	34	14	8	12	51	46	36
5-0	5-3	Portsmouth	34	16	4	14	61	56	36
3-1	0-1	Gillingham	34	11	12	11	40	40	33
1-3	2-3	Watford	34	15	3	16	44	45	33
1-0	2-0	West Ham United	34	12	8	14	48	42	32
2-2	1-0	Brighton & Hove A.	34	12	8	14	44	45	32
4-0	1-1	Northampton Town	34	12	8	14	43	54	32
1-0	0-0	Brentford	34	10	9	15	33	38	29
2-1	2-3	Millwall	34	11	7	16	38	47	29
2-1	2-1	Swindon Town	34	12	5	17	41	59	29
1-0	0-2	Luton Town	34	12	3	19	45	54	27
3-1	1-1	Wellingborough	34	5	3	26	25	107	13

9

1905/06

1-0	0-0	Fulham	34	19	12	3	44	15	50
0-2	1-2	Southampton	34	19	7	8	58	39	45
1-1	3-3	Portsmouth	34	17	9	8	61	35	43
1-1	0-3	Luton Town	34	17	7	10	64	40	41
1-1	0-1	Tottenham Hotspur	34	16	7	11	46	29	39
3-1	1-2	Plymouth Argyle	34	16	7	11	52	33	39
3-1	3-2	Norwich City	34	13	10	11	46	38	36
1-1	1-2	Bristol Rovers	34	15	5	14	56	56	35
2-2	1-2	Brentford	34	14	7	13	43	52	35
		Reading	34	12	9	13	53	46	33
6-1	3-2	West Ham United	34	14	5	15	42	39	33
1-1	1-2	Millwall	34	11	11	12	38	41	33
1-0	0-3	Queen's Park Rgs.	34	12	7	15	58	44	31
3-1	0-1	Watford	34	8	10	16	38	57	26
1-1	0-2	Swindon Town	34	8	9	17	31	52	25
2-1	2-3	Brighton & Hove A.	34	9	7	18	30	55	25
1-0	3-0	Gillingham	34	7	8	19	20	62	22
6-0	0-1	Northampton Town	34	8	5	21	32	79	21

1906/07

0-1	1-2	Fulham	38	20	13	5	58	32	53
2-0	1-2	Portsmouth	38	22	7	9	64	36	51
0-1	0-1	Brighton & Hove A.	38	18	9	11	53	43	45
7-2	1-1	Luton Town	38	18	9	11	52	52	45
2-2	0-2	West Ham United	38	15	14	9	60	41	44
2-0	0-2	Tottenham Hotspur	38	17	9	12	63	45	43
4-0	1-2	Millwall	38	18	6	14	71	50	42
3-0	2-4	Norwich City	38	15	12	11	57	48	42
0-1	0-1	Watford	38	13	16	9	46	43	42
4-0	2-4	Brentford	38	17	8	13	57	56	42
5-1	0-2	Southampton	38	13	9	16	49	56	35
		Reading	38	14	6	18	57	47	34
0-1	0-1	Leyton	38	11	12	15	38	60	34
1-0	2-2	Bristol Rovers	38	12	9	17	55	54	33
2-1	0-4	Plymouth Argyle	38	10	13	15	43	50	33
3-0	0-0	Gillingham	38	12	9	17	47	59	33
1-0	0-1	Swindon Town	38	11	11	16	43	54	33
0-0	1-0	Queen's Park Rgs.	38	11	10	17	47	55	32
1-1	1-4	Crystal Palace	38	8	9	21	46	66	25
5-0	3-1	Northampton Town	38	5	9	24	29	88	19

1907/08

0-3	0-1	Queen's Park Rgs.	38	21	9	8	82	57	51
0-1	0-3	Plymouth Argyle	38	19	11	8	50	31	49
1-1	0-0	Millwall	38	19	8	11	49	32	46
2-1	0-2	Crystal Palace	38	17	10	11	54	51	44
0-1	0-2	Swindon Town	38	16	10	12	55	40	42
5-0	1-2	Bristol Rovers	38	16	10	12	59	56	42
3-1	0-2	Tottenham Hotspur	38	17	7	14	59	48	41
0-1	2-0	Northampton Town	38	15	11	12	50	41	41
2-0	3-4	Portsmouth	38	17	6	15	64	52	40
0-1	1-2	West Ham United	38	15	10	13	47	48	40
2-1	3-1	Southampton	38	16	6	16	51	60	38
		Reading	38	15	6	17	55	50	36
1-3	1-1	Bradford Park Ave.	38	12	12	14	53	54	36
3-0	0-4	Watford	38	12	10	16	47	59	34
2-1	0-0	Norwich City	38	12	9	17	46	49	33
5-1	0-1	Brentford	38	14	5	19	49	53	33
4-1	1-1	Brighton & Hove A.	38	12	8	18	46	59	32
3-0	1-3	Luton Town	38	12	6	20	33	56	30
3-1	2-2	Leyton	38	8	11	19	52	74	27
2-0	2-1	Gillingham	38	9	7	22	44	75	25

1908/09

1-2	2-3	Northampton Town	40	25	5	10	90	45	55
2-1	1-5	Swindon Town	40	22	5	13	96	55	49
0-0	1-1	Southampton	40	19	10	11	67	58	48
1-0	1-1	Portsmouth	40	18	10	12	68	60	46
2-2	2-2	Bristol Rovers	40	17	9	14	60	63	43
1-2	1-5	Exeter City	40	18	6	16	56	65	42
0-1	3-0	Gillingham	40	17	7	16	48	59	41
		Reading	40	11	18	11	60	57	40
2-2	2-2	Luton Town	40	17	6	17	59	60	40
0-0	1-1	Plymouth Argyle	40	15	10	15	46	47	40
2-2	1-3	Millwall	40	16	6	18	59	61	38
0-0	0-0	Southend United	40	14	10	16	52	54	38
1-1	0-1	Leyton	40	15	8	17	52	55	38
3-0	0-0	Watford	40	14	9	17	51	64	37
2-0	3-2	Queen's Park Rgs.	40	12	12	16	52	50	36
2-2	0-0	Crystal Palace	40	12	12	16	62	62	36
1-0	1-2	West Ham United	40	16	4	20	56	60	36
4-0	2-6	Brighton & Hove A.	40	14	7	19	60	61	35
7-1	1-0	Norwich City	40	12	11	17	59	75	35
0-1	2-2	Coventry City	40	15	4	21	64	91	34
2-2	3-2	Brentford	40	13	7	20	59	74	33

1909/10

1-2	0-1	Brighton & Hove A.	42	23	13	6	69	28	59
1-4	1-9	Swindon Town	42	22	10	10	92	46	54
0-0	0-1	Queen's Park Rgs.	42	19	13	10	56	47	51
1-1	0-2	Northampton Town	42	22	4	16	90	44	48
1-2	1-3	Southampton	42	16	16	10	64	55	48
4-1	1-3	Portsmouth	42	20	7	15	70	63	47
1-1	1-1	Crystal Palace	42	20	6	16	69	50	46
1-0	0-3	Coventry City	42	19	8	15	71	60	46
0-3	1-1	West Ham United	42	15	15	12	69	56	45
0-0	0-0	Leyton	42	16	11	15	60	46	43
2-2	0-0	Plymouth Argyle	42	16	11	15	61	54	43
0-1	0-7	Gillingham	42	19	5	18	76	74	43
0-1	0-1	Bristol Rovers	42	16	10	16	37	48	42
2-0	0-1	Brentford	42	16	9	17	50	58	41
0-1	1-2	Luton Town	42	15	11	16	72	92	41
2-2	1-2	Millwall	42	15	7	20	45	59	37
3-0	2-4	Norwich City	42	13	9	20	59	78	35
0-1	1-3	Exeter City	42	14	6	22	60	69	34
2-0	0-1	Watford	42	10	13	19	51	76	33
3-2	0-1	Southend United	42	12	9	21	51	90	33
3-1	1-2	Croydon Common	42	13	5	24	52	96	31
		Reading	42	7	10	25	38	73	24

1910/11 (Division Two)

		Reading	22	16	3	3	55	11	35
2-0	0-1	Stoke	22	17	1	4	72	21	35
2-0	0-1	Merthyr Town	22	15	3	4	52	22	33
0-0	2-0	Cardiff City	22	12	4	6	48	29	28
1-0	2-0	Croydon Common	22	11	3	8	61	26	25
5-1	2-2	Treharris	22	10	3	9	38	31	23
0-0	1-0	Aberdare	22	9	5	8	38	33	23
2-0	1-3	Ton Pentre	22	10	3	9	44	40	23
4-0	3-1	Walsall	22	7	4	11	37	41	18
5-0	1-0	Kettering	22	6	1	15	34	68	13
5-0	8-1	Chesham	22	1	3	18	16	93	5
5-0	4-1	Salisbury City	22	0	3	19	16	92	3

1911/12

0-1	0-3	Queen's Park Rgs.	38	21	11	6	59	35	53
1-1	0-4	Plymouth Argyle	38	23	6	9	63	31	52
3-0	0-7	Northampton Town	38	22	7	9	82	41	51
2-0	0-3	Swindon Town	38	21	6	11	82	50	48
0-0	1-1	Brighton & Hove A.	38	19	9	10	73	35	47
2-0	0-3	Coventry City	38	17	8	13	66	54	42
2-0	1-1	Crystal Palace	38	15	10	13	70	46	40
2-0	0-3	Millwall	38	15	10	13	60	57	40
6-3	1-1	Watford	38	13	10	15	56	68	36
1-1	0-0	Stoke	38	13	10	15	51	63	36
		Reading	38	11	14	13	43	59	36
2-1	1-3	Norwich City	38	10	14	14	40	60	34
3-1	0-5	West Ham United	38	13	7	18	64	69	33
0-0	0-0	Brentford	38	12	9	17	60	65	33
1-2	0-2	Exeter City	38	11	11	16	48	62	33
2-2	2-0	Southampton	38	10	11	17	46	63	31
1-1	1-1	Bristol Rovers	38	9	13	16	41	62	31
2-0	0-1	Gillingham	38	11	9	18	35	72	31
1-1	1-7	Luton Town	38	9	10	19	49	61	28
4-0	0-0	Leyton	38	7	11	20	27	62	25

1912/13

0-2	1-0	Plymouth Argyle	38	22	6	10	77	36	50
0-1	1-1	Swindon Town	38	20	8	10	66	41	48
1-1	2-1	West Ham United	38	18	12	8	66	46	48
1-0	1-1	Queen's Park Rgs.	38	18	10	10	46	36	46
2-0	2-4	Crystal Palace	38	17	11	10	55	36	45
1-2	3-4	Millwall	38	19	7	12	62	43	45
2-2	0-1	Exeter City	38	18	8	12	48	44	44
		Reading	38	17	8	13	59	55	42
1-0	0-2	Brighton & Hove A.	38	13	12	13	48	47	38
1-0	1-4	Northampton Town	38	12	12	14	61	48	36
3-1	2-1	Portsmouth	38	14	8	16	41	49	36
1-0	0-0	Merthyr Town	38	12	12	14	43	60	36
1-0	1-3	Coventry City	38	13	8	17	53	59	34
2-0	3-3	Watford	38	12	10	16	43	50	34
2-1	4-0	Gillingham	38	12	10	16	36	53	34
3-1	2-1	Bristol Rovers	38	12	9	17	55	64	33
1-1	1-1	Southampton	38	10	11	17	40	72	31
2-5	1-3	Norwich City	38	10	9	19	39	50	29
4-1	0-1	Brentford	38	11	5	22	42	55	27
6-2	0-4	Stoke	38	10	4	24	39	75	24

10

1913/14

2-0	0-3	Swindon Town	38	21	8	9	81	41	50
2-1	1-5	Crystal Palace	38	17	16	5	60	32	50
1-1	1-3	Northampton Town	38	14	19	5	50	37	47
		Reading	38	17	10	11	43	36	44
2-2	0-1	Plymouth Argyle	38	15	13	10	46	42	43
2-0	0-0	West Ham United	38	15	12	11	61	60	42
2-1	2-0	Brighton & Hove A.	38	15	12	11	43	45	42
0-1	0-1	Queen's Park Rgs.	38	16	9	13	45	43	41
0-0	0-2	Portsmouth	38	14	12	12	57	48	40
1-0	0-1	Cardiff City	38	13	12	13	46	42	38
2-0	1-2	Southampton	38	15	7	16	55	54	37
2-2	1-0	Exeter City	38	10	16	12	39	38	36
1-0	0-0	Gillingham	38	13	9	16	48	49	35
3-2	0-0	Norwich City	38	9	17	12	49	51	35
3-1	0-1	Millwall	38	11	12	15	51	56	34
2-0	1-2	Southend United	38	10	12	16	41	66	32
2-1	2-2	Bristol Rovers	38	10	11	17	46	67	31
3-0	0-0	Watford	38	10	9	19	50	56	29
1-0	0-0	Merthyr Town	38	9	10	19	38	61	28
1-0	2-1	Coventry City	38	6	14	18	43	68	26

1914/15

1-1	1-0	Watford	38	22	8	8	68	46	52
		Reading	38	21	7	10	68	43	49
1-2	2-3	Cardiff City	38	22	4	12	72	38	48
3-1	2-3	West Ham United	38	18	9	11	58	47	45
2-1	1-2	Northampton Town	38	16	11	11	56	51	43
0-1	4-2	Southampton	38	19	5	14	78	74	43
1-1	0-1	Portsmouth	38	16	10	12	54	42	42
0-2	1-0	Millwall	38	16	10	12	50	51	42
2-2	1-1	Swindon Town	38	15	11	12	77	59	41
3-1	0-2	Brighton & Hove A.	38	16	7	15	46	47	39
1-0	1-0	Exeter City	38	15	8	15	50	41	38
2-2	1-0	Queen's Park Rgs.	38	13	12	13	55	56	38
1-0	2-0	Norwich City	38	11	14	13	53	56	36
4-0	2-1	Luton Town	38	13	8	17	61	73	34
3-0	1-4	Crystal Palace	38	13	8	17	47	61	34
3-1	3-3	Bristol Rovers	38	14	3	21	53	75	31
2-0	1-1	Plymouth Argyle	38	8	14	16	51	61	30
3-0	2-0	Southend United	38	10	8	20	44	64	28
4-1	1-4	Croydon Common	38	9	9	20	47	63	27
1-0	5-0	Gillingham	38	6	8	24	43	83	20

1919/20

2-1	0-2	Portsmouth	42	23	12	7	73	27	58
1-2	1-3	Watford	42	26	6	10	69	42	58
0-0	1-2	Crystal Palace	42	22	12	8	69	43	56
2-0	0-4	Cardiff City	42	18	17	7	70	43	53
0-0	0-0	Plymouth Argyle	42	20	10	12	56	29	50
0-1	0-0	Queen's Park Rgs.	42	18	10	14	62	50	46
		Reading	42	16	13	13	51	43	45
2-1	2-0	Southampton	42	18	8	16	72	63	44
0-1	1-2	Swansea Town	42	16	11	15	53	45	43
0-1	2-2	Exeter City	42	17	9	16	57	52	43
0-0	2-2	Southend United	42	13	17	12	46	48	43
3-2	0-2	Norwich City	42	15	11	16	64	57	41
1-1	0-0	Swindon Town	42	17	7	18	65	67	41
2-0	1-1	Millwall	42	14	12	16	52	55	40
1-0	0-1	Brentford	42	15	10	17	53	59	40
2-0	2-2	Brighton & Hove A.	42	14	8	20	60	72	36
2-2	2-0	Bristol Rovers	42	11	13	18	62	78	35
2-0	0-0	Newport County	42	13	7	22	45	70	33
5-0	3-1	Northampton Town	42	12	9	21	64	103	33
1-2	2-0	Luton Town	42	10	10	22	51	76	30
1-0	0-4	Merthyr Town	42	9	11	22	47	79	29
3-0	2-1	Gillingham	42	10	7	25	34	74	27

READING IN WORLD WAR ONE

1915/16

London Combination Supplementary Tournament

Feb	5	Fulham	0-6	
	12	LUTON TOWN	4-2	Lofthouse 3, Cassidy
	19	Arsenal	1-4	Goodman
Mar	4	Crystal Palace	1-10	Anderson
	11	WEST HAM UNITED	0-4	
	18	Luton Town	2-9	Lofthouse 2
	25	ARSENAL	1-1	Lofthouse
Apr	1	Queen's Park Rangers	6-2	og, Forrester 2, Cartmett 2, Goodman
	8	Crystal Palace	1-1	Lofthouse
	15	West Ham United	0-7	
	21	CROYDON COMMON	4-2	Mosscrop, Lofthouse, Hampton 2
	22	QUEEN'S PARK RANGERS	1-2	Forrester
	24	Croydon Common	2-10	Cassidy 2
	29	FULHAM	0-4	

P 14, W 2, D 2, L 8, F 23, A 64. PTS 8. Bottom of 14 clubs.

1916/17

London Combination

Sep	2	Fulham	0-9	
	9	QUEEN'S PARK RANGERS	2-3	Brown 2
	16	West Ham United	1-5	Gibson
	23	TOTTENHAM HOTSPUR	2-4	Slade, Siddall
	30	Crystal Palace	3-5	Glade 3
Oct	7	BRENTFORD	0-2	
	14	Chelsea	0-6	

Withdrew; record expunged from final table

Fred Bartholmew

*Reading players, officials and supporters with the Southern League Second Division Championship Trophy, 1911/12.
Players only: Back; Caldwell, Hanney. Centre; Smart, Bartholomew, Smith, Bradley.
Front: Lee, Hewitt, Foster, Andrews, Grear.*

1905/06, with the Southern Charity Cup (shared with Tottenham Hotspur): Back; Henderson, Lindsay, C Brown, Newbigging, Bannister, W Brown, Riley, Paley. Middle, seated: Blandford, Bainbridge, Higginson, Long, Gettins, Allman, Messer. Front: Garbutt, Devlin. Inset: Herbert Smith (captain).

1925/26, Champions of Division Three (South). Players only, back row; Braithwaite, Wilson, Davey, Duckworth, McConnell, Inglis. Front; Kennedy, Richardson, Eggo, Messer, Robson. Inset; Smith.

READING RECORDS PAGE

PLAYERS:

Most Appearances   Martin Hicks 603 (500 League, 39 FAC, 38 FLC, 26 other)
                          Steve Death, 537 (471 League, 33 FAC, 32 FLC, 1 other)
                          Dick Spiers, 505 (453 League, 27 FAC, 20 FLC, 5 other)

Most Goals   Trevor Senior 191 (154 League, 18 FAC, 14 FLC, 5 other)
                          Jimmy Wheeler 168 (143 League, 15 FAC, 2 FLC, 8 other)
                          Ronnie Blackman 167 (158 League, 9 FAC)

Most Goals in a Season   Trevor Senior 41 1983/84 (36 League, 1 FAC, 4 FLC)

Most International caps   Jimmy Quinn (Northern Ireland) 17

THE CLUB:

Honours   Championships of Division 3 (South) 1925/26, Division 4 1978/79,
                                    Division 3 1985/86 and Division 2 1993/94
                                Championship of Southern League Division 2, 1910/11
                                Simod Cup (Full Members Cup) winners 1987/88

Best League performance   2nd in Division One, 1994/95
Best F.A. Cup performance   Semi-finals 1926/27
Best League Cup performance   5th round 1995/96, 1997/98
Most League points   65, Division 4 1978/79 (2 points for a win)
                                94, Division 3 1985/86 (3 points for a win)

Most League goals   112, Division 3(S), 1951/52
Most League wins in a season   27, 1933/34, 1969/70
Best League win   10-2 v. Crystal Palace, 4/9/1946
Best League away win   7-1 v. Mansfield Town, 12/3/1932
Best F.A. Cup win   11-0 v. Chesham Generals, Q4 1900/01
Best League Cup win   5-1 v. Southend U 1965/66, Oxford U 1979/80
Best League run undefeated   19, from 21/4/1973
Undefeated League games, home   55, from 17/4/1933
Undefeated League games, away   11, from 20/4/1985
Best run of League wins   13, from 17/8/1985 (Football League record from start of season)
Best run of home League wins   19, from 31/10/1931
Longest run of League draws   4, on five occasions, most recently 26/9/1989

Most appearances: Martin Hicks   *Most goals: Trevor Senior*

1953/54. Back: Robshaw, Reeves, J Wicks, S Wicks, Livingstone, Blackman, Quinlan, Docherty. Middle; Wallbanks (trainer), Robson (assistant trainer), Simpson, Smith, Hall, Jones, F Davis, Leach, Davidson (coach), Marks. Front; Uphill, Grieve, Ritchie, Kirkwood, Coulson, McCall, Hampson, Hinshelwood.

1959/60. Back row: Wallbanks (trainer), McGhee, Gardiner, Davies, Jones, Russell, Meeson, Neate, Lacey, Reeves, Campbell (coach). Middle: French, Ayre, Goodall, Hudson, Buck, Vallard, Walker, McIlvenny, Evans, Shreeves, Spiers. Front: High, Whitehouse; Messrs May, Windebank, Smith, Carter (chairman), Waller, Hillier, Johnston (manager); Wheeler, McLuckie.

1965/66: Back: Travers, Thornhill, Allen, Terry, Dixon, Wilkie, Cook, Knight. Front; Scarrott, Neate, Faulkes, Meldrum, Shreeves, McDonald, Webb, Evans.

1993/94, Division Two Champions. Back; Dylan Kerr, Phil Parkinson, Andy Bernal, Jimmy Quinn, Scott Taylor, Jeff Hopkins, Mick Gooding, Shaka Hislop, Keith McPherson, Adrian Williams, Daley Thompson (the Olympic gold medallist played in pre-season friendlies for the club). Front; Tom Jones, Mark McGhee (manager), John Madejski (chairman), Colin Lee (coach), Michael Gilkes.

INTRODUCTION TO THE STATISTICS PAGES

The season by season grids show the results of games in the Football League, F.A. Cup, Football League Cup, Full Members' Cup, Associate Members' Cup, Texaco Cup, Watney Cup, the Third Division (South) Cup, the Southern Professional Floodlit Cup and the war time League seasons 1939/40 to 1945/46.

Home games are identified by the opponent's name in upper case, away games by the use of lower case. Reading's score is always given first. Attendances for League games are taken from the official Football League records since season 1925/26; before then, and for the war years, estimated attendances based on newspaper reports have been used.

Substitutes have the numbers 12, 13 and 14. 12 is used if only one substitute appeared (no matter what number was on the player's shirt). The players who were substituted are underlined.

A full player list is provided for every player who made a League appearance. War-time games are not included. Date and place of birth are shown, where known, and the year of death. Players with the same name are given a (1) or (2) after their name to avoid confusion. The next two columns, "seasons played", act as an index to the season by season grids. The years shown are the "first year" of the season; for example, 1971 is season 1971/72. The two columns show the season in which the player made his League debut; and the final season that he played. However, if he only played in one season, the second column is blank. An entry of "1997" in the second column does not imply that the player has left the club, but means that he appeared in the "final season" (1997/98) of the book.

Note that some players also made F.A. Cup appearances before 1920/21 and in 1945/46. If a player also made a League appearance his F.A. Cup appearances from these seasons are included in the list.

Previous and next clubs show where he was transferred from, and the club he moved to. Non-league club information is included when known.

The appearance columns have separate totals for the League, F.A. Cup, Football League Cup and the miscellaneous cup tournaments listed above. League play-off appearances are included in the "miscellaneous" games. "Goals scored" are also shown under the four headings.

If a player has had more than one spell at the club, a consolidated set of appearance and goals are shown on the first line. Subsequent lines show the seasons involved on his return to the club, and his new pair of previous and next clubs.

A full record of meetings against all other League clubs is included. Some clubs have played in the League under different names, but the totals are consolidated under the present day name in this table. Other pages show the club's record in the F.A. Cup in non-League seasons and the list of managers.

1920/21 20th in Division 3 (South)

			Date	Opponent	Score	Scorers	Att	Andrews LTA	Bailey WG	Bartholomew F	Broskom GR	Cameron D	Carr JEC	Christie AG	Cooper HG	Crawford HS	Curtis F	Dale HJ	Dilley EE	Draper W	Getgood G	Harbridge CW	Holmes HJ	Horder GH	Jackson TF	Mavin F	Rose HB	Simms E	Smith J	Spence DM	Weston H	Wilde JF	Wray JH	Yarnell HG
1	Aug	28		Newport County	1-0	Bailey	12000	11	10				4		1						6			3		5			2	7	8			9
2	Sep	1		GILLINGHAM	1-2	Yarnell	7000	11	10				4		1						6			3		5			2	7	8			9
3		4		NEWPORT COUNTY	4-0	Bailey 3, Holmes	9500	11	10				4		1		3						6			5			2	7	8			9
4		8		Gillingham	0-1		7000	11	10				4		1		3						6			5			2	7	8			9
5		11		Queen's Park Rangers	0-2		15000	11	10				4		1		3			8	6	9				5			2	7				
6		18		QUEEN'S PARK RANGERS	0-0		9000	11	10					6	1				9		8					5			2	7		3		
7		25		GRIMSBY TOWN	4-1	Carr, Mavin, Andrews, Bailey	8000	11	10				6	4	1						8			3		5			2	7				9
8	Oct	2		Grimsby Town	0-2		11000	11	10				6	4	1						8			3		5			2	7		9		
9		9		BRIGHTON & HOVE ALB	0-1		10000	10	8					11	4						9			3		5			2	7		6		
10		16		Brighton & Hove Albion	2-2	Bailey 2	11000	10	8					11	4			5			9			3					2	7		6		
11		23		CRYSTAL PALACE	1-0	Bailey	10000	10	8					11	4						5			3				9	2	7		6		
12		30		Crystal Palace	0-2		18000	10	8			9		11	4						5			3					2	7		6		
13	Nov	6		NORWICH CITY	0-1		8000	10	8			9			4						5		11	3					2	7		6		
14		13		Norwich City	0-2		9000	10	8		7	9		11								6		3		5	4		2					
15		20		BRENTFORD	2-1	Andrews 2	4000	10	8		7	9		11								6		3		5	4		2					
16		27		Brentford	2-3	Bailey 2	5000	10	8		7	9		11								6		3		5	4		2					
17	Dec	4		BRISTOL ROVERS	2-1	Weston, Bailey	3000	10	8		7			11							6			3		5			2		9			
18		11		Bristol Rovers	2-3	Carr 2	10000	10	8		7	9		11	4						6			3		5			2					
19		18		SOUTHAMPTON	0-4		9000	10	8		7	9		11	4						6			3		5			2					
20		25		SWINDON TOWN	2-3	Broskom, Bailey			10	8		7	9		11	4						6			3		5			2					
21		27		Swindon Town	0-2		15000	10	8		7	9		11	4						6			3		5			2					
22	Jan	1		Southampton	2-1	Nevin, Goodman*	7000	10	8		7			11	4						9			3		5			2			6		
23		15		Portsmouth	2-2	Weston, Andrews	14160	9		2	7	10	11	4		1	5					6		3							8				
24		22		PORTSMOUTH	1-0	Bailey	8000	9	8	2	7	10	11		1						4			3		5						6		
25		29		MILLWALL	0-1		7000	9	8	2	7	10	11	6	1						4			3		5								
26	Feb	5		LUTON TOWN	0-1		6000	9	8		7	10	11		1						4			3		5			2			6		
27		9		Luton Town	0-6		5000		8		7	10	11		1						4			3		5			2		9	6		
28		12		Watford	2-1	Wray, Carr	6000	10	7				11	6	1						4	5		3							8		2	9
29		19		WATFORD	0-0		6000	11	10			9	7	4	1						5	6		2							8		3	
30		26		Northampton Town	0-1		6000	11	10			9	7	4	1						5	6		2							8		3	
31	Mar	5		NORTHAMPTON T	4-0	Spence, Bailey 3	4000	9	8			10	11	4	1						5	6		2						7		3		
32		12		Southend United	0-1		7000	9	8			10	11	4	1						5	6		2						7		3		
33		19		SOUTHEND UNITED	1-1	Carr	5000	9	8			10	11	4	1						5	6		2						7		3		
34		25		Swansea Town	1-2	Cameron	15000	9				10	11	8	1						4			3		5			2	7		6		
35		26		MERTHYR TOWN	2-0	Jackson 2	7000	9			7		11	8	1						5	4		3	10				2			6		
36		28		SWANSEA TOWN	1-3	Christie	10000	9	6			10	11	8	1						5	4		2						7				
37	Apr	2		Merthyr Town	0-1		15000	9				10	11	8	1						5	4		2		6				7		3		
38		9		PLYMOUTH ARGYLE	1-1	Andrews	7500	9	8				11		1						5	6		3	10				2	7		4		
39		16		Plymouth Argyle	1-1	Weston	16000		8	7		9	11		1						5	6		3					2		10	4		
40		23		EXETER CITY	0-1		5000		8	7		9	11		1						5	6		3					2		10	4		
41		30		Exeter City	1-0	Bailey	6000		8	7			10	11	1						9	6		3			5		2			4		
42	May	7		Millwall	0-2		15000		8	7			10	11				1			9	6		3			5		2			4		

Apps	33	41	8	15	26	36	31	1	40	1	1	2	3	36	19	4	38	2	24	5	1	32	20	12	24	2	5
Goals	5	17		1	1	4	1							1		1		2	3				1	3		1	1

F.A. Cup

				Opponent	Score	Scorers	Att																											
R1	Jan	8		CHELSEA	0-0		15836	10	8		7			11		1					4			3		5			2		9	6		
rep		12		Chelsea	2-2	Mavin, Broskom	34582	9	8		7	10	11		1						4			3		5			2			6		
rep2		17		Chelsea	1-3	Bailey	29450	9	8		7	10	11		1						4			3		5			2			6		

R1 replay a.e.t.

*Getgood played under his former name of Goodman up to game 28 (and the three FA Cup ties).

		P	W	D	L	F	A	W	D	L	F	A	Pts
1	Crystal Palace	42	15	4	2	45	17	9	7	5	25	17	59
2	Southampton	42	14	5	2	46	10	5	11	5	18	18	54
3	Queen's Park Rgs.	42	14	4	3	38	11	8	5	8	23	21	53
4	Swindon Town	42	14	5	2	51	17	7	5	9	22	32	52
5	Swansea Town	42	9	10	2	32	19	9	5	7	24	26	51
6	Watford	42	14	4	3	40	15	6	4	11	19	29	48
7	Millwall	42	11	5	5	25	8	7	6	8	17	22	47
8	Merthyr Town	42	13	5	3	46	20	2	10	9	14	29	45
9	Luton Town	42	14	6	1	51	15	2	6	13	10	41	44
10	Bristol Rovers	42	15	3	3	51	22	3	4	14	17	35	43
11	Plymouth Argyle	42	10	7	4	25	13	1	14	6	10	21	43
12	Portsmouth	42	10	8	3	28	14	2	7	12	18	34	39
13	Grimsby Town	42	12	5	4	32	16	3	4	14	17	43	39
14	Northampton Town	42	11	4	6	32	23	4	4	13	27	52	38
15	Newport County	42	8	5	8	20	23	6	4	11	23	41	37
16	Norwich City	42	9	10	2	31	14	1	6	14	13	39	36
17	Southend United	42	13	2	6	32	20	1	6	14	12	41	36
18	Brighton & Hove A.	42	11	6	4	28	20	3	2	16	14	41	36
19	Exeter City	42	9	7	5	27	15	1	8	12	12	39	35
20	READING	42	8	4	9	26	22	4	3	14	16	37	31
21	Brentford	42	7	9	5	27	23	2	3	16	15	44	30
22	Gillingham	42	6	9	6	19	24	2	3	16	15	50	28

1921/22 — 13th in Division 3 (South)

#	Date		Opponent	Score	Scorers	Att
1	Aug	27	NEWPORT COUNTY	1-0	Ritchie	10000
2		29	Merthyr Town	0-2		12000
3	Sep	3	Newport County	0-1		7000
4		7	MERTHYR TOWN	5-0	Eggo, Jones 2, Ritchie 2	12000
5		10	NORTHAMPTON T	0-0		12000
6		17	Northampton Town	1-2	Ritchie	10000
7		24	QUEEN'S PARK RANGERS	0-1		12000
8	Oct	1	Queen's Park Rangers	1-1	Jennings	16000
9		8	PLYMOUTH ARGYLE	0-1		4000
10		15	Plymouth Argyle	0-2		20000
11		22	NORWICH CITY	2-1	Jennings, Hanney	10000
12		29	Norwich City	1-4	Scott	7000
13	Nov	5	SOUTHAMPTON	0-1		11000
14		12	Southampton	0-0		11000
15		19	Bristol Rovers	0-2		14000
16	Dec	10	BRENTFORD	0-3		8000
17		17	Aberdare Athletic	1-0	Jones	5000
18		24	ABERDARE ATHLETIC	0-1		7000
19		26	Watford	2-2	Jennings, Scott	7000
20		27	WATFORD	2-1	Weston, Jennings	14000
21		31	BRIGHTON & HOVE ALB	0-0		9000
22	Jan	14	Brighton & Hove Albion	1-1	Jennings	7000
23		21	LUTON TOWN	2-1	Jones, Gardiner	5000
24	Feb	4	SWINDON TOWN	1-1	Hanney	8000
25		11	Swindon Town	0-4		7000
26		18	GILLINGHAM	2-1	Carr, Jennings	8000
27		25	Gillingham	0-2		7000
28	Mar	6	Luton Town	1-0	Carr	5000
29		11	Millwall	0-3		16000
30		15	MILLWALL	1-0	Scott	5000
31		18	Exeter City	3-1	Scott, Weston, Jennings	6000
32		25	EXETER CITY	0-0		9000
33	Apr	1	Swansea Town	0-0		5000
34		5	BRISTOL ROVERS	4-0	Jennings 3, Weston	3000
35		8	SWANSEA TOWN	2-0	Scott, Jennings	8000
36		14	Charlton Athletic	1-0	Carr	8000
37		15	Southend United	0-2		5000
38		17	CHARLTON ATHLETIC	1-2	Scott	14000
39		18	Brentford	0-2		8000
40		22	SOUTHEND UNITED	4-0	Jones, Jennings 2, Gardiner	4000
41		29	Portsmouth	0-1		10402
42	May	6	PORTSMOUTH	1-1	Grant	7000

F.A. Cup

| R1 | Jan | 7 | Northampton Town | 0-3 | | 9896 |

Division 3 (South) Final Table

		P	W	D	L	F	A	W	D	L	F	A	Pts
1	Southampton	42	14	7	0	50	8	9	8	4	18	13	61
2	Plymouth Argyle	42	17	4	0	43	4	8	7	6	20	20	61
3	Portsmouth	42	13	5	3	38	18	5	12	4	24	21	53
4	Luton Town	42	16	2	3	47	9	6	6	9	17	26	52
5	Queen's Park Rgs.	42	13	7	1	36	12	5	6	10	17	32	49
6	Swindon Town	42	10	7	4	40	21	6	6	9	32	39	45
7	Watford	42	9	9	3	34	21	4	9	8	20	27	44
8	Aberdare Ath.	42	11	6	4	38	18	6	4	11	19	33	44
9	Brentford	42	15	2	4	41	17	1	9	11	11	26	43
10	Swansea Town	42	11	8	2	40	19	2	7	12	10	28	41
11	Merthyr Town	42	14	2	5	33	15	3	4	14	12	41	40
12	Millwall	42	6	13	2	22	10	4	5	12	16	32	38
13	READING	42	10	5	6	28	15	4	5	12	12	32	38
14	Bristol Rovers	42	8	8	5	32	24	6	2	13	20	43	38
15	Norwich City	42	8	10	3	29	17	4	3	14	21	45	37
16	Charlton Athletic	42	10	6	5	28	19	3	5	13	15	37	37
17	Northampton Town	42	13	3	5	30	17	0	8	13	17	54	37
18	Gillingham	42	11	4	6	36	20	3	4	14	11	40	36
19	Brighton & Hove A.	42	9	6	6	33	19	4	3	14	12	32	35
20	Newport County	42	8	7	6	22	18	3	5	13	22	43	34
21	Exeter City	42	7	5	9	22	29	4	7	10	16	30	34
22	Southend United	42	7	5	9	23	23	1	6	14	11	51	27

1922/23 19th in Division 3 (South)

#	Date		Opponent	Score	Scorers	Att	Allen J	Carr JEC	Dand R	Eggo RM	Gardiner R	Garratt FCH	Jennings S	Kane A	Littlehales H	Lochhead M	McCaig AR	McGarry AM	Murray GW	North EJ	Penny HG	Poulton A	Reed A	Sayles G	Scott J	Springett GW	Walker JA
1	Aug	26	Bristol City	1-2	Gardiner	14000	2	11	6	4	8		10	1			9						5		7		3
2		30	SWANSEA TOWN	4-4	McCaig, Scott, Gardiner 2	5000	2	11	6	4	8		10	1			9						5		7		3
3	Sep	2	BRISTOL CITY	0-0		11000	2	11	6	4	8		10	1					9				5		7		3
4		4	Swansea Town	2-2	Jennings, Scott		2	11	5	4	8		10	1				6	9						7		3
5		9	BRISTOL ROVERS	0-1		9000	2	11	5	4	8		10	1				6	9						7		3
6		16	Bristol Rovers	1-1	Jennings	10000	2	11	5	4	8		10	1			9	6							7		3
7		23	PLYMOUTH ARGYLE	0-1		10000	2	11	5	4	8		10	1	9			6	7								3
8		30	Plymouth Argyle	0-3		10000	2	11	5	4	8		10	1	9			6							7		3
9	Oct	7	CHARLTON ATHLETIC	2-1	Jennings, Littlehales	6000	3	11	5	4	8		10	1	9			6							7		2
10		14	Charlton Athletic	0-1		9000	3	11	5	4	8		10	1	9			6							7		2
11		21	Portsmouth	0-1		10986	3	11	4	5	8	9	10	1				6		7							2
12		28	PORTSMOUTH	0-0		9000	3	11	4	5	8	9	10	1	7			6									2
13	Nov	4	Watford	0-1		7000	3	11	4	5	8		10	1	7			6				9					2
14		11	WATFORD	1-0	Gardiner	9000	2	11	4	5	8		10	1				6				9			7		2
15		18	Brentford	1-1	Poulton	6000	2	11	4	5	8		10	1				6				9			7		3
16		25	BRENTFORD	1-0	Carr	7000	2	11	4	5	8		10	1				6				9			7		3
17	Dec	9	NORWICH CITY	4-1	Gardiner, Poulton 2, McCaig	4000	2	11	4	5	8			1			10	6				9			7		3
18		16	NORTHAMPTON T	0-0		6000	2	11	4	5	8			1			10	6				9			7		3
19		23	Northampton Town	0-5		10000	2	11	4		8			1		5	10	6				9			7		3
20		25	Southend United	1-3	Gardiner	9000	2	11	4		8			1		5	10	6				9			7	3	
21		26	SOUTHEND UNITED	1-1	Gardiner	9000	2	11	4		8			1		5	10	6				9			7	3	
22		27	Norwich City	0-2		5934	2	11	4		8			1		5	10	6				9			7	3	
23		30	EXETER CITY	1-3	Gardiner	4000	2	11	4		8			1		5	10	6				9			7		3
24	Jan	6	Exeter City	0-4		5000	2	11			8			1			10	6	4		5	9		3	7		
25		20	Merthyr Town	1-1	Jennings	4000	3	11	4	5	8		9	1				6					10		7		2
26		27	MERTHYR TOWN	1-0	Gardiner	6000	3		4	5	8		9	1				6					10		7	11	2
27	Feb	10	Millwall	0-0		12000	3	7	4	5	8		9	1				6					10			11	2
28		14	MILLWALL	1-2	Jennings	4000	3	7	4	5	8		9	1				6					10			11	2
29		17	Luton Town	2-1	Jennings 2	6000	3	7	4	5	8		9	1				6					10			11	2
30		24	LUTON TOWN	3-0	Eggo, Jennings, Gardiner	7000	3	7	4	5	8		9	1				6					10			11	2
31	Mar	3	Queen's Park Rangers	0-1		10000	3	7	4	5	8		9	1				6		6			10			11	2
32		17	GILLINGHAM	1-1	Gardiner	8000	3	11	4	5	8		9	1				6					10	2	7		
33		21	QUEEN'S PARK RANGERS	0-0		4000	3		4	5	8		9	1				6					10		7	11	2
34		24	Gillingham	1-2	Jennings	6000	3	11	4	5	8		9	1				6					10	2	7		
35		30	NEWPORT COUNTY	2-0	Jennings 2	10000	3	11	4	5	8		9	1				6					10	2	7		
36		31	BRIGHTON & HOVE ALB	0-0		7000	3	11	4	5	8		9	1				6					10	2	7		
37	Apr	2	Newport County	0-3		7000	3	7	4	5	8		9	1				6					10	2		11	
38		7	Brighton & Hove Albion	1-3	Jennings	7000	3	7	4	5	8		9	1			10	6						2		11	
39		14	SWINDON TOWN	1-0	Jennings	7000	3	7	4	5	8		9	1			10	6						2		11	
40		21	Swindon Town	1-3	Gardiner	5000	3	7	4	5	8		9	1			10	6						2		11	
41		28	ABERDARE ATHLETIC	1-0	Gardiner	4000	3	7	4	5	8		9	1			10	6						2		11	
42	May	5	Aberdare Athletic	0-0		5000	3	7	4	5	8		9	1			10	6						2		11	
			Apps				42	40	41	36	42	2	34	42	6	5	16	38	3	4	1	25	3	11	27	16	28
			Goals					1		1	13		13		1		2					3			2		

F.A. Cup

| Q5 | Dec | 2 | BRISTOL ROVERS | 0-1 | | 10713 | 3 | 11 | 4 | 5 | 8 | | 10 | 1 | | | | 6 | | | | 9 | | | 7 | | 2 |

		P	W	D	L	F	A	W	D	L	F	A	Pts
1	Bristol City	42	16	4	1	43	13	8	7	6	23	27	59
2	Plymouth Argyle	42	18	3	0	47	6	5	4	12	14	23	53
3	Swansea Town	42	13	6	2	46	14	9	3	9	32	31	53
4	Brighton & Hove A.	42	15	3	3	39	13	5	8	8	13	21	51
5	Luton Town	42	14	4	3	47	18	7	3	11	21	31	49
6	Millwall	42	9	10	2	27	13	5	8	8	18	27	46
7	Portsmouth	42	10	5	6	34	20	9	3	9	24	32	46
8	Northampton Town	42	13	6	2	40	17	4	5	12	14	27	45
9	Swindon Town	42	14	4	3	41	17	3	7	11	21	39	45
10	Watford	42	10	6	5	35	23	7	4	10	22	31	44
11	Queen's Park Rgs.	42	10	4	7	34	24	6	6	9	20	25	42
12	Charlton Athletic	42	11	6	4	33	14	3	8	10	22	37	42
13	Bristol Rovers	42	7	9	5	25	19	6	7	8	10	17	42
14	Brentford	42	9	4	8	27	23	4	8	9	14	28	38
15	Southend United	42	10	6	5	35	18	2	7	12	14	36	37
16	Gillingham	42	13	4	4	38	18	2	3	16	13	41	37
17	Merthyr Town	42	10	4	7	27	17	1	10	10	12	31	36
18	Norwich City	42	8	7	6	29	26	5	3	13	22	45	36
19	READING	42	9	8	4	24	15	1	6	14	12	40	34
20	Exeter City	42	10	4	7	27	18	3	3	15	20	66	33
21	Aberdare Ath.	42	6	8	7	25	23	3	3	15	17	47	29
22	Newport County	42	8	6	7	28	21	0	5	16	12	49	27

1923/24 — 18th in Division 3 (South)

#	Date		Opponent	Score	Scorers	Att	Carney EF	Cockerill HL	Cullen WM	Davis B	Eggo RM	Gardiner R	Goldie A	Grant L	Green A	Irwin GW	Jennings S	McKechnie J	Marlow LF	Marshall R	Messer AT	Reay GT	Sayles G	Smith JH	Springell GW	Thompson GW	Thorpe E	Wicks JR	Wilson JR
1	Aug	25	Watford	1-2	Jennings	10000	11			8	6			2		1	9		10					3	7		4		5
2		29	SWANSEA TOWN	3-4	Jennings 2, Smith		11			8	6			2		1	9		10					3	7		4		5
3	Sep	1	WATFORD	1-1	Jennings	10162				8	6		10	2		1	9							3	7	11	4		5
4		3	Swansea Town	1-5	Smith			6	11	8				2	10	1	9	7		3					4				5
5		8	Portsmouth	1-1	Davis	13689	11	6		8				2	10	1	9								7		4	3	5
6		15	PORTSMOUTH	1-4	Smith	9944	11	6		8				2	10	1	9								7		4	3	5
7		22	Exeter City	2-3	Goldie, Charlton (og)	6000	11	6		8	4		9	2			9								7		5	3	1
8		29	EXETER CITY	1-0	Jennings	6037	11	6		8	3		10	2			9								7		4	1	5
9	Oct	6	Aberdare Athletic	0-1		5000	11	6		8	2		10	3			9								7		4	1	5
10		13	ABERDARE ATHLETIC	0-1		5796	11	6		8	2			3					10	9					7		4	1	5
11		20	Swindon Town	0-1		4000	11	6		8	2			3		1	9		10						7		4		5
12		27	SWINDON TOWN	1-0	Green	8752	11	6		8	2			3	10	1	9								7		4		5
13	Nov	3	MILLWALL	2-0	Gardiner, Thompson	6227	11	6			2	8		3	10	1	9								7		4		5
14		10	Millwall	0-0		15000	11	6			2	8		3	10	1	9								7		4		5
15		17	BOURNEMOUTH	1-2	Gardiner	7242	11	6			2	8		3	10	1	9								7		4		5
16		24	Bournemouth	0-0		4000	11	6		10	2	8		3		1	9								7		4		5
17	Dec	8	Southend United	1-2	Marlow	5000	11	6			2	8		3	10	1			9						7		4		5
18		15	Luton Town	0-2		5000		6			2	8		3	10	1	9				5	7				11			4
19		22	LUTON TOWN	0-1		4406	11	6		10	2	8		3		1	9				5				7				4
20		25	BRISTOL ROVERS	3-2	Jennings 2, Davis	8000	11	6		10	2	8		3		1	9				5				7				4
21		26	Bristol Rovers	0-0		15000	11	6		10	2	8		3		1	9				5				7				4
22		29	BRIGHTON & HOVE ALB	0-1		6597	11	6		10	2	8		3		1	9				5				7				4
23	Jan	5	Brighton & Hove Albion	0-4		8750	11	6			2	8		3	10	1	9				5				7				4
24		12	SOUTHEND UNITED	1-0	Jennings	3238	11	6		10	2	8		3		1	9				5				7				4
25		19	Northampton Town	1-3	Jennings	5000		6		10	2	8		3		1	9				5				7	11			4
26		26	NORTHAMPTON T	1-0	Jennings	5012		6		10	2	8		3		1	9				5				7	11			4
27	Feb	2	Gillingham	0-1		5000		6		10	2	8		3		1	9				5				7	11			4
28		9	GILLINGHAM	4-0	Davis 2, Jennings 2	4888		6		10	2	8		3		1	9				5				7	11			4
29		16	Queen's Park Rangers	4-1	Jennings 2, Davis, Smith	6000		6		10	2	8		3		1	9				5				7	11			4
30		23	QUEEN'S PARK RANGERS	4-0	Gardiner 2, Davis, Smith	8032		6		10	2	8		3		1	9				5				7	11			4
31	Mar	1	Plymouth Argyle	1-2	Springell	8000		6		10	2	8		3		1	9				5				7	11			4
32		8	PLYMOUTH ARGYLE	1-2	Forbes (og)	9540		6		10	2	8		3		1	9				5				7	11			4
33		15	NEWPORT COUNTY	1-1	Dimmock (og)	6078		6		10	2	8		3			9				5				7	11		1	4
34		22	Newport County	0-2		7000		6		10	2	8		3			9				5				7	11		1	4
35		29	MERTHYR TOWN	3-0	Thompson, Jennings 2	4672				10			2	8	3		1	9				5			7	11	6		4
36	Apr	5	Merthyr Town	1-1	Cockerill			10			2	8		3		1	9				5				7	11	6		4
37		12	CHARLTON ATHLETIC	3-1	Herod (og), Jennings, Messer	4355		10			2	8		3		1	9				5				7	11	6		4
38		18	BRENTFORD	1-0	Cockerill	11782		10			2	8		3		1	9				5				7	11	6		4
39		19	Charlton Athletic	0-0		3000		10		7	2	8		3		1	9				5					11	6		4
40		21	Brentford	1-4	Messer	5000		10		7	2	8		3		1	9				5					11	6		4
41		26	NORWICH CITY	3-0	Jennings, Davis, Gardiner	4000	7	6		10	2	8		3		1	9				5					11			4
42	May	3	Norwich City	2-2	Jennings, Davis	6000	7	6		10	2	8		3		1	9				5					11			4

	Apps	23	39	1	32	39	30	4	42	10	36	41	1	5	1	25	1	3	36	20	23	3	6	41
	Goals		2		8		5	1		1		19		1		2			5	1	2			

Four own goals

F.A. Cup

| 05 | Dec | 1 | Aberdare Athletic | 0-1 | | | 11 | 6 | | 10 | 2 | 8 | | 3 | | 1 | 9 | | | | | | | | 7 | | 4 | | 5 |

		P	W	D	L	F	A	W	D	L	F	A	Pts
1	Portsmouth	42	15	3	3	57	11	9	8	4	30	19	59
2	Plymouth Argyle	42	13	6	2	46	15	10	3	8	24	19	55
3	Millwall	42	17	3	1	45	11	5	7	9	19	27	54
4	Swansea Town	42	18	2	1	39	10	4	6	11	21	38	52
5	Brighton & Hove A.	42	16	4	1	56	12	5	5	11	12	25	51
6	Swindon Town	42	14	5	2	38	11	3	8	10	20	33	47
7	Luton Town	42	11	7	3	35	19	5	7	9	15	25	46
8	Northampton Town	42	14	3	4	40	15	3	8	10	24	32	45
9	Bristol Rovers	42	11	7	3	34	15	4	6	11	18	31	43
10	Newport County	42	15	4	2	39	15	2	5	14	17	49	43
11	Norwich City	42	13	5	3	45	18	3	3	15	15	41	40
12	Aberdare Ath.	42	9	9	3	35	18	3	5	13	10	40	38
13	Merthyr Town	42	11	8	2	33	19	0	8	13	12	46	38
14	Charlton Athletic	42	8	7	6	26	20	6	4	11	12	25	37
15	Gillingham	42	11	6	4	27	15	1	7	13	16	43	37
16	Exeter City	42	14	3	4	33	17	1	4	16	4	35	37
17	Brentford	42	9	8	4	33	21	5	0	16	21	50	36
18	READING	42	12	2	7	35	20	1	7	13	16	37	35
19	Southend United	42	11	7	3	35	19	1	3	17	18	65	34
20	Watford	42	8	8	5	35	18	1	7	13	10	36	33
21	Bournemouth	42	6	8	7	19	19	5	3	13	21	46	33
22	Queen's Park Rgs.	42	9	6	6	28	26	2	3	16	9	51	31

20

1924/25   14th in Division 3 (South)

#	Date		Opponent	Score	Scorers	Att	Braithwaite E	Burns J	Cockerill HL	Davey HH	Davis B	Duckworth JC	Eggo RM	Evans DG	Fergusson WA	Grant L	Higginbotham H	Martin JC(1)	McConnell WH	Messer AT	Smith JH	Springell GW	Tinsley WE	Wilson JR	Young MS
1	Aug	30	Exeter City	0-1		7000		11				1	2	6		3	8	9		5			10	4	7
2	Sep	3	NEWPORT COUNTY	0-1		8278	7		6			1	2		9	3	8			5		11	10	4	
3		6	SWANSEA TOWN	2-0	Fergusson 2	15000		11	6			1	2		9		8		3	5			10	4	7
4		11	Newport County	1-1	Fergusson	6000		11	6			1	2		9		8		3	5			10	4	7
5		13	Aberdare Athletic	0-3		3000		11	6			1	2		9		8		3	5			10	4	7
6		20	Merthyr Town	0-0			7		6		10	1	2		9		8		3	5			11	4	
7		27	QUEEN'S PARK RANGERS	2-1	Mason, Higginbotham	8181	10		6			1	2		9		8		3	5	7	11		4	
8	Oct	4	Charlton Athletic	2-1	Braithwaite, Fergusson	5000	10		6			1	2		9		8		3	5	7	11		4	
9		8	LUTON TOWN	3-0	Braithwaite 3		10		6			1	2		9		8		3	5	7	11		4	
10		11	NORTHAMPTON T	0-1		10275	10		6			1	2		9		8		3	5	7	11		4	
11		18	Watford	0-1		7000	10		6			1	2		9		8		3	5	7	11		4	
12		25	NORWICH CITY	2-0	Messer, Fergusson	6488	10		6			1	2		9		8		3	5	7	11		4	
13	Nov	1	Brentford	1-0	Fergusson	2500	10		6			1	2		9		8		3	5	7	11		4	
14		8	MILLWALL	1-2	Fergusson	10188	10		6			1	2		9		8		3	5	7	11		4	
15		22	GILLINGHAM	0-1		6518	10		6			1	2		9			8	3	5	7	11		4	
16	Dec	6	BRIGHTON & HOVE ALB	0-0		6648	10		6			1	2		9			8	3	5	7	11		4	
17		20	BRISTOL CITY	0-1		5325	10					1	2	6				8	9	3	5	7	11		4	
18		25	Swindon Town	1-2	Braithwaite	10000	8					1	2	6				7	9	3	5		11	10	4
19		26	SWINDON TOWN	1-1	Evans	18764	9					1	2	6				7	8	3	5		11	10	4
20		27	EXETER CITY	1-1	Messer	4327	10					1	2	6	9					3	5	7	11		4	8
21	Jan	10	Bournemouth	0-0		6000	8					1	2	6				7	9	3	5		11	10	4
22		17	ABERDARE ATHLETIC	2-0	Messer, Martin	5120	8					1	2	6				7	9	3	5		11	10	4
23		24	MERTHYR TOWN	2-1	Braithwaite, Higginbotham	5601	8					1	2	6				7	9	3	5		11	10	4
24		31	Queen's Park Rangers	0-1		8000	9					1	2	6					8	3	5	7	11	10	4
25	Feb	7	CHARLTON ATHLETIC	0-0		5691	8					1	2	6	9					3	5	7	11	10	4
26		14	Northampton Town	0-2		6000	8					1	2	6					9	3	5	7	11	10	4
27		21	WATFORD	3-0	Smith, Higginbotham, Tinsley	5504						1	2	6	9		8			3	5	7	11	10	4
28		28	Norwich City	2-0	Smith, Fergusson	7000						1	2	6	9		8			3	5	7	11	10	4
29	Mar	7	BRENTFORD	3-1	Tinsley 3	6312	8					1	2	6	9		8			3	5	7	11	10	4
30		14	Millwall	1-0	Springell	10000	8			10		1	2	6	9					3	5	7	11		4
31		21	Luton Town	0-1		3000	8			10		1	2	6	9					3	5	7	11		4
32		28	Gillingham	0-0		4000	8			10		1	2	6	9					3	5	7	11		4
33	Apr	4	BOURNEMOUTH	0-1		5881	8			10		1	2	6	9					3	5		11		4	7
34		10	SOUTHEND UNITED	2-2	Martin, Tinsley	9923	8					1	2	6					9	3	5	7	11	10	4
35		11	Brighton & Hove Albion	1-0	Tinsley	9000	8					1	2	6					9	3	5	7	11	10	4
36		13	Southend United	0-3			8			10		1	2	6					9	3	5	7	11		4
37		14	Bristol Rovers	0-1		4000	8					1	2	6					9	3	5	7	11	10	4
38		18	PLYMOUTH ARGYLE	0-0		6792	8			3		1	2	6					9		5	7	11	10	4
39		20	Plymouth Argyle	0-2		8000	8					1	2	6					9	3	5	7	11	10	4
40		25	Bristol City	0-3		8000	8					1	2	6					9	3	5	7	11	10	4
41		30	Swansea Town	0-1		20000	8					1	2	6					9	3	5	7	11	10	4
42	May	2	BRISTOL ROVERS	4-1	Davey 3, Tinsley	5065	8			9		1	2	6						3	5	7	11	10	4

	Apps	35	4	16	6	1	42	42	27	24	2	24	18	39	42	30	38	24	42	6
	Goals	6		3				1	8			3	2		3	2	1	7	1	

F.A. Cup

#	Date		Opponent	Score	Scorers	Att																			
Q4	Nov	15	Erith & Belvedere	2-0	Fergusson 2	3000	10		6			1	2		9		8		3	5	7	11		4	
Q5		29	SOUTHEND UNITED	2-1	Springell, Martin	10547	10		6			1	2	4	9			8	3	5	7	11			
Q6	Dec	13	DARLINGTON	0-1		17123	10		6			1	2	4	9			8	3	5	7	11			

		P	W	D	L	F	A	W	D	L	F	A	Pts
1	Swansea Town	42	17	4	0	51	12	6	7	8	17	23	57
2	Plymouth Argyle	42	17	3	1	55	12	6	7	8	22	26	56
3	Bristol City	42	14	5	2	40	10	8	4	9	20	31	53
4	Swindon Town	42	17	2	2	51	13	3	9	9	15	25	51
5	Millwall	42	12	5	4	35	14	6	8	7	23	24	49
6	Newport County	42	13	6	2	35	12	7	3	11	27	30	49
7	Exeter City	42	13	4	4	37	19	6	5	10	22	29	47
8	Brighton & Hove A.	42	14	3	4	43	17	5	5	11	16	28	46
9	Northampton Town	42	12	3	6	34	18	8	3	10	17	26	46
10	Southend United	42	14	1	6	34	18	5	4	12	17	43	43
11	Watford	42	12	3	6	22	20	5	6	10	16	27	43
12	Norwich City	42	10	8	3	39	18	4	5	12	14	33	41
13	Gillingham	42	11	8	2	25	11	2	6	13	10	33	40
14	READING	42	9	6	6	28	15	5	4	12	9	23	38
15	Charlton Athletic	42	12	6	3	31	13	1	6	14	15	35	38
16	Luton Town	42	9	10	2	34	15	1	7	13	15	42	37
17	Bristol Rovers	42	10	5	6	26	13	2	8	11	16	36	37
18	Aberdare Ath.	42	13	4	4	40	21	1	5	15	14	46	37
19	Queen's Park Rgs.	42	10	6	5	28	19	4	2	15	14	44	36
20	Bournemouth	42	8	6	7	20	17	5	2	14	20	41	34
21	Brentford	42	8	7	6	28	26	1	0	20	10	65	25
22	Merthyr Town	42	8	3	10	24	27	0	2	19	11	50	21

1925/26 Champions of Division 3 (South)

#	Date		Opponent	Score	Scorers	Att	Braithwaite E	Davey HH	Duckworth JC	Eggo RM	Evans DG	Graham H	Inglis W	Kennedy J	Kerr A	Marsden B	Mason A	McConnell WH	Messer AT	Richardson F	Robson JC	Smith JH	Springell GW	Tinsley WE	Wilson JR
1	Aug	29	EXETER CITY	3-2	Braithwaite, Davey 2	13154	8	9	1	2	6							3	5			7	11	10	4
2	Sep	3	Queen's Park Rangers	2-1	Robson, Davey	9313	8	9	1	2	6							3	5		11	7		10	4
3		5	Southend United	2-2	Braithwaite, Davey	8450	8	9	1	2	6							3	5		11	7		10	4
4		9	QUEEN'S PARK RANGERS	2-1	Robson, Davey	8754	8	9	1	2	6	4						3	5		11	7		10	
5		12	Bournemouth	1-1	Davey	7087	8	9	1	2	6	4						3	5		11	7		10	
6		14	Luton Town	1-0	Davey	7289	8	9	1	2	6	4						3	5		11	7		10	
7		19	CHARLTON ATHLETIC	1-1	Tinsley	7084	8	9	1	2	6	4						3	5		11	7		10	
8		26	Gillingham	1-4	Davey	6211	8	9	1	2	6							3	5		11	7		10	4
9		30	LUTON TOWN	3-0	Davey 2, Robson	5621	8	9	1	2	6							3	5		11	7		10	4
10	Oct	3	MERTHYR TOWN	1-1	Kerr	11975	8	9	1	2	6				10			3	5		11	7			4
11		10	Newport County	1-1	Davey	7053	10	9	1	2	6	8						3	5		11	7			4
12		17	PLYMOUTH ARGYLE	1-1	Davey	20080	10	9	1	2	6	8						3	5		11	7			4
13		24	Bristol City	1-0	Smith	10858	10		1	2	6	8			9	3			5		11	7			4
14		31	MILLWALL	2-0	Smith 2	16795	8	9	1	2		10	6					3	5		11	7			4
15	Nov	7	Norwich City	1-3	Smith	6053	8	9	1	2		10	6					3	5		11	7			4
16		14	WATFORD	4-1	Braithwaite 2, Davey, Robson	9775	8	9	1	2	6	10		7				3	5		11				4
17		21	Brighton & Hove Albion	2-2	Davey 2	9597	8	9	1	2	6	10						3	5		11	7			4
18	Dec	5	Northampton Town	1-0	Davey	7494	8	9	1	2	6							3	5		11	7		10	
19		19	Brentford	0-1		7064	8	9	1	2	6	10						3	5		11	7			4
20		25	SWINDON TOWN	2-0	Davey 2	12058	8	9	1	2	6		4					3	5		11	7		10	
21		26	Swindon Town	1-1	Davey	17295	8	9	1	2	6		4					3	5		11	7		10	
22		28	CRYSTAL PALACE	2-1	Smith, Evans	12452	8	9	1	2	6		4					3	5		11	7		10	
23	Jan	2	Exeter City	2-3	Smith 2	7915	8		1	2	6		4		9			3	5		11	7		10	
24		16	SOUTHEND UNITED	1-0	Evans	5711	8		1	2	9		6					3	5		11	7		10	4
25		23	BOURNEMOUTH	5-2	Evans 3, Smith, Tinsley	8842	8		1	2	9		6					3	5		11	7		10	4
26		30	Charlton Athletic	2-1	Evans 2	7847	8		1	2	9		6					3	5		11	7		10	4
27	Feb	6	GILLINGHAM	1-0	Smith	12307	8		1		9		6				2	3	5		11	7		10	4
28		13	Merthyr Town	2-5	Smith 2	7166	8		1	2		9	6					3	5		11	7		10	4
29		20	NEWPORT COUNTY	2-1	Tinsley 2	11705	8		1	2	9		6					3	5		11	7		10	4
30		27	Plymouth Argyle	3-1	Braithwaite, Richardson, Smith	21674	8		1	2			6					3	5	9	11	7		10	4
31	Mar	6	BRISTOL CITY	1-1	Richardson	24354	8		1	2	6							3	5	9	11	7		10	4
32		13	Millwall	0-1		20965	8		1	2			6				3		5	9	11	7		10	4
33		20	NORWICH CITY	2-0	Braithwaite, Davey	12963	8	9	1	2			6					3	5	10	11	7			4
34		24	ABERDARE ATHLETIC	2-1	Davey, Braithwaite	7367	8	9	1	2			6					3	5	10	11	7			4
35		27	Watford	1-0	Richardson	9805	8		1	2			6					3	5	9	11	7		10	4
36	Apr	2	Bristol Rovers	2-4	Messer, Richardson	24132	8		1	2			6				3		5	9	11	7		10	4
37		3	BRIGHTON & HOVE ALB	0-0	Davey	17132	8		1	2			6				3		5	9	11	7		10	4
38		5	BRISTOL ROVERS	3-0	Richardson 2, Tinsley	18789	8		1	2			6	7			3		5	9	11			10	4
39		10	Aberdare Athletic	2-2	Braithwaite 2	6187	8		1	2			6	7			3		5	9	11			10	4
40		17	NORTHAMPTON T	4-2	Tinsley, Richardson 2, Robson	13722	8		1	2			6	7				3	5	9	11			10	4
41		24	Crystal Palace	0-3	Davey	20758	8		1	2			6	7				3	5	9	11			10	4
42	May	1	BRENTFORD	7-1	Richardson 4 (1p), Davey 3	17432	8	9	1	2			6	7				3	5	10	11				4
			Apps				42	24	42	41	28	9	27	6	3	2	5	36	42	13	41	36	1	30	34
			Goals				9	23			7				1				1	12	6	12		6	

F.A. Cup

R1	Nov	28	Torquay United	1-1	Messer	3659	8	9	1	2	6	10						3	5		11	7			4
rep	Dec	2	TORQUAY UNITED	1-1	Davey	8226	8	9	1	2	6	10						3	5		11	7			4
rep2		7	Torquay United	2-0	Braithwaite, Davey	3265	8	9	1	2	6							3	5		11	7		10	4
R2		12	LEYTON	6-0	Smith 2, Robson 2, Braithwaite, Davey	13816	8	9	1	2	6							3	5		11	7		10	4
R3	Jan	9	Bournemouth	0-2		11950	8		1	2	6		4		9			3	5		11	7		10	

R1 replay a.e.t. R2 replay 2 at Ashton Gate

		P	W	D	L	F	A	W	D	L	F	A	Pts
1	READING	42	16	5	0	49	16	7	6	8	28	36	57
2	Plymouth Argyle	42	16	2	3	71	33	8	6	7	36	34	56
3	Millwall	42	14	6	1	52	12	7	5	9	21	27	53
4	Bristol City	42	14	3	4	42	15	7	6	8	30	36	51
5	Brighton & Hove A.	42	12	4	5	47	33	7	5	9	37	40	47
6	Swindon Town	42	16	2	3	48	22	4	4	13	21	42	46
7	Luton Town	42	16	4	1	60	25	2	3	16	20	50	43
8	Bournemouth	42	10	5	6	44	30	7	4	10	31	61	43
9	Aberdare Ath.	42	11	6	4	50	24	6	2	13	24	42	42
10	Gillingham	42	11	4	6	36	19	6	4	11	17	30	42
11	Southend United	42	13	2	6	50	20	6	2	13	28	53	42
12	Northampton Town	42	13	3	5	47	26	4	4	13	35	54	41
13	Crystal Palace	42	16	1	4	50	21	3	2	16	25	58	41
14	Merthyr Town	42	13	3	5	51	25	1	8	12	18	50	39
15	Watford	42	12	5	4	47	26	3	4	14	26	63	39
16	Norwich City	42	11	5	5	35	26	4	4	13	23	47	39
17	Newport County	42	11	5	5	39	27	3	5	13	25	47	38
18	Brentford	42	12	4	5	44	32	4	2	15	25	62	38
19	Bristol Rovers	42	9	4	8	44	28	6	2	13	22	41	36
20	Exeter City	42	13	2	6	54	25	2	3	16	18	45	35
21	Charlton Athletic	42	9	7	5	32	23	2	6	13	16	45	35
22	Queen's Park Rgs.	42	5	7	9	23	32	1	2	18	14	52	21

1926/27   14th in Division 2

			Opponent	Score	Scorers	Att	Barclay JB	Braithwaite E	Campbell CJ	Davey HH	Dennington LA	Dougall JH	Duckworth JC	Eggo RM	Evans DG	Girvan H	Graham H	Helliwell S	Hilligan S	Inglis W	Johnstone W	Mason A	McConnell WH	McDonald M	Messer AT	Porter EW	Richardson F	Robson JC	Tinsley WE	Wilson JR
1	Aug	28	Swansea Town	0-3		16559		8		9		7	1	2	6					4			3		5		10	11		
2		30	Blackpool	1-3	Davey	12958		8		9		7	1	2	6					4			3		5		10	11		
3	Sep	4	NOTTM. FOREST	4-0	Richardson 2, Robson 2	17548		8		9			1	2	6					4			3		5	7	10	11		
4		8	BLACKPOOL	0-1		16005		8					1	2	6					4			3		5	7	9	11	10	
5		11	Barnsley	2-2	Richardson, Messer	5570		8					1	2	6					4			3	10	5	7	9	11		
6		15	HULL CITY	0-1		12078		8					1	2	6					4			3	10	5	7	9	11		
7		18	MANCHESTER CITY	1-0	Helliwell	22399		8					1	2	6		9			4			3	10	5	7		11		
8		20	Hull City	1-1	Evans	6744	11	8					1	2	6		9			4			3	10	5	7				
9		25	Darlington	2-4	Richardson 2	7096		8					1	2	6		9			4			3		5	7	10	11		
10	Oct	2	PORTSMOUTH	1-2	Hlliwell	21662		8				7	1	2	6		9			4			3		5		10	11		
11		9	Oldham Athletic	1-3	Richardson	8187		8		9		7	1	2	6					4			3		5		10	11		
12		16	NOTTS COUNTY	7-1	Richardson 2,Braithwaite 2,Robson 2,Davey	12936		8		9		7	1	2	6					4			3		5		10	11		
13		23	Wolverhampton Wan.	1-1	Robson	19086		8		9		7	1	2	6					4			3		5		10	11		
14		30	SOUTH SHIELDS	2-1	Braithwaite, Richardson	14059		8		9		7	1	2	6	4							3		5		10	11		
15	Nov	6	Preston North End	1-3	Robson	13661		8		9		7	1	2	6					4			3		5		10	11		
16		13	CHELSEA	2-1	Robson, Richardson	11589		8		9		7	1	2	6					4			3		5		10	11		
17		20	Bradford City	1-1	Richardson	12128		8	6	9		7	1	2						4			3		5		10	11		
18	Dec	4	Port Vale	1-1	Evans	9340		8					1	2	6					4	9		3			7	10	11		
19		18	Clapton Orient	1-5	Davey	9930		8		9			1	2	6			5		4			3			7	10	11		
20		25	FULHAM	2-0	Porter 2	14549		8		9			1	2	6					4			3		5	7	10	11		
21		27	Fulham	2-1	Braithwaite, Davey	39763	11	8		9			1	2	6					4	10		3		5	7				
22	Jan	1	SOUTHAMPTON	1-0	Johnstone	18803	11	8		9		7	1	2	6					4	10		3		5					
23		15	SWANSEA TOWN	3-0	Davey, McDonald 2	14372		8		9			1	2	6					4			3	7	5		10	11		
24		22	Nottingham Forest	1-5	Davey	11458				9			1	2	6					4	8		3	7	5		10	11		
25	Feb	5	Manchester City	0-3		37286		8					1	2	6					4	9		3	7	5		10	11		
26		12	DARLINGTON	4-2	Johnstone 2, Richardson, McDonald	8575		8			6		1	2						4	9		3	7	5		10	11		
27		26	OLDHAM ATHLETIC	6-1	Braithwaite, Richardson 3, Robson 2	9911		8			6		1	2		3	10			4				7	5		9	11		
28	Mar	12	WOLVERHAMPTON W.	1-2	Richardson	14410		8			6		1	2						4	10		3	7	5		9	11		
29		16	Notts County	0-2		8880		8					1	2	6					4	10		3	7	5		9	11		
30		19	South Shields	0-3		5333		8		9					6		10		1	4		2	3	7	5			11		
31		30	Portsmouth	0-5		9500							1	2	6					4	9		3	8	5	7	10	11		
32	Apr	2	Chelsea	0-0		35424							1	2	6					4	9		3	8	5	7	10	11		
33		6	BARNSLEY	3-2	McDonald, Johnstone, Porter	5894							1	2	6					4	9		3	8	5	7	10	11		
34		9	BRADFORD CITY	2-3	McDonald, Johnstone	9261		8					1	2		3				6	9			7	5		10	11		4
35		15	Grimsby Town	1-0	Davey	18040				9			1	2	6					4	8		3		5		10	11		
36		16	Southampton	1-1	Johnstone	10725				9			1		6	2				4	8		3	7	5		10	11		
37		18	GRIMSBY TOWN	1-1	Johnstone	16378		8					1	2	6					4	9		3	7	5		10	11		
38		20	MIDDLESBROUGH	2-1	McConnell, Robson	12836		8			6		1	2						4	9		3	7	5		10	11		
39		23	Port Vale	2-0	Inglis, McDonald	9084		8					1	2	6	3				4	9			7	5		10	11		
40		27	PRESTON NORTH END	3-0	Richardson 2, Johnstone	9905		8					1	2	6	3				4	9			7	5		10	11		
41		30	Middlesbrough	0-5		23786	10						1	2		3				6	9			8	5	7		11		4
42	May	7	CLAPTON ORIENT	0-1		8908		8			6		1	2		3				4	9			7	5		10	11		

	Apps	4	35	1	19	5	11	41	40	34	7	3	5	1	41	20	1	36	24	41	15	36	39	1	2
	Goals		5		7					2			2		1	8			6	1	3	18	10		

F.A. Cup

			Opponent	Score	Scorers	Att																								
R1	Nov	27	WEYMOUTH	4-4	Richardson 2, Johnstone 2	14485		8					1	2	6					4	9		3		5	7	10	11		
rep	Dec	1	Weymouth	5-4	Porter, Johnstone 3, Robson	8401		8					1	2	6					4	9		3		5	7	10	11		
R2		11	SOUTHEND UNITED	3-2	Braithwaite 2, Richardson (p)	17351		8					1	2	6					4	9		3		5	7	10	11		
R3	Jan	8	MANCHESTER UNITED	1-1	Richardson	28918		8				7	1	2	6					4	9		3		5		10			
rep		12	Manchester United	2-2	Richardson 2	29918		8					1	2	6					4	9		3	7	5		10	11		
rep2		17	Manchester United	2-1	Richardson (p), Johnstone	16500		8					1	2	6					4	9		3	7	5		10	11		
R4		29	Portsmouth	3-1	Richardson, McDonald, Johnstone	23283		8					1	2	6					4	9		3	7	5		10	11		
R5	Feb	19	BRENTFORD	1-0	Richardson	33042		8					1	2	6					4	9		3	7	5		10	11		
R6	Mar	5	Swansea Town	3-1	Johnstone 2, McDonald	20000		8					1	2	6					4	9		3	7	5		10	11		
SF		26	Cardiff City	0-3		39476				8			1	2	6					4	9		3	7	5		10	11		

R3 replay a.e.t. Replay 2 at Villa Park. SF at Molineux.   Played at 11 in R3: Springell

		P	W	D	L	F	A	W	D	L	F	A	Pts
1	Middlesbrough	42	18	2	1	78	23	9	6	6	44	37	62
2	Portsmouth	42	14	4	3	58	17	9	4	8	29	32	54
3	Manchester City	42	15	3	3	65	23	7	7	7	43	38	54
4	Chelsea	42	13	7	1	40	17	7	5	9	22	35	52
5	Nottingham Forest	42	14	6	1	57	23	4	8	9	23	32	50
6	Preston North End	42	14	4	3	54	29	6	5	10	20	43	49
7	Hull City	42	13	4	4	43	19	7	3	11	20	33	47
8	Port Vale	42	11	6	4	50	26	5	7	9	38	52	45
9	Blackpool	42	13	5	3	65	26	5	3	13	30	54	44
10	Oldham Athletic	42	12	3	6	50	37	7	3	11	24	47	44
11	Barnsley	42	13	5	3	56	23	4	4	13	32	64	43
12	Swansea Town	42	13	5	3	44	21	3	6	12	24	51	43
13	Southampton	42	9	8	4	35	22	6	4	11	25	40	42
14	READING	42	14	1	6	47	20	2	7	12	17	52	40
15	Wolverhampton Wan.	42	10	4	7	54	30	4	3	14	19	45	35
16	Notts County	42	11	4	6	45	24	4	1	16	25	72	35
17	Grimsby Town	42	6	7	8	39	39	5	5	11	35	52	34
18	Fulham	42	11	4	6	39	31	2	4	15	19	61	34
19	South Shields	42	10	8	3	49	25	1	3	17	22	71	33
20	Clapton Orient	42	9	3	9	37	35	3	4	14	23	61	31
21	Darlington	42	10	3	8	53	42	2	3	16	26	56	30
22	Bradford City	42	6	4	11	30	28	1	5	15	20	60	23

1927/28　18th in Division 2

#	Date	Opponent	Score	Scorers	Att	Baggett WJ	Batten HG	Braithwaite E	Davey HH	Dennington LA	Duckworth JC	Eggo RM	Evans DG	Evans S	Girvan H	Goodwin HB	Inglis W	Johnstone W	Knox W	Lindsay T	McConnell WH	McDonald M	Messer AT	Nimmo J	Richardson F	Robson JC
1	Aug 27	CHELSEA	1-2	Davey	24529		8	9		1	2	6	7	3		4							5		10	11
2	30	Grimsby Town	3-3	Batten, Davey 2	13431		10	9		1	2	6	7	3		4							5		8	11
3	Sep 3	Clapton Orient	0-3		18593		10	9		1	2	6	7	3		4							5		8	11
4	10	WEST BROMWICH ALB.	1-4	Davey	16238			8	9	1	2	6	7			4	10			3			5			11
5	14	GRIMSBY TOWN	2-2	Davey 2	6295			8	9	1	2	6	7			4	10			3			5			11
6	17	Bristol City	1-4	Davey	22480			8	9	4	1	2	6	7			10			3			5			11
7	24	STOKE CITY	1-1	Richardson	12522	10				1	2	6				4	8			3	7		5		9	11
8	Oct 1	Southampton	0-0		7010					1	2	6	7			4	9			3	8		5		10	11
9	8	NOTTS COUNTY	2-2	Johnstone 2	11978		6			1	2		7			4	9			3	8		5		10	11
10	15	Oldham Athletic	2-3	McDonald 2	14377		6	8	9	1	2					4	10			3	7		5			11
11	22	NOTTM. FOREST	0-2		7785	10	8			1	2	6			3	4	9				7		5			11
12	29	Manchester City	1-4	Robson	33717		8	9		1	2	6				4	10			3	7		5			11
13	Nov 5	HULL CITY	3-0	Johnstone, Braithwaite, Davey	9935		8	9		1	2	6				4	10			3	7	5				11
14	12	Leeds United	2-6	Davey 2	17257			9		1	2	6				4	10	7		3			5		8	11
15	19	SOUTH SHIELDS	5-1	Robson 2, Davey 3	6141			9		1	2	6				4	10	7		3			5		8	11
16	26	Barnsley	0-2		7181			9		1	2	6				4	10	7		3			5		8	11
17	Dec 3	WOLVERHAMPTON W.	2-1	Richardson 2	9550		8			1	2	6			7	4	9			3			5		10	11
18	10	Port Vale	0-3		8556		8			1		6			2	7	4	9		3			5		10	11
19	17	FULHAM	2-1	Lindsay, McDonald	8472					1	2	6			7	4	9			11	3	8	5		10	
20	24	Swansea Town	1-0	Lindsay	9030					1	2	6			7	4	9			11	3	8	5		10	
21	26	Blackpool	1-3	Goodwin	13233					1	2	6			7	4	9			11	3	8	5		10	
22	27	BLACKPOOL	1-0	McDonald	11841		10			1	2	6			7	4	9			11	3	8	5			
23	31	Chelsea	0-0		26525		10			1	2	6			7	4				11	3	8	5		9	
24	Jan 7	CLAPTON ORIENT	4-0	Richardson 2, Lindsay, Batten	10533		10			1	2	6			7	4				11	3	8	5		9	
25	21	West Bromwich Albion	3-5	McDonald, Richardson 2	16104		10			1	2	6			7	4				11	3	8	5		9	
26	Feb 4	Stoke City	1-4	D Evans	11609		10			1	2	6		3	7	4	9			11		8	5			
27	11	SOUTHAMPTON	0-0		11428					1	2				7	4	9				3	8	5	6	10	11
28	15	BRISTOL CITY	3-2	Johnstone 2, Goodwin	6287					1	2				7	4	9				3	8	5	6	10	11
29	18	Notts County	1-1	Richardson	8034					1	2			3	7	4	9					8	5	6	10	11
30	25	OLDHAM ATHLETIC	2-2	Richardson	12806	8				1	2				7	4	9				3		5	6	10	11
31	Mar 10	MANCHESTER CITY	1-1	Johnstone	13313	8				1	2	6			7	4	9				3		5		10	11
32	17	Hull City	1-0	Baggett	6493	8				1	2	6			7	4	10				3		5		9	11
33	24	LEEDS UNITED	0-1		13098	8				1	2	6			7	4	10				3		5		9	11
34	29	Nottingham Forest	3-5	Robson 2, Baggett	2572	8	10			1	2	6			7	4					3		5		9	11
35	31	South Shields	0-0		3301	8	10			1	2	6			7	4					3	9	5			11
36	Apr 6	Preston North End	0-4		24292	8				1	2	6			7	4	9			11	3	10	5			
37	7	BARNSLEY	1-1	Richardson	10659	8	10			1	2	6			7	4				11	3		5		9	
38	9	PRESTON NORTH END	2-1	Johnstone, Robson	16681	8				1	2	6		3	7	4	9						5		10	11
39	14	Wolverhampton Wan.	1-2	Richardson	10357	8				1	2		11	3	7	4	9						5	6	10	
40	21	PORT VALE	0-0		7664	8				1	2		11	3	7	4					10		5	6	9	
41	28	Fulham	0-1		18918	8				1	2		11	3	7	4					10		5	6	9	
42	May 5	SWANSEA TOWN	0-0		7771	8	10			1	2	6		3		4			7	11			5		9	

Apps	14	16	13	7	1	42	41	33	11	12	25	41	30	4	11	31	22	42	7	31	28
Goals	2	2	1	13			1				2		7		3		5			11	6

F.A. Cup

	Date	Opponent	Score	Scorers	Att																					
R3	Jan 14	GRIMSBY TOWN	4-1	Richardson 2, Batten, McDonald	19007		10			1	2	6			7	4				11	3	8	5		9	
R4	28	LEICESTER CITY	0-1		27243		10			1	2	6			7	4				11	3	8	5		9	

		P	W	D	L	F	A	W	D	L	F	A	Pts
1	Manchester City	42	18	2	1	70	27	7	7	7	30	32	59
2	Leeds United	42	16	2	3	63	15	9	5	7	35	34	57
3	Chelsea	42	15	2	4	46	15	8	6	7	29	30	54
4	Preston North End	42	15	3	3	62	24	7	6	8	38	42	53
5	Stoke City	42	14	5	2	44	17	8	3	10	34	42	52
6	Swansea Town	42	13	6	2	46	17	5	6	10	29	46	48
7	Oldham Athletic	42	15	3	3	55	18	4	5	12	20	33	46
8	West Bromwich Alb.	42	10	7	4	50	28	7	5	9	40	42	46
9	Port Vale	42	11	6	4	45	20	7	2	12	23	37	44
10	Nottingham Forest	42	10	6	5	54	37	5	4	12	29	47	40
11	Grimsby Town	42	8	6	7	41	41	6	6	9	28	42	40
12	Bristol City	42	11	5	5	42	18	4	4	13	34	61	39
13	Barnsley	42	10	5	6	43	36	4	6	11	22	49	39
14	Hull City	42	9	8	4	25	19	3	7	11	16	35	39
15	Notts County	42	10	4	7	47	26	3	8	10	21	48	38
16	Wolverhampton Wan.	42	11	5	5	43	31	2	5	14	20	60	36
17	Southampton	42	11	3	7	54	40	3	4	14	14	37	35
18	READING	42	9	8	4	32	22	2	5	14	21	53	35
19	Blackpool	42	11	3	7	55	43	2	5	14	28	58	34
20	Clapton Orient	42	9	7	5	32	25	2	5	14	23	60	34
21	Fulham	42	12	7	2	46	22	1	0	20	22	67	33
22	South Shields	42	5	5	11	30	41	2	4	15	26	70	23

1928/29 15th in Division 2

#		Date	Opponent	Score	Scorers	Att	Baggett WJ	Boland G	Braithwaite E	Brown AI	Chandler SE	Dennington LA	Duckworth JC	Eggo RM	Evans S	Ferguson AD	Girvan H	Goodwin HB	Hunter J	Inglis W	Johnstone JC	Johnstone W	Lane WHC	McDonald M	Meads T	Messer AT	Nimmo J	Oswald RRB	Richardson F	Smith E	Thorpe P
1	Aug	25	MIDDLESBROUGH	2-3	Goodwin, Lane	20925	8											7	10		4		9			5	6	11		3	
2		27	Preston North End	0-7		11211							1	2			8	7	10		4	9				5	6	11		3	
3	Sep	1	Oldham Athletic	1-2	Oswald	10976							1	2			8	7	10		4	9				5	6	11		3	
4		5	PRESTON NORTH END	0-0		11618	8			1		6		2			3	7	10		4					5		11	9		
5		8	SOUTHAMPTON	0-1		16464	8			1		6		2			3	7	10		4					5		11	9		
6		15	Wolverhampton Wan.	0-2		17360			8	1		6		2			3	7	10		4		9			5		11			
7		22	NOTTS COUNTY	1-2	Oswald	12165				1		6		2			3	7	10	4			9	8		5		11			
8		29	Millwall	1-5	Lane	23619	8			1		6		2	7		3		10	4			9			5		11			
9	Oct	6	PORT VALE	2-1	Messer, W Johnstone	11276				1						7	3		10	4		9	8			5	6	11			2
10		13	Hull City	0-3		12657			8	1							3	7	10	4		9			6	5		11			2
11		20	BRADFORD PARK AVE.	4-0	Oswald, Messer, W Johnstone, Meads	11169			8	1							3	7	10	4		9			6	5		11			2
12		27	Grimsby Town	0-4		6273			8	1							3	7	10	4					6	5		11	9		2
13	Nov	3	STOKE CITY	1-1	Messer	11723			8	1							3	7	10	4		9			6	5		11			2
14		10	Blackpool	0-7		6638				1	4						3	7	8			9			10	5	6	11			2
15		17	WEST BROMWICH ALB.	5-3	W Johnstone 3, Chandler, Hunter	10298	8				4		1					7	10			9				6	5		11		3	2
16		24	Nottingham Forest	2-1	Messer, Hunter	6223	8				4		1					7	10			9				6	5		11		3	2
17	Dec	1	BRISTOL CITY	2-1	Messer, W Johnstone	11493	8				4		1					7	10			9				6	5		11		3	2
18		8	Barnsley	3-2	Hunter, Baggett, W Johnstone	5833	8				4		1					7	10			9				6	5		11		3	2
19		15	CHELSEA	3-3	Meads, W Johnstone, Goodwin	13338					4		1					7	10			9		8		6	5		11		3	2
20		22	Clapton Orient	1-1	W Johnstone	6127					4		1					7	10			9		8		6	5		11		3	2
21		25	Tottenham Hotspur	2-2	Messer, Baggett	28344	8				4		1					7	10			9				6	5		11		3	2
22		26	TOTTENHAM HOTSPUR	2-0	Oswald 2, W Johnstone, Meads	23730					4		1					7	10			9				6	5		11		3	2
23		29	Middlesbrough	0-0		16963					4		1					7	10	5		9		8		6			11		3	2
24	Jan	5	OLDHAM ATHLETIC	6-1	Meads, W Johnstone 4, Oswald	9208					4		1					7	10			9		8		6	5		11		3	2
25		19	Southampton	2-2	McDonald, W Johnstone	15119					4		1					7	10			9		8	6	5		11		3	2
26	Feb	2	Notts County	1-1	W Johnstone	9807					4		1					7	10			9		8	6	5		11		3	2
27		9	MILLWALL	0-2		11906					4		1					7	10			9		8	6	5		11		3	2
28		23	HULL CITY	3-0	Oswald, W Johnstone	7502					4		1					7	10			9		8	6	5		11		3	2
29		25	Port Vale	0-4		4303		11			4		1					7	10			9		8	6	5				3	2
30	Mar	2	Bradford Park Avenue	1-4		15376				1	4							7	10			9		8	6	5		11		3	2
31		9	GRIMSBY TOWN	1-3	Richardson	9620					4		1					7	10			9		8		6	5		11	6	3	2
32		13	WOLVERHAMPTON W.	3-0	Goodwin 2, W Johnstone	5085					4							7	10			9		8		6	5		11		3	2
33		16	Stoke City	0-5		9491	8			1	4							7	10			9				6	5		11		3	2
34		23	BLACKPOOL	4-1	Goodwin, Richardson, Baggett, Hunter	7517	8				4		1					7	10							6	5		11	9	3	2
35		29	SWANSEA TOWN	2-0	Messer Baggett	13579	8				4		1					7	10							6	5		11	9	3	2
36		30	West Bromwich Albion	0-5		12415					4		1				3	7	10			9	8		6	5		11			2
37	Apr	1	Swansea Town	1-0	Braithwaite	16843			8		4		1					7	10			9				6	5		11		3	2
38		6	NOTTM. FOREST	0-3		10315			8		4		1					7	10			9				6	5		11		3	2
39		13	Bristol City	0-0		10561			8		4		1				3	7	10							6	5		11	9		2
40		20	BARNSLEY	1-0	Oswald	8404	8				4		1				3	7	10	6						5		11	9		2
41		27	Chelsea	1-2	Oswald	12898	8				4		1					7	10						6	5	3	11	9		2
42	May	4	CLAPTON ORIENT	4-2	Goodwin, Richardson, Baggett, Oswald	7089	8				4		1					7	10						6	5	3	11	9		2
			Apps				15	1	8	14	29	5	28	8	2	2	14	40	42	9	6	28	6	15	31	41	7	41	10	26	34
			Goals				4		1		1							8	4			18	2	1	4	7		10	3		

F.A. Cup

		Date	Opponent	Score	Scorers	Att							Duckworth					Goodwin	Hunter	Inglis		Johnstone W			Meads	Messer		Oswald		Smith	Thorpe
R3	Jan	12	TOTTENHAM HOTSPUR	2-0	Johnstone 2	26137					4		1					7	10	2		9		8	6	5		11		3	
R4		26	SHEFFIELD WEDNESDAY	1-0	Johnstone	29248					4		1					7	10	2		9		8	6	5		11		3	
R5	Feb	16	ASTON VILLA	1-3	Oswald	23703					4		1					7	10	2		9		8	6	5		11		3	

		P	W	D	L	F	A	W	D	L	F	A	Pts
1	Middlesbrough	42	14	4	3	54	22	8	7	6	38	35	55
2	Grimsby Town	42	16	2	3	49	24	8	3	10	33	37	53
3	Bradford Park Ave.	42	18	2	1	62	22	4	2	15	26	48	48
4	Southampton	42	12	6	3	48	22	5	8	8	26	38	48
5	Notts County	42	13	4	4	51	24	6	5	10	27	41	47
6	Stoke City	42	12	7	2	46	16	5	5	11	28	35	46
7	West Bromwich Alb.	42	13	4	4	50	25	6	4	11	30	54	46
8	Blackpool	42	13	4	4	49	18	6	3	12	43	58	45
9	Chelsea	42	10	6	5	40	30	7	4	10	24	35	44
10	Tottenham Hotspur	42	16	3	2	50	26	1	6	14	25	55	43
11	Nottingham Forest	42	8	6	7	34	33	7	6	8	37	37	42
12	Hull City	42	8	8	5	38	24	5	6	10	20	39	40
13	Preston North End	42	12	6	3	58	27	3	3	15	20	52	39
14	Millwall	42	10	4	7	43	35	6	3	12	28	51	39
15	READING	42	12	3	6	48	30	3	6	12	15	56	39
16	Barnsley	42	12	4	5	51	28	4	2	15	18	38	38
17	Wolverhampton Wan.	42	9	6	6	41	31	6	1	14	36	50	37
18	Oldham Athletic	42	15	2	4	37	24	1	3	17	17	51	37
19	Swansea Town	42	12	3	6	46	26	1	7	13	16	49	36
20	Bristol City	42	11	6	4	37	25	2	4	15	21	47	36
21	Port Vale	42	14	1	6	53	25	1	3	17	18	61	34
22	Clapton Orient	42	10	4	7	29	25	2	4	15	16	47	32

1929/30   19th in Division 2

#		Date	Opponent	Score	Scorers	Att
1	Aug	31	PRESTON NORTH END	2-0	Goodwin, Oswald	18346
2	Sep	4	WOLVERHAMPTON W.	3-1	James 2, Goodwin	12654
3		7	Bristol City	3-5	Goodwin 2, James	15248
4		9	Wolverhampton Wan.	1-2	James	9546
5		14	NOTTS COUNTY	2-0	Hunter, Oswald	13957
6		16	Swansea Town	1-0	James	11101
7		21	Oldham Athletic	0-0		17540
8		28	Charlton Athletic	0-0		20258
9	Oct	5	HULL CITY	1-1	Kennedy	15317
10		12	Stoke City	2-2	Kennedy, James	15853
11		19	NOTTM. FOREST	0-1		13324
12		26	Chelsea	0-1		29238
13	Nov	2	BURY	0-1		11733
14		9	Blackpool	2-4	James, Goodwin	10757
15		16	BARNSLEY	1-0	Baggett	4624
16		23	Bradford Park Avenue	2-5	Oswald, Messer	9243
17		30	WEST BROMWICH ALB.	2-2	Messer, Kennedy	9208
18	Dec	7	Tottenham Hotspur	0-0		11522
19		14	SOUTHAMPTON	1-1	Baggett	11351
20		21	Millwall	1-3	Kennedy	8508
21		25	Bradford City	0-1		16272
22		26	BRADFORD CITY	1-1	Kennedy	19016
23		28	Preston North End	1-2	Messer	10328
24	Jan	4	BRISTOL CITY	1-6	Kennedy	9196
25		18	Notts County	0-3		10614
26		25	SWANSEA TOWN	3-1	McNeil, Bacon, Oswald	8597
27	Feb	1	CHARLTON ATHLETIC	3-1	Bacon, Kennedy 2	8076
28		5	OLDHAM ATHLETIC	1-1	Bacon	7488
29		8	Hull City	2-4	McNeil, McDonald	7539
30		15	STOKE CITY	0-0		9068
31		22	Nottingham Forest	0-5		8882
32	Mar	1	CHELSEA	3-1	McPherson, Messer, Baggett	14672
33		8	Bury	4-2	Baggett, McPherson 2, Barley	10513
34		15	BLACKPOOL	1-1	Barley	12741
35		22	Barnsley	0-1		5569
36		29	BRADFORD PARK AVE.	1-0	McPherson	9908
37	Apr	5	West Bromwich Albion	0-1		6676
38		12	TOTTENHAM HOTSPUR	3-0	Baggett 2, McPherson	11183
39		18	Cardiff City	1-2	Nelson (og)	12656
40		19	Southampton	3-4	McPherson 3	10798
41		21	CARDIFF CITY	2-0	Oswald, Hunter	18112
42		26	MILLWALL	0-1		9871

F.A. Cup

R3	Jan	11	Aston Villa	1-5	Douglas	39000

Division 2 Final Table

		P	W	D	L	F	A	W	D	L	F	A	Pts
1	Blackpool	42	17	1	3	63	22	10	3	8	35	45	58
2	Chelsea	42	17	3	1	49	14	5	8	8	25	32	55
3	Oldham Athletic	42	14	5	2	60	21	7	6	8	30	30	53
4	Bradford Park Ave.	42	14	5	2	65	28	5	7	9	26	42	50
5	Bury	42	14	2	5	45	27	8	3	10	33	40	49
6	West Bromwich Alb.	42	16	1	4	73	31	5	4	12	32	42	47
7	Southampton	42	14	6	1	46	22	3	5	13	31	54	45
8	Cardiff City	42	14	4	3	41	16	4	4	13	20	43	44
9	Wolverhampton Wan.	42	14	3	4	53	24	2	6	13	24	55	41
10	Nottingham Forest	42	9	6	6	36	28	4	9	8	19	41	41
11	Stoke City	42	12	4	5	41	20	4	4	13	33	52	40
12	Tottenham Hotspur	42	11	8	2	43	24	4	1	16	16	37	39
13	Charlton Athletic	42	10	6	5	39	23	4	5	12	20	40	39
14	Millwall	42	10	7	4	36	26	2	8	11	21	47	39
15	Swansea Town	42	11	5	5	42	23	3	4	14	15	38	37
16	Preston North End	42	7	7	7	42	36	6	4	11	23	44	37
17	Barnsley	42	12	7	2	39	22	2	1	18	17	49	36
18	Bradford City	42	7	7	7	33	30	5	5	11	27	47	36
19	READING	42	10	7	4	31	20	2	4	15	23	47	35
20	Bristol City	42	11	4	6	36	30	2	5	14	25	53	35
21	Hull City	42	11	3	7	30	24	3	4	14	21	54	35
22	Notts County	42	8	7	6	33	26	1	8	12	21	44	33

1930/31   21st in Division 2 (Relegated)

#	Date		Opponent	Score	Scorers	Att	Allan AM	Bacon A	Baggett WJ	Balmforth GW	Barley JC	Chandler SE	Darnell L	Davies R	Douglas EAC	Eaton F	Featherby WL	Forster M	Gilhespy TWC	Halkyard C	Hodgkiss T	Hunter J	McNeil JL	McPherson FC	Meredith J	Oakley JE	Palethorpe JT	Richardson J	Richardson LH	Ritchie AW	Williams R
1	Aug	30	Tottenham Hotspur	1-7	Eaton	25484	5					4	6	7	11	8					2	10		9		3			1		
2	Sep	3	OLDHAM ATHLETIC	1-3	Eaton	11518	5					4	6	7	11	8					2	10		9		3			1		
3		6	PRESTON NORTH END	1-4	Eaton	10740	5				6	4		7	11	8					2	10		9		3			1		
4		8	Millwall	0-4		7166	4	9				8	6	11		10			7		2		5				3		1		
5		13	Burnley	1-8	Eaton	9861	4	9				8	6	11		10			7		2		5				3		1		
6		17	MILLWALL	2-1	Eaton, Palethorpe	5738					4			11		8			7	6	2	10	5				3	9			1
7		20	SOUTHAMPTON	1-1	Gilhespy	10020					4			11		8			7	6	2	10	5	9			3				1
8		27	Swansea Town	1-2	Palethorpe	11744					4			11		8			7	6	2	10	5				3	9			1
9	Oct	4	Wolverhampton Wan.	1-3	McPherson	14617	4					5		11		8		3	7	6	2	10		9							1
10		11	BRADFORD PARK AVE.	3-0	Featherby, Eaton, Davies	8887						4		11		8	10	2	7	6	3		5	9					1		
11		18	PORT VALE	0-3		10927						4		11		8	10	2		6	3		5	9	7				1		
12		25	West Bromwich Albion	0-1		8669	5	9		4				11		8	10	2		6					7	3			1		
13	Nov	1	EVERTON	0-2		11919	5			4				11		8	10	2		6				9	7			3	1		
14		8	Cardiff City	0-5		10902	5	9				6	4	11		8		2				10			7			3	1		
15		15	CHARLTON ATHLETIC	2-0	Bacon 2	6267	5	9				6	4	11		8		2				10			7			3	1		
16		22	Barnsley	2-3	Eaton, Davies	4712	5	9				6	4	11		8		2	7			10						3	1		
17		29	BRISTOL CITY	4-1	Eaton, Bacon 3	6672	5	9				6	4	7		8	10	2							11			3	1		
18	Dec	6	Bradford City	1-6	Bacon	9250	5	9				6	4	7		8	10	2							11			3	1		
19		13	PLYMOUTH ARGYLE	1-2	Eaton	8235	4	9				6		7		8	10	2			3		5	11					1		
20		20	Bury	2-2	McPherson, Bacon	5325	4	9				6		7		8	10	2			3		5	11					1		
21		25	Nottingham Forest	1-1	Bacon	12279		9				6	4			8	10	2	7				5	11		3			1		
22		26	NOTTM. FOREST	5-2	Bacon 2, Eaton 2, Gilhespy	11425	4	9				6				8	10	2	7				5	11		3			1		
23		27	TOTTENHAM HOTSPUR	1-2	McPherson	16571		9				6		4		8	10	2	7				5	11		3			1		
24	Jan	1	Oldham Athletic	1-1	Bacon	11795		9				6		4		8	10	2	7				5	11					3	1	
25		3	Preston North End	3-3	Darnell, Gilhespy, McPherson	11717		9		4	5	6				8		2	7			10		11					3	1	
26		17	BURNLEY	3-1	Hunter, Eaton, McPherson	8141		9				6		4		8		2	7			10	5	11					3	1	
27		24	Southampton	2-3	Bacon, Featherby	10302		9		4	5	6		7			8	2				10		11					3	1	
28		31	SWANSEA TOWN	1-0	Eaton	6858		9				6		4		8	10	2	7				5	11					3	1	
29	Feb	7	WOLVERHAMPTON W.	3-0	Bacon, Eaton 2	8792	4	9				6		4		8	10	2	7				5	11					3	1	
30		18	Bradford Park Avenue	3-1	Bacon 2, McPherson	5259	4	9						6		8	10	2	7				5	11					3	1	
31		21	Port Vale	1-2	Bacon	8474	4	9						6		8	10		7		2		5	11					3	1	
32	Mar	7	Everton	2-3	Bacon 2	23973	4	9			10			6	7						2		5	11					3	1	
33		14	CARDIFF CITY	3-0	Bacon, McPherson, Featherby	9555	4	9			10			6	7		8				2		5	11					3	1	
34		21	Charlton Athletic	1-2	Bacon	9423	4	9			10			6	7		8				2		5	11					3	1	
35		28	BARNSLEY	6-1	McNeill, Bacon 2, Davies 2, Allan	7320	4	9			10			6	11		8			7	2		5						3	1	
36	Apr	3	STOKE CITY	7-3	Bacon 6, Barley	12157	4	9			10			6	11		8	2	7				5						3	1	
37		4	Bristol City	0-1		12055	4	9			10			6	11		8	2	7				5						3	1	
38		6	Stoke City	1-2	Bacon	10939	4	9	8		5			6			10	2						11					3	1	7
39		11	BRADFORD CITY	0-0		8811	4	9			5			6			8	10	2					11					3	1	7
40		15	WEST BROMWICH ALB.	0-3		10026	4	9		4				6			7	8	10	2				11					3	1	
41		18	Plymouth Argyle	1-3	McNeill	20804	4	9						6			7	10		2			5	11					3	1	8
42		25	BURY	3-4	Ritchie, McPherson, Darnell	5104	4	9						6	7		10				2		5	11					3	1	8

	Apps	29	32	1	8	25	13	25	28	5	35	25	28	21	8	19	13	26	31	5	10	4	25	38	4	4
	Goals	1	29			1		2	4		15	3		3			1		3	7			2			1	

F.A. Cup

R3	Jan	10	Crystal Palace	1-1	Bacon	22800		9				6	4			8		2	7			10	5	11					3	1	
rep		14	CRYSTAL PALACE	1-1	Gilhespy	15873		9				6	4			8		2	7			10	5	11					3	1	
rep2		19	Crystal Palace	0-2		19737		9				6	4			8		2	7			10	5	11					3	1	

Replay a.e.t. Replay 2 at Stamford Bridge

		P	W	D	L	F	A	W	D	L	F	A	Pts
1	Everton	42	18	1	2	76	31	10	4	7	45	35	61
2	West Bromwich Alb.	42	14	3	4	40	16	8	7	6	43	33	54
3	Tottenham Hotspur	42	15	5	1	64	20	7	2	12	24	35	51
4	Wolverhampton Wan.	42	15	2	4	56	25	6	3	12	28	42	47
5	Port Vale	42	15	3	3	39	16	6	2	13	28	45	47
6	Bradford Park Ave.	42	15	4	2	71	24	3	6	12	26	42	46
7	Preston North End	42	12	5	4	55	31	5	6	10	28	33	45
8	Burnley	42	13	5	3	55	30	4	6	11	26	47	45
9	Southampton	42	13	4	4	46	22	6	2	13	28	40	44
10	Bradford City	42	12	5	4	39	26	5	5	11	22	37	44
11	Stoke City	42	11	6	4	34	17	6	4	11	30	54	44
12	Oldham Athletic	42	13	5	3	45	28	3	5	13	16	44	42
13	Bury	42	14	3	4	44	20	5	0	16	31	62	41
14	Millwall	42	12	4	5	47	25	4	3	14	24	55	39
15	Charlton Athletic	42	11	4	6	35	33	4	5	12	24	53	39
16	Bristol City	42	11	5	5	29	23	4	3	14	25	59	38
17	Nottingham Forest	42	12	6	3	54	35	2	3	16	26	50	37
18	Plymouth Argyle	42	10	3	8	47	33	4	5	12	29	51	36
19	Barnsley	42	13	3	5	42	23	0	6	15	17	56	35
20	Swansea Town	42	11	5	5	40	29	1	5	15	11	45	34
21	READING	42	11	2	8	47	33	1	4	16	25	63	30
22	Cardiff City	42	7	6	8	32	31	1	3	17	15	56	25

1931/32 2nd in Division 3 (South)

#	Date		Opponent	Score	Scorers	Att	Allan AM	Bacon A	Baggett WJ	Balmforth GW	Barley JC	Bruce H	Darnell L	Davies R	Eaton F	Forster M	Gorringe FC	Harston E	Hodgkiss T	McNeil JL	McPherson FC	Mellors RD	Palethorpe JT	Richardson J	Richardson LH	Ritchie AW
1	Aug	29	LUTON TOWN	2-1	Harston, Darnell	14591		9			6		4		8	2		10		5	11			3	1	7
2	Sep	2	Gillingham	1-1	Harston	5553		9			6		4		8	2		10		5	11			3	1	7
3		5	Cardiff City	1-5	Bacon	9562		9			6		4		8	2		10		5	11			3	1	7
4		9	BRENTFORD	1-2	Bacon	9155	4	9	8				6	7	10				2	5	11			3	1	
5		12	NORTHAMPTON T	3-2	Bacon, Ritchie 2	6486	4	9			10		6	11	8				2	5				3	1	7
6		19	Swindon Town	2-0	Bacon 2	9368	4	9			10	5	6	11	8				2					3	1	7
7		24	Brentford	0-3		8942	4	9			10	5	6	11	8				2					3	1	7
8		26	Southend United	1-1	Baggett	9633	4		10		6	5		11	8				2					3		7
9	Oct	3	FULHAM	4-2	Davies 2, Baggett, Eaton	11983	4		10		6	5		11	8				2				1	9	3	7
10		10	Thames	0-0		4919	4	9	10		6	5		11	8				2				1		3	7
11		17	NORWICH CITY	1-1	Baggett	10252	4		10		6	5		11	8				2				1	9	3	7
12		24	Brighton & Hove Albion	0-2		9732	4	9			10	5	6	11	8				2				1		3	7
13		31	MANSFIELD TOWN	4-1	Bacon, McPherson, Davies, Allan	8083	5	8	10		6		4	11	7				2		9	1		3		
14	Nov	7	Watford	2-3	Hodgkiss, Palethorpe	11007	5	8	10		6		4	11					2				1	9	3	7
15		14	CRYSTAL PALACE	3-0	Palethorpe, Ritchie, Darnell	9114	5	8	10		6		4	11					2				1	9	3	7
16		21	Bournemouth	2-2	Palethorpe, Allan	6209	5	8	10		6		4	11					2				1	9	3	7
17	Dec	5	Bristol Rovers	0-2		4261	5	9	10		6		4	11					2				1	8	3	7
18		12	TORQUAY UNITED	4-1	Bacon 2, Palethorpe, Ritchie	5507	5	9	10		6		4	11					2				1	8	3	7
19		19	Clapton Orient	2-2	Bacon, Palethorpe	1747	5	9	10		6		4	11					2				1	8	3	7
20		25	Coventry City	1-5	Bacon	23271	5	9	10		6		4	11					2				1	8	3	7
21		26	COVENTRY CITY	2-1	Ritchie, Eaton	16158	5	9			10		4	ii	8		6		2				1		3	7
22	Jan	2	Luton Town	1-6	Ritchie	5179	5	9			6		4	11	8				2				1	10	3	7
23		9	THAMES	5-1	Barley, Ritchie 3, Pritchard (og)	5596	5	9	10		6		4		8				2		11		1		3	7
24		13	QUEEN'S PARK RANGERS	3-2	Eaton, McPherson, Palethorpe	5038	5		10		6		4		8				2		11		1	9	3	7
25		16	CARDIFF CITY	5-1	Eaton, Ritchie 2, Palethorpe 2	7065	5		10		6		4		8				2		11		1	9	3	7
26		28	Northampton Town	4-2	Palethorpe 2, McPherson	2672	5		10		6		4		8	2					11		1	9	3	7
27		30	SWINDON TOWN	5-2	Dransfield (og), McPherson, Eaton, Palethorpe, Barley	11041	5		10		6		4		8	2					11		1	9	3	7
28	Feb	6	SOUTHEND UNITED	3-1	Eaton, Ritchie, Baggett	9874	5		10		6		4		8				2		11		1	9	3	7
29		13	Fulham	3-3	Ritchie 2, Palethorpe	18730	5		10		6		4		8				2		11		1	9	3	7
30		27	Norwich City			12513	5		10		6		4		8				2		11		1	9	3	7
31	Mar	5	BRIGHTON & HOVE ALB	3-1	Eaton 2, McPherson	10596	5		10		6		4		8				2		11		1	9	3	7
32		12	Mansfield Town	7-1	Baggett, Ritchie, Palethorpe 3, Bacon 2	6228	5	8	10		6		4			2					11		1	9	3	7
33		19	WATFORD	2-1	Ritchie, Palethorpe	11266	5		10		6		4		8	2					11		1	9	3	7
34		25	EXETER CITY	2-0	Ritchie, Baggett	20647	5	8	10		6		4			2					11		1	9	3	7
35		26	Crystal Palace	1-1	Eaton	15987	5	9	10		6		4	11	8	2			3				1			7
36		28	Exeter City	0-4		10997	5		10	4	6			11	8	2			3				1	9		7
37	Apr	2	BOURNEMOUTH	3-1	Ritchie, Baggett 2	9350	5		10		6		4		8				2		11		1	9	3	7
38		9	Queen's Park Rangers			6755	5		10		6		4		8				2		11		1	9	3	7
39		16	BRISTOL ROVERS	3-0	Barley, Harston, Palethorpe	6322	5				6		4		8	2		10			11		1	9	3	7
40		23	Torquay United	4-1	Palethorpe 2, McPherson, Eaton	3270	5				6		4		8	2		10			11		1	9	3	7
41		30	CLAPTON ORIENT	5-0	Palethorpe 3, Ritchie 2	7797	5				6		4		8	2		10			11		1	9	3	7
42	May	7	GILLINGHAM	2-0	Palethorpe, Ritchie	6292	5		10		3		6		8				4		11		1	9	2	7

	Apps	39	24	30	1	41	7	37	21	33	14	1	7	29	5	23	35	28	40	7	40
	Goals	2	12	8		3		2	3	12			3	1		7			23		19

Two own goals

F.A. Cup

| R1 | Nov 28 | CRYSTAL PALACE | 0-1 | | 14135 | 5 | 8 | 10 | | 6 | | 4 | 11 | | | | | 2 | | | | 1 | 9 | 3 | 7 |

		P	W	D	L	F	A	W	D	L	F	A	Pts
1	Fulham	42	15	3	3	72	27	9	6	6	39	35	57
2	READING	42	19	1	1	65	21	4	8	9	32	46	55
3	Southend United	42	12	5	4	41	18	9	6	6	36	35	53
4	Crystal Palace	42	14	7	0	48	12	6	4	11	26	51	51
5	Brentford	42	11	6	4	40	22	8	4	9	28	30	48
6	Luton Town	42	16	1	4	62	25	4	6	11	33	45	47
7	Exeter City	42	16	3	2	53	16	4	4	13	24	46	47
8	Brighton & Hove A.	42	12	4	5	42	21	5	8	8	31	37	46
9	Cardiff City	42	14	2	5	62	29	5	6	10	25	44	46
10	Norwich City	42	12	7	2	51	22	5	5	11	25	45	46
11	Watford	42	14	4	3	49	27	5	4	12	32	52	46
12	Coventry City	42	17	2	2	74	28	1	6	14	34	69	44
13	Queen's Park Rgs.	42	11	6	4	50	30	4	6	11	29	43	42
14	Northampton Town	42	12	3	6	48	26	4	4	13	21	43	39
15	Bournemouth	42	8	8	5	42	32	5	4	12	28	46	38
16	Clapton Orient	42	7	8	6	41	35	5	3	13	36	55	35
17	Swindon Town	42	12	2	7	47	31	2	4	15	23	53	34
18	Bristol Rovers	42	11	6	4	46	30	2	2	17	19	62	34
19	Torquay United	42	9	6	6	49	39	3	3	15	23	67	33
20	Mansfield Town	42	11	5	5	54	45	0	5	16	21	63	32
21	Gillingham	42	8	6	7	26	26	2	2	17	14	56	28
22	Thames	42	6	7	8	35	35	1	2	18	18	74	23

1932/33   4th in Division 3 (South)

#	Date		Opponent	Score	Scorers	Att	Allan AM	Barley JC	Chandler FEJ	Darnell L	Dixon C	Eaton F	Forster M	Gamble FC	Harston E	Johnson GA	Liddle JS	Marshall WE	McGough J	McMahon HJ	McPherson FC	Mellors RD	Oxberry J	Palethorpe JT	Richardson J	Ritchie AW	Rowe J	Townsend CRN	Walmsley C
1	Aug	27	CARDIFF CITY	4-2	Palethorpe 2, Eaton, Ritchie	13887	5	6		4		8	2					11				1	10	9	3	7			
2		31	Watford	1-1	Oxberry	10109	5	6		4		8	2					11				1	10	9	3	7			
3	Sep	3	Swindon Town	1-0	Ritchie	9688	5	6					2					11	8			1	10	9	3	7			
4		7	WATFORD	2-0	Palethorpe, Ritchie	11220	5	6		4		8	2					11				1	10	9	3	7			
5		10	Norwich City	2-2	Oxberry, Eaton	11557	5			4		8	2					11		6		1	10	9	3	7			
6		17	BRIGHTON & HOVE ALB	3-0	Palethorpe 2, Marshall	11593	5	6		4		8	2					11				1	10	9	3	7			
7		24	Bristol Rovers	0-1		10584	5	6		4		8	2					11				1	10	9	3	7			
8	Oct	1	ALDERSHOT	2-2	Ritchie, Palethorpe	10778	5	6		4		8	2					11				1	10	9	3	7			
9		8	Queen's Park Rangers	3-0	Ritchie 2, Palethorpe	11250	5	6		4		8	2					11				1	10	9	3	7			
10		15	SOUTHEND UNITED	1-1	Robinson (og)	10412	5	6		4		8	2					11				1	10	9	3	7			
11		22	BOURNEMOUTH	6-2	Oxberry 2, Liddle 3, McPherson	7855	5	6		4		8	2		7						11	1	10	9	3				
12		29	Newport County	3-3	Palethorpe 3	5375	5	6		4		8	2								11	1	10	9	3	7			
13	Nov	5	LUTON TOWN	4-1	Palethorpe 2, McPherson 2	9861	5	6		4		8	2								11	1	10	9	3	7			
14		12	Exeter City	1-4	Oxberry	7946	5	6		4		8	2								11	1	10	9	3	7			
15		19	TORQUAY UNITED	5-2	Ritchie 3, Palethorpe, McPherson	7395	5	6		4		8	2								11	1	10	9	3	7			
16	Dec	3	COVENTRY CITY	3-3	Palethorpe 2, Ritchie	7531	5	6		4	2	8									11	1	10	9	3	7			
17		17	NORTHAMPTON T	4-0	Oxberry, Johnson 3	7544	5	6		4	2					9	7			8	11	1	10				3		
18		24	Clapton Orient	5-2	McGough, Liddle, Palethorpe 3	6667	5	6		4			2				7			8	11	1	10	9			3		
19		26	Crystal Palace	1-1	Wilde (og)	10400	5	6		4	2						7			8	11	1	10	9			3		1
20		27	CRYSTAL PALACE	2-3	Johnson, Liddle	21180		5		4	3		2			9	7			8	11	1	10				6		1
21		31	Cardiff City	1-0	Liddle	6773		5				8	2		6	9	7				11	1	10				3	4	1
22	Jan	7	SWINDON TOWN	7-1	Palethorpe 4, Oxberry, Chandler, Eaton	9181	5	6	11	4		8	2				7					1	10	9			3		
23		21	NORWICH CITY	3-2	Marshall 2, Oxberry	8388		5		4		8	2					11				1	10	9	7	3	6		
24	Feb	1	Brighton & Hove Albion	3-5	Palethorpe 2, Liddle	3027	5	6		4		8	2				7	11				1	10	9			3		
25		4	BRISTOL ROVERS	3-1	Oxberry, Chandler, Liddle	6359	4	5	11				2				7			8		1	10	9			3	6	
26		11	Aldershot	4-4	Oxberry, Palethorpe, Barley 2	7324	4	5	11				2				7			8		1	10	9			3	6	
27		18	QUEEN'S PARK RANGERS	3-1	Palethorpe 3	7606	4	5	11				2				7					1	10	9			3	6	
28		25	Southend United	1-3	Ritchie	4384	5	6	11			8	2				4					1	10	9	3	7			
29	Mar	4	Bournemouth	3-0	Chandler 2, Ritchie	5599	5		11			8					4					1	10	9	3	7	2	6	
30		11	NEWPORT COUNTY	4-1	Eaton, Oxberry, Palethorpe, Ritchie	7742	5	6	11			8					4					1	10	9	3	7	2		
31		18	Luton Town	1-1	Gamble	6219	5	6	11			8		9			4					1	10		3	7	2		
32		25	EXETER CITY	2-2	McPherson 2	12597	5	6				8		9			4				11	1	10		3	7	2		
33	Apr	1	Torquay United	1-1	Gamble	3649	5	6				8		9			4				11	1	10		3	7	2		
34		8	BRENTFORD	1-3	Gamble	16089	5	6				8		9			4					1	10		3	7	2		
35		14	Gillingham	1-4	Eaton	12246	5	6	11			8		9			4					1	10		3	7	2		
36		15	Coventry City	1-3	Harston	15251	5	6							8		9	4			11	1	10		3	7	2		
37		17	GILLINGHAM	4-0	Eaton, Harston, Marshall, Ritchie	9756	5	6				8			8		9	4			11	1	10		3	7	2		
38		22	BRISTOL CITY	2-2	Harston, Ritchie	6042	5	6							8		9	4			11	1	10		3	7	2		
39		26	Bristol City	1-4	Harston	4777		5	10						8		9	4	7		11	1	8		3		2	6	
40		29	Northampton Town	0-1		3543	5	6				8	2		8		9	4				1	10			7	3		
41	May	3	Brentford	1-1	Harston	9511	5	6							8	2	9	4	7	11		1	10				3		
42		6	CLAPTON ORIENT	3-1	Liddle, Harston 2	3651	5	6							8	2	9	4	7	11		1	10				3		
			Apps				38	40	10	23	4	33	28	5	8	18	19	14	8	1	14	39	42	27	28	28	25	7	3
			Goals					2	4			6		3	7	4	9	4	1		6		11	29		15			

Two own goals

F.A. Cup

	Date		Opponent	Score	Scorers	Att																							
R1	Nov	26	BRENTFORD	3-2	Oxberry, McPherson, Ritchie	22809	5	6		4		8	2								11	1	10	9	3	7			
R2	Dec	10	COVENTRY CITY	2-2	Eaton, McPherson	13063	5	6		4		8	2								11	1	10	9	3	7			
rep		15	Coventry City	3-3	Liddle 2, McPherson	11275	5	6		4		8	2				7				11	1	10	9			3		
rep2		19	Coventry City	1-0	Oxberry	6676	5	6		4		8	2				7				11	1	10	9			3		
R3	Jan	18	Millwall	1-1	Pipe (og)	19872		5		4		8	2				7				11	1	10	9			3	6	
rep		23	MILLWALL	0-2		12370		5		4		8	2				7	11				1	10	9			3	6	

R2 replay a.e.t. Replay 2 at Stamford Bridge

		P	W	D	L	F	A	W	D	L	F	A	Pts
1	Brentford	42	15	4	2	45	19	11	6	4	45	30	62
2	Exeter City	42	17	2	2	57	13	7	8	6	31	35	58
3	Norwich City	42	16	3	2	49	17	6	10	5	39	38	57
4	READING	42	14	5	2	68	30	5	8	8	35	41	51
5	Crystal Palace	42	14	4	3	51	21	5	4	12	27	43	46
6	Coventry City	42	16	1	4	75	24	3	5	13	31	53	44
7	Gillingham	42	14	4	3	54	24	4	4	13	18	37	44
8	Northampton Town	42	16	5	0	54	11	2	3	16	22	55	44
9	Bristol Rovers	42	13	5	3	38	22	2	9	10	23	34	44
10	Torquay United	42	12	7	2	51	26	4	5	12	21	41	44
11	Watford	42	11	8	2	37	22	5	4	12	29	41	44
12	Brighton & Hove A.	42	13	3	5	42	20	4	5	12	24	45	42
13	Southend United	42	11	5	5	39	27	4	6	11	26	55	41
14	Luton Town	42	12	8	1	60	32	1	5	15	18	46	39
15	Bristol City	42	11	5	5	59	37	1	8	12	24	53	37
16	Queen's Park Rgs.	42	9	8	4	48	32	4	3	14	24	55	37
17	Aldershot	42	11	6	4	37	21	2	4	15	24	51	36
18	Bournemouth	42	10	7	4	44	27	2	5	14	16	54	36
19	Cardiff City	42	12	4	5	48	30	0	3	18	21	69	31
20	Clapton Orient	42	7	8	6	39	35	1	5	15	20	58	29
21	Newport County	42	9	4	8	42	42	2	3	16	19	63	29
22	Swindon Town	42	7	9	5	36	29	2	2	17	24	76	29

1933/34   3rd in Division 3 (South)

#	Date		Opponent	Score	Scorers	Att	Barley JC	Boyle MJ	Butler W	Chandler FEJ	Doncaster AR	Fielding HL	Foster TC	Gamble FC	Gregory CF	Harston E	Hayhurst A	Johnson GA	Liddle JS	McGough J	Mellors RD	Newton F	Oxberry J	Richardson J	Ridley JG	Rowe J	Samuel DJ	Whittaker P	Wright WB
1	Aug	26	EXETER CITY	3-1	Hayhurst, Harston, McGough	12849			7			11				9	5	4		8	1		10	3	2				6
2		28	Cardiff City	0-2		13824			7			11				9	5	4		8	1		10	3	2				6
3	Sep	2	Gillingham	1-5	Fielding	7757			7			11				9	5	4		8	1		10	3	2				6
4		6	CARDIFF CITY	3-1	McGough, Johnson (p), Barley	9198	10					11					5	4	7	8	1		9		2	3			6
5		9	CRYSTAL PALACE	0-0		11172	10				11						5	4	7	8	1		9		2	3			6
6		16	Bristol Rovers	0-1		12792					11			9			5	4	7	8	1		10		2	3			6
7		23	SOUTHEND UNITED	5-0	Fielding, Newton, Hayhurst, McGough, Johnson (p)	9442		7				11					5	4		8	1	9	10		2	3			6
8		30	Coventry City	0-0		15841						11					5	4	7	8	1	9	10		2	3			6
9	Oct	7	BRIGHTON & HOVE ALB	2-0	McGough, Butler	10808			7			11					5	4	7	8	1	9	10		2	3			6
10		14	WATFORD	6-1	Oxberry, Newton 2, Fielding, McGough, Liddle	9000			7			11					5	4	7	8	1	9	10		2	3			6
11		21	Aldershot	0-3		10203			7			11					5	4		8	1	9	10		2	3			6
12		28	LUTON TOWN	4-1	Newton 3, McGough	8110			7			11					5	4		8		9	10		2	3		1	6
13	Nov	4	Northampton Town	4-2	Fielding, Butler, McGough, Newton	6244	6		7			11					5	4		8		9	10		2	3		1	
14		11	TORQUAY UNITED	5-2	Newton 2, Fielding (p), McGough 2	8991	6		7			11					5	4		8		9	10		2	3		1	
15		18	Queen's Park Rangers	0-0		11867			7			11					5	4		8		9	10		2	3		1	6
16	Dec	2	Norwich City	2-3	McGough, Oxberry	10949			7			11					5	4		8		9	10		2	3		1	6
17		16	Clapton Orient	3-2	Oxberry, Newton 2	7349			7	11							5	4		8		9	10		2	3		1	6
18		23	SWINDON TOWN	2-0	McGough, Wright	12179			7			11					5	4		8		9	10		2	3		1	6
19		25	Bournemouth	1-1	Newton	8133			7			11					5	4		8		9	10		2	3		1	6
20		26	BOURNEMOUTH	4-0	Newton 2, Fielding, McGough	17323			7			11					5	4		8		9	10		2	3		1	6
21		30	Exeter City	1-4	Newton	6231			7			11					5	4		8		9	10		2	3		1	6
22	Jan	6	Gillingham	2-0	Oxberry, McGough	7528			7			11					5	4		8		9	10		2	3		1	6
23		17	NEWPORT COUNTY	4-0	Fielding, Hayhurst, Liddle, Oxberry	4608		2				11		9			5	4	7	8			10			3		1	6
24		20	Crystal Palace	0-0		12416		2				11		9			5	4	7	8			10			3		1	6
25		27	BRISTOL ROVERS	2-2	Fielding, McGough	8907		2				11		9			5	4	7	8			10			3		1	6
26	Feb	3	Southend United	2-2	Liddle, McGough	3054						11		9			5	4	7	8			10			3		1	6
27		10	COVENTRY CITY	1-0	Fielding (p)	11835	10		7			11					5	4		8			9		2	3		1	6
28		17	Brighton & Hove Albion	1-1	Oxberry	5621	10		7			11					5	4		8			9	2		3		1	6
29		24	Watford	0-2		5600	10		7			11					5	4		8			9			3		1	6
30	Mar	3	ALDERSHOT	3-2	Oxberry, Gregory, Hayhurst	11438		2	7			11			9		5	4		8			10			3		1	6
31		10	Luton Town	1-3	Fielding	7568			7			11			9		5	4		8			10	2		3		1	6
32		17	NORTHAMPTON T	2-2	Fielding, Butler	7297			7			11			9		5	4		8			10	2		3		1	6
33		24	Torquay United	1-1	Newton	2721	10		7			11	8				5	4		9					2	3		1	6
34		30	Charlton Athletic	0-0		10807	10		7			11					5	4		8		9				3		1	6
35		31	QUEEN'S PARK RANGERS	5-0	McGough 2, Newton 2, Fielding	10864	10		7			11					5	4		8		9			2	3		1	6
36	Apr	2	CHARLTON ATHLETIC	1-0	McGough	14422	10		7			11					5	4		8		9			2	3		1	6
37		7	Newport County	2-1	Newton 2	5924	10		7			11					5	4		8		9			2	3		1	6
38		14	NORWICH CITY	1-0	Butler	12486	10		7			11					5	4		8		9			2	3		1	6
39		18	BRISTOL CITY	1-1	Newton	3720	10		7			11					5	4		8		9			2	3		1	6
40		21	Bristol City	2-1	Newton 2	7032						11					5	4	7			9	10		2	3	8	1	6
41		28	CLAPTON ORIENT	4-0	Liddle 2, Newton 2	5985						11					5	4	7			9	10		2	3	8	1	6
42	May	5	Swindon Town	1-3	Liddle	8868						11					5	4	7			9	10		2	3	8	1	6

	Barley	Boyle	Butler	Chandler	Doncaster	Fielding	Foster	Gamble	Gregory	Harston	Hayhurst	Johnson	Liddle	McGough	Mellors	Newton	Oxberry	Richardson	Ridley	Rowe	Samuel	Whittaker	Wright
Apps	14	4	29	1	2	39	1	5	3	3	42	42	13	38	11	26	35	13	28	39	3	31	40
Goals	1		4			12			1	1	4	2	6	18		25	7						1

F.A. Cup

R	Date		Opponent	Score	Scorers	Att			Butler			Fielding					Hayhurst	Johnson	Liddle	McGough	Mellors	Newton	Oxberry	Richardson	Ridley	Rowe		Whittaker	Wright
R1	Nov	25	Watford	3-0	McGough 2, Newton	15397			7			11					5	4		8		9	10	3	2			1	6
R2	Dec	9	Sutton Town	2-1	Newton, Oxberry	5166			7			11					5	4		8		9	10	3	2			1	6
R3	Jan	13	OLDHAM ATHLETIC	1-2	Hayhurst	20057						11				9	5	4	7	8			10		2	3		1	6

Division 3 (South) Cup

R	Date		Opponent	Score				Boyle	Butler			Fielding					Hayhurst		Liddle	McGough			Oxberry			Rowe		Whittaker	Wright
R2	Feb	28	Queen's Park Rangers	0-2				2	7			11					5		9	8			10					1	6

Played at 3: P Morris. At 4: L Darnell

	P	W	D	L	F	A	W	D	L	F	A	Pts
1 Norwich City	42	16	4	1	55	19	9	7	5	33	30	61
2 Coventry City	42	16	3	2	70	22	5	9	7	30	32	54
3 READING	42	17	4	0	60	13	4	8	9	22	37	54
4 Queen's Park Rgs.	42	17	2	2	42	12	7	4	10	28	39	54
5 Charlton Athletic	42	14	5	2	53	27	8	3	10	30	29	52
6 Luton Town	42	14	3	4	55	28	7	7	7	28	33	52
7 Bristol Rovers	42	14	4	3	49	21	6	7	8	28	26	51
8 Swindon Town	42	13	5	3	42	25	4	6	11	22	43	45
9 Exeter City	42	12	5	4	43	19	4	6	11	25	38	43
10 Brighton & Hove A.	42	12	7	2	47	18	3	6	12	21	42	43
11 Clapton Orient	42	14	4	3	60	25	2	6	13	15	44	42
12 Crystal Palace	42	11	6	4	40	25	5	3	13	31	42	41
13 Northampton Town	42	10	6	5	45	32	4	6	11	26	46	40
14 Aldershot	42	8	6	7	28	27	5	6	10	24	44	38
15 Watford	42	12	4	5	43	16	3	3	15	28	47	37
16 Southend United	42	9	6	6	32	27	3	4	14	19	47	34
17 Gillingham	42	8	8	5	49	41	3	3	15	26	55	33
18 Newport County	42	6	9	6	25	23	2	8	11	24	47	33
19 Bristol City	42	7	8	6	33	22	3	5	13	25	63	33
20 Torquay United	42	10	4	7	32	28	3	3	15	21	65	33
21 Bournemouth	42	7	7	7	41	37	2	2	17	19	65	27
22 Cardiff City	42	6	4	11	32	43	3	2	16	25	62	24

1934/35   2nd in Division 3 (South)

#	Date		Opponent	Score	Scorers	Att	Barley JC	Boyle MJ	Butler W	Chandler FEJ	Fielding HL	Fitzgerald AM	Gregory CF	Hayhurst A	Johnson GA	Lawson HT	Liddle JS	McGann JL	McGough J	McMahon HJ	Newton F	Oxberry J	Robson W	Rowe J	Samuel DJ	Tait T	Telling H	Townsend CRN	Whittaker P	Wildman FR	Wright WB
1	Aug	25	Clapton Orient	1-2	Fielding	14866		2			11			5	4		7		8		9	10	3						1		6
2		29	BRISTOL CITY	2-0	Newton, McGough	9901		2			11			5	4		7		8		9	10	3						1		6
3	Sep	1	GILLINGHAM	3-0	Newton 2, Liddle	9681		2			11			5	4		7		8		9	10	3						1		6
4		5	Bristol City	0-1		9032			7	10	11		2	5	4				8		9		3						1		6
5		8	Swindon Town	1-1	McGough	14854		2	7	10	11			5	4	9			8				3						1		6
6		15	Northampton Town	3-1	Fielding, Lawson, Butler	7832		2	7	10	11			5	4	9			8				3						1		6
7		22	BOURNEMOUTH	4-1	Newton, Chandler, McGough 2	6734		2	7	10	11			5	4				8		9		3						1		6
8		29	Watford	0-1		8499			7	10	11		2	5	4				8		9		3						1		6
9	Oct	6	NEWPORT COUNTY	6-1	Butler, Oxberry 3, Chandler, McGough	8074			7	10	11		2	5	4				8			9	3						1		6
10		13	Exeter City	3-2	Oxberry, Butler, Hayhurst	5568			7	10	11		2	5	4				8			9	3						1		6
11		20	TORQUAY UNITED	3-1	Samuel, Chandler, Fielding (p)	8566			7	10	11		2	5	4							9	3		8				1		6
12		27	Queen's Park Rangers	0-2		8433				10	11		2	5	4		7		8			9	3						1		6
13	Nov	3	CARDIFF CITY	1-1	Oxberry	8272			7	10	11		2	5	4				8			9	3						1		6
14		10	Aldershot	5-2	Barley, Tait 3, Butler	6545	10		7		11			5	4				8				3			9			1		6
15		17	BRISTOL ROVERS	5-1	Barley, Tait, Butler 2, Fielding	9606	10		7		11		2	5	4				8				3			9			1		6
16	Dec	1	LUTON TOWN	1-0	Butler	9513	10		7	8	11		2	5	4								3			9			1		6
17		15	CRYSTAL PALACE	6-1	Tait 2, McGough 2, Johnson, Fielding	8756	10		7		11		2	5	4				8				3			9			1		6
18		22	Charlton Athletic	1-3	Tait	15885	10		7		11		2	5	4				8				3			9			1		
19		25	Millwall	2-2	Butler 2	12235	10		7		11	6	2	5				1	8				3			9	4				
20		26	MILLWALL	2-1	Barley, Fitzgerald	21551	10					6	2	5		7		1	8				3			9	4				11
21		29	CLAPTON ORIENT	0-0		9626			7	10			2	5	4			1	8	11			3			9					6
22	Jan	5	Gillingham	1-1	McGough	5094	10		7		11		2	5				1	8				3			9	4				6
23		19	SWINDON TOWN	2-1	McGough, McMahon	11210	10		7				2	5	4			1	8	11			3			9					6
24		30	NORTHAMPTON T	3-1	Oxberry, Fielding (p), McGough	5196	10		7		11		2	5	4				8			9	3					1			6
25	Feb	2	Bournemouth	1-4	Moralee (og)	5611	10		7		11		2	5	4			1	8			9	3								6
26		9	WATFORD	3-2	McGough, Tait, Fielding(p)	12895			7	10	11		2	5				1	8				3			9					6
27		23	EXETER CITY	2-0	Chandler 2	9374	10		7	11			2	5	4				8				3			9			1		6
28		28	Newport County	2-2	Tait, Hayhurst	2399	10		7	11			2	5	4				8				3			9			1		6
29	Mar	2	Torquay United	1-1	Tait	4423			7	10	11		2	5	4				8				3			9			1		6
30		9	QUEEN'S PARK RANGERS	0-0		6631	10		7		11		2	5	4				8				3			9		6	1		
31		16	Cardiff City	1-1	Tait	8684	10		7	11		6	2	5	4				8				3			9			1		
32		20	Brighton & Hove Albion	0-1		3782				10			2	5	4	7		1	8	11			3			9					6
33		23	ALDERSHOT	5-4	Liddle, Hayhurst, Tait 3	5931	6			10	11		2	5	4	7	1		8				3			9					
34		30	Bristol Rovers	0-3		9210	6			10	11		2	5	4	7	1		8				3			9					
35	Apr	6	SOUTHEND UNITED	3-2	Tait, McGough, Fielding	4799		2		10	11			5	4	7			8				3			9					6
36		13	Luton Town	4-2	Barley, Tait, Liddle 2	11960	10	2			11			5	6	7	1		8				3			9					4
37		19	COVENTRY CITY	2-0	Liddle, Tait	13518		2		10	11			5	4	7			8				3			9			1		6
38		20	BRIGHTON & HOVE ALB	4-4	Chandler, McGough, Hayhurst, Fielding	8278		2		10	11			5	4	7			8				3			9			1		6
39		23	Coventry City	2-1	Tait, Fielding	13790				10	7		3	5	6	11			8				2			9			1		4
40		27	Crystal Palace	1-3	Chandler	8969				10	11		2	5	4	7			8				3			9			1		6
41	May	1	Southend United	1-6	Chandler	4057				10	11		2		4	7	1		8				3			9	5				6
42		4	CHARLTON ATHLETIC	2-2	Gregory, Tait	8132		2	7		10		8	5	4			1		11			3			9					6

	Apps	18	11	27	27	34	4	32	41	39	2	15	14	39	4	6	10	29	13	1	27	1	4	19	9	36
	Goals	4		9	8	10	1	1	4	1	1	5		14	1	4	6			1	18					

One own goal

F.A. Cup

	Date		Opponent	Score	Scorers	Att																								
R1	Nov	24	Cardiff City	2-1	Tait 2	16739	10		7		11		2	5					8				3			9	4		1		6
R2	Dec	8	WREXHAM	3-0	Butler 2, Tait	18666	10		7		11		2	5	4				8				3			9			1		6
R3	Jan	12	Aldershot Town	0-0		10000	10		7		11		2	5	4		1		8				3			9			1		6
rep		16	ALDERSHOT TOWN	3-1	Tait 2, Butler	17666	10		7				2	5	4		1		8	11			3			9			1		6
R4		26	Millwall	1-0	Tait	23776	10		7		11		2	5	4				8				3			9			1		6
R5	Feb	16	ARSENAL	0-1		30621	10		7		11		2	5	4				8				3			9			1		6

Division 3 (South) Cup

	Date		Opponent	Score	Scorers	Att																								
R1	Sep	19	Bristol Rovers	1-2	Samuel	3000		2	7	10	11			5	4	9							3	8					1		6

	P	W	D	L	F	A	W	D	L	F	A	Pts
1 Charlton Athletic	42	17	2	2	62	20	10	5	6	41	32	61
2 READING	42	16	5	0	59	23	5	6	10	30	42	53
3 Coventry City	42	14	5	2	56	14	7	4	10	30	36	51
4 Luton Town	42	12	7	2	60	23	7	5	9	32	37	50
5 Crystal Palace	42	15	3	3	51	14	4	7	10	35	50	48
6 Watford	42	14	2	5	53	19	5	7	9	23	30	47
7 Northampton Town	42	14	4	3	40	21	5	4	12	25	46	46
8 Bristol Rovers	42	14	6	1	54	27	3	4	14	19	50	44
9 Brighton & Hove A.	42	15	4	2	51	16	2	5	14	18	46	43
10 Torquay United	42	15	2	4	60	22	3	4	14	21	53	42
11 Exeter City	42	11	5	5	48	29	5	4	12	22	46	41
12 Millwall	42	11	4	6	33	26	6	3	12	24	36	41
13 Queen's Park Rgs.	42	14	6	1	49	22	2	3	16	14	50	41
14 Clapton Orient	42	13	3	5	47	21	2	7	12	18	44	40
15 Bristol City	42	14	3	4	37	18	1	6	14	15	50	39
16 Swindon Town	42	11	7	3	45	22	2	5	14	22	56	38
17 Bournemouth	42	10	5	6	36	26	5	2	14	18	45	37
18 Aldershot	42	12	6	3	35	20	1	4	16	15	55	36
19 Cardiff City	42	11	6	4	42	27	2	3	16	20	55	35
20 Gillingham	42	10	7	4	36	25	1	6	14	19	50	35
21 Southend United	42	10	4	7	40	29	1	5	15	25	49	31
22 Newport County	42	7	4	10	36	40	3	1	17	18	72	25

1935/36 3rd in Division 3 (South)

#	Date	Opponent	Score	Scorers	Att	Barley JC	Briggs FT	Carter JH	Chandler FEJ	Coote SA	Dollery HE	Done R	Fielding HL	Fitzgerald AM	Gregory CF	Hayhurst A	Johnson GA	Keetley CF	Liddle JS	Mapson JD	McGough J	McMahon HJ	Owen W	Paterson J	Robertson WS	Robson W	Tait T	Whittaker P	Wildman FR	Wright WB
1	Aug 31	COVENTRY CITY	2-1	Liddle, Tait	15248							2	11			5	4	10	7		8					3	9	1		6
2	Sep 5	Clapton Orient	0-1		8833							2	11			5	4	10	7		8					3	9	1		6
3	7	Cardiff City	3-2	Liddle, Tait, McGough	16850							2	11			5	4	10	7		8					3	9	1		6
4	11	CLAPTON ORIENT	4-1	Chandler 2, Done (p), Tait	10163				11			2				5	4	10	7		8					3	9	1		6
5	14	GILLINGHAM	1-0	Keetley	11008				11			2				5	4	10	7		8					3	9	1		6
6	18	Southend United	2-1	Keetley, Fielding	7501							2	11		9	5	4	10	7							3			1	6
7	21	Bournemouth	1-4	Paterson	13016				10			2	11			5	4		7					8		3	9	1		6
8	28	LUTON TOWN	2-1	Tait 2	11254							2	11			5	4		7		8			10		3	9	1		6
9	Oct 5	Notts County	3-1	Fielding, McGough, Tait	10875	7							11		2	5	4				8			10		3	9	1		6
10	12	BRISTOL ROVERS	3-2	Tait, Paterson, McGough	11090	7							11		2	5	4				8			10		3	9	1		6
11	19	SWINDON TOWN	2-0	Briggs, McGough	13775	7							11		2	5	4				8			10		3	9	1		6
12	26	Aldershot	0-1		9438	7							11		2	5	4				8			10		3	9	1		6
13	Nov 2	TORQUAY UNITED	2-0	Paterson, Briggs	10209	7							11		2	5	4	10			8					3	9	1		6
14	9	Newport County	5-1	Paterson, Liddle 2, Tait, Briggs (og)	6471										2	5	4		7		8	11		10		3	9	1		6
15	16	BRISTOL CITY	5-2	Liddle 2, McGough, Paterson, Tait	10517								11		2	5	4		7		8			10		3	9	1		6
16	23	Watford	2-4	Liddle, Tait	10723								11		2	5	4		7		8			10		3	9	1		6
17	Dec 7	Brighton & Hove Albion	2-4	Liddle, Paterson	8326		9						11		2	5	4		7		8			10		3		1		6
18	21	Millwall	1-0	Fielding	9748								8	6	2	5	4		7			11		10		3	9	1		
19	25	Northampton Town	2-4	Tait, Liddle	7003								8	6	2	5	4		7			11		10		3	9	1		
20	26	NORTHAMPTON T	5-2	Liddle 3, Tait 2 (1p)	18364								8		2	5	4		7			11		10		3	9	1		6
21	28	Coventry City	1-3	Liddle	26134								8		2	5	4		7			11		10		3	9	1		6
22	Jan 4	CARDIFF CITY	4-1	Paterson 2, Fielding, McMahon	8713								8		2	5	4		7			11		10		3	9		1	6
23	15	QUEEN'S PARK RANGERS	1-2	Keetley	5123						9		8		2	5		10	7			11			4	3			1	6
24	18	Gillingham	0-2		7454								8		2	5	9	10	7			11			4	3			1	6
25	25	BOURNEMOUTH	0-2		7737	10		9					8		2	5			7			11			4	3			1	6
26	Feb 1	Luton Town	1-2	Fielding	15852	10							8		2	5	4		7			11				3	9	1		6
27	8	NOTTS COUNTY	3-1	Liddle, Wright, Johnson	7811	10							8		2	5	4		7			11				3	9	1		6
28	15	Bristol Rovers	4-1	Fielding 2, Barley, Liddle	8275	10							8		2	5			7			11			4	3	9	1		6
29	22	Swindon Town	1-4	Tait	6331	10							8		2	5			7			11			4	3	9	1		6
30	29	NEWPORT COUNTY	2-1	Fielding, Hayhurst	5607	10							8		2	5	4		7			11				3	9			6
31	Mar 7	Exeter City	5-4	Owen, Fielding, Tait 2, Crompton (og)	3588	10	7						8		2	5	4		7	1		11				3	9			6
32	14	ALDERSHOT	3-1	Tait, Barley, Briggs	8423	10	7						8		2	5	4			1		11				3	9			6
33	18	EXETER CITY	2-0	Fielding, Tait	3938	10	7						8		2	5	4					11				3	9			6
34	21	Bristol City	1-1	Tait	10066		7			5			8		2		4					11	10			3	9	1		6
35	28	WATFORD	3-0	Paterson 2, Owen	9541	10	7			5					2		4					11	8			3	9	1		6
36	Apr 4	Queen's Park Rangers	1-0	Tait	14378		7			5			8		2		4					11	10			3	9	1		6
37	10	Crystal Palace	0-2		23025		7			5			8		2		4					11	10			3	9	1		6
38	11	BRIGHTON & HOVE ALB	3-0	Fielding, Tait, Gregory	9806		7			5			8		2		4					11	10			3	9	1		6
39	13	CRYSTAL PALACE	0-1		18716		7			5			8		2		4					11	10			3	9	1		6
40	18	Torquay United	0-0		4183							3	7		2	5	4				8	11	10				9	1		6
41	25	MILLWALL	3-1	Tait 2, Paterson	4541							3	8		2		4					7	11	10	5		9	1		6
42	May 2	SOUTHEND UNITED	2-1	Paterson, Gregory	4439							3			9	5	4					7	11	10	8	2		1		6

	Apps	10	14	2	3	6	1	11	37	2	35	35	38	9	25	2	18	6	20	25	7	40	36	35	5	40
	Goals	2	3		2			1	11		2	1	1	3	15		5	1	2	12			23			1

Two own goals

F.A. Cup

	Date	Opponent	Score	Scorers	Att																									
R1	Nov 30	CORINTHIANS	8-3	Tait 2, Fielding 2, Liddle 3, McGough	15998								11		2	5	4		7		8			10		3	9	1		6
R2	Dec 14	Chester	3-3	Tait, Liddle, Hayhurst	13000								11		2	5	4		7		8			10		3	9	1		6
rep	18	CHESTER	3-0	Tait, Paterson, Fielding	10152								11		2	5	4		7		8			10		3	9	1		6
R3	Jan 11	MANCHESTER UNITED	1-3	Paterson	25344								8		2	5	4		7			11		10		3	9		1	6

Division Three (South) Cup

	Date	Opponent	Score	Scorers	Att																									
R2	Oct 30	ALDERSHOT	2-1	Carter 2	2496		9	5					11	6	2		4	10	7		8				3			1		
R3	Nov 14	Northampton Town	0-4			6		5						2		4		7		8	11		10	3		9		1		

	P	W	D	L	F	A	W	D	L	F	A	Pts
1 Coventry City	42	19	1	1	75	12	5	8	8	27	33	57
2 Luton Town	42	13	6	2	56	20	9	6	6	25	25	56
3 READING	42	18	0	3	52	20	8	2	11	35	42	54
4 Queen's Park Rgs.	42	14	4	3	55	19	8	5	8	29	34	53
5 Watford	42	12	3	6	47	29	8	6	7	33	25	49
6 Crystal Palace	42	15	4	2	64	20	7	1	13	32	54	49
7 Brighton & Hove A.	42	13	4	4	48	25	5	4	12	22	38	44
8 Bournemouth	42	9	6	6	36	26	7	5	9	24	30	43
9 Notts County	42	10	5	6	40	25	5	7	9	20	32	42
10 Torquay United	42	14	4	3	41	27	2	5	14	21	35	41
11 Aldershot	42	9	6	6	29	21	5	6	10	24	40	40
12 Millwall	42	9	8	4	33	21	5	4	12	25	50	40
13 Bristol City	42	11	5	5	32	21	4	5	12	16	38	40
14 Clapton Orient	42	13	2	6	34	15	3	4	14	21	46	38
15 Northampton Town	42	12	3	6	38	24	3	3	15	24	66	38
16 Gillingham	42	9	5	7	34	25	5	4	12	32	52	37
17 Bristol Rovers	42	11	6	4	48	31	3	3	15	21	64	37
18 Southend United	42	8	7	6	38	21	5	3	13	23	41	36
19 Swindon Town	42	10	6	5	43	33	4	2	15	21	40	36
20 Cardiff City	42	11	5	5	37	23	2	5	14	23	50	36
21 Newport County	42	8	4	9	36	44	3	5	13	24	67	31
22 Exeter City	42	7	5	9	38	41	1	6	14	21	52	27

1936/37 5th in Division 3 (South)

#		Date	Opponent	Score	Scorers	Att	Allen RSL	Barley JC	Briggs FT	Butcher R	Dalton BL	Dean CG	Done R	Fielding HL	Glidden GS	Gregory CF	Hayhurst A	Johnson GA	Kirkman G	McGough J	Owen W	Paterson J	Reid SE	Robertson WS	Robson W	Tait T	Watkin AD	Whittaker P	Wilks W	Wright WB
1	Aug	29	Torquay United	2-2	Allen, Tait	6967	9							11		2	5	4				10			3	8	7	1		6
2	Sep	2	BRISTOL CITY	2-1	Tait, Allen	11359	9							11		2	5	4				10			3	8	7	1		6
3		5	NOTTS COUNTY	4-1	Allen 2, Paterson 2	11189	9									2	5			8	11	10			4	3		7	1		6
4		12	Clapton Orient	2-3	Watkin, McGough	7958	9							11		2	5			8		10			4	3		7	1		6
5		16	EXETER CITY	1-0	Watkin	8304	9							11		2	5			8		10			4	3	9	7	1		6
6		19	WALSALL	0-2		11287	9									2	5		6		11	10			4	3	8	7	1		
7		23	Bristol City	2-1	Allen 2	7246	9						3		11	2	5			8		10			4			7	1		6
8		26	Luton Town	0-4		16717	9						3		10	2	5			8	11				4			7	1		6
9	Oct	3	CARDIFF CITY	3-0	Allen, McGough, Granville (og)	13209	9							11		2	5			8		10	3		4			7	1		6
10		10	Crystal Palace	1-3	Paterson	15981	9							11		2	5			8		10	3		4			7	1		6
11		17	ALDERSHOT	2-0	Paterson, Fielding	10045	9							11		2	5			8		10			4	3		7	1		6
12		24	Gillingham	1-2	Tait	7474								11	8	2	5					10			4	3	9	7	1		6
13		31	NEWPORT COUNTY	4-4	Tait, Watkin, Paterson 2	4880								11	8	2	5	4				10			3	9	7	1		6
14	Nov	7	Southend United	1-1	Glidden	6644					11				8	2	5	4				10			3	9	7	1		6
15		14	WATFORD	3-0	O'Brien (og), Dalton, Tait	9188					11				8	2	5	4				10			3	9	7	1		6
16		21	Brighton & Hove Albion	1-1	Watkin	13509					11				8	2	5	4				10			3	9	7	1		6
17	Dec	5	Northampton Town	1-2	Tait	8543	8							11		2	5	4				10			3	9	7	1		6
18		19	Millwall	2-0	Paterson, Tait	19829	8							11		2	5	4				10			3	9	7	1		6
19		25	SWINDON TOWN	2-2	Tait, Paterson	12692	8							11		2	5	4				10			3	9	7	1		6
20		26	TORQUAY UNITED	5-1	Fielding, Watkin 2, Tait, Glidden	15275								11	8	2	5	4				10			3	9	7	1		6
21		28	Swindon Town	2-1	Tait, Barley	8800	8							11		2	5	4				10			3	9	7	1		6
22	Jan	2	Notts County	0-1		15484								11	8	2	5	4				10			3	9	7	1		6
23		9	CLAPTON ORIENT	1-1	McGough	7089		9						11		2	5	4		8		10			3		7	1		6
24		20	BOURNEMOUTH	3-2	McGough, Gilmore (og), Tait	4218								11	10	2	5	4		8					3	9	7	1		6
25	Feb	6	Cardiff City	1-1	Tait, Paterson	10569	8							11		2	5	4				10			3	9	7	1		6
26		10	LUTON TOWN	2-2	Fielding	8210	8		7					11		2	5	4				10			3	9		1		6
27		13	CRYSTAL PALACE	1-1	Watkin (p)	9783						8		11		2	5					10		4	3	9	7	1		6
28		20	Aldershot	2-0	Watkin, Tait	8011						8		11		2	5					10		4	3	9	7	1		6
29		24	BRISTOL ROVERS	2-0	Dean, Glidden	3389						8		11	9	2	5					10		4	3		7	1		6
30		27	GILLINGHAM	6-2	Watkin 3, Paterson, Glidden, Dalton	6775					11	8			9	2	5					10		4	3		7	1		6
31	Mar	6	Newport County	0-3		8449					11	8			9	2	5					10		4	3		7	1		6
32		13	SOUTHEND UNITED	2-3	Paterson, Gregory	7684					11				8	2	5					10		4	3	9	7	1		6
33		20	Watford	1-6	Watkin	8101					11				9	2		4		8		10	5		3		7	1		6
34		26	Queen's Park Rangers	0-0		16297		10		1						2	5	4		8		11			3	9	7			6
35		27	BRIGHTON & HOVE ALB	2-0	Stevens (og), Glidden	9570			7	1					11	2	5	4		8		10			3	9				6
36		29	QUEEN'S PARK RANGERS	2-0	Dean, Tait	13050			7	1		10				2	5	4		8		11			3	9				6
37		30	Walsall	1-0	Tait	5732			7	1		10				2	5	4		8		11			3	9				6
38	Apr	3	Bournemouth	1-2	McGough	7061			7	1				11		2	5	4		8		10			3	9				6
39		10	NORTHAMPTON T	3-1	Thayne (og), McGough 2	6291			7	1				11		2	5	4		8		10			3	9				6
40		17	Bristol Rovers	2-2	Briggs, Tait	6633			7	1				11		2	5	4		8		10			3	9				6
41		24	MILLWALL	3-0	Briggs 2, McGough	7324			7	1			10			2	5			8		11			3	9			4	6
42	May	1	Exeter City	0-2		2546			7	1			10	11		2	5			8					3	9			4	6

	Apps	10	7	10	9	7	9	2	22	20	42	41	24	1	20	3	39	2	17	38	30	33	33	2	41
	Goals	7	1	3		2	2		3	5	1				8		11				16	12			

Five own goals

F.A. Cup

		Date	Opponent	Score	Scorers	Att																							
R1	Nov	28	Ilford	4-2	Gregory, Tait, Fielding, Wright	7800								11	8	3		4				10			2	9	7	1		6
R2	Dec	12	NEWPORT COUNTY	7-2	Fielding, Watkin 4, Tait, Paterson	10790	8							11		3	5	4				10			2	9	7	1		6
R3	Jan	16	Manchester United	0-1		36668	8							11		3	5	4				10			2	9	7	1		6

Played in R1 at 5: SA Coote

Division Three (South) Cup

		Date	Opponent	Score	Scorers	Att																							
R1	Oct	7	QUEEN'S PARK RANGERS	2-1	Watkin, McGough	1958	9							11			5			8		10	3	4			7	1		6
R2		21	Notts County	2-3	Fielding, Wright	3212								11		2	5			8		10		4	3	9	7	1		6

Played in R1 at 2: Jenkins

		P	W	D	L	F	A	W	D	L	F	A	Pts
1	Luton Town	42	19	1	1	69	16	8	3	10	34	37	58
2	Notts County	42	15	3	3	44	23	8	7	6	30	29	56
3	Brighton & Hove A.	42	15	5	1	49	16	9	0	12	25	27	53
4	Watford	42	14	4	3	53	21	5	7	9	32	39	49
5	READING	42	14	5	2	53	23	5	6	10	23	37	49
6	Bournemouth	42	17	3	1	45	20	3	6	12	20	39	49
7	Northampton Town	42	15	4	2	56	22	5	2	14	29	46	46
8	Millwall	42	12	4	5	43	24	6	6	9	21	30	46
9	Queen's Park Rgs.	42	12	2	7	51	24	6	7	8	22	28	45
10	Southend United	42	10	8	3	49	23	7	3	11	29	44	45
11	Gillingham	42	14	5	2	36	18	4	3	14	16	48	44
12	Clapton Orient	42	10	8	3	29	17	4	7	10	23	35	43
13	Swindon Town	42	12	4	5	52	24	2	7	12	23	49	39
14	Crystal Palace	42	11	7	3	45	20	2	5	14	17	41	38
15	Bristol Rovers	42	14	3	4	49	20	2	1	18	22	60	36
16	Bristol City	42	13	3	5	42	20	2	3	16	16	50	36
17	Walsall	42	11	3	7	38	34	2	7	12	25	51	36
18	Cardiff City	42	10	5	6	35	24	4	2	15	19	63	35
19	Newport County	42	7	7	7	37	28	5	3	13	30	70	34
20	Torquay United	42	9	5	7	42	32	2	5	14	15	48	32
21	Exeter City	42	9	5	7	36	37	1	7	13	23	51	32
22	Aldershot	42	5	6	10	29	29	2	3	16	21	60	23

1937/38   6th in Division 3 (South)

#	Date		Opponent	Result	Scorers	Att
1	Aug	28	MILLWALL	1-0	Williams	16876
2	Sep	1	Aldershot	0-0		9064
3		4	Brighton & Hove Albion	1-1	Williams	12343
4		8	ALDERSHOT	3-2	Williams 3 (1p)	11064
5		11	Crystal Palace	1-3	Williams	12677
6		15	Gillingham	2-1	Williams, McGough	4160
7		18	NOTTS COUNTY	0-2		14690
8		25	Newport County	2-2	Rimmer, Williams	11510
9	Oct	2	BRISTOL CITY	0-1		9533
10		9	Watford	0-4		12247
11		16	QUEEN'S PARK RANGERS	1-0	Tait	10267
12		23	Southend United	2-4	Williams, Layton	6858
13		30	CLAPTON ORIENT	2-0	Williams 2	7161
14	Nov	6	Torquay United	2-3	Watkin, Williams	3569
15		13	MANSFIELD TOWN	3-2	Layton, Holmes, Glidden	7910
16		20	Bristol Rovers	2-2	Gregory, O'Mahoney (og)	7977
17	Dec	4	Walsall	5-2	Cook, Tait 2, Layton 2	1976
18		18	Bournemouth	1-1	Holmes	5477
19		25	SWINDON TOWN	2-1	Simpson, Watkin	10992
20		27	Swindon Town	0-0		18760
21	Jan	1	Millwall	1-1	Wright	21553
22		8	NORTHAMPTON T	4-3	Layton 2, Tait 2	8298
23		15	BRIGHTON & HOVE ALB	2-1	Layton 2	7844
24		22	CRYSTAL PALACE	3-2	Simpson 2, Tait	11016
25		29	Notts County	1-2	Hindmarsh (og)	11046
26	Feb	5	NEWPORT COUNTY	2-1	Holmes, Watkin	9136
27		12	Bristol City	0-1		25189
28		19	WATFORD	4-1	Simpson, Watkin 2, Layton	12560
29		26	Queen's Park Rangers	0-3		19725
30	Mar	5	SOUTHEND UNITED	3-2	Watkin 2, Tait	8234
31		12	Clapton Orient	1-1	Tait	7300
32		19	TORQUAY UNITED	1-1	Watkin (p)	7233
33		26	Mansfield Town	1-5	Holmes	6521
34	Apr	2	BRISTOL ROVERS	4-0	Watkin, Dean, McGough, Tait	5011
35		9	Northampton Town	2-2	McGough, Robson	5014
36		15	EXETER CITY	1-0	Watkin	10561
37		16	WALSALL	2-1	Tait, Hayhurst	7350
38		18	Exeter City	2-0	Cook, Tait	7055
39		23	Cardiff City	1-4	Layton	8281
40		30	BOURNEMOUTH	4-1	Tait 3, Dougall	3874
41	May	4	CARDIFF CITY	0-0		4597
42		7	GILLINGHAM	2-0	Layton, McGough	3958

Two own goals

F.A. Cup

R1	Nov	27	Guildford City	0-1		7831

Division Three (South) Cup

R1	Oct	6	Bournemouth	2-1	Glidden, Layton	
R3	Feb	2	BRISTOL ROVERS	3-1	Tait, Cook, Simpson	1392
SF	Mar	16	WATFORD	3-0	Tait 2, Simpson	1629
F1	Sep	28	BRISTOL CITY	6-1	MacPhee 4, Smallwood, Tait	1097
F2	Oct	12	Bristol City	0-1		800

Bye in R2.. Final held over to season 1938/39

Played in R1 at 2: Jenkins. At 6: G Kirkman
Played in both legs of Final: At 3, J Fullwood. At 9, MG MacPhee
Played at 7 in F1: S Doran
Played at 11 in F1: F Smallwood. Played at 11 in F2: HR Deverall

		P	W	D	L	F	A	W	D	L	F	A	Pts
1	Millwall	42	15	3	3	53	15	8	7	6	30	22	56
2	Bristol City	42	14	6	1	37	13	7	7	7	31	27	55
3	Queen's Park Rgs.	42	15	3	3	44	17	7	6	8	36	30	53
4	Watford	42	14	4	3	50	15	7	7	7	23	28	53
5	Brighton & Hove A.	42	15	3	3	40	16	6	6	9	24	28	51
6	READING	42	17	2	2	44	14	3	9	9	27	42	51
7	Crystal Palace	42	14	4	3	45	17	4	8	9	22	30	48
8	Swindon Town	42	12	4	5	33	19	5	6	10	16	30	44
9	Northampton Town	42	12	4	5	30	19	5	5	11	21	38	43
10	Cardiff City	42	13	7	1	57	22	2	5	14	10	32	42
11	Notts County	42	10	6	5	29	17	6	3	12	21	33	41
12	Southend United	42	12	5	4	43	23	3	5	13	27	45	40
13	Bournemouth	42	8	10	3	36	20	6	2	13	20	37	40
14	Mansfield Town	42	12	5	4	46	26	3	4	14	16	41	39
15	Bristol Rovers	42	10	7	4	28	20	3	6	12	18	41	39
16	Newport County	42	9	10	2	31	15	2	6	13	12	37	38
17	Exeter City	42	10	4	7	37	33	3	8	10	20	38	38
18	Aldershot	42	11	4	6	23	14	4	1	16	16	45	35
19	Clapton Orient	42	10	7	4	27	19	3	0	18	15	42	33
20	Torquay United	42	7	5	9	22	28	2	7	12	16	45	30
21	Walsall	42	10	4	7	34	37	1	3	17	18	51	29
22	Gillingham	42	9	5	7	25	25	1	1	19	11	52	26

1938/39   5th in Division 3 (South)

#	Date		Opponent	Score	Scorers	Att	Brown HS	Deverall HR	Doran S	Dougall R	Fullwood J	Glidden GS	Hayhurst A	Holmes J	Houldsworth FC	Layton WH	McCarthy K	MacPhee MG	Ordish CS	Sams A	Sherwood JHW	Smallwood F	Tait T	Wallbanks J	Watkin AD	Whittaker P	Young LA
1	Aug	27	QUEEN'S PARK RANGERS	2-4	Sherwood, MacPhee	12966				4	3			6		10		9	2		8	11			7	1	5
2		31	Bournemouth	0-0		6901				4	3		2	6				8		10		11	9			7	1	5
3	Sep	3	Southend United	0-2		8285				4	3		2	6				8		10		11	9			7	1	5
4		7	Brighton & Hove Albion	2-2	Dougall, Tait	8285				4	3		2	6				9		10		11	8			7	1	5
5		10	EXETER CITY	1-1	MacPhee	10006			7	4	3		2	6				9		10		11	8				1	5
6		14	BRIGHTON & HOVE ALB	3-0	Doran, Dougall, MacPhee	7473			7	4	3	6	2	5				9		10		11	8				1	
7		17	Cardiff City	1-0	Smallwood	15843			7	4	3	6	2	5				9		10		11	8				1	
8		24	IPSWICH TOWN	2-1	MacPhee, Tait	11526			7	4	3	6	2	5				9		10		11	8				1	
9	Oct	1	Notts County	0-2		10550			7	4	3	10	2	5				9				11	8				1	6
10		8	Bristol Rovers	4-2	MacPhee 2, Tait, Doran	6720			7	4	3		2					9		10		11	8	5			1	6
11		15	NORTHAMPTON T	5-1	Smallwood, MacPhee 2, Tait, Dougall	11228			7	4	3		2	6				9		10		11	8	5			1	
12		22	Aldershot	1-1	Smallwood	15611			7	4	3		2	6		10		9				11	8	5			1	
13		29	CLAPTON ORIENT	2-2	Tait, Holmes	11421			7	4	3		2	6		10		9				11	8	5			1	
14	Nov	5	Torquay United	1-1	Doran	3911			7	4	3		2	6				9		10		11	8	5			1	
15		12	SWINDON TOWN	3-0	MacPhee, Tait 2	13455			7	4	3	10	2	6				9				11	8	5			1	
16		19	Port Vale	2-0	MacPhee (p), Doran	9633	8		7	4	3		2	6				9				11	10	5			1	
17	Dec	3	Crystal Palace	0-0		15565	10		7	4	3		2	6				9				11	8	5			1	
18		10	BRISTOL CITY	2-2	MacPhee, Dougall	8444	8			4	3		2	6		10		9				11	7	5			1	
19		17	Newport County	0-2		9870	6			4	3		2			10		9				11	8	5	7		1	
20		24	Queen's Park Rangers	2-2	MacPhee 2	4329	6			4	3			5		10		9				11	8	2	7		1	
21		26	WALSALL	1-1	Layton	4797	6			4	3			5	1	10		9				11	8	2	7			
22		27	Walsall	0-3		9066	6			4	3			5	1	10		9				11	8	2	7			
23		31	SOUTHEND UNITED	3-0	MacPhee 2, Layton	6272	6			4	3			5		10		9				11	8	2	7		1	
24	Jan	11	WATFORD	3-2	Smallwood 2 (2p), MacPhee	4420	10			4	3			5				9				11	8	2	7		1	6
25		14	Exeter City	2-3	MacPhee, Dougall	4662	10			4	3			5				9				11	8	2	7		1	6
26		21	NEWPORT COUNTY	0-1		11292	10	11		4	3			5				9					8	2	7		1	6
27	Feb	1	CARDIFF CITY	0-0		3623	10			4	3			5				9	2			11	8		7		1	6
28		4	NOTTS COUNTY	3-1	Brown, MacPhee 2	7342	8		7	4	3	10		5				9				11		2			1	6
29		11	BRISTOL ROVERS	2-0	O'Mahoney (og), Brown	7736	8		7	4	3	10		5				9				11		2			1	6
30		18	Northampton Town	1-1	Brown	8427	8		7	4	3	10		5				9				11		2			1	6
31		25	ALDERSHOT	5-0	Doran, Smallwood, MacPhee 2, Deverall	8880	8	10	7	4	3			5				9				11		2			1	6
32	Mar	4	Clapton Orient	2-1	Doran, MacPhee	6614	8	10	7	4	3							9	2			11		5			1	6
33		11	TORQUAY UNITED	3-5	Deverall 2, MacPhee	7864	8	10	7	4	3			5				9				11		2			1	6
34		18	Swindon Town	2-4	Tait, MacPhee	12441	6	10	7		3							9	2		4	11	8	5			1	
35		25	PORT VALE	2-1	Doran, Brown	5079	6	10	7	8	3			2				9			4	11		5			1	
36	Apr	1	Watford	1-3	Smallwood	6073	8	10	7		3			5				9			4	11		2			1	6
37		7	Mansfield Town	0-0		6635	8	10	7		3			5	1			9			4	11		2				6
38		8	CRYSTAL PALACE	3-1	Smallwood 3 (1p)	10131	8	10	7		3			5	1			9			4	11		2				6
39		10	MANSFIELD TOWN	0-0		9225	10		7		3			5	1		8	9			4	11		2				6
40		15	Bristol City	1-5	Doran	7420	8		7		3			5	1	10		9			4	11		2				6
41		29	BOURNEMOUTH	1-0	Dougall	2705		11		4	3	7		5	1			10	9	2		8						6
42	May	3	Ipswich Town	1-2	MacPhee	9560	8		7	4	3			5	1			10	9	2		11						6

	Apps	26	10	27	36	42	9	18	38	8	10	3	42	6	10	9	40	27	30	13	34	24
	Goals	4	3	8	6				1		2		25			1	10	8				

One own goal

F.A. Cup

R1	Nov	26	NEWPORT COUNTY	3-3	MacPhee, Tait, Glidden	19106			7	4	3	10	2	6				9				11	8	5			1	
rep	Dec	5	Newport County	1-3	Tait	10760			7	4	3		2	6		10		9				11	8	5			1	

Division Three (South) Cup

R1	Oct	26	WATFORD	5-1	Tait 2, Smallwood, Brown 2	801			7	4	3		2			10		9				11	8				1	5
R2	Jan	7	CLAPTON ORIENT	4-0	MacPhee, Smallwood, Brown 2	1800			7	4	3		2	6		10		9				11	8	5			1	
R3	Mar	8	CRYSTAL PALACE	0-0		1218	8	10		4	3							9	2			11		5			1	6
rep		22	Crystal Palace	4-6	Tait 4	2071	6	10	7		3					2	1		8			11	9	5				

Played in R1 at 6 and R3 replay at 4: Wilks
Played in R3 at 7: Nicoli

		P	W	D	L	F	A	W	D	L	F	A	Pts
1	Newport County	42	15	4	2	37	16	7	7	7	21	29	55
2	Crystal Palace	42	15	4	2	49	18	5	8	8	22	34	52
3	Brighton & Hove A.	42	14	5	2	43	14	5	6	10	25	35	49
4	Watford	42	14	6	1	44	15	3	6	12	18	36	46
5	READING	42	12	6	3	46	23	4	8	9	23	36	46
6	Queen's Park Rgs.	42	10	8	3	44	15	5	6	10	24	34	44
7	Ipswich Town	42	14	3	4	46	21	2	9	10	16	31	44
8	Bristol City	42	14	5	2	42	19	2	7	12	19	44	44
9	Swindon Town	42	15	4	2	53	25	3	4	14	19	52	44
10	Aldershot	42	13	6	2	31	15	3	6	12	22	51	44
11	Notts County	42	12	6	3	36	16	5	3	13	23	38	43
12	Southend United	42	14	5	2	38	13	2	4	15	23	51	41
13	Cardiff City	42	12	1	8	40	28	3	10	8	21	37	41
14	Exeter City	42	9	9	3	40	32	4	5	12	25	50	40
15	Bournemouth	42	10	8	3	38	22	3	5	13	14	36	39
16	Mansfield Town	42	10	8	3	33	19	2	7	12	11	43	39
17	Northampton Town	42	13	5	3	41	20	2	3	16	10	38	38
18	Port Vale	42	10	5	6	36	23	4	4	13	16	35	37
19	Torquay United	42	5	9	7	27	28	4	6	11	14	38	33
19	Torquay United	42	9	5	7	27	28	7	4	10	27	42	37
20	Clapton Orient	42	10	9	2	40	16	1	4	16	13	39	35
21	Walsall	42	9	6	6	47	23	2	5	14	21	46	33
22	Bristol Rovers	42	8	8	5	30	17	2	5	14	25	44	33

1939/40

Football League

Aug 26	Bristol Rovers	2-2	MacPhee, Chitty		9770	Houldsworth FC	Wilson JW	Fenwick AL	Dougall R	Holmes J	Young LA	Chitty WS	Whittam EA	MacPhee MG	Edelston M	Smallwood F
30	CRYSTAL PALACE	5-0	MacPhee, Smallwood 2, Edelston		8525	Gale GW	Wilson JW	Fullwood J	Dougall R	Holmes J	Young LA	Chitty WS	Taylor A	MacPhee MG	Edelston M	Smallwood F
Sep 2	SOUTHEND UNITED	1-0	Edelston		7595	Gale GW	Wilson JW	Fullwood J	Dougall R	Holmes J	Edwards L	Chitty WS	Taylor A	MacPhee MG	Edelston M	Smallwood F

Friendlies

Sep 16	CHELSEA	0-4			6000	Gale GW	Fenwick AL	Fullwood J	Dougall R	Holmes J	Young LA	Chitty WS	Whittam EA	MacPhee MG	Edelston M	Smallwood F
23	NEWPORT COUNTY	5-0	Deverall 2, Edelston, MacPhee 2			Lawrence W	Wallbanks J	Fullwood J	Dougall R	Holmes J	Young LA	Chitty WS	Edelston M	MacPhee MG	Deverall HR	Smallwood F
30	ARSENAL	1-3	Smallwood		9000	Lawrence W	Wilson JW	Fullwood J	Dougall R	Holmes J	Young LA	Chitty WS	Whittam EA	MacPhee MG	Deverall HR	Smallwood F
7	PORTSMOUTH	6-3	Deverall 2, Smallwood, MacPhee, Whittam 2		6000	Gale GW	Wallbanks J	Fullwood J	Dougall R	Holmes J	Young LA	Chitty WS	Whittam EA	MacPhee MG	Deverall HR	Smallwood F
14	FULHAM	2-2	Dougall, Deverall		3020	Gale GW	Wallbanks J	Fullwood J	Dougall R	Holmes J	Young LA	Chitty WS	Whittam EA	MacPhee MG	Deverall HR	Smallwood F

Lawrence substituted for Gale v. Fulham

War League South "B" Division

Oct 21	QUEEN'S PARK RANGERS	2-0	MacPhee, Deverall		4432	Mapson J	Wallbanks J	Fullwood J	Dougall R	Holmes J	Young LA	Chitty WS	Edelston M	MacPhee MG	Deverall HR	Smallwood F
28	Aldershot	1-1	Chitty		3000	Mapson J	Wallbanks J	Fullwood J	Dougall R	Holmes J	Young LA	Cox FJA	Edelston M	MacPhee MG	Deverall HR	Chitty WS
Nov 4	BOURNEMOUTH	6-3	Deverall 2, Cox 2, Edelston, MacPhee		3656	Mapson J	Wallbanks J	Fullwood J	Dougall R	Holmes J	Young LA	Cox FJA	Edelston M	MacPhee MG	Deverall HR	Chitty WS
11	Chelsea	0-3			5070	Mapson J	Wallbanks J	Fullwood J	Dougall R	Holmes J	Young LA	Cox FJA	Edelston M	MacPhee MG	Deverall HR	Chitty WS
18	SOUTHAMPTON	5-3	Layton 3, MacPhee, Sherwood		3171	Mapson J	Wallbanks J	Fullwood J	Dougall R	Holmes J	Young LA	Chitty WS	Sherwood HW	MacPhee MG	Layton WH	Smallwood F
25	Brighton & Hove Alb.	2-1	MacPhee, Smallwood		1996	Mapson J	Wallbanks J	Fullwood J	Dougall R	Holmes J	Young LA	Chitty WS	Sherwood HW	MacPhee MG	Layton WH	Smallwood F
Dec 2	Brentford	0-3			4077	Mapson J	Wallbanks J	Fullwood J	Dougall R	Holmes J	Young LA	Chitty WS	Edelston M	MacPhee MG	Layton WH	Smallwood F
9	FULHAM	6-1	Smallwood, MacPhee, Deverall 2, Edelston 3		2705	Mapson J	Wallbanks J	Fullwood J	Dougall R	Holmes J	Young LA	Chitty WS	Edelston M	MacPhee MG	Deverall HR	Smallwood F
23	Portsmouth	2-1	Edelston, Chitty		3500	Mapson J	Wallbanks J	Fullwood J	Dougall R	Holmes J	Young LA	Chitty WS	Edelston M	MacPhee MG	Deverall HR	Smallwood F
25	ALDERSHOT	7-2	MacPhee 4, Smallwood, Edelston, Deverall		3863	Mapson J	Wallbanks J	Fullwood J	Dougall R	Holmes J	Young LA	Chitty WS	Edelston M	MacPhee MG	Deverall HR	Smallwood F
26	Bournemouth	1-2	Deverall		7000	Mapson J	Glidden GS	Fullwood J	Dougall R	Holmes J	Young LA	Chitty WS	Edelston M	MacPhee MG	Deverall HR	Smallwood F
30	CHELSEA	1-5	Deverall		2128	Mapson J	Wallbanks J	Fullwood J	Dougall R	Holmes J	Young LA	Chitty WS	Edelston M	MacPhee MG	Deverall HR	Smallwood F
Jan 1	Queen's Park Rangers	0-3			1500	Mapson J	Wallbanks J	Fullwood J	Dougall R	Holmes J	Young LA	Chitty WS	Edelston M	MacPhee MG	Layton WH	Smallwood F
6	Southampton	6-5	Layton 2, Chitty, Deverall, Sherwood 2		2000	Mapson J	Wallbanks J	Fullwood J	Dougall R	Wallbanks J	Young LA	Chitty WS	Sherwood HW	MacPhee MG	Layton WH	Chitty WS
13	BRIGHTON & HOVE ALB.	1-0	Layton		2236	Mapson J	Wallbanks J	Fullwood J	Dougall R	Holmes J	Young LA	Chitty WS	Sherwood HW	MacPhee MG	Layton WH	Smallwood F
20	BRENTFORD	3-1	Sherwood 2, Deverall		1400	Flack DW	Wallbanks J	Fullwood J	Dougall R	Holmes J	Young LA	Chitty WS	Deverall HR	MacPhee MG	Layton WH	Smallwood F
May 13	Fulham	2-6	Deverall		1500	Mapson J	Wallbanks J	Fullwood J	Dougall R	Holmes J	Young LA	Chitty WS	Deverall HR	MacPhee MG	Layton WH	Smallwood F
Jun 8	PORTSMOUTH	2-2	Deverall 2		748	Mapson J	Wallbanks J	Fullwood J	Dougall R	Holmes J	Young LA	Cox FJA	Wilkins GE	MacPhee MG	Deverall HR	Chitty WS

P 18, W 10, D 2, L 6, F 47, A 42 PTS 22   Position: 4th out of 10

South "D" Division

Feb 10	BOURNEMOUTH	1-4	Dougal		2450	Mapson J	Wallbanks J	Fullwood J	Dougall R	Holmes J	Young LA	Chitty WS	Taylor A	Sherwood HW	Layton WH	Smallwood F
17	Crystal Palace	1-4	Deverall		1139	Mapson J	Wallbanks J	Fullwood J	Dougall R	Holmes J	Young LA	Chitty WS	Deverall HR	Sherwood HW	Layton WH	Smallwood F
24	Brighton & Hove Alb.	0-3			2120	Mapson J	Wallbanks J	Fullwood J	Dougall R	Holmes J	Young LA	Chitty WS	Cox FJA	Sherwood HW	Layton WH	Smallwood F
Mar 2	QUEEN'S PARK RANGERS	4-1	Layton, Sherwood, Deverall, Smallwood		1873	Mapson J	Wallbanks J	Fullwood J	Dougall R	Holmes J	Young LA	Cox FJA	Deverall HR	Sherwood HW	Layton WH	Smallwood F
9	Norwich City	2-5	Ludford, Smallwood		3000	Mapson J	Wallbanks J	Fullwood J	Dougall R	Holmes J	Young LA	Chitty WS	Deverall HR	Ludford GA	Layton WH	Smallwood F
16	WATFORD	5-2	MacPhee 2, Smallwood, Taylor, Burges		2500	Mapson J	Wallbanks J	Fullwood J	Dougall R	Holmes J	Young LA	Chitty WS	Taylor A	MacPhee MG	Burgess H	Smallwood F
22	Aldershot	2-2	Smallwood 2		5725	Mapson J	Wallbanks J	Fullwood J	Dougall R	Holmes J	Young LA	Chitty WS	Taylor A	MacPhee MG	Burgess H	Smallwood F
23	CLAPTON ORIENT	0-2			3240	Mapson J	Wallbanks J	Fullwood J	Dougall R	Holmes J	Young LA	Chitty WS	Taylor A	MacPhee MG	Burgess H	Smallwood F
25	ALDERSHOT	1-2	Taylor		4585	Mapson J	Wallbanks J	Fullwood J	Dougall R	Holmes J	Young LA	Chitty WS	Taylor A	MacPhee MG	Burgess H	Smallwood F
30	Southend United	2-4	Lewis, Burgess		2100	Layton WH	Wallbanks J	Fullwood J	Cothliffe HT	Holmes J	Young LA	Chitty WS	Lewis	MacPhee MG	Burgess H	Deverall HR
Apr 4	Clapton Orient	3-0	Dougal, Deverall, Wilkins			Gaskell E	Hayhurst A	Fullwood J	Cothliffe HT	Sheppard HH	Young LA	Chitty WS	Wilkins GE	Sherwood HW	Layton WH	Deverall HR
6	Bournemouth	1-3	MacPhee		3000	Mapson J	Wallbanks J	Fullwood J	Dougall R	Holmes J	Young LA	Chitty WS	Edelston M	MacPhee MG	Burgess H	Smallwood F
24	SOUTHEND UNITED	1-1	Layton		1735	Mapson J	Wallbanks J	Fullwood J	Dougall R	Holmes J	Young LA	Crooks SD	Smallwood F	MacPhee MG	Yorston BC	Duncan D
May 1	Watford	0-3			994	Mapson J	Wallbanks J	Fullwood J	Dougall R	Holmes J	Young LA	Chitty WS	Edelston M	Layton WH	McCarthy B	Smallwood F
8	CRYSTAL PALACE	2-4	Smallwood 2		1384	Mapson J	Wallbanks J	Fullwood J	Dougall R	Holmes J	Young LA	Chitty WS	Edelston M	MacPhee MG	Layton WH	Deverall HR
18	BRIGHTON & HOVE ALB.	3-1	MacPhee 2, Deverall		1299	Mapson J	Wallbanks J	Fullwood J	Dougall R	Holmes J	Young LA	Chitty WS	McCarthy B	MacPhee MG	Layton WH	Smallwood F
23	Queen's Park Rangers	1-2	Cothliffe						Cothliffe HT							
29	NORWICH CITY	2-1	MacPhee, Kelsey		411	Abery LA	Hayhurst A		Cothliffe HT	Sheppard HH	Young LA	Ireland H	Tait T	MacPhee MG		Kelsey H

P 18, W 6, D 2, L 10, F 31, A 42 PTS 14   Position: 9th out of 10

Also played on Apr 4, May 23 or May 29: FW Dawes, J O'Hare

1939/40 (continued)

League War Cup

PR	Apr 13	Cardiff City	1-1	MacPhee	3000	Mapson J	Wilson JW	Wallbanks J	Dougall R	Holmes J	Young LA	Chitty WS	Taylor A	MacPhee MG	Deverall HR	Smallwood F
PR rep.	17	CARDIFF CITY	1-0	Granville (og)	2873	Mapson J	Wallbanks J	Fullwood J	Dougall R	Holmes J	Young LA	Chitty WS	Deverall HR	MacPhee MG	Layton WH	Smallwood F
R1/1	20	Torquay United	0-2		2349	Mapson J	Wallbanks J	Fullwood J	Dougall R	Holmes J	Young LA	Chitty WS	Stone	MacPhee MG	Layton WH	Smallwood F
R1/2	27	TORQUAY UNITED	3-0	(a.e.t) Young 2, MacPhee	3383	Mapson J	Wallbanks J	Fullwood J	Dougall R	Holmes J	Young LA	Chitty WS	Edelston M	MacPhee MG	Layton WH	Smallwood F
R2/1	May 4	Birmingham	0-2		9667	Mapson J	Wallbanks J	Fullwood J	Dougall R	Holmes J	Young LA	Chitty WS	Edelston M	MacPhee MG	Layton WH	Deverall HR
R2/2	11	BIRMINGHAM	0-2		5127	Mapson J	Wallbanks J	Fullwood J	Dougall R	Holmes J	Young LA	Chitty WS	Edelston M	MacPhee MG	Layton WH	Smallwood F

1940/41

South Regional League

Aug 31	CARDIFF CITY	2-0	MacPhee, Layton	2712	Mapson J	Ratcliffe B	Fullwood J	Cothliffe HT	Young LA	Johnston H	Chitty WS	Edelston M	MacPhee MG	Layton WH	Kilkenny JC
Sep 7	Cardiff City	2-2	MacPhee, Edelston	3000	Mapson J	Ratcliffe B	Fullwood J	Dougall R	Glidden GS	Cothliffe HT	Chitty WS	Edelston M	MacPhee MG	Layton WH	Smallwood F
14	Coventry City	3-7	MacPhee 2, Brooks	2500	Ednay C	Kilkenny JC	Wicks LR	Dougall R	Holmes J	Johnston H	Davie J	Harwood RW	MacPhee MG	Layton WH	Brooks NH
21	COVENTRY CITY	3-2	Layton, MacPhee, Roberts	2400	Ednay C	Winter DJ	Fullwood J	Ithell WJ	Ratcliffe B	Hurst J	Davie J	Roberts JH	MacPhee MG	Layton WH	Smallwood F
28	Swansea	1-4	MacPhee	4000	Ednay C	Ratcliffe B	Wicks LR	Layton WH	Kilkenny JC	Walker D	Davie J	Perry E	MacPhee MG	McCarthy B	Brooks NH
Oct 5	SWANSEA	4-0	Layton 2, Edelston, Mears (og)	2386	Mapson J	Winter DJ	Fullwood J	Dougall R	Ratcliffe B	Hurst J	Geldard A	Edelston M	MacPhee MG	Layton WH	Chitty WS
12	Bournemouth	1-1	Edelston	1500	Mapson J	Winter DJ	Fullwood J	Winter DJ	Ratcliffe B	Hurst J	Geldard A	Edelston M	MacPhee MG	Layton WH	Chitty WS
19	BOURNEMOUTH	5-1	Sinclair 2, Layton, Hurst, MacPhee	2416	Mapson J	Winter DJ	Fullwood J	Fullwood J	Ratcliffe B	Kilkenny JC	Geldard A	Sinclair T	MacPhee MG	Layton WH	Chitty WS
26	Fulham	1-1	MacPhee	350	Mapson J	Winter DJ	Glidden GS	Hurst J	Ratcliffe B	Layton WH	Geldard A	Sinclair T	MacPhee MG	Edelston M	Chitty WS
Nov 2	FULHAM	2-1	Chitty, Layton	1854	Mapson J	Ratcliffe B	Fullwood J	Dougall R	Hayhurst A	Layton WH	Chitty WS	Edelston M	MacPhee MG	Harwood RW	Smallwood F
9	CLAPTON ORIENT	6-0	Chitty 2, MacPhee 2, Layton, Bartlett (og)	1000	Mapson J	Ratcliffe B	Fullwood J	Dougall R	Howe LF	Layton WH	Chitty WS	Perkins	MacPhee MG	Harwood RW	Gill D
16	Luton Town	1-1	MacPhee	500	Mapson J	Hayhurst A	Chitty WS	Aicken AV	Hampshire F	Layton WH	Bates WH	Edelston M	MacPhee MG	Harwood RW	Gill D
23	Southampton	3-2	MacPhee, Sherwood, Brooks	1000	Mapson J	Ratcliffe B	Hampshire F	Dougall R	Bartlett FL	Layton WH	Sherwood HW	Edelston M	MacPhee MG	Harwood RW	Brooks NH
30	LUTON TOWN	3-2	MacPhee 2, Chitty	2000	Mapson J	Bacuzzi J	Westwood E	Dougall R	Ratcliffe B	Layton WH	Chitty WS	Edelston M	MacPhee MG	Perkins	Cox FJA
Dec 7	Brentford	3-2	Howe 2, MacPhee	600	Mapson J	Hayhurst A	Fullwood J	Dougall R	Howe LF	Layton WH	Chitty WS	Howe LF	MacPhee MG	Aird	Sherwood HW
14	SOUTHAMPTON	8-0	MacPhee 3, Gibbons 2, Chitty 2, Neilson	1500	Mapson J	Westwood E	Fullwood J	Dougall R	Howe LF	Layton WH	Chitty WS	Nielson	MacPhee MG	Gibbons AH	Smallwood F
21	Queen's Park Rangers	1-4	Edelston	500	Mapson J	Chitty WS	Fullwood J	Sherwood HW	Ratcliffe B	Layton WH	Neilan	Edelston M	MacPhee MG	Watts	Brooks NH
25	ALDERSHOT	4-5	MacPhee 2, Edelston 2	3000	Mapson J	Fullwood J	Wicks LR	Layton WH	Bartlett FL	James	Chitty WS	Edelston M	MacPhee MG	Knott	Kelsey H
28	QUEEN'S PARK RANGERS	2-0	MacPhee, Chitty	2500	Mapson J	Bacuzzi J	Fullwood J	Dougall R	Millington	Layton WH	Chitty WS	Neilan	MacPhee MG	Harwood RW	Sherwood HW
Apr 12	MILLWALL	4-1	Cothliffe, MacPhee 2, Chitty	4000	Mapson J	Kilkenny JC	Fullwood J	Young LA	Ratcliffe B	Layton WH	Chitty WS	Cothliffe HT	MacPhee MG	Eastham	Sherwood HW
26	CHELSEA	2-3	Taylor, Bradley	4000	Flack DW	McPhie J	Fullwood J	Cothliffe HT	Ratcliffe B	Layton WH	Chitty WS	Taylor A	MacPhee MG	Bradley J	Mahon J
May 3	WEST BROMWICH ALB.	6-3	Brooks, Edelston 2, MacPhee 3	4000	Mapson J	McPhie J	Fullwood J	Hayhurst A	Ratcliffe B	Layton WH	Chitty WS	Edelston M	MacPhee MG	Bradley J	Brooks NH
10	WEST HAM UNITED	1-1	MacPhee	3300	Mapson J	McPhie J	Fullwood J	Cothliffe HT	Ratcliffe B	Layton WH	Chitty WS	Taylor A	MacPhee MG	Eastham	Mahon J
17	BRENTFORD	1-4	MacPhee	3000	Flack DW	McPhie J	Fullwood J	Cothliffe HT	Ratcliffe B	Layton WH	Chitty WS	Bradley J	MacPhee MG	Eastham	Sherwood HW
24	Brentford	1-3	Bradley	1520	Mapson J	McPhie J	Fullwood J	Cothliffe HT	Ratcliffe B	Layton WH	Hopper AH	Taylor A	MacPhee MG	Bradley J	Chitty WS
Jun 2	Crystal Palace	3-1	MacPhee 2, Taylor	5500	Mapson J	McPhie J	Fullwood J	Cothliffe HT	Ratcliffe B	Layton WH	Chitty WS	Taylor A	MacPhee MG	Bradley J	Mahon J

P 26, W 14, D 5, L 7 F 73, A 51 Goal average 1.431 Position: 6th of 34

League War Cup

R1/1	Feb 15	BRISTOL CITY	3-2	Sherwood, Glidden 2	3500	Huddsworth FC	McPhie J	Fullwood J	Ratcliffe B	Ratcliffe B	Layton WH	Chitty WS	Glidden GS	MacPhee MG	Cothliffe HT	Sherwood HW
R1/2	22	Bristol City	2-1	Smallwood, Sherwood	3175	Mapson J	McPhie J	Glidden GS	Dougall R	Ratcliffe B	Young LA	Sherwood HW	Cothliffe HT	MacPhee MG	Layton WH	Smallwood F
R2/1	Mar 8	CARDIFF CITY	0-1		5000	Mapson J	McPhie J	Glidden GS	Dougall R	Ratcliffe B	Young LA	Chitty WS	Layton WH	MacPhee MG	Layton WH	Brooks NH
R2/2	15	Cardiff City	1-4	Sherwood	8000	Mapson J	Glidden GS	Glidden GS	Cothliffe HT	Ratcliffe B	Young LA	Chitty WS	Layton WH	MacPhee MG	Bradley J	Sherwood HW

1940/41 (continued)

London Cup

Jan	4	ARSENAL	2-0	Edelston, MacPhee		6158	Mapson J	Bacuzzi J	Fullwood J	Dougall R	Ratcliffe B	Layton WH	Chitty WS	Edelston M	MacPhee MG	McColl	Sherwood HW
	11	Arsenal	1-0	Cothliffe		3069	Mapson J	Chitty WS	Fullwood J	Dougall R	Ratcliffe B	Layton WH	Cothliffe HT	Tait	MacPhee MG	Collingham	Brooks NH
	25	Clapton Orient	4-0	Cothliffe, Edelston 2, MacPhee		300	Mapson J	Westwood	Fullwood J	Dougall R	Ratcliffe B	Layton WH	Chitty WS	Edelston M	MacPhee MG	Cothliffe HT	Sherwood HW
Feb	1	Millwall	2-0	Brooks, MacPhee		1300	Swift FV	Glidden GS	Fullwood J	Dougall R	Ratcliffe B	Layton WH	Chitty WS	Edelston M	MacPhee MG	Cothliffe HT	Brooks NH
	8	MILLWALL	2-2	Layton (p), Sherwood		4592	Penny HC	McPhie J	Westwood	Young LA	Ratcliffe B	Layton WH	Cothliffe HT	Cothliffe HT	MacPhee MG	McColl	Sherwood HW
Mar	22	West Ham United	1-1	MacPhee		2533	Mapson J	Chitty WS	Fullwood J	Cothliffe HT	Ratcliffe B	Layton WH	Sherwood HW	Wilkins	MacPhee MG	Cothliffe HT	Warburton
	29	CLAPTON ORIENT	9-0	MacPhee 4, Deverall, Bradley 2, Chitty, Brooks		3000	Mapson J	McPhie J	Fullwood J	Young LA	Ratcliffe B	Layton WH	Chitty WS	Deverall HR	MacPhee MG	Bradley J	Brooks NH
Apr	5	WEST HAM UNITED	4-1	Layton, Cothliffe, MacPhee 2		5000	Mapson J	McPhie J	Fullwood J	Cothliffe HT	Ratcliffe B	Layton WH	Hopper AH	Cothliffe HT	MacPhee MG	Sherwood HW	Chitty WS
	14	Tottenham Hotspur	2-2	MacPhee, Chitty		4355	Mapson J	McPhie J	Fullwood J	Cothliffe HT	Ratcliffe B	Layton WH	Chitty WS	Edelston M	MacPhee MG	Bradley J	Oxberry J
	19	TOTTENHAM HOTSPUR	2-2	MacPhee, Layton (p)		5500	Mapson J	Chitty WS	Fullwood J	Cothliffe HT	McPhie J	Layton WH	Ireland HW	Bradley J	MacPhee MG	Eastham	Brooks NH

P 10, W 6, D 0, L 4, F 29, A 8, PTS 16. Top of group "B".

SF	May 31	CRYSTAL PALACE	4-1	MacPhee 3, Edelston		5303	Mapson J	McPhie J	Fullwood J	Cothliffe HT	McPhie J	Layton WH	Ireland HW	Bradley J	MacPhee MG	Eastham	Sherwood HW
F	Jun 7	Brentford	3-2	Sherwood, Chitty, Edelston		9000	Mapson J	McPhie J	Fullwood J	Young LA	Ratcliffe B	Layton WH	Chitty WS	Edelston M	MacPhee MG	Bradley J	Sherwood HW

Final at Stamford Bridge.

1941/42

London League

Aug	30	Clapton Orient	8-3	Sherwood 3, Edelston 2, Bradley, Chitty, MacPhee	2000	Mapson J	McPhie J	Fullwood J	Cothliffe HT	Ratcliffe B	Layton WH	Chitty WS	Edelston M	MacPhee MG	Bradley J	Sherwood HW
Sep	6	BRIGHTON & HOVE ALB.	4-5	Chitty, Cothliff, MacPhee 2	4041	Mapson J	McPhie J	Fullwood J	Young LA	Ratcliffe B	Layton WH	Chitty WS	Edelston M	MacPhee MG	Cothliffe HT	Duns L
	13	Brentford	2-3	Deverall 2	6100	Mapson J	Goldberg L	Fullwood J	Young LA	Ratcliffe B	Layton WH	Duns L	Cothliffe HT	MacPhee MG	Deverall HR	Chitty WS
	20	CRYSTAL PALACE	6-2	Chitty, MacPhee 5	4000	Mapson J	Goldberg L	Fullwood J	Young LA	Ratcliffe B	Layton WH	Duns L	Hall AE	MacPhee MG	Sherwood HW	Chitty WS
	27	Fulham	2-2	Edelston, MacPhee	6019	Mapson J	McPhie J	Fullwood J	Cothliffe HT	Ratcliffe B	Layton WH	Duns L	Cothliffe HT	MacPhee MG	Edelston M	Chitty WS
Oct	4	TOTTENHAM HOTSPUR	1-1	Bradley	5464	Mapson J	Goldberg L	Fullwood J	Young LA	Ratcliffe B	Layton WH	Duns L	Sherwood HW	MacPhee MG	Edelston M	Chitty WS
	11	Portsmouth	0-1		5441	Mapson J	McPhie J	Fullwood J	Young LA	Ratcliffe B	Layton WH	Chitty WS	Cothliffe HT	MacPhee MG	Bradley J	Chitty WS
	18	Chelsea	5-0	Edelston 3, MacPhee, Bradley	2945	Mapson J	Goldberg L	Fullwood J	Young LA	Ratcliffe B	Layton WH	Duns L	Edelston M	MacPhee MG	Edelston M	Chitty WS
	25	Charlton Athletic	3-2	MacPhee, Bradley 2 (1p)	3263	Mapson J	Goldberg L	Fullwood J	Young LA	Ratcliffe B	Layton WH	Chitty WS	Edelston M	MacPhee MG	Bradley J	Chitty WS
Nov	1	WEST HAM UNITED	3-2	Cothliffe 2, Chitty	6000	Mapson J	Goldberg L	Fullwood J	McPhie J	Ratcliffe B	Young LA	Duns L	Edelston M	MacPhee MG	Cothliffe HT	Chitty WS
	8	Watford	0-0		4370	Mapson J	McPhie J	Fullwood J	Cothliffe HT	Ratcliffe B	Young LA	Chitty WS	Edwards	MacPhee MG	Court JH	Beasley A
	15	ALDERSHOT	3-3	Chitty 2, MacPhee	6000	Mapson J	Goldberg L	Fullwood J	Young LA	Ratcliffe B	Layton WH	Chitty WS	Edelston M	MacPhee MG	Beasley A	Duns L
	22	MILLWALL	2-1	MacPhee, Beasley	4200	Davidson	Wilson J	Fullwood J	Young LA	Ratcliffe B	Wright	Sanders	Taylor A	MacPhee MG	Beasley A	Brooks NH
	29	Arsenal	1-3	MacPhee	8189	Mapson J	McPhie J	Fullwood J	Cook	Ratcliffe B	Wright RCA	Chitty WS	Edelston M	MacPhee MG	Taylor A	Court JH
Dec	6	QUEEN'S PARK RANGERS	2-2	MacPhee, Taylor	3177	Mapson J	McPhie J	Fullwood J	Young LA	Ratcliffe B	Wright RCA	Sanders	Edelston M	MacPhee MG	Edelston M	Beasley A
	13	CLAPTON ORIENT	2-0	Edelston 2	2809	Mapson J	McPhie J	Fullwood J	Young LA	Ratcliffe B	Layton WH	Chitty WS	Hall AE	MacPhee MG	Cothliffe HT	Court JH
	20	Brighton & Hove Albion	5-1	Cothliffe 3, MacPhee, Chitty	2400	Mapson J	Goldberg L	Fullwood J	Allum LH	Ratcliffe B	Cothliffe HT	Chitty WS	Hall AE	MacPhee MG	Taylor A	Hopper AH
	25	BRENTFORD	4-3	Cothliffe 2, MacPhee, Davie	5159	Mapson J	Goldberg L	Fullwood J	Cothliffe HT	Ratcliffe B	Young LA	Cothliffe HT	Deverall HR	MacPhee MG	Bradley J	Court JH
	27	Crystal Palace	1-1	Court	3550	Mapson J	Chitty WS	Fullwood J	Cothliffe HT	Ratcliffe B	Layton WH	Cothliffe HT	Edelston M	MacPhee MG	Cothliffe HT	Davie J
Jan	3	FULHAM	4-1	Edelston, Hall, MacPhee, Bradley	4067	Mapson J	McPhie J	Fullwood J	McPhie J	Ratcliffe B	Wright RCA	Chitty WS	Edelston M	MacPhee MG	Court JH	Chapman
	10	Tottenham Hotspur	1-2	Chitty	4418	Mapson J	Goldberg L	Fullwood J	Young LA	Ratcliffe B	Layton WH	Chitty WS	Edelston M	MacPhee MG	Bradley J	Beasley A
	17	PORTSMOUTH	5-2	Bradley 4, Cothliffe	3888	Mapson J	Chitty WS	Fullwood J	Young LA	Ratcliffe B	Cothliffe HT	Chitty WS	Hall AE	MacPhee MG	Taylor A	Hopper AH
	31	CHARLTON ATHLETIC	1-4	Edelston	3812	Mapson J	McPhie J	Fullwood J	Howe LF	Ratcliffe B	Young LA	Cothliffe HT	Deverall HR	MacPhee MG	Bradley J	Court JH
Feb	14	WATFORD	5-1	MacPhee 2, Bradley, Edelston 2	2628	Mapson J	McPhie J	Fullwood J	Howe LF	Ratcliffe B	Young LA	Chitty WS	Edelston M	MacPhee MG	Cothliffe HT	Beasley A
	21	Aldershot	0-0		3752	Mapson J	McPhie J	Fullwood J	Howe LF	Ratcliffe B	Young LA	Chitty WS	Edelston M	MacPhee MG	Bradley J	Beasley A
	28	Millwall	1-1	MacPhee	3700	Mapson J	Goldberg L	Fullwood J	Howe LF	Ratcliffe B	Layton WH	Chitty WS	Edelston M	MacPhee MG	Hopper AH	Davie J
Mar	7	ARSENAL	1-4	Stephenson	10560	Mapson J	Goldberg L	Fullwood J	Young LA	Ratcliffe B	Hopper AH	Chitty WS	Edelston M	MacPhee MG	Stephenson JE	Chapman
	14	Queen's Park Rangers	0-4		3400	Mapson J	Chitty WS	Fullwood J	Young LA	Ratcliffe B	Layton WH	Hopper AH	Edelston M	MacPhee MG	Stephenson JE	Beasley A
Apr	25	West Ham United	1-2	Cothliffe	4321	Mapson J	Goldberg L	Muttitt E	Tennent	Fullwood J	Layton WH	Chitty WS	Howe	Cothliffe HT	Deverall HR	Bradley J
May	2	CHELSEA	3-2	Edelston, Bradley 2	3128	Mapson J	Goldberg L	Burchell GS	Henley L	Fullwood J	Cothliffe HT	Chitty WS	Edelston M	MacPhee MG	Bradley J	Deverall HR

P 30, W 13, D 8, L 9, F 76, A 68, PTS 34. Position: 7th of 16

1941/42 (continued)

London War Cup

Mar 21	TOTTENHAM HOTSPUR	1-2	Edelston	5675	Davidson	Goldberg L	Ratcliffe B	Cothliffe HT	Young LA	Layton WH	Chitty WS	Edelston M	MacPhee MG	Bradley J	Court JH
28	Charlton Athletic	1-1	Beasley	3250	Mapson J	Goldberg L	Chitty WS	Young LA	Ratcliffe B	Layton WH	Cothliffe HT	Henley L	MacPhee MG	Bradley J	Beasley A
Apr 4	Tottenham Hotspur	1-2	MacPhee	7526	Mapson J	McPhie J	Fullwood J	Cothliffe HT	Ratcliffe B	Layton WH	Chitty WS	Hall AE	MacPhee MG	Bradley J	Beasley A
6	CHARLTON ATHLETIC	3-5	Henley 3	6277	Mapson J	McPhie J	Fullwood J	Cothliffe HT	Ratcliffe B	Layton WH	Chitty WS	Edelston M	MacPhee MG	Bradley J	Beasley A
11	Watford	0-6		2187	Mapson J	Chitty WS	Fullwood J	Cothliffe HT	McPhie J	Layton WH	Hopper AH	Edelston M	MacPhee HT	Lane W	Court JH
18	WATFORD	3-0	Henley, Bradley, Cothliffe	3004	Mapson J	Goldberg L	Fullwood J	McPhie J	Ratcliffe B	Layton WH	Chitty WS	Henley L	Cothliffe HT	Bradley J	Hopper AH

Bottom of group

Friendlies

May 9	ALDERSHOT	0-0		2332	Mapson J	Burchell GS	Fullwood J	Gordon	Lyon	Busby M	Chitty WS	Cothliffe HT	MacPhee MG	Bradley J	Court JH
16	CRYSTAL PALACE	1-2	MacPhee	2158	Mapson J	Chitty WS	Fullwood J	Busby M	Cothliffe HT	Layton WH	Birkett	Henley L	MacPhee MG	Bradley J	Court JH
23	Aldershot	0-1		2600	Mapson J	Bishop RJ	Fullwood J	McCauley	Lyon	Henley L	Chitty WS	Edelston M	MacPhee MG	Cothliffe HT	Court JH

1942/43

Football League South

Aug 29	Brighton & Hove Albion	3-2	Milligan, Chitty, Cothliffe	1827	Mapson J	Bishop RJ	Fullwood J	Milligan GH	Ratcliffe B	Layton WH	Taylor A	Cothliffe HT	MacPhee MG	Mogford R	Chitty WS
Sep 5	WATFORD	3-2	MacPhee, Bradley 2 (1p)	3283	Mapson J	Goldberg L	Fullwood J	Cothliffe HT	Ratcliffe B	Milligan GH	Chitty WS	Mogford R	MacPhee MG	Bradley J	Gorrie W
12	FULHAM	4-1	Painter, MacPhee 3	4005	Mapson J	Goldberg L	Fullwood J	Milligan GH	Ratcliffe B	McCormick JM	Chitty WS	Edelston M	MacPhee MG	Cothliffe HT	Painter EG
19	Southampton	2-2	Bradley, MacPhee	3966	Mapson J	Bishop RJ	Fullwood J	Cothliffe HT	Ratcliffe B	McCormick JM	Chitty WS	Edelston M	MacPhee MG	Bradley J	Painter EG
26	CHARLTON ATHLETIC	0-1		4041	Mapson J	Jones WH	Fullwood J	Milligan GH	Ratcliffe B	Allen	Chitty WS	Simpson	MacPhee MG	Hinchcliffe	Painter EG
Oct 3	Portsmouth	1-2	Cothliffe	7432	Mapson J	Bishop RJ	Fullwood J	Jones WH	Ratcliffe B	Milligan GH	Chitty WS	Cothliffe HT	MacPhee MG	Patterson GL	Mullen J
10	QUEEN'S PARK RANGERS	1-2	MacPhee	3054	Mapson J	Goldberg L	Fullwood J	Milligan GH	Ratcliffe B	Aicken AV	Chitty WS	Cothliffe HT	MacPhee MG	Patterson GL	Painter EG
17	TOTTENHAM HOTSPUR	2-6	Bradley, MacPhee	4607	Penny HC	Goldberg L	Fullwood J	Milligan GH	Cothliffe HT	Sainsbury WH	Chitty WS	Edelston M	MacPhee MG	Bradley J	Painter EG
24	Arsenal	1-4	MacPhee	9007	Swift FV	Goldberg L	Fullwood J	Bishop RJ	Mayes	Milligan GH	Chitty WS	Patterson GL	MacPhee MG	Bradley J	Painter EG
31	Clapton Orient	3-2	MacPhee, Chitty, Bradley	1500	Swift FV	Burchell GS	Sheppard HH	Jones WH	Fullwood J	Milligan GH	Chitty WS	Patterson GL	MacPhee MG	Bradley J	McShane H
Nov 7	LUTON TOWN	2-1	Chitty, Patterson	3116	Swift FV	Goldberg L	Fullwood J	Bishop RJ	Fullwood J	Gorrie	Fuller C	Patterson GL	MacPhee MG	Mogford R	Painter EG
14	CHELSEA	1-4	Patterson	4000	Swift FV	Goldberg L	Bishop RJ	Jones WH	Ratcliffe B	Layton WH	Chitty WS	Patterson GL	MacPhee MG	Hinchcliffe T	Painter EG
21	Brentford	3-3	MacPhee 2, Mogford	5390	Beebe R	Jones WH	Fullwood J	Patterson GL	Ratcliffe B	Layton WH	Chitty WS	Mogford R	MacPhee MG	Bradley J	Mullen J
28	BRIGHTON & HOVE ALB.	5-1	MacPhee, Mogford, Painter 2, Chitty	2500	Joslin PJ	Goldberg L	Fullwood J	Milligan GH	Ratcliffe B	Layton WH	Chitty WS	Mogford R	MacPhee MG	Bradley J	Painter EG
Dec 5	Watford	5-2	MacPhee 3, Mugford, Painter	1790	Ratcliffe B	Goldberg L	Fullwood J	Milligan GH	Ratcliffe B	Aicken AV	Chitty WS	Edelston M	MacPhee MG	Mogford R	Strauss W
12	Fulham	2-5	Hinchcliffe, MacPhee	3896	Joslin PJ	Chitty WS	Fullwood J	Patterson GL	Ratcliffe B	Painter EG	Painter EG	Hinchcliffe T	MacPhee MG	Bradley J	Painter EG
19	SOUTHAMPTON	2-7	Layton 2 (1p)	2356	Mapson J	Goldberg L	Fullwood J	Jones WH	Bartlett FL	Ross R	Bishop RJ	Patterson GL	MacPhee MG	Bradley J	Cothliffe HT
25	Aldershot	3-3	Mitchell, Cothliffe, MacPhee	3000	Mapson J	Goldberg L	Fullwood J	Bishop RJ	Pescod	Ross R	Chitty WS	Mitchell	MacPhee MG	Bradley J	Cothliffe HT
26	ALDERSHOT	3-4	Painter, Clayton 2	6000	Mapson J	Goldberg L	Fullwood J	Aicken AV	Ratcliffe B	Layton WH	Painter EG	Clayton S	MacPhee MG	Laird JH	Cothliffe HT
Jan 2	Charlton Athletic	1-3	Laird	2645	Mapson J	Chitty WS	Jones WH	Young LA	Ratcliffe B	Layton WH	Chitty WS	Mogford R	MacPhee MG	Laird JH	Cothliffe HT
9	PORTSMOUTH	2-2	Hinchcliffe, MacPhee	3340	Mapson J	Ratcliffe B	Milligan GH	Young LA	Milligan GH	Milligan GH	Chitty WS	Hinchcliffe T	MacPhee MG	Bradley J	Mogford R
16	Queen's Park Rangers	2-3	Edelston, Chitty	4836	Mapson J	Jones WH	Fullwood J	Young LA	Ratcliffe B	Milligan GH	Chitty WS	Edelston M	MacPhee MG	Ferrier R	Deverall HR
23	Tottenham Hotspur	2-2	Chitty, Edelston	7369	Mapson J	Jones WH	Fullwood J	Milligan GH	Young LA	Young LA	Chitty WS	Edelston M	MacPhee MG	Patterson GL	Deverall HR
30	ARSENAL	4-5	Mogford, MacPhee 2, Williams	8317	Mapson J	Goldberg L	Fullwood J	Milligan GH	Ratcliffe B	Young LA	Hopper AH	Litchfield ER	MacPhee MG	Mogford R	Williams S
Feb 6	CLAPTON ORIENT	0-0		2738	Mapson J	Goldberg L	Jones WH	Aicken AV	Ratcliffe B	Ross R	Litchfield ER	Patterson GL	MacPhee MG	Mogford R	Williams S
13	Luton Town	3-2	MacPhee 3	2400	Mapson J	Goldberg L	Fullwood J	Patterson GL	Ratcliffe B	Layton WH	Edelston J	Patterson GL	MacPhee MG	Mogford R	Painter EG
20	Chelsea	0-2		2832	Mapson J	Goldberg L	Fullwood J	Patterson GL	Ratcliffe B	Jones WH	Hopper AH	Mogford R	MacPhee MG	Tunnicliffe	Brooks NH
27	BRENTFORD	7-1	Layton 4, MacPhee 3	3578	Mapson J	Jones WH	Fullwood J	Busby M	Ratcliffe B	Young LA	Patterson GL	Soo F	MacPhee MG	Layton WH	Bradley J

P 28, W 9, D 6, L 13, F 67, A 74, PTS 24. Position: 13th of 18

1942/43 (Continued)

League Cup South

Mar	6	Millwall	5-1	MacPhee 2, Bradley, Paterson, Busby	5525	Mapson J	Goldberg L	Jones WH	Busby M	Ratcliffe B	Patterson GL	Mercer J	Layton WH	MacPhee MG	Bradley J	Tunnicliffe WF
	13	TOTTENHAM HOTSPUR	1-1	Chitty	6305	Mapson J	Goldberg L	Fullwood J	Mercer J	Waller H	Chitty WS	Layton WH	Edelston M	MacPhee MG	Bradley J	Tunnicliffe WF
	20	CHELSEA	7-2	Cunliffe 2, MacPhee 3, Paterson, Williams	5772	Mapson J	Goldberg L	Fullwood J	Mercer J	Young LA	Cuncliffe A	Layton WH	Patterson GL	MacPhee MG	Bradley J	Williams S
	27	MILLWALL	5-0	MacPhee 2, Deverall, Mercer (p), Birkett	5020	Mapson J	Collier A	Fullwood J	Mercer J	Ratcliffe B	Birkett RJE	Patterson GL	Cunliffe A	MacPhee MG	Deverall HR	Williams S
Apr	3	Tottenham Hotspur	2-1	Williams, Edelston	21755	Mapson J	Goldberg L	Jones WH	Busby M	Ratcliffe B	Birkett RJE	Young LA	Edelston M	MacPhee MG	Soo F	Deverall HR
	10	Chelsea	4-0	MacPhee 2, Deverall, Edelston	10897	Mapson J	Goldberg L	Jones WH	Mercer J	Ratcliffe B	Chitty WS	Collier A	Edelston M	MacPhee MG	Patterson GL	Williams S
SF	17	Charlton Athletic	1-2	Edelston	19315	Mapson J	Goldberg L	Jones WH	Busby M	Ratcliffe B	Chitty WS	Layton WH	Edelston M	MacPhee MG	Soo F	Williams S

SF at White Hart Lane.

Friendlies

Apr	24	WEST HAM UNITED	3-0	Mercer, Edelston 2	3213	Mapson J	Collier A	Fullwood J	Busby M	Ratcliffe B	Cothliffe HT	Mercer J	Edelston M	MacPhee MG	Patterson GL	Deverall HR
May	1	Portsmouth	2-4	Cothliffe, MacPhee	4113	Mapson J	Goldberg L	Fullwood J	Young LA	Ratcliffe B	Bishop RJ	Layton WH	Cothliffe HT	MacPhee MG	Hagan	Williams S

1943/44

Football League South

Aug	28	Brighton & Hove Albion	4-0	Edelston 3, MacPhee	1867	Mapson J	Goldberg L	Harrison JC	Busby M	Layton WH	Soo F	Layton WH	Edelston M	MacPhee MG	Patterson GL	Williams C
Sep	4	WATFORD	8-2	MacPhee 3, Paterson 3, Layton 2	4304	Mapson J	Goldberg L	Harrison JC	Busby M	Young LA	Chitty WS	Layton WH	Patterson GL	MacPhee MG	Mogford R	Williams C
Sep	11	Millwall	3-2	Iddon 2, MacPhee	5429	Mapson J	Goldberg L	Harrison JC	Miller AG	Young LA	Chitty WS	Layton WH	Patterson GL	MacPhee MG	Iddon H	Williams C
Sep	18	Crystal Palace	5-1	MacPhee 2, Edelston, Patterson, Williams	7467	Mapson J	Goldberg L	Harrison JC	Busby M	Young LA	Chitty WS	Layton WH	Edelston M	MacPhee MG	Patterson GL	Williams C
Sep	25	CHARLTON ATHLETIC	1-0	MacPhee	7119	Mapson J	Goldberg L	Fullwood J	Busby M	Young LA	Chitty WS	Layton WH	Edelston M	MacPhee MG	Patterson GL	Knight J
Oct	2	QUEEN'S PARK RANGERS	0-0		9027	Mapson J	Goldberg L	Fullwood J	Busby M	Young LA	Chitty WS	Miller AG	Edelston M	MacPhee MG	Patterson GL	Hedley F
Oct	9	Portsmouth	1-1	MacPhee	12483	Mapson J	Goldberg L	Fullwood J	Patterson GL	Young LA	Chitty WS	Patterson GL	Edelston M	MacPhee MG	Williams C	Hedley F
Oct	16	TOTTENHAM HOTSPUR	2-3	Mogford, MacPhee	9029	Mapson J	Dreyer G	Fullwood J	Muttitt E	Young LA	Chitty WS	Morris R	Edelston M	MacPhee MG	Mogford R	Hedley F
Oct	23	West Ham United	0-1		9773	Mapson J	Goldberg L	Fullwood J	Morris R	Young LA	Chitty WS	Morris R	Edelston M	MacPhee MG	Patterson GL	Mogford R
Oct	30	CLAPTON ORIENT	8-2	Edelston 3 (2p), MacPhee 2, Mogford 2, Williams	5185	Mapson J	Goldberg L	Fullwood J	Hodgson S	Young LA	Chitty WS	Layton WH	Edelston M	MacPhee MG	Mogford R	Williams C
Nov	6	Southampton	3-5	MacPhee 2, Chitty	6807	Smith	Goldberg L	Fullwood J	Hodgson S	Young LA	Chitty WS	Layton WH	Edelston M	MacPhee MG	Patterson GL	Williams C
Nov	13	CHELSEA	3-2	Edelston, Williams 2	6644	Mapson J	Goldberg L	Fullwood J	Miller AG	Young LA	Chitty WS	Layton WH	Edelston M	MacPhee MG	Patterson GL	Williams C
Nov	20	Brentford	1a0	Chitty (abandoned after 22 minutes)	5670	Mapson J	Johnston	Fullwood J	Morris R	Young LA	Chitty WS	Layton WH	Edelston M	MacPhee MG	Mogford R	Brooks NH
Nov	27	BRIGHTON & HOVE ALB.	2-3	Chitty, Busby	3320	Mapson J	Goldberg L	Fullwood J	Hardisty JRE	Young LA	Chitty WS	Layton WH	Mogford R	MacPhee MG	Edelston M	Williams C
Dec	4	Watford	5-3	Ireland 2, one og, MacPhee 2	3078	Mapson J	Goldberg L	Fullwood J	Patterson GL	Fullwood J	Chitty WS	Layton WH	Patterson GL	MacPhee MG	Williams C	Ireland HW
Dec	11	MILLWALL	3-0	Williams 2, Layton (p)	3911	Mapson J	Goldberg L	Adams W	Busby M	Young LA	Chitty WS	Layton WH	Williams C	MacPhee MG	Edelston M	Hedley F
Dec	18	LUTON TOWN	7-2	Layton 2 (2p), MacPhee 4, Hardisty	3020	Mapson J	Lambert R	Fullwood J	Busby M	Young LA	Chitty WS	Layton WH	Hardisty JRE	MacPhee MG	Williams C	Hedley F
Dec	25	ALDERSHOT	3-4	Edelston 2, Busby	5691	Mapson J	Lambert R	Fullwood J	Busby M	Young LA	Cox FJA	Layton WH	Hardisty JRE	MacPhee MG	Patterson GL	Williams C
Dec	26	Aldershot	1-2		7380	Mapson J	Lambert R	Fullwood J	Busby M	Young LA	Cox FJA	Layton WH	Hardisty JRE	MacPhee MG	Patterson GL	Williams C
Jan	1	CRYSTAL PALACE	3-3		4848	Mapson J	Hayhurst A	Adams W	Bradley J	Fullwood J	Chitty WS	Layton WH	Edelston M	MacPhee MG	Mogford R	Williams C
Jan	8	SOUTHAMPTON	2-3	Williams 2	4359	Mapson J	Goldberg L	Smith EJ	Smith JR	Fullwood J	Chitty WS	Layton WH	Mogford R	MacPhee MG	Williams C	Gorrie W
Jan	15	Charlton Athletic	0a2	(abandoned after 27 minutes)	2300	Mapson J	Goldberg L	Fullwood J	Bradley J	Fullwood J	Chitty WS	Burgess R	Edelston M	MacPhee MG	Bradley J	Williams C
Jan	22	Queen's Park Rangers	0-2		7300	Mapson J	Goldberg L	Lambert R	Busby M	Young LA	Hopper AH	Layton WH	Hardisty JRE	MacPhee MG	Bradley J	Williams C
Jan	29	PORTSMOUTH	1-4		4603	Mapson J	Chitty WS	Lambert R	Bishop	Young LA	Hopper AH	Layton WH	Hardisty JRE	MacPhee MG	Bradley J	Chitty WS
Feb	5	Tottenham Hotspur	2-2	Bradley, MacPhee	14937	Mapson J	Goldberg L	Fullwood J	Morris R	Young LA	Hopper AH	Layton WH	Hardisty JRE	MacPhee MG	Bradley J	Adams W
Feb	12	WEST HAM UNITED	3-2	Hopper, MacPhee, Bradley	5574	Mapson J	Harrison JC	Lambert R	Busby M	Young LA	Chitty WS	Layton WH	Hardisty JRE	MacPhee MG	Bradley J	Hopper AH
Apr	3	Clapton Orient	0-1		2400	Mapson J	Lambert R	Watson	Busby M	Niblett V	Chitty WS	Layton WH	Hardisty JRE	MacPhee MG	Bradley J	Hopper AH
Apr	10	Charlton Athletic	1-3	MacPhee	6632	Mapson J	Hayhurst A	Fullwood J	Bradley J	Niblett V	Chitty WS	McClellan	Mogford R	MacPhee MG	Bradley J	Painter EG
Apr	15	Brentford	0-1		6040	Mapson J	Goldberg L	Smith EJ	Fullwood J	Niblett V	Chitty WS	Burgess R	McFarlane	MacPhee MG	Painter	Groves
Apr	22	Luton Town	4-2	Bradley 2, Hardisty, MacPhee	3299	Mapson J	Jones WH	Fullwood J	Young LA	Ashton	Chitty WS	Layton WH	Hardisty JRE	MacPhee MG	Bradley J	Holiday JW
Apr	29	CHELSEA	1-3	Chitty (p)	3701	Mapson J	Goldberg L	Fullwood J	Rojahn OW	Niblett V	Chitty WS	Fullwood J	Hardisty JRE	MacPhee MG	Bradley J	Painter EG
May	6	BRENTFORD	0-3		2424	Mapson J	Goldberg L	Fullwood J	Rojahn OW	Niblett V	Chitty WS	Rawlinson	Hardisty JRE	Townsend	Little	Martin EA

P. 30, W 12, D 3, L 15, F 73, A 62, PTS 27. Position: 12th of 18

Apr 29 game was an away fixture but played at Reading. Abandoned games on Nov 20 and Jan 15 not included in League table.

1943/44 (continued)

League Cup South

Feb 19	FULHAM	3-0	Hopper, Bradley, MacPhee	4000	Mapson J	Goldberg L	Lambert R	Hardisty JRE	Young LA	Layton WH	Hopper AH	Edelston M	MacPhee MG	Bradley J	Adams W
Feb 26	CLAPTON ORIENT	3-0	MacPhee 2, Bradley	3704	Mapson J	Goldberg L	Harrison JC	Young LA	Lambert R	Layton WH	Chitty WS	Edelston M	MacPhee MG	Bradley J	Adams W
Mar 4	Arsenal	3-2	MacPhee 2, Chitty	12582	Mapson J	Goldberg L	Harrison JC	Young LA	Fullwood J	Layton WH	Hopper AH	Hardisty JRE	MacPhee MG	Bradley J	Chitty WS
Mar 11	Fulham	4-3	Adams, Edelston, MacPhee, Chitty	9118	Mapson J	Goldberg L	Harrison JC	Busby M	Young LA	Layton WH	Chitty WS	Edelston M	MacPhee MG	Bradley J	Adams W
Mar 18	Clapton Orient	5-0	Bartlett (og), MacPhee, Bradley 2, Edelston	3000	Mapson J	Goldberg L	Harrison JC	Busby M	Young LA	Layton WH	Chitty WS	Edelston M	MacPhee MG	Bradley J	Williams C
Mar 25	ARSENAL	5-1	Chitty, Williams, Edelston, MacPhee 2	19722	Mapson J	Goldberg L	Harrison JC	Busby M	Young LA	Layton WH	Chitty WS	Edelston M	MacPhee MG	Bradley J	Williams S
SF Apr 1	Chelsea	2-3	(a.e.t) Edelston, S Williams	23312	Mapson J	Goldberg L	Harrison JC	Busby M	Young LA	Lambert R	Chitty WS	Edelston M	MacPhee MG	Bradley J	Williams S

SF played at White Hart Lane.

1944/45

Football League South

Aug 26	Charlton Athletic	8-2	Edelston 3, Fagan, Bradley, MacPhee 4	3781	Mapson J	Young LA	Fullwood J	Busby M	Niblett V	Layton WH	Chitty WS	Edelston M	MacPhee MG	Fagan W	Hardisty JRE
Sep 2	FULHAM	5-4	Edelston 3, Layton, Hardisty	4399	Mapson J	Goldberg L	Fullwood J	Busby M	Niblett V	Layton WH	Chitty WS	Edelston M	MacPhee MG	Hardisty JRE	Williams S
9	TOTTENHAM HOTSPUR	0-0		9065	Mapson J	Goldberg L	Fullwood J	Fagan W	Young LA	Layton WH	Chitty WS	Hardisty JRE	MacPhee MG	Padgett H	Williams S
16	Watford	2-2	MacPhee, Layton	3695	Mapson J	Goldberg L	Fullwood J	Busby M	Niblett V	Young LA	Chitty WS	Edelston M	MacPhee MG	Fagan W	Williams S
23	Clapton Orient	1-2	S Williams	4000	Mapson J	Goldberg L	Fullwood J	Busby M	Niblett V	Young LA	Williams C	Edelston M	MacPhee MG	Fagan W	Williams S
30	QUEEN'S PARK RANGERS	1-1	MacPhee	6510	Mapson J	Goldberg L	Fullwood J	Hardisty JRE	Niblett V	Layton WH	Chitty WS	Yates R	MacPhee MG	Fagan W	Smith R
Oct 7	Luton Town	4-0	S Williams, MacPhee, Padgett, Yates	4000	Mapson J	Goldberg L	Fullwood J	Busby M	Niblett V	Young LA	Chitty WS	MacPhee MG	Yates R	Padgett H	Williams S
14	CRYSTAL PALACE	4-1	MacPhee, Chitty, Edelston 2	5111	Mapson J	Adams W	Fullwood J	Busby M	Niblett V	Layton WH	Chitty WS	Edelston M	MacPhee MG	Fagan W	Williams C
21	Brighton & Hove Albion	9-3	MacPhee 3, Fagan 2, Edelston 4	3605	Mapson J	Goldberg L	Fullwood J	Hardisty JRE	Niblett V	Layton WH	Chitty WS	Edelston M	MacPhee MG	Fagan W	Williams C
28	SOUTHAMPTON	1-5	Hardisty	5929	Mapson J	Goldberg L	Fullwood J	Young LA	Niblett V	Layton WH	Chitty WS	MacPhee MG	Yates R	Hardisty JRE	Adams W
Nov 4	ARSENAL	3-1	Layton (p), Edelston 2	11959	Mapson J	Fisher FT	Fullwood J	Hardisty JRE	Niblett V	Layton WH	Chitty WS	Edelston M	MacPhee MG	Yates R	Williams S
11	Portsmouth	1-3	Edelston	8758	Mapson J	Goldberg L	Fullwood J	Fisher FT	Niblett V	Layton WH	Chitty WS	Yates R	MacPhee MG	Yates R	McCrohan AFT
18	MILLWALL	2-2	MacPhee 2	5164	Mapson J	Goldberg L	Fullwood J	Busby M	Niblett V	Layton WH	Chitty WS	Edelston M	MacPhee MG	MacPhee MG	Brooks NH
25	BRENTFORD	4-4	Padgett, MacPhee 2, Yates	6656	Mapson J	Hardwick	Fullwood J	Adams W	Niblett V	Layton WH	Chitty WS	Yates R	MacPhee MG	Padgett H	Williams C
Dec 2	CHARLTON ATHLETIC	2-3	MacPhee, C Williams	6101	Mapson J	Goldberg L	Fullwood J	Busby M	Niblett V	Layton WH	Chitty WS	Edelston M	MacPhee MG	Fagan W	Williams C
9	Fulham	3-2	Fagan, Layton (p), MacPhee	8000	Mapson J	Goldberg L	Fullwood J	Pattison JWP	Niblett V	Layton WH	Chitty WS	Hardisty JRE	Yardley RJ	Wicks C	Williams C
16	TOTTENHAM HOTSPUR	2-3	Chitty, MacPhee	9938	Mapson J	Goldberg L	Hardwick GFM	Busby M	Fullwood J	Layton WH	Chitty WS	Hardisty JRE	MacPhee MG	Padgett H	Williams C
25	ALDERSHOT	4-2		4868	Mapson J	Goldberg L	Fullwood J	Busby M	Niblett V	Layton WH	Chitty WS	Edelston M	MacPhee MG	Fagan W	Ireland HW
26	Aldershot	3a1	Fagan, Chitty, Padgett (Aband. 40 mins)	1900		Fagan W	Fullwood J	Fagan W			Chitty WS	Edelston M	MacPhee MG	Padgett H	Smith GC
30	WATFORD	4-2	MacPhee 2, Edelston, Padgett	3037	Mapson J	Fisher FT	Fullwood J	Fagan W	Niblett V	Fullwood J	Fisher F	Williams C	MacPhee MG	Padgett H	Schwabl
Jan 6	CLAPTON ORIENT	3-1	MacPhee 2, Stewart (og)	3000	Mapson J	Fisher FT	Fullwood J	Busby M	Niblett V	Layton WH	Fisher F	Davies DD	Chisholm R	Hardisty JRE	Williams C
13	Queen's Park Rangers	1-5	C Williams	6272	Mapson J	Goldberg L	Fisher FT	Pattison JWP	Niblett V	Layton WH	Fisher F	Edelston M	Fagan W	Wicks C	Williams C
20	LUTON TOWN	0-3		3088	Burgess PM	Ratcliffe B	Ratcliffe B	Pattison JWP	Niblett V	Glidden GS	Fisher F	Williams C	MacPhee MG	Padgett H	Williams C
27	Crystal Palace	1-4	Fullwood	1684	Gillespie	Goldberg L	Fisher FT	Busby M	Niblett V	Layton WH	Fisher F	Edelston M	MacPhee MG	Fagan W	Fullwood J
Mar 7	BRIGHTON & HOVE ALB.	3-2	Layton 2, Chisholm	3472	Mapson J	Fisher FT	Fisher FT	Hardwick GFM	Fullwood J	Fullwood J	Fisher F	Williams C	Chisholm R	Layton WH	Garrie D
24	Southampton	1-1	Davis	7533	Mapson J	Fisher FT	Fullwood J	Busby M	Niblett V	Layton WH	Fisher F	Davies DD	Chisholm R	Williams C	Chitty WS
31	Arsenal	2-0	Chitty, F Fisher	11039	Mapson J	Fisher FT	Fisher FT	Pond H	Niblett V	Layton WH	Fisher F	Edelston M	Fagan W	Williams C	Chitty WS
Apr 2	Aldershot	2-0	C Williams, Chisholm	4288	Mapson J	Ratcliffe B	Fisher FT	Pattison JWP	Ratcliffe B	Glidden GS	Fisher F	Williams C	MacPhee MG	Chisholm R	Chitty WS
14	PORTSMOUTH	1-0	MacPhee	4469	Mapson J	Fisher FT	Chitty WS	Pattison JWP	Niblett V	Layton WH	Fisher F	Edelston M	MacPhee MG	Smith K	Chisholm R
21	Millwall	2-3	Taylor (og), MacPhee	5000	Mapson J	Fisher FT	Chitty WS	Lewis D	Niblett V	Howshall T	Fisher F	Edelston M	MacPhee MG	Smith K	Padgett H
28	Brentford	2-7	MacPhee, Padgett	4390	Mapson J	Goldberg L	Purvis B	Howshall T	Langton	Howshall T	Fisher F	Padgett H	MacPhee MG	Williams C	Chitty WS

Abandoned game not counted in League table.

P 30, W 14, D 6, L 10, F 78, A 68, PTS 34. Position: 7th of 18

League Cup South

Feb 3	ARSENAL	1-3	Yates	10067	Mapson J	Fisher FT	Fullwood J	Pond H	Niblett V	Layton WH	Chitty WS	Edelston M	Yates R	Williams C	Williams S
10	Portsmouth	0-5		13000	Mapson J	Goldberg L	Fisher FT	Pond H	Fullwood J	Layton WH	Chitty WS	Edelston M	MacPhee MG	Williams C	Williams C
17	CLAPTON ORIENT	2-2	Yates, MacPhee	4041	Mapson J	Fisher FT	Fullwood J	Pond H	Niblett V	Layton WH	Chitty WS	Edelston M	MacPhee MG	Yates R	Williams S
24	Arsenal	0-3		15085	Mapson J	Goldberg L	Fisher FT	Pond H	Niblett V	Allum L	Fisher F	Allum L	Ireland HW	Williams C	Chitty WS
Mar 3	PORTSMOUTH	1-0	Hamilton	6000	Mapson J	Fisher FT	Purvis B	Holton	Fullwood J	Pond H	Fisher F	Williams C	Ireland HW	Hamilton	Chitty WS
10	Clapton Orient	1-1	Chitty	2117	Mapson J	Goldberg L	Fisher FT	Goldberg L	Niblett V	Langton	Fisher F	Padgett H	Samey PJ	Williams C	Chitty WS

Third in group

1945/46

Football League Division Three (South): South Section

Aug 25	BRIGHTON & HOVE ALB.	1-2	Edelston	6540	Duke GE	Young LA	Glidden GS	Pattison JWP	Niblett V	Layton WH	Fisher F	Edelston M	MacPhee MG	Howshall T	Chitty WS
Sep 1	Brighton & Hove Albion	0-1		5851	Duke GE	Fisher FT	Purvis R	Busby M	Niblett V	Layton WH	Fisher F	Glidden GS	MacPhee MG	Summerfield A	Chitty WS
3	Crystal Palace	2-2	MacPhee, Edelston	7000	Duke GE	Fisher FT	Purvis R	Pattison JWP	Niblett V	Busby M	Fisher F	Edelston M	MacPhee MG	Layton WH	Chitty WS
8	Exeter City	1-5	MacPhee	10000	Duke GE	Bishop RJ	Purvis R	Pattison JWP	Niblett V	Livingstone A	Sturgess M	Summerfield A	MacPhee MG	Layton WH	Chitty WS
12	BRISTOL CITY	6-2	Edelston 3, MacPhee 2, Fisher	4172	Duke GE	Hardwick GFM	Fullwood J	Busby M	Niblett V	Layton WH	Fisher F	Edelston M	MacPhee MG	Taylor A	Chitty WS
15	EXETER CITY	1-1	Edelston	6705	Duke GE	Bishop RJ	Purvis R	Pattison JWP	Niblett V	Busby M	Fisher F	Edelston M	MacPhee MG	Day A	Chitty WS
19	CRYSTAL PALACE	3-4	Edelston 2, MacPhee	5052	Duke GE	Fisher FT	Purvis R	Pattison JWP	Niblett V	Layton WH	Fisher F	Edelston M	MacPhee MG	Hall	Chitty WS
Oct 6	Swindon Town	0-3		13720	Duke GE	Bishop RJ	Chitty WS	Pattison JWP	Niblett V	Layton WH	Fisher F	Edelston M	MacPhee MG	Todd J	Summerfield A
13	SWINDON TOWN	1-2	Summerfield	8858	Duke GE	Purvis R	Chitty WS	Todd J	Chilton A	Layton WH	Burgess	Summerfield A	MacPhee MG	Bowers F	McCrohan AFT
20	Torquay United	3-4	Edelston 3	3000	Houldsworth FC	Chitty WS	Shephard	Pattison JWP	Niblett V	Layton WH	Fisher F	Edelston M	MacPhee MG	Summerfield A	McCrohan AFT
27	TORQUAY UNITED	4-1	Edelston, Fisher, Layton (p), Marshall	5970	Houldsworth FC	Chitty WS	Hardwick	Pattison JWP	Chilton A	Layton WH	Fisher F	Edelston M	MacPhee MG	Marshall E	McCrohan AFT
Nov 3	BRISTOL ROVERS	2-2	Edelston 2	6933	Houldsworth FC	Chitty WS	Purvis R	Pattison JWP	Niblett V	Layton WH	Fisher F	Edelston M	MacPhee MG	Marshall E	McCrohan AFT
10	Bristol Rovers	3-3	MacPhee, Marshall 2	10000	Houldsworth FC	Lane D	Glidden GS	Pattison JWP	Chilton A	Layton WH	Fisher F	Edelston M	MacPhee MG	Marshall E	McCrohan AFT
Dec 1	BOURNEMOUTH	3-2	Layton (p), Edelston 2	5177	Peters P	Chitty WS	Glidden GS	Todd J	Young LA	Layton WH	Fisher F	Edelston M	MacPhee MG	Iddon H	McCrohan AFT
8	Bournemouth	1-4	Glidden	5000	Lawrence W	Clover W	Glidden GS	Pattison JWP	Young LA	Layton WH	Fisher F	Edelston M	MacPhee MG	Summerfield A	McCrohan AFT
15	Cardiff City	1-2	Summerfield	8000	Lawrence W	Clover W	Chitty WS	Todd J	Young LA	Layton WH	Oakes T	Glidden GS	MacPhee MG	Summerfield A	McCrohan AFT
22	CARDIFF CITY	3-1	Chitty, Layton, MacPhee	5292	Lawrence W	Lane D	Glidden GS	Pattison JWP	Young LA	Layton WH	Chitty WS	Edelston M	MacPhee MG	Summerfield A	McCrohan AFT
25	ALDERSHOT	2-4	McCrohan, Chitty	6336	Lawrence W	Lane D	Purvis R	Pattison JWP	Young LA	Layton WH	Chitty WS	Glidden GS	MacPhee MG	Summerfield A	McCrohan AFT
26	Aldershot	3-1	MacPhee, Summerfield, Edelston		Lawrence W	Lane D	Glidden GS	Pattison JWP	Young LA	Layton WH	Chitty WS	Edelston M	MacPhee MG	Summerfield A	McCrohan AFT
29	Bristol City	3-3	Chitty, MacPhee 2	12168	Lawrence W	Clover W	Glidden GS	Pattison JWP	Young LA	Layton WH	Chitty WS	Edelston M	MacPhee MG	Summerfield A	McCrohan AFT

P 20, W 5, D 5, L 10, F 43, A 49, PTS 15. Position: 10th of 11

Division Three (South) South Cup

Jan 2	Torquay United	1-3	McCrohan		Lawrence W	Clover W	Glidden GS	Pattison JWP	Niblett V	Layton WH	Chitty WS	Evans L	MacPhee MG	Summerfield A	McCrohan AFT
9	TORQUAY UNITED	6-0	Edelston 2, McCrohan, MacPhee 2, Chitty	4356	Lawrence W	Clover W	Gulliver J	Pattison JWP	Wallbanks J	Layton WH	Chitty WS	Edelston M	MacPhee MG	Glidden GS	McCrohan AFT
26	Swindon Town	2-3	Glidden, Chitty	9000	Lawrence W	Clover W	Gulliver J	Pattison JWP	Wallbanks J	Layton WH	Chitty WS	Edelston M	MacPhee MG	Glidden GS	McCrohan AFT
Feb 2	SWINDON TOWN	5-0	Glidden 2, Chitty, MacPhee	8040	Marks WG	Clover W	Gulliver J	Pattison JWP	Wallbanks J	Layton WH	Chitty WS	Edelston M	MacPhee MG	Glidden GS	Campbell J
9	Crystal Palace	3-3	MacPhee, Campbell, Glidden	10000	Marks WG	Clover W	Gulliver J	Pattison JWP	Wallbanks J	Layton WH	Chitty WS	Edelston M	MacPhee MG	Glidden GS	Campbell J
16	CRYSTAL PALACE	0-2		10713	Marks WG	Clover W	Glidden GS	Pattison JWP	Wallbanks J	Layton WH	Chitty WS	Edelston M	MacPhee MG	Taylor A	Campbell J
23	Aldershot	7-2	MacPhee 4, Layton 2 (2p), Edelston	4000	Marks WG	Clover W	Higgins C	Glidden GS	Wallbanks J	Layton WH	Chitty WS	Edelston M	MacPhee MG	Henley L	Sherwood HW
Mar 2	ALDERSHOT	5-1	Henley 2, Edelston, MacPhee 2	6043	Marks WG	Clover W	Gulliver J	Glidden GS	Wallbanks J	Layton WH	Chitty WS	Edelston M	MacPhee MG	Henley L	Sherwood HW
9	BRIGHTON & HOVE ALBION	4-1	Edelston 2, MacPhee, Marriott	8091	Marks WG	Clover W	Gulliver J	Glidden GS	Wallbanks J	Layton WH	Chitty WS	Edelston M	MacPhee MG	Henley L	Fisher F
16	Brighton & Hove Albion	2-1	MacPhee 2	4000	Marks WG	Clover W	Gulliver J	Glidden GS	Wallbanks J	Layton WH	Chitty WS	Edelston M	MacPhee MG	Galloway J	Deverall HR
23	BOURNEMOUTH	1-1	Edelston	10780	Marks WG	Clover W	Gulliver J	Pattison JWP	Wallbanks J	Layton WH	Chitty WS	Edelston M	MacPhee MG	Galloway J	Deverall HR
30	Bournemouth	2-3	Edelston, MacPhee	12487	Marks WG	Clover W	Gulliver J	Pattison JWP	Williams M	Layton WH	Fisher F	Edelston M	MacPhee MG	Edelston M	Deverall HR
Apr 6	CARDIFF CITY	3-2	Galloway, Edelston, MacPhee	9654	Peters P	Clover W	Gulliver J	Pattison JWP	Wallbanks J	Glidden GS	Chitty WS	Edelston M	MacPhee MG	Galloway J	Deverall HR
13	Cardiff City	2-3	Edelston, MacPhee	21500	Marks WG	Clover W	Gulliver J	Wallbanks J	Ratcliffe B	Glidden GS	Chitty WS	Edelston M	MacPhee MG	Galloway J	Deverall HR
20	IPSWICH TOWN	2-0	Edelston, Heathcote	10385	Marks WG	Clover W	Gulliver J	Wallbanks J	Ratcliffe B	Glidden GS	Chitty WS	Edelston M	Heathcote W	Galloway J	Deverall HR
22	Ipswich Town	1-2	MacPhee	12636	Marks WG	Clover W	Glidden GS	Pattison JWP	Wallbanks J	Layton WH	Chitty WS	Edelston M	MacPhee MG	Summerfield A	McCrohan AFT

P 16, W 8, D 2, L 6, F 46, A 29, PTS 18. Position: 3rd of 11 (did not qualify for semi-finals)

F.A. Cup

R1/1 Nov 17	ALDERSHOT	3-0	Edelston, Summerfield, Layton (p)	8688	Houldsworth FC	Chitty WS	Glidden GS	Pattison JWP	Wallbanks J	Layton WH	Fisher F	Edelston M	MacPhee MG	Summerfield A	McCrohan AFT
R1/2	Aldershot	3-7	MacPhee 2, Summerfield	6610	Peters P	Chitty WS	Glidden GS	Pattison JWP	Niblett V	Layton WH	Fisher F	Edelston M	MacPhee MG	Summerfield A	McCrohan AFT

Competition played over two legs in 1945/46

42

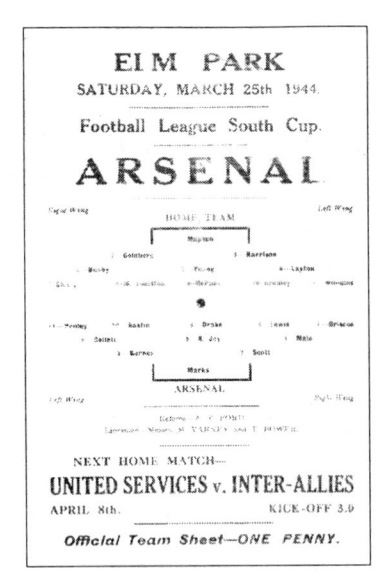

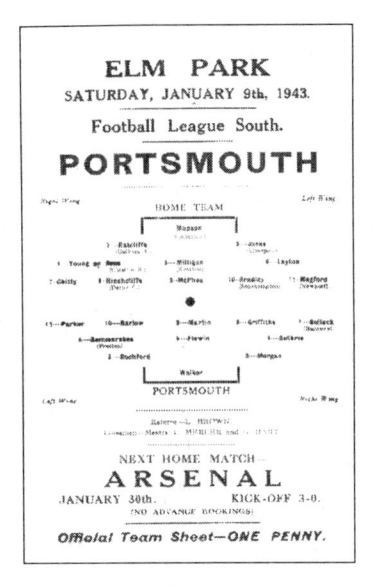

War-time team sheets, price one penny.

The Football League resumes, September 1946. Reading beat Palace 10-2.

Reading's war time internationals:

Johnny Mapson, Maurice Edelston, George Males.

Harry Kinsell, Bill Layton

1946/47 9th in Division 3 (South)

#	Date		Opponent	Score	Scorers	Att	Barney VC	Chitty WS	Churchill T	Clover WA	Deverall HR	Edelston M	Fisher F	Glidden GS	Goldberg L	Groves KEL	Gulliver J	Hargreaves J	Henley L	Layton WH	McKenna T	MacPhee MG	Moyse R	O'Sullivan CJ	Pattison JWP	Ratcliffe B	Rickett HFJ	Sears DR	Taylor A	Wallbanks J	Young LA
1	Aug	31	Bristol Rovers	2-2	MacPhee, Glidden	11710		7		2	11			10		1	3				4	9				5		8			6
2	Sep	4	CRYSTAL PALACE	10-2	Deverall 2, Barney, Edelston 3(1p), MacPhee 4	8241	10	7			11	8		2		1	3				4	9				5					6
3		7	SOUTHEND UNITED	7-2	MacPhee 3, Edelston 3, Barney	15064	10	7			11	8		2		1	3				4	9				5					6
4		11	TORQUAY UNITED	2-2	Deverall, Chitty	13369	10	7			11	8		2		1	3			6	4	9								5	
5		14	Queen's Park Rangers	0-2		20021	10		1		11	8	7	2			3			6	4	9								5	
6		18	Crystal Palace	1-2	Wallbanks	9617	8	11	1			10	7	2			3			6	4	9								5	
7		21	LEYTON ORIENT	2-0	MacPhee 2	12366	10		1	2	11	8	7	4			3			6		9								5	
8		28	Ipswich Town	0-2		16009			1	2	11	8	7	4			3			6		9							10		5
9	Oct	5	WATFORD	2-3	Layton, Edelston	11680		7	1	2	11	8		4			3			6		9							10		5
10		12	Walsall	2-2	Layton, Edelston	12399		7	1		11	8		2			3				10	6	9								5	4
11		19	Brighton & Hove Albion	4-1	Chitty, MacPhee 2, Layton	11490		7	1	2	11			6			3				10		9						8		5	4
12		26	EXETER CITY	4-0	Deverall, Edelston 2, MacPhee	11143		7	1		11	8		2			3				10	6	9								5	4
13	Nov	2	Port Vale	1-5	Layton (p)	10891		7				8		2			3				10	6	9	1							5	4
14		9	BRISTOL CITY	2-5	MacPhee, McKenna	16208		7	1		11	8		2			3				10	6	9								5	4
15		16	Swindon Town	2-2	Chitty 2 (1p)	18541	10	7			11	8		2			3					6	9								5	4
16		23	BOURNEMOUTH	3-2	MacPhee, Chitty, Deverall	11514	10			3	11	8		2			3					6	9	1							5	4
17	Dec	7	NORWICH CITY	4-3	Fisher, MacPhee 3	10556	10				11		7	2			3			6	4	9		1				8			5
18		21	NORTHAMPTON T	3-0	Edelston, Chitty, MacPhee	5374	10	7			11	8		2			3					6	9	4	1						5	
19		25	Mansfield Town	2-2	MacPhee, Edelston	4975	10	7			11	8		2			3					6	9	4	1						5	
20		26	MANSFIELD TOWN	3-0	Edelston, Glidden, MacPhee	16488	10	7		2	11	8		6			3						9	4	1						5	
21		28	BRISTOL ROVERS	1-1	Chitty (p)	14233		7		2	11	8		3									9	4	1							5
22	Jan	4	Southend United	2-0	MacPhee, Edelston	11407				2	11	8	7				3		10				9	4	1					5		6
23		18	QUEEN'S PARK RANGERS	1-0	Glidden	19300	10			2	11		7	6			3						9	4	1				8	5		
24		22	Cardiff City	0-3		28534	8			2	11		7	3					10		6		9	4	1					5		
25		25	Leyton Orient	3-3	Henley 2, MacPhee	9981	8			2	11		7	3					10		6		9	4	1					5		
26	Feb	1	IPSWICH TOWN	1-3	Fisher	7066	8				11		7	3					10		6		9	4	1					5		
27		8	Watford	1-2	MacPhee	4317	8	3		2	11	8	7	6					10				9	4	1							
28	Mar	1	Exeter City	3-1	Henley 2, Fisher	9190				2	11	8	7	6			3		10				9	4	1					5		
29		8	PORT VALE	0-2		4863				2	11	8	7	6			3		10				9	4	1					5		
30		15	Bristol City	2-5	Edelston, Henley	10140	6			2	11	8	7				3		10					4	1					5		
31		22	SWINDON TOWN	3-3	Glidden, MacPhee 2	16610	6		1		11	8	7	10	2		3						9	4						5		
32		29	Bournemouth	0-1		10925	6				11		7	10	2		3	8					9	4	1							5
33	Apr	4	Aldershot	3-1	Deverall, Glidden, MacPhee	6942					11	8	7	6	2		3						9	4	1					10		5
34		5	CARDIFF CITY	0-0		21627					11		7	6	2		3	8					9	4	1					10		5
35		7	ALDERSHOT	1-0	Taylor	13324					11		7	6	2		3	8					9	4	1					10		5
36		12	Norwich City	2-0	MacPhee 2	19519					11	8	7		2		3						9	6		4		1		10		5
37		19	NOTTS COUNTY	1-1	MacPhee	9446					11	8	7		2		3						9	6		4		1		10		5
38		26	Northampton Town	0-4		5290					11	8	7		2		3						9	4				1		10		5
39	May	3	Torquay United	0-3		4769						7	8		2		3	10					9	4		5	1					6
40		17	BRIGHTON & HOVE ALB	2-0	MacPhee, Fisher	7069	10				11		7	6	2		3	8					9	4		5	1					
41		26	WALSALL	1-1	MacPhee	7137		7					8		2	3	11	10					9	4		5	1					6
42		29	Notts County	0-1		6142					8	10	7		2		3	11	6				9	4			1					5

Played in one game: RH Blackman (30, at 9); NH Brooks (13, at 11);
J Crossley (26, at 2); V Niblett (30, at 5); GA Taylor (39, at 11).

Apps	21	19	10	16	39	30	24	34	12	4	36	2	15	12	20	41	25	21	2	5	7	5	8	18	31
Goals	2	7			6	15	4	5					5	4	1	32							1	1	

F.A. Cup

	Date		Opponent	Score	Scorers	Att																									
R1	Nov	30	COLCHESTER UNITED	5-0	Edelston 2, MacPhee, Chitty, Barney	13381	10	7		2	11	8		3							6	9		1						5	4	
R2	Dec	14	Merthyr Tydfil	3-1	Deverall, Barney, Edelston (p)	19000	10				11	8	7	2			3				6	9		1						5	4	
R3	Jan	11	GRIMSBY TOWN	2-2	MacPhee, Henley	22890					11	8	7	2			3		10				9	4	1					5	6	
rep		14	Grimsby Town	1-3	Edelston	14500					11	8	7	2			3		10		4		9		1					5	6	

		P	W	D	L	F	A	W	D	L	F	A	Pts
1	Cardiff City	42	18	3	0	60	11	12	3	6	33	19	66
2	Queen's Park Rgs.	42	15	2	4	42	15	8	9	4	32	25	57
3	Bristol City	42	13	4	4	56	20	7	7	7	38	36	51
4	Swindon Town	42	15	4	2	56	25	4	7	10	28	48	49
5	Walsall	42	11	6	4	42	25	6	6	9	32	34	46
6	Ipswich Town	42	11	5	5	33	21	5	9	7	28	32	46
7	Bournemouth	42	12	4	5	43	20	6	4	11	29	34	44
8	Southend United	42	9	7	5	38	22	8	3	10	33	38	44
9	READING	42	11	6	4	53	30	5	5	11	30	44	43
10	Port Vale	42	14	4	3	51	28	3	5	13	17	35	43
11	Torquay United	42	11	5	5	33	23	4	7	10	19	38	42
12	Notts County	42	11	4	6	35	19	4	6	11	28	44	40
13	Northampton Town	42	11	5	5	46	33	4	5	12	26	42	40
14	Bristol Rovers	42	9	6	6	34	26	7	2	12	25	43	40
15	Exeter City	42	11	6	4	37	27	4	3	14	23	42	39
16	Watford	42	11	4	6	39	27	6	1	14	22	49	39
17	Brighton & Hove A.	42	8	7	6	31	35	5	5	11	23	37	38
18	Crystal Palace	42	9	7	5	29	19	4	4	13	20	43	37
19	Leyton Orient	42	10	5	6	40	28	2	3	16	14	47	32
20	Aldershot	42	6	7	8	25	26	4	5	12	23	52	32
21	Norwich City	42	6	3	12	38	48	4	5	12	26	52	28
22	Mansfield Town	42	8	5	8	31	38	1	5	15	17	58	28

1947/48   10th in Division 3 (South)

						Amor WG	Barney VC	Bertschin CF	Blackman RH	Brice GHJ	Chitty WS	Deverall HR	Dix RW	Edelston M	Fisher F	Goldberg L	Glidden GS	Green GF	Gulliver J	Hargreaves J	Henley L	MacPhee MG	McBride J	McKenna T	Moyse R	Niblett V	O'Sullivan CJ	Price AJW	Ratcliffe B	Rickett HFJ	Smith WH	Taylor A	Young LA
1	Aug	23	NEWPORT COUNTY	0-0		13890									8		2	7		3	11	6	9		4			1					10	5
2		27	Exeter City	0-1		9225						7			8		2			3	11	6	9		4			1					10	5
3		30	Southend United	1-1	Barney	11710		10							8	7	2			3	11	6	9		4			1						5
4	Sep	3	EXETER CITY	2-1	Edelston (p), MacPhee	10713		10							8	7	2			3	11	6	9					1		5				4
5		6	NOTTS COUNTY	3-1	Edelston 2, MacPhee	11726		10							8	7	2			3	11	6	9		4			1		5				
6		11	Walsall	0-0		17523							11		8	7	2			3		6	9		4			1		5			10	
7		13	Swansea Town	1-1	MacPhee	17390							11		8	7	2			3		6	9		4			1		5			10	
8		17	WALSALL	0-1		11319						7	11		8		2			3		6	9		4			1		5			10	
9		20	BOURNEMOUTH	3-0	Taylor, MacPhee, Edelston	14614						7			8		2			3	11	6	9		4						1		10	5
10		27	Ipswich Town	0-1		15625							11		8	7	2			3		6	9		4						1		10	5
11	Oct	4	BRISTOL CITY	2-7	Edelston, MacPhee	17529									8	7	2			3	11	6	9		4						1	10		5
12		11	BRISTOL ROVERS	0-0		12165				9			11		10	7	2			3		6			4	8				5	1				
13		18	Norwich City	1-2	Green	14283							11		8	7	2	10	3			6			4				9	5	1				
14		25	BRIGHTON & HOVE ALB	1-0	MacPhee	13021						7	11		8		2		4	3		6	10					1	9	5					
15	Nov	1	Watford	1-0	Fisher	11196							11		8		2		4	3		6	10					1	9	5					
16		8	QUEEN'S PARK RANGERS	3-2	Fisher, Dix (p), MacPhee	23256								10	8		2		4	3	11	6	9					1		5					
17		15	Port Vale	0-1		13305								11	10	8	7	2		4	3		6	9					1		5					
18		22	SWINDON TOWN	2-3	Edelston, Dix	20838			11					10	8	7	2		4	3		6						1	9	5					
19	Dec	20	Newport County	0-2		10161			11					10	8	7			4	3		6				5		9			1				
20		26	LEYTON ORIENT	6-2	MacPhee 4, Fisher, Green	13750			11					10	8	7	2		4	3		6	9			5					1				
21		27	Leyton Orient	2-2	MacPhee, Edelston	5651			11					10	8	7	2			3		6	9		4	5					1				
22	Jan	3	SOUTHEND UNITED	1-3	Dix (p)	12149			11					10	8	7	2			3		6			4	5		9			1				
23		17	Notts County	1-5	Dix	34866			11					6	10	8	7	2		3			9		4					5	1				
24		24	Aldershot	2-1	Hargreaves, MacPhee	7152		8						6	10		7			3	11		9		4	2					5	1				
25		31	SWANSEA TOWN	4-1	Dix 3 (1p), MacPhee	13291		8						6	10		7	2		3	11		9		4						5	1				
26	Feb	7	Bournemouth	0-2		18049		8						6	10		7			3	11		9		4	2					5	1				
27		14	IPSWICH TOWN	1-2	Barney	15342	11	8						6	10		7			3			9		4	2					5	1				
28		21	Bristol City	2-0	MacPhee, Fisher	12542		8	7					6	10		11	2		3			4	9					1		5					
29		28	Bristol Rovers	3-2	MacPhee, Fisher, Bertschin	14571		8	7					6	10		11	2		3			4	9					1		5					
30	Mar	6	NORWICH CITY	2-4	Barney 2	12419		8	7					6	10		11	2		3			4	9							5	1				
31		13	Brighton & Hove Albion	0-2		15046	11							6	10	8	7	2		4	3										9	5				
32		20	WATFORD	2-0	Amor, Price	11502	11		7					6	10	8		2		4	3					1					9	5				
33		26	NORTHAMPTON T	1-1	Fisher	16774	11							6	10	8		2		4	3					1					9	5				
34		27	Queen's Park Rangers	0-2		23998	11		7					6	10	8		2		4	3					1					9	5				
35		29	Northampton Town	1-1	Barney	8855		8								11		10	2	6	4	3					1					9	5		7	
36	Apr	3	PORT VALE	2-0	Amor, Blackman	12293	11	8		9	5				10			2	6	4	3					1									7	
37		10	Swindon Town	1-1	Green	15876	11	8		9	5						7	2	6	4	3					1										
38		17	TORQUAY UNITED	2-0	Dix 2	10308	11	8		9	5			10			7	2	6	4	3					1										
39		21	CRYSTAL PALACE	0-0		8582	11	8		9	5			10			7	2	6	4	3					1										
40		24	Crystal Palace	1-2	Edelston	11735					5		6	10	8		7	2	4	3	11					1					9					
41		28	Torquay United	2-1	Barney, Price	6212		8					6	10			7	2		3	11	4				1					9	5				
42	May	1	ALDERSHOT	0-0		10334	11	8					6	10			7	2		3		4	1								9	5				

Played in one game: WA Clover (19, at 2); CH Hatcher (31, at 1).

Apps	10	17	11	5	5	4	25	26	29	33	38	7	17	42	13	27	25	11	8	15	4	15	14	27	15	3	7	7
Goals	2	6	1	1				9	8	6			3		1	16						2					1	

F.A. Cup

R1	Nov	29	Bromley	3-3	Green, Goldberg, Bertschin	8700			11					10	8	7	2		4	3		6						5	1	9						
rep	Dec	6	BROMLEY	3-0	Dix, Fisher, MacPhee	15257			11					10	8	7	2		4	3		6	9			5						1				
R2		13	NEWPORT COUNTY	3-0	Edelston 2, MacPhee	16600			11					10	8	7	2		4	3		6	9			5						1				
R3	Jan	10	West Bromwich Albion	0-2		29250			11					10	8	7	2		6	3			9		4					5	1					

R1 a.e.t.

Goldberg changed his surname to Gaunt during the close season 1948

		P	W	D	L	F	A	W	D	L	F	A	Pts
1	Queen's Park Rgs.	42	16	3	2	44	17	10	6	5	30	20	61
2	Bournemouth	42	13	5	3	42	13	11	4	6	34	22	57
3	Walsall	42	13	5	3	37	12	8	4	9	33	28	51
4	Ipswich Town	42	16	1	4	42	18	7	2	12	25	43	49
5	Swansea Town	42	14	6	1	48	14	4	6	11	22	38	48
6	Notts County	42	12	4	5	44	27	7	4	10	24	32	46
7	Bristol City	42	11	4	6	47	26	7	3	11	30	39	43
8	Port Vale	42	14	4	3	48	18	2	7	12	15	36	43
9	Southend United	42	11	8	2	32	16	4	5	12	19	42	43
10	READING	42	10	5	6	37	28	5	6	10	19	30	41
11	Exeter City	42	11	6	4	34	22	4	5	12	21	41	41
12	Newport County	42	9	8	4	38	28	5	5	11	23	45	41
13	Crystal Palace	42	12	5	4	32	14	1	8	12	17	35	39
14	Northampton Town	42	10	5	6	35	28	4	6	11	23	44	39
15	Watford	42	6	6	9	31	37	8	4	9	26	42	38
16	Swindon Town	42	6	10	5	21	20	4	6	11	20	26	36
17	Leyton Orient	42	8	5	8	31	32	5	5	11	20	41	36
18	Torquay United	42	7	6	8	40	29	4	7	10	23	33	35
19	Aldershot	42	5	10	6	22	26	5	5	11	23	41	35
20	Bristol Rovers	42	7	3	11	39	34	6	5	10	32	41	34
21	Norwich City	42	8	3	10	33	34	5	5	11	28	42	34
22	Brighton & Hove A.	42	8	4	9	26	31	3	8	10	17	42	34

1948/49 2nd in Division 3 (South)

#	Date		Opponent	Score	Scorers	Att	Allison J	Amor WG	Barney VC	Bertschin CF	Blackman RH	Brice GHJ	Clover WA	Cryle G	Dix RW	Edelston M	Fisher F	Gaunt L	Glidden GS	Green GF	Gulliver J	Hatcher CH	Henley L	Jordan J	Marks WG	McBride J	MacPhee MG	Moyse R	Price AJW	Reeve FW	Wrigglesworth W
1	Aug	21	CRYSTAL PALACE	5-1	MacPhee 4, Fisher	17712						5			10	8	7	2		3		4			1		9			6	11
2		23	Port Vale	0-3		17394						5			10	8	7	2		3		4			1		9			6	11
3		28	Watford	1-4	Dix	14534						5			10	8	7	2		3		4			1		9			6	11
4	Sep	1	PORT VALE	1-2	Hayward (og)	13955	11	8				5			10		7	2	4	3		6			1		9				
5		4	BOURNEMOUTH	4-2	MacPhee 2, Fisher, Green (p)	14795	11	8				5			10		7	2	4	3		6			1		9				
6		8	NEWPORT COUNTY	4-1	Dix, Barney 2, MacPhee	12076	11	8				5			10		7	2	4	3		6			1		9				
7		11	Ipswich Town	2-3	Green (p), Barney	14298		8				5			10		7	2	4	3		6			1		9				11
8		16	Newport County	1-1	Barney	9863	11	8				5			10		7	2	4	3		6			1		9				
9		18	NOTTS COUNTY	1-4	MacPhee	23651	11	8				5			10		7	2	4	3		6			1		9				
10		25	Walsall	0-2		13368	11	8				5			10		7	2		3		4			1		9			6	
11	Oct	2	TORQUAY UNITED	4-0	MacPhee 2, Fisher, Edelston	12953	11					5			10	8	7	2		3	1	4					9			6	
12		9	Millwall	1-1	Dix	30364	11					5			10	8	7	2		3		4			1		9			6	
13		16	ALDERSHOT	2-0	Edelston, Dix	16848						5			10	8	7	2		3		4					9			6	11
14		23	Exeter City	2-1	Edelston 2	10534	11					5			10	8	7	2		3		4			1		9			6	
15		30	BRISTOL CITY	2-1	Edelston 2	18069	11					5			10	8		2		3		4	7	1			9			6	
16	Nov	6	Northampton Town	2-1	MacPhee 2	8365	11					5			10	8		2		3		4	7	1			9			6	
17		13	NORWICH CITY	2-1	MacPhee 2	17283						5			10	8	7	2		3		4		1			9			6	11
18		20	Brighton & Hove Albion	0-2		18834	11					5			10	8	7	2		3		4		1			9			6	
19	Dec	25	SWANSEA TOWN	0-2		15011	11					5				8			4	3		10	7	1			9	2		6	
20		27	Swansea Town	1-2	Cryle	27508						5		11		8	7		10	4	3	6		1			9	2			
21	Jan	1	WATFORD	3-1	Glidden, Green, MacPhee	8441						5	2	11		8	7		10	6	3	4		1			9				
22		8	Crystal Palace	1-0	Glidden	10842						5	2	11		8	7		10	6	3	4		1			9				
23		15	Bournemouth	3-1	MacPhee, Edelston, Glidden	15888						5	2	11		8	7		10	6	3	4		1			9				
24		22	IPSWICH TOWN	2-1	MacPhee, Glidden	14871	11					5	2			8	7		10	6	3	4		1			9				
25	Feb	5	Notts County	0-1		33165	11			9		5	2			8	7		10	6	3	4		1							
26		12	LEYTON ORIENT	3-0	Blackman 3	13405	11				9	5	2			8	7		10	6	3	4		1							
27		19	WALSALL	1-0	Allison	15757	11				9	5	2			8	7		10	6	3	4		1							
28		26	Torquay United	2-4	Clover (p), Glidden	6983	11				9	5	2			8	7		10	6	3	4		1							
29	Mar	5	MILLWALL	2-0	Blackman, Allison	15235	11				9	5	2			8	7		10	6	3	4		1							
30		12	Aldershot	6-0	Edelston 2, Blackman, Henley, Clover 2(2p)	10080	11				9	5	2			8	7		10	6	3	4		1							
31		19	EXETER CITY	2-0	Fisher, Edelston	14267	11				9	5	2			8	7		10	6	3	4		1							
32		26	Bristol City	2-0	Blackman, Glidden	11622	11				9	5	2			8	7		10	6	3	4		1							
33	Apr	2	NORTHAMPTON T	1-0	Glidden	14148	11				9	5	2			8	7		10	6	3	4		1							
34		6	Swindon Town	1-1	Edelston	16590	11				9	5	2			8	7		10	6	3	4		1							
35		9	Norwich City	2-1	Glidden, Allison	21969	11				9	5	2			8	7		10	6	3	4		1							
36		15	Bristol Rovers	1-4	Glidden	21056	11				9	5	2			8	7		10	6	3	4		1							
37		16	BRIGHTON & HOVE ALB	6-1	Blackman 2, Edelston 2, Glidden, Clover(p)	18497	11				9	5	2			8	7		10		3	4		1					6		
38		18	BRISTOL ROVERS	1-0	Blackman	19265	11				9	5	2			8	7		10		3	4		1					6		
39		23	Southend United	0-0		9279	11				9	5	2			8	7		10		3	4		1					6		
40		27	SOUTHEND UNITED	2-1	Glidden 2	12164	11				9	5	2			8	7		10	6		4		1				3			
41		30	SWINDON TOWN	0-0		18936	11				9	5	2			8	7		10	6		4		1				3			
42	May	7	Leyton Orient	1-0	Fisher	11155	10	11			9	5	2			8	7			6		4		1				3			

Apps	19	14	7	1	17	42	22	4	18	35	39	18	22	27	39	1	42	3	30	11	24	5	1	16	5
Goals	3		4		9		4	1	4	13	5		12	3			1				17				

One own goal

F.A. Cup

	Date		Opponent	Score	Scorers	Att																									
R1	Dec	4	Colchester United	4-2	Edelston 2, MacPhee, Dix	13371	11					5			10	8	7	2		3		4		1			9			6	
R2		11	Hull City	0-0		30200						5			10	8	7	2		3		4		1			9			6	11
rep		18	HULL CITY	1-2	MacPhee	21920						5			10	8	7	2		3		4		1			9		11	6	

L Gaunt formerly known as Goldberg

		P	W	D	L	F	A	W	D	L	F	A	Pts
1	Swansea Town	42	20	1	0	60	11	7	7	7	27	23	62
2	READING	42	17	1	3	48	18	8	4	9	29	32	55
3	Bournemouth	42	15	2	4	42	17	7	6	8	27	31	52
4	Swindon Town	42	11	9	1	38	20	7	6	8	26	36	51
5	Bristol Rovers	42	13	5	3	42	23	6	5	10	19	28	48
6	Brighton & Hove A.	42	11	5	5	32	26	4	13	4	23	29	48
7	Ipswich Town	42	14	3	4	53	30	4	6	11	25	47	45
8	Millwall	42	12	7	2	42	23	5	4	12	21	41	45
9	Torquay United	42	12	5	4	45	26	5	6	10	20	44	45
10	Norwich City	42	11	6	4	32	10	5	6	10	35	39	44
11	Notts County	42	15	3	3	68	19	4	2	15	34	49	43
12	Exeter City	42	12	5	4	45	26	3	5	13	18	50	40
13	Port Vale	42	11	3	7	32	21	3	8	10	19	33	39
14	Walsall	42	9	5	7	34	28	6	3	12	22	36	38
15	Newport County	42	8	6	7	41	35	6	3	12	27	57	37
16	Bristol City	42	8	9	4	28	24	3	5	13	16	38	36
17	Watford	42	6	9	6	24	21	4	6	11	17	33	35
18	Southend United	42	5	10	6	18	18	4	6	11	23	28	34
19	Leyton Orient	42	9	6	6	36	29	2	6	13	22	51	34
20	Northampton Town	42	9	6	6	33	20	3	3	15	18	42	33
21	Aldershot	42	6	5	10	26	29	5	6	10	22	30	33
22	Crystal Palace	42	7	8	6	27	27	1	3	17	11	49	27

1949/50   10th in Division 3 (South)

#		Date	Opponent	Score	Scorers	Att	Allen BW	Allison J	Amor WG	Bewley DG	Blackman RH	Brice GHJ	Brooks J	Clover WA	Cryle G	Davidson DB	Edelston M	Ellison SW	Fisher F	Gaunt	Glidden GS	Gulliver J	Henley L	Hutton J	Kemp RW	Livingstone WR	Marks WG	McBride J	McCrohan R	McLean PY	Millard R	Moyse R	Niblett V	Reeve FW	Wicks SM
1	Aug	20	Swindon Town	0-2		25038	10	11			9	5		2			8		7			3	4				1					6			
2		25	Watford	1-1	Blackman	12671	10		11		9	5		2			8		7			3	4				1					6			
3		27	LEYTON ORIENT	5-1	Edelston, Amor 2, Blackman 2	16717	10		11		9	5		2			8		7			3	4				1							6	
4		31	WATFORD	1-0	Fisher	15670	10		11		9	5		2			8		7			3	4				1							6	
5	Sep	3	Exeter City	4-3	Allen 3, Brice	10853	10		11		9	5		2			8		7			3	4				1							6	
6		5	Bristol Rovers	1-2	Blackman	13009	10		11		9	5					8		7			3	4				1					2		6	
7		10	IPSWICH TOWN	3-1	Blackman, Amor, Allen	16645	10		11		9	5					8		7			3	4				1					2		6	
8		14	BRIGHTON & HOVE ALB	3-0	Blackman 2, Allen	15567	10		11		9	5							7			3	6				1			4	8	2			
9		17	Port Vale	1-1	Blackman	12948	10		11		9	5					8		7			3	6				1			4		2			
10		21	MILLWALL	2-0	Allen 2	13368	10		11		9	5					8		7			3	6				1			4		2			
11		24	NOTTS COUNTY	0-1		29092	10		11		9	5							7			3	6				1			4	8	2			
12	Oct	1	Southend United	2-3	Allen 2	13651	10		11		9	5					8		7			3	6				1			4		2			
13		8	Torquay United	2-4	Livingstone, Allison	7238	10	11				5					8		7			3	6			9	1			4		2			
14		15	ALDERSHOT	1-3	Edelston	17977	10		11			5					8		7			3	6			9	1			4		2			
15		22	Nottingham Forest	2-1	McCall (og), Blackman	21688	10		11		9	5					8		7	2			4				1							6	3
16		29	NORTHAMPTON T	3-1	Allen, Edelston, Amor	18636	10		11		9	5					8		7	2			4				1							6	3
17	Nov	5	Norwich City	1-1	Fisher	17836	10				9	5					8	11	7	2			4				1							6	3
18		12	NEWPORT COUNTY	4-1	Fisher 2, Edelston, Blackman	15300	10		11		9	5					8		7				4				1					2		6	3
19		19	Bristol City	2-2	Brice, Edelston	19507	10				9	5					8	11	7				4				1					2		6	3
20	Dec	3	Walsall	0-2		8140	10				9	5					8	11	7				4				1					2		6	3
21		17	SWINDON TOWN	4-3	Allen 2, Edelston 2	16078	10		11		9	5					8		7				4				1					2		6	3
22		24	Leyton Orient	1-2	Blackman	9099	10		11		9	5					8		7				4				1					2		6	3
23		26	Bournemouth	1-2	Fisher	17639	10				9	5				11	8		7		6	3	4	1											2
24		27	BOURNEMOUTH	2-1	Amor 2	22248	10		11			5					8	7			2	3	4		1	9								6	
25		31	EXETER CITY	3-2	Edelston 2, Blackman	13037	10		11		9	5					8		7			3	4		1									6	2
26	Jan	14	Ipswich Town	0-2		10584	10		11		9	5					8		7		6	3	4				1								2
27		21	PORT VALE	2-1	Cryle, Blackman	11284			11		9	5			6		8		7		2	3	4	10			1								
28	Feb	4	Notts County	0-4		36245			11		9	5			6		8		7			3	4	10			1								2
29		18	SOUTHEND UNITED	5-0	Blackman 2, Amor, Edelston, Fisher	12958			11		9	5					8		7				10				1					2		6	
30		25	TORQUAY UNITED	2-0	Edelston, Reeve (p)	14506			11		9	5					8		7			10	3				1		4			2		6	
31	Mar	4	Aldershot	0-2		14090			11		9	5					8		7			10	3				1		4			2		6	
32		11	NOTTM. FOREST	1-1	Fisher	14352			11		9	5					8		7			10	3				1		4			2	6		
33		18	Northampton Town	0-2		8938			11	6	9	5					8		7			10	3				1		4			2			
34		25	NORWICH CITY	4-1	Blackman 3, Fisher	13093			11	6	9	5					8		7			10	3				1		4			2			
35	Apr	1	Newport County	1-1	Blackman	9923		11		6	9	5					8		7			10	3				1		4			2			
36		7	Crystal Palace	1-1	McLean	22644		11		6	9	5					8		7			10	3				1		4			2			
37		8	BRISTOL CITY	1-0	Glidden	14675		11		6	9	5	8						7		10	3	4				1					2			
38		10	CRYSTAL PALACE	1-2	Blackman	12730		11		6	9	5					8		7				4				1	10				2			3
39		15	Brighton & Hove Albion	1-2	Blackman	12583		11		6	9	5	8						7			10	4				1					2			3
40		22	WALSALL	1-1	Bewley	10722		11		6	9	5	8						7			10	3	4			1					2			
41		29	Millwall	1-3	Blackman	7311		11		6	9	5	10				8		7			3	4				1					2			
42	May	6	BRISTOL ROVERS	0-1		9276		11		6	9	5	8			10			7			3	4				1					2			
					Apps		26	10	28	10	39	42	5	5	3	1	36	4	41	3	15	32	35	2	3	3	20	19	1	14	2	30	1	18	14
					Goals		12	1	7	1	22	2		1	11		8		1			1				1				1				1		

One own goal

F.A. Cup

| R1 | Jan | 1 | DONCASTER ROVERS | 2-3 | Blackman 2 | 25050 | 10 | | 11 | | 9 | 5 | | | | | 8 | | 7 | | | 3 | 4 | | | | 1 | | | | | | | 6 | 2 |

		P	W	D	L	F	A	W	D	L	F	A	Pts
1	Notts County	42	17	3	1	60	12	8	5	8	35	38	58
2	Northampton Town	42	12	6	3	43	21	8	5	8	29	29	51
3	Southend United	42	15	4	2	43	15	4	9	8	23	33	51
4	Nottingham Forest	42	13	0	8	37	15	7	9	5	30	24	49
5	Torquay United	42	13	6	2	40	23	6	4	11	26	40	48
6	Watford	42	10	8	5	26	13	6	7	8	19	22	45
7	Crystal Palace	42	12	5	4	35	21	3	9	9	20	33	44
8	Brighton & Hove A.	42	9	8	4	32	24	7	4	10	25	45	44
9	Bristol Rovers	42	12	5	4	34	18	7	0	14	17	33	43
10	READING	42	15	2	4	48	21	2	6	13	22	43	42
11	Norwich City	42	11	5	5	44	21	5	5	11	21	42	42
12	Bournemouth	42	11	6	4	38	19	5	4	12	19	37	42
13	Port Vale	42	12	6	3	33	13	3	5	13	14	29	41
14	Swindon Town	42	9	7	5	41	30	6	4	11	18	32	41
15	Bristol City	42	12	4	5	38	19	3	6	12	22	42	40
16	Exeter City	42	9	8	4	37	27	5	3	13	26	48	39
17	Ipswich Town	42	9	6	6	36	36	3	5	13	21	50	35
18	Leyton Orient	42	10	6	5	33	30	2	5	14	20	55	35
19	Walsall	42	8	8	5	37	25	1	8	12	24	37	34
20	Aldershot	42	10	5	6	30	16	3	3	15	18	44	34
21	Newport County	42	11	5	5	50	34	2	3	16	17	64	34
22	Millwall	42	11	1	9	39	29	3	3	15	16	34	32

47

1950/51   3rd in Division 3 (South)

						Amor WG	Bainbridge KV	Barton DJ	Bewley DG	Blackman RH	Brice GHJ	Brooks J	Cryle G	Davidson DB	Dodgin N	Edelston M	Farquhar D	Gulliver J	Henley L	Hutton J	Johnston JC	Kinsell TH	Marks WG	McBride J	McCrohan R	McLean PY	Moyse R	Parker W	Simpson DE	Wicks SM
1	Aug	19	WALSALL	2-1	Brice 2	21923		11				9			8	4						6	3	1			10		2		7	5
2		24	Watford	1-3	McCrohan	13174		11				9			8	4						6	3	1			10		2		7	5
3		26	Leyton Orient	0-2		21298		11				9			10	4			8			6	3	1					2		7	5
4		30	WATFORD	1-0	Dodgin	13236						9			10	4		3	8			6		1				2	11	7	5
5	Sep	2	IPSWICH TOWN	2-0	Brice, Simpson	17378	11					9			10	4	2	8				6	3	1							7	5
6		6	Torquay United	1-2	Davidson	6993	11		2			9	8		10	4		3				6		1							7	5
7		9	Plymouth Argyle	0-2		15681			2			9	8		10	4		3				6		1						11	7	5
8		13	TORQUAY UNITED	0-0		13258			2			9			10	4		3				6		1						11	7	5
9		16	NOTTM. FOREST	0-2		19341	11		2			9		6		4		3			8	10		1				8		11	7	5
10		23	SOUTHEND UNITED	0-2		14811				6		9	8			4						10	3	1					2	11	7	5
11		30	Exeter City	3-1	Blackman 2, Simpson	11203					9	5			10							8	6	3		1		4	2	11	7	
12	Oct	7	Aldershot	1-1	Blackman	12793					9	5								8		3		10	6		1		4	2	11	7	
13		14	SWINDON TOWN	3-1	Edelston, Simpson 2 (2p)	24256					9	5					8					3		10	6		1		4	2	11	7	
14		21	Colchester United	1-1	Blackman	11469					9	5					8					3		10	6		1		4	2	11	7	
15		28	BRISTOL ROVERS	0-0		15428					9	5			10								8	6	3		1		4	2	11	7	
16	Nov	4	Crystal Palace	3-0	Blackman 3	12479		11			9	5	10				8						6	3	1				4	2		7	
17		11	BRIGHTON & HOVE ALB	7-0	Blackman 5, Bainbridge, Simpson	14867		11			9	5	10							8			6	3	1				4	2		7	
18		18	Newport County	0-5		8529		11			9	5	10					3	8				6		1				4	2		7	
19	Dec	2	Northampton Town	1-1	Bainbridge	11106		11			9	5	10							8			6		1				4	2		7	3
20		16	Walsall	2-1	Blackman, Bainbridge	3677		11			9	5					8						10	6	1					4	2		7	3
21		23	LEYTON ORIENT	4-0	Blackman, Bainbridge, Henley 2	10882		11			9	5					8			10			6	3	1				4	2		7	
22		25	Gillingham	3-0	Blackman 2, Henley	9539					9	5					8			10			6		1				4	2	11	7	3
23		26	GILLINGHAM	1-1	Edelston	17464	11				9	5					8			10			6	3	1				4			7	
24		30	Ipswich Town	2-0	Blackman, Simpson	10295	11				9	5					8			10			6	3	1				4			7	2
25	Jan	10	Millwall	3-1	Blackman 2, Henley	8434		11			9	5					8			10			6		1				4	2		7	3
26		13	PLYMOUTH ARGYLE	4-0	Blackman, Bainbridge 2, Edelston	17351		11			9	5					8			10			6		1				4	2		7	3
27		20	Nottingham Forest	1-1	Simpson (p)	24206		11			9	5					8			10			6		1				4	2		7	3
28		27	PORT VALE	3-0	Henley, Brice, Blackman	15409		11			9	5					8			10			6		1				4	2		7	3
29	Feb	3	Southend United	3-3	Henley 2, Wicks	6896		11			9	5					8			10			6		1				4	2		7	3
30		14	NORWICH CITY	3-1	Edelston, Blackman 2	11426		11			9	5					8			10			6		1				4	2		7	3
31		17	EXETER CITY	4-2	Bainbridge, Blackman 2, Henley	15775		11			9	5					8			10			6		1				4	2		7	3
32		24	ALDERSHOT	7-1	* see below	23043		11			9	5					8			10			6		1				4	2		7	3
33	Mar	3	Swindon Town	1-1	Henley	21485		11			9	5					8			10			6		1				4	2		7	3
34		10	COLCHESTER UNITED	3-2	Amor, Blackman 2	16010	11				9	5					8			10			6		1				4	2		7	3
35		17	Bristol Rovers	0-4		20882	11				9	5					8			10			6		1				4	2		7	3
36		23	BRISTOL CITY	4-2	Blackman 3, Simpson	20065		11			9	5					8			10			6		1				4	2		7	3
37		24	CRYSTAL PALACE	1-1	Edelston	16720	11				9	5	10			4	8						6		1					2		7	3
38		26	Bristol City	3-3	Edelston 2, Simpson (p)	23778					9	5					8	11		10			6		1				4	2		7	3
39		31	Brighton & Hove Albion	1-1	Faquahar	10469					9	5					8	11	10				6		1		1		4	2		7	3
40	Apr	7	NEWPORT COUNTY	5-0	McLean, Blackman 2, Henley, Edelston	12939	11				9	5					8	7		10			6		1				4	2			3
41		14	Norwich City	1-2	Blackman	30003					9	5					8	11	10				6		1				4	2		7	3
42		18	BOURNEMOUTH	0-0		13025	11				9	5					8			10			6		1				4	2			3
43		21	NORTHAMPTON T	2-0	Henley, Amor	13401	11				9	5					8			10			6		1				4	2		7	3
44		28	Port Vale	0-0		3402					9	5			4	8	11		10				6		1					2		7	3
45	May	2	MILLWALL	1-1	Amor	9378	11				9	5			4	8			10				6		1					2		7	3
46		5	Bournemouth	0-1		10424		11			9	5	10			8			4				6		1					2		7	3

Scorers in game 32: Blackman 2, Henley 2, Edelston, Bainbridge, Simpson

Apps	12	20	4	1	36	46	9	1	10	13	31	5	10	32	6	46	12	18	28	3	32	40	10	45	36
Goals	3	8			35	4			1		1		9	1		13					1	1		10	1

F.A. Cup

R1	Nov	25	CHELTENHAM TOWN	3-1	Bainbridge, Blackman 2	16500		11			9	5	10							8			6		1				4	2		7	3
R2	Dec	9	DARTFORD	4-0	Henley, Edelston, Blackman, Bainbridge	17185		11			9	5					8			10			6		1				4	2		7	3
R3	Jan	6	Newport County	2-3	Blackman 2	12086		11			9	5					8			10			6		1				4	2		7	3

		P	W	D	L	F	A	W	D	L	F	A	Pts
1	Nottingham Forest	46	16	6	1	57	17	14	4	5	53	23	70
2	Norwich City	46	16	6	1	42	14	9	8	6	40	31	64
3	READING	46	15	6	2	57	17	6	9	8	31	36	57
4	Plymouth Argyle	46	16	5	2	54	19	8	4	11	31	36	57
5	Millwall	46	15	6	2	52	23	8	4	11	28	34	56
6	Bristol Rovers	46	15	7	1	46	18	5	8	10	18	24	55
7	Southend United	46	15	4	4	64	27	6	6	11	28	42	52
8	Ipswich Town	46	15	4	4	48	24	8	2	13	21	34	52
9	Bournemouth	46	17	5	1	49	16	5	2	16	16	41	51
10	Bristol City	46	15	4	4	41	25	5	7	11	23	34	51
11	Newport County	46	13	4	6	48	25	6	5	12	29	45	47
12	Port Vale	46	13	6	4	35	24	3	7	13	25	41	45
13	Brighton & Hove A.	46	11	8	4	51	31	2	9	12	20	48	43
14	Exeter City	46	11	4	8	33	30	7	2	14	29	55	42
15	Walsall	46	12	4	7	32	20	3	6	14	20	42	40
16	Colchester United	46	12	5	6	43	25	2	7	14	20	51	40
17	Swindon Town	46	15	4	4	38	17	3	0	20	17	50	40
18	Aldershot	46	11	8	4	37	20	4	2	17	19	68	40
19	Leyton Orient	46	13	2	8	36	28	2	6	15	17	47	38
20	Torquay United	46	13	2	8	47	39	2	7	15	17	42	37
21	Northampton Town	46	8	9	6	39	30	2	7	14	16	37	36
22	Gillingham	46	10	7	6	41	30	3	2	18	28	71	35
23	Watford	46	8	5	10	29	28	1	6	16	25	60	29
24	Crystal Palace	46	6	5	12	18	39	2	6	15	15	45	27

1951/52 2nd in Division 3 (South)

#		Date	Opponent	Score	Scorers	Att	Amor WG	Bainbridge KV	Barton DJ	Blackman RH	Brice GHJ	Brooks J	Edelston M	Farquhar D	Fisher F	Grieve D	Henley L	Hodges LH	Johnston JC	Lewis J	Livingstone WR	Marks WG	McBride J	McLean PY	Moyse R	Owens TL	Parker W	Simpson DE	Wicks SM
1	Aug	18	Port Vale	2-0	Henley, Edelston	16663		11		9	5		8				10		6	4	1				2		7		3
2		22	SHREWSBURY TOWN	6-2	Edelston, Blackman 4, Lewis (p)	17424		11		9	5		8				10		6	4	1				2		7		3
3		25	BRISTOL CITY	3-0	Edelston, Blackman	21856		11		9	5		8				10		6	4	1				2		7		3
4		27	Shrewsbury Town	1-2	Blackman	12749		11		9	5	10	8						6	4	1				2		7		3
5	Sep	1	Ipswich Town	2-4	Bainbridge 2	13686		11		9	5		8				10		6	4	1				2		7		3
6		8	TORQUAY UNITED	6-1	Edelston 2, Blackman 2, Owens, Bainbridge	17086		11		9	5		10						6	4	1				2	8	7		3
7		12	NEWPORT COUNTY	1-2	Simpson	16050		11		9	5		10						6	4	1				2	8	7		3
8		15	Gillingham	1-1	Blackman	11760		11		9	5		8				10		6		1		4		2		7		3
9		17	Newport County	1-3	Blackman	11879				9	5		8	11			10		6		1		4		2		7		3
10		22	BRIGHTON & HOVE ALB	1-4	Bainbridge	16539		11		9	5		8					10	6		1	4			2		7		3
11		29	Millwall	2-3	Edelston, Blackman	23099		11		9			8						6	4	5		1		2	10	7		3
12	Oct	6	Watford	1-3	Blackman	12472		11		9		10	8						6	4	5		1		2		7		3
13		13	BRISTOL ROVERS	4-2	Henley, Lewis (p), Bainbridge 2	15299		11	2	9	5			8			10		6	4	1						7		3
14		20	Plymouth Argyle	2-3	Blackman 2	18268		11	2	9	5			8			10		6	4	1						7		3
15		27	NORWICH CITY	1-1	Bainbridge	17780		11	2		5			8			10		6	4	1			9			7		3
16	Nov	3	Exeter City	4-1	Edelston 2, Lewis (p), Simpson	8865		11			5		8				10		6	4	1		2	9			7		3
17		10	COLCHESTER UNITED	4-2	Lewis 2, Bainbridge 2	14220		11			5		8				10		6	4	1		2	9			7		3
18		17	Crystal Palace	2-1	Owens, Simpson	14679		11			5		8				10		6	4	1		2	9			7		3
19	Dec	1	Leyton Orient	4-0	Blackman 2, Edelston, Aldous (og)	11582		11		9	5		8				10		6	4	1		2				7		3
20		8	WALSALL	3-0	Owens 2, Edelston	10094		11			5		8				10		6	4	1		2	9			7		3
21		22	Bristol City	3-1	Bainbridge, Simpson, Blackman	14680		11		9	5		8				10		6	4	1		2				7		3
22		25	ALDERSHOT	5-1	Simpson, Henley, Blackman, Edelston, Bainbridge	14232		11		9	5		8				10		6	4	1		2				7		3
23		26	Aldershot	2-0	Henley, Lewis	12126		11		9	5		8				10		6	4	1		2				7		3
24		29	IPSWICH TOWN	4-0	Blackman 3, Lewis (p)	14852		11		9	5		8				10		6	4	1		2				7		3
25	Jan	5	Torquay United	3-0	Edelston, Blackman, Lewis	7860		11		9	5		8				10		6	4	1		2				7		3
26		16	Bournemouth	2-1	Simpson, Lewis (p)	8269		11		9	5		8				10		6	4	1		2				7		3
27		19	GILLINGHAM	2-1	Edelston, Brice	13670		11		9	5		8				10		6	4	1		2				7		3
28		26	Brighton & Hove Albion	0-1		23677		11		9	5		8		7		10		6	4	1		2						3
29	Feb	2	NORTHAMPTON T	2-0	Lewis, Henley	15932		11		9	5		8		7		10		6	4	1		2						3
30		9	MILLWALL	2-0	Bainbridge, Blackman	21241		11		9	5		8				10		6	4	1		2				7		3
31		16	WATFORD	4-1	Blackman 2, Henley, Bainbridge	15323		11		9	5		8				10		6	4	1		2				7		3
32		20	PORT VALE	5-1	Henley 2, Bainbridge 2, Lewis (p)	10174		11		9	5		8				10		6	4	1		2				7		3
33		23	Northampton Town	3-0	Blackman 2, Bainbridge	15696		11		9	5		8				10		6	4	1		2				7		3
34	Mar	1	Bristol Rovers	2-1	Henley 2	21915		11		9	5		8				10		6	4	1		2				7		3
35		8	PLYMOUTH ARGYLE	2-0	Brooks, Simpson	28055		11		9	5	10	8						6	4	1		2				7		3
36		15	Norwich City	1-2	Brice	23772		11		9	5	10	8		7				6	4	1		2						3
37		22	EXETER CITY	2-1	Lewis, Bainbridge	15889		11		9	5	10	8						6	4	1		2				7		3
38	Apr	3	Colchester United	1-4	Blackman	7340		11		9	5	10	8						6	4	1		2				7		3
39		5	CRYSTAL PALACE	3-1	Lewis 2 (1p), Blackman	11561		11		9	5		8						6	4	2	1						10	7	3
40		11	Southend United	0-2		13609		11		9	5		8						6	4	1		2					10	7	3
41		12	Swindon Town	0-2		17984		11		9	5		8						6	4	1		2					10	7	3
42		14	SOUTHEND UNITED	5-2	Blackman 5	16305		11		9	5		8						6	4	1		2					10	7	3
43		19	LEYTON ORIENT	1-1	Blackman	12564		11		9	5		8						6	4	1		2					10	7	3
44		23	SWINDON TOWN	2-0	Brice, Bainbridge	11406	11	11		9	5								6	4	1		2					10	7	3
45		26	Walsall	0-2		5533	11			8	9	5								4		1			6	2		10	7	3
46	May	3	BOURNEMOUTH	5-0	Blackman 4, Lewis (p)	7910		11		9	5		8							4		1	6			2		10	7	3

	Amor	Bain	Bart	Black	Brice	Brooks	Edel	Farq	Fish	Grieve	Henley	Hodges	John	Lewis	Living	Marks	McBride	McLean	Moyse	Owens	Parker	Simpson	Wicks
Apps	2	45	3	41	44	6	41	4	2	2	28	1	41	46	3	37	9	5	42	8	8	42	46
Goals		18		39	3	1	14				10			15				4				7	

One own goal

F.A. Cup

		Date	Opponent	Score	Scorers	Att		Bainbridge		Blackman	Brice		Edelston				Henley		Johnston	Lewis		Marks			Moyse		Parker	Simpson	Wicks
R1	Nov	24	WALSALL	1-0	Blackman	17693		11		9	5		8				10		6	4	1				2		7		3
R2	Dec	15	SOUTHPORT	1-1	Bainbridge	17382		11		9	5		8				10		6	4	1				2		7		3
rep		18	Southport	1-1	Brice	7123		11		9	5		8				10		6	4	1				2		7		3
rep2	Jan	1	Southport	2-0	Henley, Hacking (og)	11850		11		9	5		8				10		6	4	1				2		7		3
R3		12	SWANSEA TOWN	0-3		28129		11		9	5		8				10		6	4	1				2		7		3

R2 replay a.e.t. R2 second replay at Villa Park.

		P	W	D	L	F	A	W	D	L	F	A	Pts
1	Plymouth Argyle	46	19	3	1	70	19	10	5	8	37	34	66
2	READING	46	19	2	2	73	23	10	1	12	39	37	61
3	Norwich City	46	18	1	4	55	15	8	8	7	34	35	61
4	Millwall	46	16	5	2	46	21	7	7	9	28	32	58
5	Brighton & Hove A.	46	15	4	4	57	24	9	6	8	30	39	58
6	Newport County	46	13	7	3	45	26	8	5	10	32	50	54
7	Bristol Rovers	46	14	5	4	60	20	6	7	10	29	33	52
8	Northampton Town	46	17	1	5	65	31	5	4	14	28	43	49
9	Southend United	46	16	6	1	56	17	3	4	16	19	49	48
10	Colchester United	46	12	7	4	32	22	5	5	13	24	55	46
11	Torquay United	46	10	3	10	53	42	7	7	9	33	56	44
12	Aldershot	46	11	4	8	40	27	7	4	12	38	62	44
13	Port Vale	46	11	11	1	33	16	3	4	16	17	50	43
14	Bournemouth	46	11	4	8	42	30	5	6	12	27	45	42
15	Bristol City	46	13	6	4	44	26	2	6	15	14	43	42
16	Swindon Town	46	9	9	5	29	22	5	5	13	22	46	42
17	Ipswich Town	46	12	4	7	45	31	4	5	14	18	43	41
18	Leyton Orient	46	12	5	6	39	26	4	4	15	16	42	41
19	Crystal Palace	46	9	7	7	32	28	6	2	15	29	52	39
20	Shrewsbury Town	46	11	3	9	35	29	2	7	14	27	57	36
21	Watford	46	7	7	9	34	37	6	3	14	23	44	36
22	Gillingham	46	10	7	6	47	31	1	6	16	24	50	35
23	Exeter City	46	10	4	9	40	36	3	5	15	25	50	35
24	Walsall	46	11	3	9	38	31	2	2	19	17	63	31

1952/53 11th in Division 3 (South)

#	Date	Opponent	Score	Scorers	Att	Alexander AA	Anderton SJ	Bainbridge KV	Blackman RH	Brice GHJ	Brooks J	Grieve D	Hinshelwood WAA	Hodges LH	Johnston JC	Kirkwood JF	Leach BE	Lewis J	Marks WG	McBride J	McLean PY	Moyse R	Parker W	Reeves RHE	Ritchie T	Robshaw HW	Simpson DE	Smith EV	Uphill DE	Wheeler J	Wicks SM
1	Aug 23	LEYTON ORIENT	2-0	Parker, Blackman	17994			11	9	5	8			6			4		1			2	10				7				3
2	28	Colchester United	1-2	Blackman	9190			11	9	5	8			6			4		1			2	10				7				3
3	30	Ipswich Town	2-1	Brooks, Parker	12891			11	9	5	8			6			4		1			2	10				7				3
4	Sep 3	COLCHESTER UNITED	2-0	Blackman, Parker	14018			11	9	5	8			6			4		1			2	10				7				3
5	6	Aldershot	2-2	Blackman, Parker	11193			11	9	5	8			6			4		1			2	10				7				3
6	10	Crystal Palace	3-0	Blackman, Bainbridge 2	11546			11	9	5	8			6					1	4		2	10				7				3
7	13	BOURNEMOUTH	1-3	Bainbridge (p)	16635			11	9	5	8			6					1	4		2	10				7				3
8	17	CRYSTAL PALACE	4-1	Bainbridge 2, Simpson, Parker	9988			11	9	5	8			6					1	4			10				7				3
9	20	Southend United	1-3	McLean	13057			11	9	5	8			6					1	4			10				7				3
10	25	Walsall	0-2		4910			11	9	10	8						4		1								7				3
11	27	WATFORD	3-0	Blackman, Hodges, Simpson	14989			11	9	5	8			10	6		4		1			2					7				3
12	Oct 1	NEWPORT COUNTY	2-1	Hodges, Brooks	6739			11	9	5	8			10	6		4		1			2					7				3
13	4	Brighton & Hove Albion	1-1	Blackman	20639			11	9	5	8			10	6		4		1			2					7				3
14	11	NORWICH CITY	0-1		19891			11	9	5	8			10	6		4		1			2					7				3
15	18	Coventry City	0-4		15469			11	9	5	8			10	6		4		1			2					7				3
16	25	EXETER CITY	3-1	Blackman, Bainbridge, Simpson	12262			11	9	5	8			6					1	4		2	10				7				3
17	Nov 1	Bristol Rovers	0-4		26858			11	9	5	8			6					1	4		2	10				7				3
18	8	MILLWALL	5-0	Blackman 3, Brooks, Simpson	14862			11	9	5	8			6			4		1			2	10				7				3
19	15	Gillingham	1-2	Blackman	12383			11	9	5	8			6			4		1			2	10				7				3
20	29	Shrewsbury Town	1-1	Simpson	6286			11	9		8						4		1			2		3			7	6			5
21	Dec 13	Swindon Town	0-2		9496				9		8		11		6		4		1			2		3			7				5
22	20	Leyton Orient	1-1	Blackman	4797		8	10	9				11		6						1	2		3			7	4			5
23	26	Northampton Town	1-6	Simpson	19242		8	10	9				11		6						1	2		3			7	4			5
24	Jan 3	IPSWICH TOWN	1-1	Hinshelwood	10601			10	9		8		11		6	1	4					2		3			7				5
25	10	Bristol City	1-1	Blackman	22676		8		9		10		11		6	1					4			3			7	2			5
26	17	ALDERSHOT	2-3	Blackman 2	13259		8		9		10		11		6	1					4			3			7	2			5
27	24	Bournemouth	0-2		9021		8		9		10		11		6	1					4			3			7	2			5
28	31	BRISTOL CITY	4-0	Brooks, Blackman, Parker, Reeves (p)	11178			11	9		8				6	1					4		10	3			7	2			5
29	Feb 7	SOUTHEND UNITED	1-0	Reeves (p)	13383				9						6	1	11							3	10	4	7	2	8		5
30	14	Watford	1-2	Ritchie	8356	7			9						6	1	11							3	10	4		2	8		5
31	21	BRIGHTON & HOVE ALB	0-0		13654				9				7		6	1	11							3	10	4		2	8		5
32	28	Norwich City	0-3		18576				9			7	11		6	1								3	10	4		2	8		5
33	Mar 7	COVENTRY CITY	1-0	Robshaw	11777				9			7	11		6	1						2		3	10	4			8		5
34	14	Exeter City	0-2		9024				9			7			6	1						2		3	10	4			8		5
35	21	BRISTOL ROVERS	2-0	Blackman, Ritchie	17885				9			7	11					6	1			2		3	10	4			8		5
36	28	Millwall	0-1		14654				9			7	11					6	1		10	2		3	8	4					5
37	Apr 3	TORQUAY UNITED	4-1	Blackman, Hinshelwood, McLean 2	13199				9			7	11					6	1		10	2		3		4			8		5
38	4	GILLINGHAM	3-2	Blackman 3	12267				9			7	11					6	1		10	2		3		4			8		5
39	6	Torquay United	0-2		7131		8					7	11					6	1		10	2		3	9	4					5
40	11	WALSALL	0-0		8819		9					7	11					6	1			2		3	10	4			8		5
41	13	NORTHAMPTON T	2-0	Blackman, McLean	9020				9			7						6	1		10	2		11		4		3	8		
42	18	SHREWSBURY TOWN	5-3	Wheeler,Blackman,Uphill 2,Hinshelwood	9252				9				7					6	1		10	2				4		3	8	11	
43	23	Newport County	0-1		8405				9			7	11					6	1		10	2				4		3	8	11	5
44	25	Queen's Park Rangers	0-1		10433				9			7						6	1		10			3		4		2	8	11	5
45	29	QUEEN'S PARK RANGERS	2-0	Uphill, Alexander	6367	10			9			7						6	1					3		4		2	8	11	5
46	May 1	SWINDON TOWN	4-1	Uphill 2, Lewis 2 (2p)	7188				9			7						6	1		10			3		4		2	8	11	5

Played in one game: I Kirkwood (34, at 11); WR Livingstone (10, at 5).
Played in two games, 20 and 21: L Henley (at 10).
Played in three games, 8,9 and 10: DJ Barton (at 2).

Apps	2	7	24	44	19	26	12	20	5	33	11	3	28	13	22	19	32	14	25	10	18	29	17	16	4	46
Goals	1		6	24		4		3	2							2		4		6	2	2	1	6		5	1

F.A. Cup

	Date	Opponent	Score	Scorers	Att																										
R1	Nov 22	Crystal Palace	1-1	McLean	21340			9		8				6			4		1	10	2	11	3				7				5
rep	26	CRYSTAL PALACE	1-3	Brooks	8167			9		8				6			4		1	10	2	11	3				7				5

		P	W	D	L	F	A	W	D	L	F	A	Pts
1	Bristol Rovers	46	17	4	2	55	19	9	8	6	37	27	64
2	Millwall	46	14	7	2	46	16	10	7	6	36	28	62
3	Northampton Town	46	18	4	1	75	30	8	6	9	34	40	62
4	Norwich City	46	16	6	1	56	17	9	4	10	43	38	60
5	Bristol City	46	13	8	2	62	28	9	7	7	33	33	59
6	Coventry City	46	15	5	3	52	22	4	7	12	25	40	50
7	Brighton & Hove A.	46	12	6	5	48	30	7	6	10	33	45	50
8	Southend United	46	15	5	3	41	21	3	8	12	28	53	49
9	Bournemouth	46	15	3	5	49	23	4	6	13	25	46	47
10	Watford	46	12	8	3	39	21	3	9	11	23	42	47
11	READING	46	17	3	3	53	18	2	5	16	16	46	46
12	Torquay United	46	15	4	4	61	28	3	5	15	26	60	45
13	Crystal Palace	46	12	7	4	40	26	3	6	14	26	56	43
14	Leyton Orient	46	12	7	4	52	28	4	3	16	16	45	42
15	Newport County	46	12	4	7	43	34	4	6	13	27	48	42
16	Ipswich Town	46	10	7	6	34	28	3	8	12	26	41	41
17	Exeter City	46	11	8	4	40	24	2	6	15	21	47	40
18	Swindon Town	46	9	8	6	39	33	5	7	11	26	48	40
19	Aldershot	46	8	8	7	36	29	4	7	12	25	48	39
20	Queen's Park Rgs.	46	9	9	5	37	34	3	6	14	24	48	39
21	Gillingham	46	10	7	6	30	26	2	8	13	25	48	39
22	Colchester United	46	9	9	5	40	29	3	5	15	19	47	38
23	Shrewsbury Town	46	11	5	7	38	35	1	7	15	30	56	36
24	Walsall	46	5	9	9	35	46	2	1	20	21	72	24

1953/54 8th in Division 3 (South)

#		Date	Opponent	Score	Scorers	Att	Anderton SJ	Blackman RH	Chung C	Davis JF	Docherty T	Grieve D	Hall WF	Hinshelwood WAA	Jones D	Kirkwood JF	Leach BE	Livingstone WR	Mansell BR	McLaren E	Murray J(1)	O'Dell R	Penford DH	Quinlan EM	Reeves RHE	Ritchie T	Robshaw HW	Simpson DE	Smith EV	Uphill DE	Wheeler J	Wicks SM
1	Aug	20	Newport County	1-4	Uphill	10332	9				6			1	8			2						11					4	7	3	10		5
2		22	Gillingham	0-3		13672					6	9	1		10			2						11					4		3	8		5
3		26	SOUTHEND UNITED	2-0	Blackman, Hinshelwood	12588	9			4	10		1	8			6	2												7	3		11	5
4		29	COVENTRY CITY	4-3	Hinshelwood 3, Simpson	12148	9			4	10		1	8			6	2												7	3		11	5
5	Sep	1	Southend United	2-1	Blackman 2	7661	9			4	11		1	8			6	2												7	3	10		5
6		5	Bournemouth	1-1	Uphill	13148	9			4	11		1	8			6	2												7	3	10		5
7		9	WATFORD	4-1	Uphill 2(1p), Livingstone, Hinshelwood	12741	9			4	11		1	8			6	2												7	3	10		5
8		12	IPSWICH TOWN	3-1	Blackman, Uphill, Simpson	17420	9			4	11		1	8			6	2												7	3	10		5
9		15	Watford	0-3		12729	9			4			1	8			6	2						11						7	3	10		5
10		19	Millwall	0-2		17087	9			4			1	8			6	2												7	3	10	11	5
11		21	Northampton Town	1-1	Hinshelwood	8778	9			4	11		1	8			6	2												7	3	10		5
12		26	LEYTON ORIENT	1-1	Hinshelwood	14366	9			4	11		1	8			6	2												7	3	10		5
13		30	NORTHAMPTON T	2-0	Blackman, Uphill	8755	9			4			1	8			6	2						11						7	3	10		5
14	Oct	3	ALDERSHOT	6-1	* see below	17263	9			4	11		1	8			6	2												7	3	10		5
15		10	Walsall	3-1	Blackman 2, Quinlan	10944	9			4	10			8	1		6	2						11						7	3			5
16		17	SHREWSBURY TOWN	1-1	Blackman	14854	9			4	11			8	1		6	2												7	3	10		5
17		24	Exeter City	0-2		10284	9			4	11	7	1	8			6	2													3	10		5
18		31	NEWPORT COUNTY	4-1	Blackman 2, Hinshelwood, Smith	8111	9			4	11			8		1	6	2												7	3			5
19	Nov	7	Norwich City	3-2	Hinshelwood 2, Blackman	17620	9			4	11			8		1	6	2												7	3	10		5
20		14	QUEEN'S PARK RANGERS	3-1	Blackman 2, Simpson	14866	9			4	11			8		1	6	2												7	3	10		5
21		28	COLCHESTER UNITED	2-0	Uphill, Blackman	13135	9			4	11			8		1	6	2												7	3	10		5
22	Dec	5	Crystal Palace	0-1		12089	9			4	11			8		1	6	2												7	3	10		5
23		19	GILLINGHAM	0-1		8380	9			4	11			8		1	6	2												7	3	10		5
24		25	TORQUAY UNITED	2-4	Blackman, Uphill	8802	9			4	11			8		1	6	2												7	3	10		5
25		26	Torquay United	2-2	Uphill, Hinshelwood	9654	9				11			8		1	6	2	4											7	3	10		5
26	Jan	2	Coventry City	1-1	Blackman	8116	9				11			10		1	6		4						2					7	3	8		5
27		9	Brighton & Hove Albion	2-3	Burtonshaw (og), Blackman	13613	9				11			10		1	6		4						2		3			7		8		5
28		16	BOURNEMOUTH	0-1		10205	9				11			8		1	6		4						2		3			7		10		5
29		23	Ipswich Town	1-0	Blackman	18026	9				10			7		1	6	5	4						2	11	3					8		
30	Feb	13	Leyton Orient	1-2	Blackman	13189	9				10			7		1	6		4		5				2	11	3					8		
31		20	Aldershot	2-2	Uphill, Simpson	9542	9				11			7		1	6		4		5				2		3		10			8		
32		27	WALSALL	0-2		9782	9				11			7		1	6	5	2	4							3		10			8		
33	Mar	6	Shrewsbury Town	3-0	Uphill 2, Hinshelwood	8711	9				11			7		1	6		2	4							3		10	5		8		
34		13	SOUTHAMPTON	4-1	Traynor (og), Blackman 2, Simpson	14547	9				6			8			1	3	2	4				11		5			7		10		
35		20	Colchester United	4-2	Quinlan 2, Hinshelwood, Ritchie	6726	9				10			8		1	6		3	4				2	11	5	7						
36		24	BRIGHTON & HOVE ALB	2-1	Uphill, Hinshelwood	12170	9				6			8		1		3	2	4				11		5			7		10		
37		27	NORWICH CITY	4-4	Quinlan 2, Docherty, Blackman	13413	9				10		1	8			6		3	4				2	11	5			7				
38		31	MILLWALL	2-4	Simpson, Blackman	8087	9				10			8	1		6	5	2	4					11	3			7				
39	Apr	3	Queen's Park Rangers	0-2		9942	10	9	8		6			7	1			5	2	4					11	3							
40		7	BRISTOL CITY	0-2		6829	10				6	7		8	1		4	5	2						11	3							
41		10	CRYSTAL PALACE	4-1	Murray, Blackman, Grieve, Ritchie	7467	9			4		7			1		6	2	3		8				11	5	10						
42		16	Swindon Town	0-1		12741	9			4		7			1		6		3		8			2	11	5	10						
43		17	Bristol City	1-3	Docherty	16701	9	8	4		10			11	1		6		3						2	5			7				
44		19	SWINDON TOWN	3-1	Chung 2, Blackman	12011	9	8	4		10			11	1		6		3						2	5			7				
45		24	EXETER CITY	4-1	Chung, Hinshelwood, Blackman 2	8067	9	8	4		10			11	1		6		3						2	5			7				
46		28	Southampton	1-1	Chung	6589	9	8	4		10			11	1		6		3						2	5			7				

Scorers in game 14: Hinshelwood 2, Uphill 2 (1p), Simpson, Blackman

	Apps	2	45	5	28	41	5	16	44	10	20	43	31	15	15	2	2	13	16	20	3	2	38	27	32	3	28
	Goals		28	4		2	1		17				1			1			5		2			7	1	15		

Two own goals

F.A. Cup

| R1 | Nov | 21 | Ipswich Town | 1-4 | Blackman | 16586 | 9 | | | 4 | 10 | 11 | | 8 | | 1 | 6 | 2 | | | | | | | | | | | 7 | 3 | | | 5 |

		P	W	D	L	F	A	W	D	L	F	A	Pts
1	Ipswich Town	46	15	5	3	47	19	12	5	6	35	32	64
2	Brighton & Hove A.	46	17	3	3	57	31	9	6	8	29	30	61
3	Bristol City	46	18	3	2	59	18	7	3	13	29	48	56
4	Watford	46	16	3	4	52	23	5	7	11	33	46	52
5	Northampton Town	46	18	4	1	63	18	2	7	14	19	37	51
6	Southampton	46	17	5	1	51	22	5	2	16	25	41	51
7	Norwich City	46	13	5	5	43	28	7	6	10	30	38	51
8	READING	46	14	3	6	57	33	6	6	11	29	40	49
9	Exeter City	46	12	2	9	39	22	8	6	9	29	36	48
10	Gillingham	46	14	3	6	37	22	5	7	11	24	44	48
11	Leyton Orient	46	14	5	4	48	26	4	6	13	31	47	47
12	Millwall	46	15	3	5	44	24	4	6	13	30	53	47
13	Torquay United	46	10	10	3	48	33	7	2	14	33	55	46
14	Coventry City	46	14	5	4	36	15	4	4	15	25	41	45
15	Newport County	46	14	4	5	42	28	5	2	16	19	53	44
16	Southend United	46	15	2	6	46	22	3	5	15	23	49	43
17	Aldershot	46	11	5	7	45	31	6	4	13	29	55	43
18	Queen's Park Rgs.	46	10	5	8	32	25	6	5	12	28	43	42
19	Bournemouth	46	12	5	6	47	27	4	3	16	20	43	40
19	Swindon Town	46	13	5	5	48	21	2	5	16	19	49	40
21	Shrewsbury Town	46	12	8	3	48	34	2	4	17	17	42	40
22	Crystal Palace	46	11	7	5	41	30	3	5	15	19	56	40
23	Colchester United	46	7	7	9	35	29	3	3	17	15	49	30
24	Walsall	46	8	5	10	22	27	1	3	19	18	60	26

51

1954/55   18th in Division 3(S)

1	Aug 21	WALSALL	2-2	Hinshelwood, Chung	13323
2	23	Coventry City	1-2	Murray	14666
3	28	Shrewsbury Town	3-2	Murray, Chung 2	10279
4	Sep 1	COVENTRY CITY	2-2	Jamieson (og), Campbell	12046
5	4	Aldershot	1-3	Chung	10594
6	8	BRENTFORD	0-0		9692
7	11	GILLINGHAM	2-2	Quinlan 2	8376
8	16	Brentford	2-2	Chung 2	9639
9	18	Leyton Orient	0-2		14121
10	22	Brighton & Hove Albion	2-3	Ritchie, Uphill	12860
11	25	MILLWALL	0-0		9965
12	29	BRIGHTON & HOVE ALB	0-2		6493
13	Oct 2	Southampton	1-3	Uphill	17172
14	9	Crystal Palace	1-1	Reeves	14305
15	16	NORTHAMPTON T	0-1		9864
16	23	Watford	3-1	Campbell, Wheeler, Uphill	12738
17	30	SOUTHEND UNITED	1-1	Hinshelwood	9996
18	Nov 6	Queen's Park Rangers	3-2	Uphill 2, Simpson	13399
19	13	NEWPORT COUNTY	2-1	Uphill (p), Simpson	9384
20	27	COLCHESTER UNITED	4-0	Uphill, Wheeler, Chung 2	6576
21	Dec 4	Norwich City	1-0	Davis	14790
22	18	Walsall	0-4		12070
23	25	Bristol City	1-2	Wheeler	16800
24	27	BRISTOL CITY	0-2		18929
25	Jan 1	SHREWSBURY TOWN	1-2	Hinshelwood	6711
26	22	Gillingham	1-5	Hinshelwood	6160
27	29	SWINDON TOWN	2-1	Bedford, Uphill	7891
28	Feb 5	LEYTON ORIENT	0-2		12037
29	12	Millwall	2-2	Wheeler, Kirkwood	11427
30	19	SOUTHAMPTON	0-1		7333
31	26	CRYSTAL PALACE	5-0	Campbell, Uphill 4 (1p)	5389
32	Mar 5	Northampton Town	6-2	Uphill 3, Anderton 2, Hinshelwood	7191
33	12	WATFORD	1-1	Campbell	9234
34	19	Southend United	0-0		5204
35	26	QUEEN'S PARK RANGERS	3-1	Quinlan, Anderton, Uphill (p)	6066
36	30	BOURNEMOUTH	1-0	Anderton	2342
37	Apr 2	Newport County	1-3	Uphill	5061
38	9	EXETER CITY	0-0		8320
39	11	TORQUAY UNITED	3-2	Uphill 3	7724
40	16	Colchester United	2-0	Campbell, Hinshelwood	7046
41	20	ALDERSHOT	2-2	Dixon, Campbell	7299
42	23	Norwich City	1-1	Uphill	7382
43	25	Torquay United	1-3	Wheeler	4349
44	27	Exeter City	1-3	Reeves	4968
45	30	Bournemouth	0-0		6049
46	May 4	Swindon Town	0-2		5147

F.A. Cup

R1	Nov 20	COLCHESTER UNITED	3-3	Wheeler, Uphill, Hill (og)	11300
rep	25	Colchester United	2-1	Uphill, Mansell	4636
R2	Dec 11	Gillingham	1-1	Wheeler	12298
rep	13	GILLINGHAM	5-3	Uphill 2 (1p), Wheeler 2, Chung	4315
R3	Jan 8	MANCHESTER UNITED	1-1	Chilton (og)	26500
rep	12	Manchester United	1-4	Uphill (p)	24578

Final Table

		P	W	D	L	F	A	W	D	L	F	A	Pts
1	Bristol City	46	17	4	2	62	22	13	6	4	39	25	70
2	Leyton Orient	46	16	2	5	48	20	10	7	6	41	27	61
3	Southampton	46	16	6	1	49	19	8	5	10	26	32	59
4	Gillingham	46	12	8	3	41	28	8	7	8	36	38	55
5	Millwall	46	14	6	3	44	25	6	5	12	28	43	51
6	Brighton & Hove A.	46	14	4	5	47	27	6	6	11	29	36	50
7	Watford	46	11	9	3	45	26	7	5	11	26	36	50
8	Torquay United	46	12	6	5	51	39	6	6	11	31	43	48
9	Coventry City	46	15	5	3	50	26	3	6	14	17	33	47
10	Southend United	46	13	5	5	48	28	4	7	12	35	52	46
11	Brentford	46	11	6	6	44	36	5	8	10	38	46	46
12	Norwich City	46	13	5	5	40	23	5	5	13	20	37	46
13	Northampton Town	46	13	5	5	51	28	6	3	14	26	54	46
14	Aldershot	46	12	6	5	44	23	4	7	12	31	48	45
15	Queen's Park Rgs.	46	13	7	3	46	25	2	7	14	23	50	44
16	Shrewsbury Town	46	14	5	4	49	24	2	7	14	21	54	42
17	Bournemouth	46	7	8	8	32	29	5	10	8	25	36	42
18	READING	46	7	10	6	32	26	6	5	12	33	47	41
19	Newport County	46	8	8	7	32	29	3	8	12	28	44	38
20	Crystal Palace	46	9	11	3	32	24	2	5	16	20	58	38
21	Swindon Town	46	10	8	5	30	19	1	7	15	16	45	37
22	Exeter City	46	9	7	7	30	31	2	8	13	17	42	37
23	Walsall	46	9	6	8	49	36	1	8	14	26	50	34
24	Colchester United	46	7	6	10	33	40	2	7	14	20	51	31

1955/56 17th in Division 3 (South)

#	Date		Opponent	Score	Scorers	Att	Alexander AA	Anderton SJ	Campbell RI	Cross J	Davies W	Dixon TC	Evans MG	Forrester GL	Green R	Hinshelwood WAA	Hudson RJ	Jones D	Kirkup BA	Leach BE	Long TG	Mansell BR	McCall AE	McLaren E	Penford DH	Quinlan EM	Reeves RHE	Smith EV	Spiers RA	Uphill DE	Wheeler J	Wicks AH
1	Aug	20	ALDERSHOT	0-5		12828		4				9				8	1		6	7	3			2	11	5			10		
2		24	Southend United	0-1		10397	7	4				9				8	1				3		6	2		5			10	11	
3		27	Millwall	0-4		11434	7	4							10	8	1				3		6	2		5			9	11	
4		31	SOUTHEND UNITED	4-1	Wheeler 2, Uphill, Anderton	6553		10	4			9				7	1				2		6			5	3		8	11	
5	Sep	3	GILLINGHAM	1-2	Wheeler	9276		10	4			9				7	1				2		6			5	3		8	11	
6		6	Watford	0-1		8558		10	4							7	1	9			2		6			5	3		8	11	
7		10	Bournemouth	1-2	Anderton	10252		10								8	1	9		7	2		6			5	3		4	11	
8		14	WATFORD	6-1	* see below	5335		10			5					8	1	9		7	2		6	4			3			11	
9		17	NORWICH CITY	2-2	Long 2	10078		10			5					8	1	9		7	2		6	4			3			11	
10		21	COVENTRY CITY	1-0	Wheeler	7297					5					8	1	9		7	2		6	4			3		10	11	
11		24	Colchester United	3-0	Hinshelwood 2, Wheeler	8125		10			5					8	1	9		7	2		6	4			3			11	
12		28	Exeter City	2-0	Long 2	6536					5					8	1	9	10	7	2		6	4			3			11	
13	Oct	1	LEYTON ORIENT	0-1		14318					5					8	1	9	10	7	2		6	4			3			11	
14		8	Brighton & Hove Albion	1-3	Cross	15677		10	4	9	5					8	1			7	2		6				3			11	
15		15	SOUTHAMPTON	1-1	Cross (p)	11656		10		9	5		6			7	1	8			2			4			3			11	
16		22	Shrewsbury Town	0-3		9365		10		9	5		6			7	1	8			2			4	11		3				
17		29	IPSWICH TOWN	1-5	Hinshelwood	10070				9	5			10		7	1	8	6		2			4	11	3					
18	Nov	5	Walsall	0-1		11261		6		9	5	10				8	1			7	2			4	11		3				
19		12	TORQUAY UNITED	0-3		7531	8	6			5	10				7	1	9					4	2	11		3					
20		26	SWINDON TOWN	0-1		8241		6		9	5	10				8	1		4	7	3			2						11	
21	Dec	3	Queen's Park Rangers	3-3	Cross 2 (1p), Kirkup	7088		4		7	5		10			8	1		9	6		3		2	11						
22		17	Aldershot	4-4	Hinshelwood, Kirkup 2, Cross	4935		10	2	8		11				7	1		9	6		3	4			5					
23		24	MILLWALL	4-1	Kirkup 3, Hinshelwood	5597		10	2	8		11				7	1		9	6		3	4			5					
24		26	Brentford	2-2	Dixon 2	12556		10		8		11				7	1	2	9	6		3	4			5					
25		27	BRENTFORD	5-2	Cross, Dixon, Kirkup 2, Anderton	11910		10	2	8		11				7	1		9	6		3	4			5					
26		31	Gillingham	0-2		7088		10	2	8		11				7	1		9	6		3	4			5					
27	Jan	7	Newport County	3-2	Anderton, Kirkup 2	7605		10	2	8	5	11				7	1		9	6		3	4								
28		14	BOURNEMOUTH	0-2		7519		10	2	8	5	11				7	2	1	9	6			4								
29		21	Norwich City	1-2	Kirkup	15610	8	10	3		5	11	4			7	1		9	6			2								
30		28	NORTHAMPTON T	4-1	Kirkup, Alexander, Wheeler (p), Dixon	6807	8		3		5	11	4			7	1		9	6			2							10	
31	Feb	11	Leyton Orient	0-1		9914	8		3		5	11	4			7	1		9	6			2							10	
32		18	BRIGHTON & HOVE ALB	0-2		7431	8		2		5	11	4				1		9	6				7			3			10	
33		25	Southampton	2-5	Forrester, Wheeler	9013					5	11		8			1		9	6		7	2				3			10	4
34		27	COLCHESTER UNITED	1-3	Kirkup	4707	7				5	11		10			2	1	9	6			4			3				8	
35	Mar	3	SHREWSBURY TOWN	0-1		5547			2	7	5	11	4	10			1		9	6						3				8	
36		10	Ipswich Town	3-3	Reeves 2 (1p), Wheeler	15053		8			5	11			10		1		9	6			2	4		3				7	
37		17	WALSALL	2-0	Quinlan, Green	6317					5	10			8		1		9	6			2	4	11	3				7	
38		24	Torquay United	0-0		4817					5	10			8		1		9	6			2	4	11	3				7	
39		30	Crystal Palace	3-2	Green, Quinlan, Wheeler	13463					5	10			8		1		9	6			2	4	11	3				7	
40		31	NEWPORT COUNTY	3-0	Kirkup, Dixon, Green	7616						10			8		1		9	6			2	4	11	3		5		7	
41	Apr	2	CRYSTAL PALACE	1-0	Forrester	9886					5			10	8		1		9	6			2	4	11	3				7	
42		7	Swindon Town	0-0		7397						10			8		1		9	6			2	4	11	3		5		7	
43		14	QUEEN'S PARK RANGERS	3-1	Wheeler, Dixon 2	4697						10			8		1		9	6			2	4	11	3		5		7	
44		21	Northampton Town	2-1	Quinlan, Dixon	5612						10			8		1		9	6			2	4	11	3		5		7	
45		25	EXETER CITY	1-2	Dixon	5275						10			8		1		9	6			2	4	11	3		5		7	
46		28	Coventry City	0-0		10481		10							8		1		9	6		7	2	4	11	3		5			
			Apps				8	22	20	15	28	30	8	6	11	31	3	46	38	31	12	26	1	37	28	16	26	17	6	8	31	1
			Goals				1	5		6		9		2	3	5			16		5				3	2				1	11	

Scorers in game 8: Kirkup 2, Long, Anderton, Wheeler, Bewley (og)

One own goal

F.A. Cup

	Date		Opponent	Score	Scorers	Att																										
R1	Nov	19	BOURNEMOUTH	1-0	Anderton	11113		6	4	9	5	10				8	1			7	3			2	11							
R2	Dec	10	ALDERSHOT	2-2	Dixon, Cross	15641		4	6	7	5	10				8	1	9			3			2	11							
rep		14	Aldershot	0-3		10816		4	2	7		10				8	1	9	6		3						5				11	

R2 replay a.e.t.

Southern Professional Floodlit Cup

	Date		Opponent	Score	Scorers	Att																										
R2	Oct	24	Millwall	3-1	Jardine (og), Forrester, Hinshelwood	2248				9	5			10		7	1	8	6		2			4	11	3						
SF	Apr	4	WEST HAM UNITED	1-3	Forrester	4534				8	5			10			1	9	6				2	4	11		3				7	

Bye in R1

		P	W	D	L	F	A	W	D	L	F	A	Pts
1	Leyton Orient	46	18	3	2	76	20	11	5	7	30	29	66
2	Brighton & Hove A.	46	20	2	1	73	16	9	5	9	39	34	65
3	Ipswich Town	46	18	6	1	59	28	7	8	8	47	32	64
4	Southend United	46	16	4	3	58	25	5	7	11	30	55	53
5	Torquay United	46	11	10	2	48	21	9	2	12	38	42	52
6	Brentford	46	11	8	4	40	30	8	6	9	29	36	52
7	Norwich City	46	15	4	4	56	31	4	9	10	30	51	51
8	Coventry City	46	16	4	3	54	20	4	5	14	19	40	49
9	Bournemouth	46	13	6	4	39	14	6	4	13	24	37	48
10	Gillingham	46	12	3	8	38	28	7	7	9	31	43	48
11	Northampton Town	46	14	3	6	44	27	6	4	13	23	44	47
12	Colchester United	46	14	4	5	56	37	4	7	12	20	44	47
13	Shrewsbury Town	46	12	9	2	47	21	5	3	15	22	45	46
14	Southampton	46	13	6	4	60	30	5	2	16	31	51	44
15	Aldershot	46	9	9	5	34	28	7	3	13	34	57	40
16	Exeter City	46	10	6	7	39	30	5	4	14	19	47	40
17	READING	46	10	2	11	40	37	5	7	11	30	42	39
18	Queen's Park Rgs.	46	10	7	6	44	34	4	4	15	20	54	39
19	Newport County	46	12	2	9	32	26	3	7	13	26	53	39
20	Walsall	46	13	5	5	43	28	2	3	18	25	56	38
21	Watford	46	8	5	10	31	39	5	6	12	21	46	37
22	Millwall	46	13	4	6	56	31	2	2	19	27	69	36
23	Crystal Palace	46	7	3	13	27	32	5	7	11	27	51	34
24	Swindon Town	46	4	10	9	18	22	4	4	15	16	56	30

1956/57   13th in Division 3 (South)

						Anderton SJ	Campbell RI	Cronin TP	Davies W	Dixon TC	Evans MG	Green R	Hood M	Jones D	Kirkup BA	Leach BE	McCall AE	McLaren E	Meeson DJ	Penford DH	Reeves RHE	Spiers RA	Webb DJ	Wheeler J	Whitehouse JA	Wilson TB
1	Aug	18	QUEEN'S PARK RANGERS	1-0	Whitehouse	11417		2	10	5	11				1	9	6				4	3			7	8	
2		23	Northampton Town	0-3		8914		2	10	5	11				1	9	6				4	3			7	8	
3		25	Plymouth Argyle	6-0	Kirkup 2, Wheeler 2, Whitehouse 2	12098		7	10	5					1	9	6		2		4	3			11	8	
4		29	NORTHAMPTON T	1-1	Gale (og)	11698		7	10	5					1	9	6		2		4	3			11	8	
5	Sep	1	ALDERSHOT	2-1	Campbell, Whitehouse	11071		7	10	5		3			1	9	6		2		4				11	8	
6		5	Crystal Palace	1-1	McCall	10575	10								1	9	6	7	2		4	3	5		11	8	
7		8	NEWPORT COUNTY	0-0		11654		7	10						1	9	6		2		4	3	5		11	8	
8		12	CRYSTAL PALACE	1-2	Whitehouse	11209	10				9				1		6	7	2		4	3	5		11	8	
9		15	Colchester United	2-3	Fenton (og), Dixon	8908					9		10		1		6	7	2		4	3	5		11	8	
10		19	Southend United	0-4		6461					9		10		1	7	6		2		4	3	5		11	8	
11		22	NORWICH CITY	2-1	Whitehouse, Wheeler	9897			10		9	6		11					2	1	4	3	5		7	8	
12		26	SOUTHEND UNITED	3-2	Dixon 2, Whitehouse	10515			10		9	6		11					2	1	4	3	5		7	8	
13		29	Coventry City	1-0	Wheeler	16136		10			9	6		11					2	1	4	3	5		7	8	
14	Oct	6	Shrewsbury Town	1-1	Dixon	8365					9	6	10	11					2	1	4	3	5		7	8	
15		13	WALSALL	3-0	Dixon 2, Penford	9620					9	6		11					2	1	4	3	5		7	8	
16		20	Ipswich Town	2-4	Whitehouse, Dixon	11671			10		9	6		11					2	1	4	3	5		7	8	
17		27	BOURNEMOUTH	0-4		8981			10		9	6		11					2	1	4	3	5		7	8	
18	Nov	3	Torquay United	1-3	Campbell	7869	4	7	10		9	6							2	1		3	5		11	8	
19		10	MILLWALL	3-0	Whitehouse, Wheeler, Dixon	8142	4	7	10		9	6							2	1		3	5		11	8	
20		24	GILLINGHAM	4-0	Dixon 3, Wheeler	6909	4				9	6					10	7	2	1		3	5		11	8	
21	Dec	1	Swindon Town	2-3	Dixon, Leach	10207	4	7			9	6					10		2	1		3	5		11	8	
22		15	Queen's Park Rangers	1-1	Reeves (p)	5472	4	7			9	6					10		2	1		3	5		11	8	
23		22	PLYMOUTH ARGYLE	3-2	Whitehouse, Jones (og), Dixon	6382	4	7			9	6					10		2	1		3	5		11	8	
24		26	Southampton	1-4	Dixon	16179	4				9	6					10	7	2	1	8	3	5		11		
25		29	Aldershot	4-1	Dixon 4	6718	4	7	6		9						10		2	1		3	5		11	8	
26	Jan	12	Newport County	2-1	Dixon 2	13840	4	7	8		9	6					10		2	1		3	5		11		
27		19	COLCHESTER UNITED	0-3		9555	4	7			9	6					10		2	1		3	5		11	8	
28		26	Exeter City	1-1	Whitehouse	5542		7	4		9	6					10		2	1		3	5		11	8	
29	Feb	2	Norwich City	5-2	Dixon 4, Whitehouse	12344	4	7			9	6					10		2	1		3	5		11	8	
30		9	COVENTRY CITY	3-0	Dixon 2, Wilson	8526	4				9	6					10		2	1		3	5		11	8	7
31		16	SHREWSBURY TOWN	2-2	Penford 2	9831	4				9	6							2	1	10	3	5		11	8	7
32		23	Walsall	2-3	Cronin 2	7736	4	10	11		9	6							2	1		3	5			8	7
33	Mar	2	IPSWICH TOWN	1-3	Whitehouse	10481	4		11		9	6			10				2	1		3	5			8	7
34		9	Brentford	0-4		10223	4		8		9	6					10	11	2	1		3	5		7		
35		13	EXETER CITY	4-0	Dixon, Cronin, Wheeler 2	6479	4		10	11	9	6							2	1		3	5		7	8	
36		16	TORQUAY UNITED	3-1	Whitehouse, Campbell, Reeves (p)	7946	4	10	11		9	6							2	1		3	5		7	8	
37		23	Millwall	0-1		10455	4		11		9	6							2	1		3	5		7	8	
38		25	SOUTHAMPTON	2-4	Campbell, Kirkup	8448	4	10	11	5		6			9				2	1		3			7	8	
39		30	BRIGHTON & HOVE ALB	2-2	Webb, Campbell	7334	4	8			9	6							2	1		3	5	10	11		7
40	Apr	6	Gillingham	0-0		5402	4				11	6			9				2	1		3	5	10	8		7
41		13	SWINDON TOWN	1-0	Webb	5925	4				11	6			9				2	1		3	5	10	8		7
42		19	Watford	0-1		8356	4		11		9	6							2	1		3	5	10	8		7
43		20	Bournemouth	1-2	Penford	10451	4				10	6						11	2	1	9	3	5		7	8	
44		22	WATFORD	1-2	Anderton	6917	4				11	6							2	1	9	3	5	10	7	8	
45		27	Brighton & Hove Albion	3-8	Dixon 2, Evans (p)	9051	4				9	6					10		2	1		3	5	11	7	8	
46	May	1	BRENTFORD	2-0	Evans, Whitehouse	4203	4		11		9	6			8				2	1		3	5		7	10	

Apps	30	23	26	6	40	36	3	7	10	13	22	7	44	36	21	45	40	6	44	39	8
Goals	1	5	3		29	2			3	1	1				4	2		2	8	15	1

Three own goals

F.A. Cup

R1	Nov	17	Cheltenham Town	2-1	Dixon 2	8326	4		10		9	6							2	1	7	3	5		11	8	
R2	Dec	8	BEDFORD TOWN	1-0	Campbell	22895	4	7			9	6					10		2	1		3	5		11	8	
R3	Jan	5	Wrexham	1-1	Wheeler	24160	4	7			9	6					10		2	1		3	5		11	8	
rep		9	WREXHAM	1-2	Dixon	26306	4	7			9	6					10		2	1		3	5		11	8	

Southern Professional Floodlit Cup

R2	Nov	26	Queen's Park Rangers	2-1	McLaren, Springett (og)	3012	4	7			9	6					10		2	1		3	5		11	8	
SF	Apr	3	ARSENAL	2-1	Wheeler 2	9799	4	8			11	6			9				2	1		3	5	10	7		
F		15	LUTON TOWN	1-2	Wheeler	15599	4				11	6			9				2	1		3	5	10	8		7

Bye in R1

		P	W	D	L	F	A	W	D	L	F	A	Pts
1	Ipswich Town	46	18	3	2	72	20	7	6	10	29	34	59
2	Torquay United	46	19	4	0	71	18	5	7	11	18	46	59
3	Colchester United	46	15	8	0	49	19	7	6	10	35	37	58
4	Southampton	46	15	4	4	48	20	7	6	10	28	32	54
5	Bournemouth	46	15	7	1	57	20	4	7	12	31	42	52
6	Brighton & Hove A.	46	15	6	2	59	26	4	8	11	27	39	52
7	Southend United	46	14	3	6	42	20	4	9	10	31	45	48
8	Brentford	46	12	9	2	55	29	4	7	12	23	47	48
9	Shrewsbury Town	46	11	9	3	45	24	4	9	10	27	55	48
10	Queen's Park Rgs.	46	12	5	6	4	42	21	6	4	13	19	39	47
11	Watford	46	11	6	6	44	32	7	4	12	28	43	46
12	Newport County	46	15	6	2	51	18	1	7	15	14	44	45
13	READING	46	13	4	6	44	30	5	5	13	36	51	45
14	Northampton Town	46	15	5	3	49	22	3	4	16	17	51	45
15	Walsall	46	11	7	5	49	25	5	5	13	31	49	44
16	Coventry City	46	12	5	6	52	36	4	7	12	22	48	44
17	Millwall	46	13	7	3	46	29	3	5	15	18	55	44
18	Plymouth Argyle	46	10	8	5	38	31	6	3	14	30	42	43
19	Aldershot	46	11	5	7	43	35	4	7	12	36	57	42
20	Crystal Palace	46	7	10	6	31	28	4	8	11	31	47	40
21	Exeter City	46	8	8	7	37	29	4	5	14	24	50	37
22	Gillingham	46	7	8	8	29	29	5	5	13	25	56	37
23	Swindon Town	46	12	3	8	43	33	3	3	17	23	63	36
24	Norwich City	46	7	5	11	33	37	1	10	12	28	57	31

1957/58　　5th in Division 3 (South)

					Anderton SJ	Campbell RI	Cronin TP	Davies W	Dixon TC	Evans MG	Gunning H	Harrison P	Hood M	Jones D	King B	Kirkup BA	Lawrence D	McLaren E	Meeson DJ	Murphy M	Reeves RHE	Spiers RA	Tune D	Walker JH	Webb DJ	Wheeler J	Whitehouse JA
1	Aug 24	Coventry City	0-1		16107	4				10	6	11	7				8		2	1		3	5				9	
2	26	Plymouth Argyle	0-1		20023	4				10	6	11	7				8	2		1		3	5				9	
3	31	SHREWSBURY TOWN	2-2	Whitehouse, Cronin	11328	4		9			6		7	11				2		1		3	5				10	8
4	Sep 4	PLYMOUTH ARGYLE	1-3	Gunning	10616	4		9			6	7		11				2		1		3	5				10	8
5	7	ALDERSHOT	3-0	Wheeler, Dixon 2	9573	4	10			9	6	7			1			2				3	5				10	8
6	9	Colchester United	3-1	Dixon 2, Reeves (p)	8774	4	8			9	6	7			1			2				3	5			10	11	
7	14	Northampton Town	2-1	Wheeler, Dixon	6986	4	8			9	6	7			1			2				3	5			10	11	
8	18	COLCHESTER UNITED	7-0	Dixon 2, Webb 3, Reeves, Wheeler	13871	4	8			9	6	7			1			2				3	5			10	11	
9	21	WATFORD	1-1	Campbell	13312		8				6	7			1		9	2				3	5	4		10	11	
10	28	Crystal Palace	2-2	Webb, Dixon	12577	4	8			9	6	7			1			2				3	5			10	11	
11	Oct 2	NORWICH CITY	1-2	Wheeler	12882	4	8			9	6		11		1			2				3	5			10	7	
12	5	TORQUAY UNITED	1-0	Dixon	9740	4			5	9	6		11		1			2				3				10	7	8
13	12	PORT VALE	3-0	Harrison, Dixon, Wheeler	11501	4	10		5	9	6		11		1			2				3					7	8
14	23	Norwich City	2-2	Dixon, Whitehouse	22164	4	10		5	9	6		11		1			2				3					7	8
15	26	SOUTHAMPTON	1-0	Dixon	14484	4	10		5	9	6		11		1			2				3					7	8
16	28	Newport County	0-0		4948	4	10		5	9	6		11		1			2				3					7	8
17	Nov 2	Brighton & Hove Albion	2-1	Whitehouse 2	16516	4	10		5	9	6		11		1			2				3					7	8
18	9	SOUTHEND UNITED	1-1	Reeves (p)	13035	4	10		5	9	6		11		1			2				3					7	8
19	23	EXETER CITY	2-0	Anderton, Whitehouse	10492	4	10		5	9	6		11		1			2				3					7	8
20	30	Gillingham	1-2	Reeves	7696	4			5	9	6		11	10	1			2				3					7	8
21	Dec 14	Swindon Town	1-1	Reeves (p)	14431	4			5	9	6		11		1			2				3			10		7	8
22	21	COVENTRY CITY	3-1	Wheeler, Dixon, Walker	9969	4			5	9	6	7			1			2				3			10	8		
23	25	Bournemouth	1-4	Wheeler	11162	4			5	9	6	7	11		1			2				3			10	8		
24	26	BOURNEMOUTH	2-0	Walker, Wheeler	13339	4			5	9	6		11		1					2		3			10		7	8
25	28	Shrewsbury Town	2-0	Wheeler, Webb	9175	4			5	9	6				1					2		3			10	11	7	8
26	Jan 11	Aldershot	0-1		8708	4			5	9	6		11		1			2				3			10		7	8
27	18	NORTHAMPTON T	5-2	Dixon 4, Webb	10846	4			5	9	6		7		1			2				3			10	8		11
28	25	QUEEN'S PARK RANGERS	3-0	Dixon 2, Webb	11455	4			5	9	6		7		1			2				3			10	8		11
29	Feb 1	Watford	1-1	McLaren	8090	4			5	9	6		7		1			2				3			10	8		11
30	8	CRYSTAL PALACE	2-2	Harrison, Webb	11062	4			5	9	6		11		1			2				3			10	8	7	
31	15	Torquay United	4-1	Whitehouse,Wheeler,Dixon,Harrison	6243	4			5	9	6		11		1			2				3			10		7	8
32	19	MILLWALL	4-1	Dixon 2, Evans, Harrison	14400	4			5	9	6		11		1			2				3			10		7	8
33	22	Port Vale	2-1	Wheeler, Dixon	5940	4			5	9	6		11		1			2				3			10		7	8
34	Mar 1	NEWPORT COUNTY	1-0	Evans	15782	4			5	9	6		11		1			2				3			10		7	8
35	8	Southampton	1-0	Wheeler	22830	4			5	9	6		11		1			2				3			10		7	8
36	11	Brentford	1-2	Dixon	13230	4			5	9	6	11			1			2				3			10	8	7	
37	15	BRIGHTON & HOVE ALB	1-1	Whitehouse	26064	4			5	9	6		11		1			2				3			10		7	8
38	17	Queen's Park Rangers	0-3		8838	4		6	5	9			11		1	7		2				3			10	8		
39	22	Exeter City	1-1	Wheeler	5702	4			5	9			11		1	7		2				3	6		10	8		
40	29	SWINDON TOWN	0-4		16988	4			5	9	6		11		1	7		2				3			10	8		
41	Apr 4	WALSALL	3-1	Whitehouse 2, Reeves	12513	4			5	9	6		11		1			2				3			10		7	8
42	5	Southend United	1-2	Whitehouse	10278	4			5	9	6		11		1			2				3			10		7	8
43	7	Walsall	0-0		9071	4			5		6		7		1		9	2				3			10		11	8
44	12	GILLINGHAM	4-0	Whitehouse 4	8441	4			5	9	6		7		1			2				3			10		11	8
45	19	Millwall	0-0		9701	4			5	9	6		7		1			2				3			10		11	8
46	23	BRENTFORD	1-2	Whitehouse	12852	4			5	9	6		7		1			2			1	3			10		11	8
				Apps		45	13	4	35	42	44	12	37	3	41	3	4	22	24	4	1	46	12	1	26	13	46	28
				Goals		1	1	1		24	2	1	4						1			6			2	8	13	15

F.A. Cup

R1	Nov 16	SWINDON TOWN	1-0	Dixon	21368	4	10		5	9	6		11		1			2				3					7	8
R2	Dec 7	WISBECH TOWN	2-1	Whitehouse, Dixon	17252	4	10		5	9	6		11		1			2				3					7	8
R3	Jan 4	Leyton Orient	0-1		20781	4			5	9	6		11		1			2				3			10		7	8

Southern Professional Floodlit Cup

R1	Oct 4	Queen's Park Rangers	0-0			4	10		5	9	6		11		1			2				3					7	8
rep	Nov 6	QUEEN'S PARK RANGERS	5-2	Whitehouse 3, Wheeler, Dixon		4		6	5	9			11	10	1			2				3					7	8
R2	Jan 13	West Ham United	3-3	Dixon 2, Webb	5000	4			5	9	6				1			2				3			10	8	11	7
rep	29	WEST HAM UNITED	5-3	* see below	13162	4				9	6	11	7				8	2				3	5		10			
SF	Mar 25	LUTON TOWN	3-3	Wheeler 2, Dixon		4			5	9	6		11		1	7		2				3			10	8		
rep	31	Luton Town	1-0	Dixon		4			5	9	6		11		1			2				3			10		7	8
F	Apr 30	PORTSMOUTH	0-2		14864	4			5	9	6		7		1			2				3			10		11	8

Scorers in R2 replay: Gunning, Dixon 2, Reeves (p), Harrison　　Played in SF replay: DH Penford (at 3)

		P	W	D	L	F	A	W	D	L	F	A	Pts
1	Brighton & Hove A.	46	13	6	4	52	30	11	6	6	36	34	60
2	Brentford	46	15	5	3	52	24	9	5	9	30	32	58
3	Plymouth Argyle	46	17	4	2	43	17	8	4	11	24	31	58
4	Swindon Town	46	14	7	2	47	16	7	8	8	32	34	57
5	READING	46	14	5	4	52	23	7	8	8	27	28	55
6	Southampton	46	16	3	4	78	31	6	7	10	34	41	54
7	Southend United	46	14	5	4	56	26	7	7	9	34	32	54
8	Norwich City	46	11	9	3	41	28	8	6	9	34	42	53
9	Bournemouth	46	16	5	2	54	24	5	4	14	27	50	51
10	Queen's Park Rgs.	46	15	6	2	40	14	3	8	12	24	51	50
11	Newport County	46	12	6	5	40	24	5	8	10	33	43	48
12	Colchester United	46	13	5	5	45	27	4	8	11	32	52	47
13	Northampton Town	46	13	1	9	60	33	6	5	12	27	46	44
14	Crystal Palace	46	12	5	6	46	30	3	8	12	24	42	43
15	Port Vale	46	12	6	5	49	24	4	4	15	18	34	42
16	Watford	46	9	8	6	34	27	4	8	11	25	50	42
17	Shrewsbury Town	46	10	8	5	7	29	25	5	4	14	20	46	40
18	Aldershot	46	7	9	7	31	34	5	7	11	28	55	40
19	Coventry City	46	10	9	4	41	24	3	4	16	20	57	39
20	Walsall	46	10	7	6	34	24	4	2	17	24	51	37
21	Torquay United	46	9	7	7	33	34	2	6	15	16	40	35
22	Gillingham	46	12	5	6	33	24	1	4	18	19	57	35
23	Millwall	46	6	6	11	37	36	5	3	15	26	55	31
24	Exeter City	46	10	4	9	37	35	1	5	17	20	64	31

1958/59   6th in Division 3

						Anderton SJ	Ayre RW	Buck GW	Davies W	Dixon TC	Evans MG	Gardiner WS	Harrison P	Hudson RJ	Jones D	Lawrence D	McLaren E	McLuckie GR	Meeson DJ	Neate G	Penford DH	Reeves RHE	Shreeve P	Spiers RA	Walker JH	Webb DJ	Wheeler J	Whitehouse JA
1	Aug	23	QUEEN'S PARK RANGERS	2-2	Wheeler, Reeves (p)	16961	4	8		5	9	6				1		2	11				3				10	7	
2		27	Southend United	2-2	Wheeler, Ayre	15479	4	8		5	9	6				1		2	11				3				10	7	
3		30	Rochdale	0-1		6629	4	8		5	9	6				1		2	11				3				10	7	
4	Sep	3	SOUTHEND UNITED	3-0	Wheeler, Reeves 2 (1p)	13736	4	8		5	9	6				1		2	11				3				10	7	
5		6	DONCASTER ROVERS	2-0	Whitehouse, Anderton	14791	4	9		5		6				1		2	11				3				10	7	8
6		10	Bournemouth	1-0	Wheeler	11415	4	9		5		6				1		2	11				3				10	7	8
7		13	Plymouth Argyle	2-2	Wheeler, Ayre	25966	4	9		5		6				1		2	11				3				10	7	8
8		17	BOURNEMOUTH	2-0	Ayre, Wheeler	17841	4	9		5		6				1		2	11				3				10	7	8
9		20	TRANMERE ROVERS	0-0		16554	4	9		5		6				1		2	11				3				10	7	8
10		22	Bury	1-1	Wheeler	10331	4	9		5		6				1		2	11				3				10	7	8
11		27	Stockport County	1-0	Wheeler	10432	4			5	9	6				1		2	11				3				10	7	8
12		29	BURY	1-0	Webb	12081	4	9		5		6				1		2	11				3				10	7	
13	Oct	4	Southampton	3-3	Webb, Ayre 2	17382	4	9		5						1		2	11				3				8	10	7
14		8	COLCHESTER UNITED	0-0		17511	4	9		5						1		2	11				3				6	10	7
15		11	BRADFORD CITY	3-2	Whitehouse, Webb 2	15046	4	9		5						1		2	11	1			3				6	10	7 8
16		18	Hull City	0-2		13955	4	9		5		6				1		2	11				3				6	10	7 8
17		25	BRENTFORD	3-1	Whitehouse 2, Harrison	16186	4			5		6		7				2	11	1			3				10	9	8
18	Nov	1	Swindon Town	0-2		19856	4			5		6		7				2	11	1			3				10	9	8
19		8	MANSFIELD TOWN	3-3	McLuckie, Ayre 2	13559	4	9		5		6		7		1		2	11				3				10		8
20		22	HALIFAX TOWN	3-0	McLuckie 2, Webb	12518	4			5		6	9			1		2	11				3				10	7	8
21		29	Newport County	1-2	Gardiner	6189	4			5		6	9			1		2	11				3				10	7	8
22	Dec	13	Accrington Stanley	3-4	Gardiner, Wheeler, Ayre	5246	4	10		5		6	9			1		2	11				3					7	8
23		20	Queen's Park Rangers	0-2		6909	6	10	7	5		4	9					2	11	1			3						8
24		26	Norwich City	0-1		13281	6	10	11	5		4	9					2		1			3					7	8
25		27	NORWICH CITY	3-1	Penford 2, Anderton	15568	6			5		4						2	11	1		9	3				10	7	8
26	Jan	3	ROCHDALE	3-0	Reeves (p), Wheeler, McLaren	11240	6		7	5		4						2	11	1		9	3				10	8	
27		10	Notts County	1-3	Wheeler	10156	6		7	5		4						2	11	1			3					8	
28		24	CHESTERFIELD	1-2	Anderton	10329	6	8	11	5		4	9					2	11	1								8	10
29		31	PLYMOUTH ARGYLE	0-2		13710	4	8		5		6						2	11	1		9	3				10	7	
30	Feb	7	Tranmere Rovers	1-2	Wheeler	7462	6	9		5		10						2	11	1			3					7	
31		14	STOCKPORT COUNTY	2-1	McLuckie, Anderton	7180	9	8		5		6						2	11	1			3		4		10	7	
32		21	SOUTHAMPTON	4-1	Shreeve, Wheeler, Anderton 2	10485	9			5		6			2					1			3	10	4		7	11	8
33		24	Doncaster Rovers	5-2	Wheeler 3, Anderton, Reeves (p)	9345	9			5		6			2					1			3	10	4		7	11	8
34		28	Bradford City	2-1	Wheeler, Whitehouse	11585	9			5		6			2					1			3	10	4		7	11	8
35	Mar	14	Brentford	1-3	Ayre	18209		9		5		6			2					1			3	10	4		7	11	8
36		21	SWINDON TOWN	3-1	Hudson (og), Webb 2	10950		9		5		6			1		2						3	10	4	7	8	11	
37		27	Wrexham	1-0	Wheeler	10096		9		5		6				1		2					3	10	4	7	8	11	
38		28	Mansfield Town	0-1		6275		9		5		6				1		2					3	10	4	7	8	11	
39		30	WREXHAM	2-1	Webb, Walker	9285			7	5		6				1		2	11				3		4	8	10	9	
40	Apr	4	NOTTS COUNTY	3-1	Wheeler 2, Webb	8285				5		6				1		2	11				3		4	7	10	9	8
41		11	Halifax Town	1-4	McLuckie	5608				5		6				1		2	11				3		4	7	10	9	8
42		15	HULL CITY	2-0	Whitehouse, Ayre	13548		9		5		6			2	1			11				3	10	4			7	8
43		18	NEWPORT COUNTY	1-3	Ayre	7552		9		5		6			2	1			11				3	10	4			7	8
44		20	Colchester United	1-3	Ayre	5590		9		5		6			2	1			11	3				10	4			7	8
45		25	Chesterfield	0-1		3419		9		5		6			2	1			11	3				10	4			7	8
46		29	ACCRINGTON STANLEY	5-0	Ayre 3, Wheeler 2	6588		9		5		6			1				11	2			3	10	4			7	8

	Apps	Goals
Anderton SJ	34	7
Ayre RW	32	15
Buck GW	6	
Davies W	46	
Dixon TC	5	
Evans MG	43	
Gardiner WS	7	2
Harrison P	3	1
Hudson RJ	8	
Jones D	31	
Lawrence D	1	
McLaren E	37	1
McLuckie GR	37	5
Meeson DJ	15	
Neate G	3	
Penford DH	9	3
Reeves RHE	37	4
Shreeve P	12	1
Spiers RA	17	
Walker JH	35	1
Webb DJ	13	9
Wheeler J	44	22
Whitehouse JA	31	6

One own goal

F.A. Cup

| R1 | Nov | 15 | Watford | 1-1 | Wheeler | 17670 | 4 | 8 | | 5 | | 6 | | 11 | | 1 | | 2 | | | | | 3 | | | | 10 | 9 | 7 |
| rep | | 19 | WATFORD | 0-2 | | 22164 | 4 | 10 | | 5 | | 6 | | 11 | | 1 | | 2 | | | | | 3 | | | 8 | | 9 | |

Played at 7 in replay: RI Campbell

Southern Professional Floodlit Cup

| R1 | Oct | 13 | Crystal Palace | 2-4 | Wheeler 2 | | 4 | 8 | | | | 6 | | 11 | | | 3 | 2 | 1 | | | | | 5 | | 10 | | 7 | |

Played at 9: McCartney

		P	W	D	L	F	A	W	D	L	F	A	Pts
1	Plymouth Argyle	46	14	7	2	55	27	9	9	5	34	32	62
2	Hull City	46	19	3	1	65	21	7	6	10	25	34	61
3	Brentford	46	15	5	3	49	22	6	10	7	27	27	57
4	Norwich City	46	13	6	4	51	29	9	7	7	38	33	57
5	Colchester United	46	15	2	6	46	31	6	8	9	25	36	52
6	READING	46	16	4	3	51	21	5	4	14	27	42	50
7	Tranmere Rovers	46	15	3	5	53	22	6	5	12	29	45	50
8	Southend United	46	14	6	3	52	26	7	2	14	33	54	50
9	Halifax Town	46	14	5	4	48	25	7	3	13	32	52	50
10	Bury	46	12	9	2	51	24	5	5	13	18	34	48
11	Bradford City	46	13	4	6	47	25	5	7	11	37	51	47
12	Bournemouth	46	12	9	2	40	18	5	3	15	29	51	46
13	Queen's Park Rgs.	46	14	6	3	49	28	5	2	16	25	49	46
14	Southampton	46	12	7	4	57	33	5	4	14	31	47	45
15	Swindon Town	46	13	4	6	39	25	3	9	11	20	32	45
16	Chesterfield	46	12	5	6	40	26	5	5	13	27	38	44
17	Newport County	46	15	2	6	43	24	2	7	14	26	44	43
18	Wrexham	46	12	6	5	40	30	2	8	13	23	47	42
19	Accrington Stanley	46	10	8	5	42	31	5	4	14	29	56	42
20	Mansfield Town	46	11	5	7	38	42	3	8	12	35	56	41
21	Stockport County	46	9	7	7	33	23	4	3	16	32	55	36
22	Doncaster Rovers	46	13	2	8	40	32	1	3	19	10	58	33
23	Notts County	46	5	9	9	33	39	3	4	16	22	57	29
24	Rochdale	46	8	7	8	21	26	0	5	18	16	53	28

1959/60   11th in Division 3

						Ayre RW	Buck GW	Davies W	Evans MG	Gardiner WS	Goodall B	High DH	Jones D	Lacey W	McLuckie GR	McGhee TE	McIlvenny JA	Meeson DJ	Neate G	Reeves RHE	Shreeve P	Spiers RA	Vallard LGH	Walker JH	Webb DJ	Wheeler J	Whitehouse JA
1	Aug	22	PORT VALE	2-3	Ayre, Lacey	14917	8		5	6				1	9		2	7			3	10	4				11	
2		24	Newport County	2-3	Lacey 2	8005	8		5	6				1	9		2	7			3	10	4				11	
3		29	Norwich City	2-4	Shreeve, Reeves (p)	29454	8		5	6				1	9		2	7			3	10	4				11	
4	Sep	2	NEWPORT COUNTY	0-1		13412			5	6		4		1	9		2	7			3	10					11	8
5		5	BRENTFORD	3-3	Whitehouse, Lacey, McLuckie	13517			5			4		1	9	11	2	7			3	10			6			8
6		9	SHREWSBURY TOWN	2-3	Whitehouse, Lacey	13011	10		5	6				1	9	11	2	7			3				4			8
7		12	Colchester United	2-4	McLuckie, Walker	7683	10		5	6					9	11	2	7	1				3		4	8		
8		14	Shrewsbury Town	2-3	Lacey, Ayre	8888	10			6		2			9	11		7	1	5	3				4	8		
9		19	SOUTHEND UNITED	4-1	Shreeve, Lacey, Wheeler 2	10291				6		2			9	11		7	1	5	3	10			4	8		
10		23	ACCRINGTON STANLEY	2-0	Lacey, Evans	13267				6		2			9	11		7	1	5	3	10			4	8		
11		26	Mansfield Town	4-4	Buck, Shreeve, Wheeler, Walker	5621		7		6		2			9	11			1	5	3	10			4	8		
12		28	Accrington Stanley	0-0		4189		7		6		2			9	11			1	5	3	10			4	8		
13	Oct	3	HALIFAX TOWN	1-1	Wheeler	13254				6		2			9	11		7	1	5	3				4	8		10
14		6	Bury	0-1		13023	10			6		2			9	11		7	1	5	3				4	8		
15		10	CHESTERFIELD	6-3	Wheeler 3, Reeves, Evans 2	9374				6		2			9	11		7	1	5	3	10			4	8		
16		14	BURY	0-1		14007				6		2			9	11		7	1	5	3	10			4	8		
17		17	Swindon Town	4-0	Wheeler 2, Reeves (p), MacLuckie	14706	9			6		2				11		7	1	5	3	10			4	8		
18		24	YORK CITY	1-0	Shreeve	11561	9			6		2				11		7	1	5	3	10			4	8		
19		31	Bournemouth	1-1	Reeves (p)	11615	9			6		2				11		7	1		3	10			4	8		
20	Nov	21	GRIMSBY TOWN	1-2	McIlvenny	12090	9		5	6		2				11		7	1			10		3	4	8		
21		28	Wrexham	1-2	McIlvenny	8340	9		5	6		2				11		7	1		3				4	8		10
22	Dec	12	COVENTRY CITY	4-2	Ayre 2, Whitehouse 2	8316	9		5	6		2				11		7	1		3				4	8		10
23		19	Port Vale	1-4	Sproson (og)	6723			5	6		2		1	9	11	3	7							4	8		10
24		26	Barnsley	3-3	Lacey 2, McIlvenny	5151			5	6	9	2		1	10	11		7		3					4	8		
25		30	BARNSLEY	3-2	Wheeler 2, Lacey	10702	9		5	6		2		1	10	11		7			3				4	8		
26	Jan	2	NORWICH CITY	0-2		11173	9		5	6		2		1	10	11		7			3				4	8		
27		16	Brentford	2-2	Wheeler, Whitehouse	9183		11	5	6		2		1	9			7			3				4	8		10
28		23	COLCHESTER UNITED	2-1	High, Wheeler	7562		11	5			2	6	1	9			7			3				4	8		10
29		30	TRANMERE ROVERS	5-4	Lacey 2, Whitehouse, High, Bracewell(og)	9175		7	5			2	6	1	9	11					3				4	8		10
30	Feb	6	Southend United	0-2		8182		7	5			2	6	1	9	11				3					4	8		10
31		13	MANSFIELD TOWN	3-2	Wheeler 2, Whitehouse	5972		11	5			2	4	1	9			7		3					6	8		10
32		27	Chesterfield	1-2	Wheeler	6180		11	5			2	4	1	9			7		3					6	8		10
33	Mar	5	SWINDON TOWN	3-0	Ayre 2, Neate (p)	11690	9	11	5			2		1				7		3			4		6	8		10
34		7	Queen's Park Rangers	0-2		6715		11	5			2		1				7		3			6		4	10	9	8
35		12	York City	3-2	Whitehouse, Buck, Ayre	5452	9	11	5					1				7		2	3		4		6	8		10
36		19	WREXHAM	0-1		8223	9	11	5			2		1				7		3			4		6	8		10
37		26	Bradford City	2-0	Wheeler, Whitehouse	7237	9		5			2		1		11		7		3			4		6	8		10
38	Apr	2	QUEEN'S PARK RANGERS	2-0	Wheeler, Walker	8975	9		5			2		1		11		7		3			4		6	8		10
39		9	Grimsby Town	1-0	Reeves	7604	9		5			2		1		11		7		3			4		6	8		10
40		11	Halifax Town	2-2	Reeves 2 (2p)	6192	9		5			2		1		11		7		3			4		6	8		10
41		15	SOUTHAMPTON	2-0	Whitehouse, Wheeler	23692	9		5			2		1		11		7		3			4		6	8		10
42		16	BOURNEMOUTH	2-2	Ayre 2	10618	9		5			2		1		11		7		3			4		6	8		10
43		18	Southampton	0-1		25042	9		5			2		1		11		7		3			4		6	8		10
44		23	Tranmere Rovers	1-0	Lacey	8596			5	6		2		1	9	11		7		3			4		10	8		
45		27	BRADFORD CITY	1-0	Walker	8877			5	6		2		1	9	11		7		3			4		10	8		
46		30	Coventry City	1-1	Lightening (og)	9735			5			2		1	9	11		7		3			4		6	8		10

Apps	25	12	35	28	1	38	7	30	29	34	8	42	16	19	36	15	17	2	42	1	44	25
Goals	9	2		3			2		14	3		3		1	7	4			4		19	10

Three own goals

F.A. Cup

R1	Nov	14	Norwich City	1-1	Wheeler	24015	9		5	6		2				11		7	1		3	10			4	8		
rep		18	NORWICH CITY	2-1	Wheeler, Reeves	22161	9		5	6		2				11		7	1		3	10			4	8		
R2	Dec	5	KING'S LYNN	4-2	Ayre 2, Reeves (p), Wheeler	16991	9		5	6		2				11		7			3				4	8		10
R3	Jan	9	Nottingham Forest	0-1		28573	9	11	5	6		2		1	10			7			3				4	8		

Southern Professional Floodlit Cup

| R2 | Oct | 26 | West Ham United | 1-6 | Goodall | 5400 | 9 | | | 6 | | 2 | | | | 11 | | 7 | 1 | 5 | 3 | 10 | | | 4 | 8 | | |

Bye in R1

		P	W	D	L	F	A	W	D	L	F	A	Pts
1	Southampton	46	19	3	1	68	30	7	6	10	38	45	61
2	Norwich City	46	16	4	3	53	24	8	7	8	29	30	59
3	Shrewsbury Town	46	12	7	4	58	34	6	9	8	39	41	52
4	Grimsby Town	46	12	7	4	48	27	6	9	8	39	43	52
5	Coventry City	46	14	6	3	44	22	7	4	12	34	41	52
6	Brentford	46	13	6	4	46	24	8	3	12	32	37	51
7	Bury	46	13	4	6	36	23	8	5	10	28	28	51
8	Queen's Park Rgs.	46	14	7	2	45	16	4	6	13	28	38	49
9	Colchester United	46	15	6	2	51	22	3	5	15	32	52	47
10	Bournemouth	46	12	8	3	47	27	5	5	13	25	45	47
11	READING	46	13	3	7	49	34	5	7	11	35	43	46
12	Southend United	46	15	3	5	49	28	4	5	14	27	46	46
13	Newport County	46	15	2	6	59	36	5	4	14	21	43	46
13	Port Vale	46	16	4	3	51	19	3	4	16	29	60	46
15	Halifax Town	46	13	3	7	42	27	5	7	11	28	45	46
16	Swindon Town	46	12	6	5	39	30	7	2	14	30	48	46
17	Barnsley	46	13	6	4	45	25	2	8	13	20	41	44
18	Chesterfield	46	13	3	7	41	31	5	4	14	30	53	43
19	Bradford City	46	10	7	6	39	28	5	5	13	27	46	42
20	Tranmere Rovers	46	11	8	4	50	29	3	5	15	22	46	41
21	York City	46	11	5	7	38	26	2	7	14	19	47	38
22	Mansfield Town	46	11	4	8	55	48	4	2	17	26	64	36
23	Wrexham	46	12	5	6	39	30	2	3	18	29	71	36
24	Accrington Stanley	46	4	5	14	31	53	7	0	16	26	70	27

1960/61   18th in Division 3

						Buck GW	Burgin T	Davies W	Evans MG	Goodall B	Head DG	High DH	Jones D	Lacey W	McLuckie GR	McIlvenny JA	Meeson DJ	Neate G	Norton R	Palethorpe CG	Reeves RHE	Spiers RA	Travers MJP	Turner SF	Vallard LGH	Walker JH	Webb DJ	Wheeler J	Whitehouse JA
1	Aug	20	Newport County	2-5	Wheeler 2	8581	11		5	6	2	9		1							7	3					4		8	10
2		24	BARNSLEY	0-1		11286	11		5	6	2	9		1							7					3	4		8	10
3		27	COLCHESTER UNITED	2-1	Lacey, Wheeler	7858	11			6	2	9		1	10		7						5			3	4		8	
4		31	Barnsley	1-1	Wheeler	6640	11			6	2	9		1	10		7						5			3	4		8	
5	Sep	3	Grimsby Town	1-3	Wheeler	10848				6	2	9		1	10	11	7						5			3	4		8	
6		8	Notts County	2-4	Lacey, Wheeler	14309	11			6	2			1	9		7			10			5			3	4		8	
7		10	HULL CITY	2-4	Whitehouse, Palethorpe	7043				6				1	9					8	7	3	5			2	4		11	10
8		14	NOTTS COUNTY	2-0	Buck, Whitehouse	6327	11		5	6	2						7	1					4			3	8		9	10
9		17	Port Vale	1-1	Wheeler	11521	11		5	6	2						7	1					4			3	8		9	10
10		21	BRADFORD CITY	3-1	Wheeler 2, Spiers	8714	11		5	6	2						7	1					4			3	8		9	10
11		24	Coventry City	1-2	Palethorpe	13208			5	6	2	8						11	1		7		4			3			9	10
12	Oct	1	BRISTOL CITY	1-1	Wheeler	7360	11		5	6	2						7	1					4			3		10	9	8
13		3	Queen's Park Rangers	2-5	Lacey 2	8426			5	6	2				10	11	7	1					4			3			9	8
14		8	CHESTERFIELD	2-0	Wheeler 2	4986			5		2				10	11	7	1					4	6		3			9	8
15		15	Bury	0-3		10183			5		2		6		10	11	7	1					4			3			9	8
16		22	WALSALL	3-2	Lacey 2, Evans	6174			5	10	2		6		9	11	7	1								3	4			8
17		29	Shrewsbury Town	1-6	Lacey	6931			5	10	2		6		9	11	7	1								3	4			8
18	Nov	12	Tranmere Rovers	1-1	Whitehouse	7761			5	6	2				9	11	7	1	8							3	4			10
19		19	WATFORD	1-1	Lacey	11659			5	6	2				9	11	7	1		10						3	4			8
20	Dec	3	SWINDON TOWN	1-1	Lacey	9555			5	6	2				9	11	7	1								3	4			8
21		10	Torquay United	2-4	Wheeler 2	5654			5	6	2				9	11	7	1								3	4		10	8
22		17	NEWPORT COUNTY	2-3	Wheeler, Vallard (p)	5854	11		5	6	2	4			9		7	1								3			10	8
23		26	BOURNEMOUTH	4-3	Wheeler 2, Lacey, Buck	8576	11		5	6	2	4			9		7	1								3			10	8
24		27	Bournemouth	0-2		9925	11			6		4			9		7	1	2	10			5			3			9	8
25		31	Colchester United	2-2	McIlvenny, Wheeler	5252		9	5	10						11	7	1	2			3	4	6					8	
26	Jan	14	GRIMSBY TOWN	3-1	Lacey, Wheeler 2	7304			5	6					9			11	1	2			3	4	7				10	8
27		28	HALIFAX TOWN	1-1	Wheeler	5688			5	6					9			11	1	2			3	4	7				10	8
28	Feb	4	PORT VALE	2-1	Whitehouse, Evans	6294			5	6					9			11	1	2			3	4	7				10	8
29		11	COVENTRY CITY	0-0		6405		9	5	6		4					11	7	1	2			3						10	8
30		18	Bristol City	0-2		11606	10		5	6		7			9				1	2			3	4	11					8
31		25	Swindon Town	1-1	Walker	9711			5			10			9	11	7	1	2				3	4			6			8
32	Mar	4	BURY	1-3	Lacey	7684			5			4		1	9	11	7		2				3				6		10	8
33		11	Walsall	2-2	Wheeler 2	9455			5						9		7	1	2			11	3	4			6		10	8
34		18	SHREWSBURY TOWN	2-1	Whitehouse 2	5301			5						9			1	2	7		11	3	4			6		10	8
35		23	Bradford City	1-2	Whitehouse	5023			5	6								7	1	2	11		3	4			10		9	8
36		25	Halifax Town	0-1		3971			5	6								7	1	2	11		3	4			10		9	8
37	Apr	1	TRANMERE ROVERS	1-2	Wheeler	6141			5	10								7	1	2		11	3	4			6		9	8
38		3	SOUTHEND UNITED	3-0	Wheeler 2, Reeves (p)	4945				6					9		11	1	2		7	3	5			4			10	8
39		4	Southend United	1-0	Reeves (p)	6700				6					9		11	1	2		7	3	5			4			10	8
40		8	Watford	0-2		10247						6			9		11	1	2		7	3	5			4			10	8
41		14	BRENTFORD	4-0	Lacey, Reeves, Webb, Walker	8304						6			9			1	2		7	3	5			4	11	10		8
42		20	Hull City	0-1		5498						6			9			1	2		7	3	5			4	11	10		8
43		22	Chesterfield	2-2	Wheeler, Lacey	3817					2				9			1	3	4	7		5			6	11	10		
44		26	QUEEN'S PARK RANGERS	3-1	Wheeler 2, Palethorpe	15058					2				9			1	3	4	7		5			6	11	10		
45		29	TORQUAY UNITED	5-1	Wheeler 2, Lacey, Palethorpe, Whitehouse	8406					2				9			1	3	4	7		5			6	11	10	8	
46	May	2	Brentford	1-2	Wilson (og)	4752					2				9			1	3	4	7		5			6	11	10	8	

Apps	13	2	31	33	26	12	7	8	33	14	35	38	23	12	16	20	34	3	3	23	32	7	40	41
Goals	2			2					15		1				4	3	1			1	2	1	31	8

One own goal

F.A. Cup

R1	Nov	5	MILLWALL	6-2	Wheeler 3, Lacey, Evans, McIlvenny	10724			5	6	2				9	11	7	1								3	4		8	10
R2		26	KETTERING TOWN	4-2	Lacey 3, McIlvenny	12477			5	6	2				9	11	7	1	3								4		10	8
R3	Jan	7	BARNSLEY	1-1	Whitehouse	11426			5	11					9		7	1	2				3	4			6		10	8
rep		11	Barnsley	1-3	Whitehouse	11093			5	6					9		11	1	2				3	4	7				10	8

R3 replay a.e.t

F.L. Cup

R2	Oct	12	BRISTOL ROVERS	3-5	Lacey 2, Wheeler	8323			5		2				10	11	7	1					4	6		3			9	8

		P	W	D	L	F	A	W	D	L	F	A	Pts
1	Bury	46	18	3	2	62	17	12	5	6	46	28	68
2	Walsall	46	19	4	0	62	20	9	2	12	36	40	62
3	Queen's Park Rgs.	46	18	4	1	58	23	7	6	10	35	37	60
4	Watford	46	12	7	4	52	27	8	5	10	33	45	52
5	Notts County	46	16	3	4	52	24	5	6	12	30	53	51
6	Grimsby Town	46	14	4	5	48	32	6	6	11	29	37	50
7	Port Vale	46	15	3	5	63	30	2	12	9	33	49	49
8	Barnsley	46	15	5	3	56	30	6	2	15	27	50	49
9	Halifax Town	46	14	7	2	42	22	2	10	11	29	56	49
10	Shrewsbury Town	46	13	7	3	54	26	2	9	12	29	49	46
11	Hull City	46	13	6	4	51	28	4	6	13	22	45	46
12	Torquay United	46	8	12	3	37	26	6	5	12	38	57	45
13	Newport County	46	12	7	4	51	30	5	4	14	30	60	45
14	Bristol City	46	15	4	4	50	19	2	6	15	20	49	44
15	Coventry City	46	14	6	3	54	25	2	6	15	26	58	44
16	Swindon Town	46	13	6	4	41	16	1	9	13	21	39	43
17	Brentford	46	10	9	4	41	28	3	8	12	15	42	43
18	READING	46	13	5	5	48	29	1	7	15	24	54	40
19	Bournemouth	46	8	7	8	34	39	7	3	13	24	37	40
20	Southend United	46	10	8	5	38	26	4	3	16	22	50	39
21	Tranmere Rovers	46	11	5	7	53	50	4	3	16	26	65	38
22	Bradford City	46	8	8	7	37	36	3	6	14	28	51	36
23	Colchester United	46	8	5	10	40	44	3	6	14	28	57	33
24	Chesterfield	46	9	6	8	42	29	1	6	16	25	58	32

1961/62 7th in Division 3

							Allen DJ	Batt VT	Evans MG	Goodall B	High DH	Lacey W	Maughan WJ	Meeson DJ	Neate G	Norton R	Palethorpe CG	Shreeve P	Spiers RA	Travers MJP	Vallard LGH	Walker JH	Webb DJ	Wheeler J	Whitehouse JA	Wilkie AW
1	Aug	19	COVENTRY CITY	4-0	Webb 2, Palethorpe, Curtis (og)	11668	9		6	2				1			7		5		3	4	11	10	8	
2		21	Queen's Park Rangers	6-3	Palethorpe 3, Wheeler 2, Allen	12847	9		6	2				1			7		5		3	4	11	10	8	
3		26	Brentford	2-1	Vallard (p), Webb	9630	9		6	2				1			7		5		3	4	11	10	8	
4		30	QUEEN'S PARK RANGERS	0-2		20003	9		6	2				1			7		5		3	4	11	10	8	
5	Sep	2	Barnsley	3-2	Allen 2, Whitehouse	6676	9		6	2				1			7		5		3	4	11	10	8	
6		6	Bradford Park Avenue	3-1	Webb, Allen 2	7358	9		6	2				1			7		5		3	4	11	10	8	
7		8	NEWPORT COUNTY	2-1	Webb, Palethorpe	17947	9		6	2				1			7		5		3	4	11	10	8	
8		16	Southend United	2-0	Watson (og), Webb	10373			6	2		9		1			7		5		3	4	11	10	8	
9		20	GRIMSBY TOWN	1-2	Wheeler	17366	9		6	2				1			7		5		3	4	11	10	8	
10		23	NOTTS COUNTY	4-2	Webb, Whitehouse, Wheeler, Allen	11169	9		6	2				1			7		5		3	4	11	10	8	
11		26	Grimsby Town	0-4		10074	9		6	2				1			7		5		3	4	11	10	8	
12		30	Shrewsbury Town	1-4	Allen	8529	9		6	2							7		5		3	4	11	10	8	1
13	Oct	4	PORT VALE	0-0		11779	9		6	2	3						7		5			4	11	10	8	1
14		6	HALIFAX TOWN	3-2	Wheeler 2, Webb	11365	9		6	2	3						7		5			4	11	10	8	1
15		9	Port Vale	1-2	Webb	7208	9		6	2	3						7		5			4	11	10	8	1
16		13	Swindon Town	1-4	Whitehouse	17307	9		6	2	3						7		5			4	11	10	8	1
17		20	CRYSTAL PALACE	2-1	Evans, Wheeler	14432	9		6	2	3			1			7		5			4	11	10	8	
18		28	Portsmouth	0-2		18811	9		6	2	3			1			7		5			4	11	10	8	
19	Nov	11	Hull City	1-0	Wheeler	6952	8		6	2	3	9		1					10	5		4		11	7		
20		17	WATFORD	3-2	Lacey 3	11672	8		6	2	3	9							10	5		4		11	7		
21	Dec	2	TORQUAY UNITED	1-0	Wheeler	7854	8		6	2	3	9		1					10	5		4		11	7		
22		9	Lincoln City	3-2	Webb, Allen, Lacey	4178	11		6	2	3	9		1						5		4		10	7	8	
23		16	Coventry City	0-1		8112	11		6	2	3	9		1						5		4		10	7	8	
24		23	BRENTFORD	4-0	Norton, Whitehouse, Wheeler, Allen	7285	11		6	2	3	9		1	10					5		4			7	8	
25		26	BRISTOL CITY	2-2	Lacey, Whitehouse	11399	11		6	2	3	9		1	10					5		4			7	8	
26	Jan	12	BARNSLEY	0-0		8542	11		6	2	3	9		1	10					5		4			7	8	
27		27	Bournemouth	0-1		10047	9	11	6	2	3			1			7			5		4		10		8	
28	Feb	2	SOUTHEND UNITED	3-1	Webb 2, Allen (p)	8569	11	7	6	2	3	9								5		4	10			8	1
29		6	Bristol City	0-5		18590	11	7	6	2	3	9								5		4	10			8	1
30		10	Notts County	2-2	Lacey 2	9312		7	6	2	3	9			10					5	4		11			8	1
31		17	SHREWSBURY TOWN	3-0	Webb 3	7464		7	6	2	3	9		1	10					5	4		11			8	
32		23	Halifax Town	1-2	Travers	3888		7	6	2	3	9		1	10					5	4		11			8	
33	Mar	2	SWINDON TOWN	1-1	Allen	14155	10	7	6	2	3		9	1						5	4		11			8	
34		10	Crystal Palace	4-3	Allen 2, Whitehouse 2	12507	10	7	6	2	3		9	1						5	4		11			8	
35		16	PORTSMOUTH	0-3		23078	10	7	6		3		9	1						5	4	2		11		8	
36		19	Newport County	0-0		2639	10				3		9	1	4					5	6	2	11	7	8	
37		24	Northampton Town	0-1		9746	10				3		9	1	4					5	6	2	11	7	8	
38		30	HULL CITY	1-1	Lacey	7210	11	7			3	8	9	1	4					5	6	2		10			
39	Apr	6	Watford	1-1	Wheeler	4961	11	7			3	8	9		4					5	6	2		10			1
40		11	NORTHAMPTON T	2-0	Allen 2	5586	11	7	6		3	9		1						5	4	2		10	8		
41		14	Bournemouth	0-1		7268	11		6		3	9		1			7			5	4	2		10	8		
42		20	PETERBOROUGH UTD.	3-2	Allen, Wheeler, Shreeve	12053	11		6		3	9		1			4	7	10	5		2			8		
43		21	Torquay United	0-0		4259	11		6		3	9		1			4	7	10	5		2			8		
44		23	Peterborough United	0-1		11320			6			9	7	1	3	4			10	5		2	11		8		
45		27	LINCOLN CITY	4-0	Lacey 2, Wheeler, Allen	5857	11	7	6		3	9		1	10			7	5	4	2		8			
46	May	2	BRADFORD PARK AVE.	3-1	Palethorpe, Walker (p), Shreeve	4847	11		6		3	9		1			4	7	10	5		2			8		

	Apps	41	13	42	34	33	23	8	37	1	19	19	7	46	13	12	41	31	38	39	9
	Goals	17		1			10				1	6	2		1	1	1	15	13	7	

Two own goals

F.A. Cup

R1	Nov	4	NEWPORT COUNTY	1-1	Webb	10564	9		6	2	3			1			7		5			4	11	10	8	
rep		6	Newport County	0-1		8548			6	2	3	9		1		8			10	5			4		11	7	

F.L. Cup

R1	Sep	13	CHESTER	4-2	Allen 3, Walker	7786	9		6	2				1			7				3	4	11	10	8	
R2	Oct	16	Watford	1-3	Wheeler	6329	9	11	6	2	3	10							5			4		7	8	1

Played at 5 in R1: Russell

	P	W	D	L	F	A	W	D	L	F	A	Pts
1 Portsmouth	46	15	6	2	48	23	12	5	6	39	24	65
2 Grimsby Town	46	18	3	2	49	18	10	3	10	31	38	62
3 Bournemouth	46	14	8	1	42	18	7	9	7	27	27	59
4 Queen's Park Rgs.	46	15	3	5	65	31	9	8	6	46	42	59
5 Peterborough Utd.	46	16	0	7	60	38	10	6	7	47	44	58
6 Bristol City	46	15	3	5	56	27	8	5	10	38	45	54
7 READING	46	14	5	4	46	24	8	4	11	31	42	53
8 Northampton Town	46	12	6	5	52	24	8	5	10	33	33	51
9 Swindon Town	46	8	4	48	26	6	7	10	30	45	49
10 Hull City	46	15	2	6	43	20	5	6	12	24	34	48
11 Bradford Park Ave.	46	13	5	5	47	27	7	2	14	33	51	47
12 Port Vale	46	12	4	7	41	23	5	7	11	24	35	45
13 Notts County	46	14	5	4	44	23	3	4	16	23	51	43
14 Coventry City	46	11	6	6	38	26	5	5	13	26	45	43
15 Crystal Palace	46	8	8	7	50	41	6	6	11	33	39	42
16 Southend United	46	10	7	6	31	26	3	9	11	26	43	42
17 Watford	46	10	9	4	37	26	4	4	15	26	48	41
18 Halifax Town	46	9	5	9	34	35	6	5	12	28	49	40
19 Shrewsbury Town	46	8	7	8	46	37	5	5	13	27	47	38
20 Barnsley	46	9	6	8	45	41	4	6	13	26	54	38
21 Torquay United	46	9	4	10	48	44	6	2	15	28	56	36
22 Lincoln City	46	4	10	9	31	43	5	7	11	26	44	35
23 Brentford	46	11	3	9	34	29	2	5	16	19	64	34
24 Newport County	46	6	5	12	29	38	1	3	19	17	64	22

1962/63 20th in Division 3

						Allen DJ	Batt VT	Bill RJ	Bridger DJ	Dixon MG	Evans MG	High DH	Lacey W	Martin JC	Maughan WJ	Meeson DJ	Meldrum C	Neate G	Norton R	Palethorpe CG	Petts JWFJ	Shreeve P	Spiers RA	Tindall RAE	Travers MJP	Walker JH	Webb DJ	Wheeler J	Wilkie AW
1	Aug	18	SHREWSBURY TOWN	5-0	Allen 2,Norton,Maughan,Walker (p)	7646	11					6	3		9	7	1		10				5			4	2	8	
2		20	Southend United	0-2		9722	11					6	3		9	7	1		10				5			4	2	8	
3		25	Port Vale	0-2		9506	11					6	3		9	7	1						5		10	4	2	8	
4		29	SOUTHEND UNITED	1-3	Allen	8381	11						3		9				4	7			5		10	6	2	8	1
5		31	HALIFAX TOWN	4-2	Allen, Lacey, Wilkie 2	6677	11					6	3	9					8	7			5			4	2	10	1
6	Sep	6	Notts County	0-1		5798	11				1	6	3	9					8	7			5			4	2	10	
7		8	BRISTOL CITY	0-3		6848	11				1	6	3	8	9					7			5			4	2	10	
8		12	NOTTS COUNTY	1-1	Walker (p)	5780			7		1	6	3	9				2	10				5			4	11	8	
9		15	Watford	0-4		13281			7		1	6	3	9				2	10				5			4	11	8	
10		19	COLCHESTER UNITED	4-1	Webb, Walker, Allen, Wheeler	5295	9				1	6	3			8		2	10				5			4	11	7	
11		21	BRADFORD PARK AVE.	4-1	Norton, Walker (p), Maughan 2	7051	9				1	6	3			8		2	10				5			4	11	7	
12		24	Colchester United	2-4	Wheeler, Allen	5888	9				1	6	3			8		2	10				5			4	11	7	
13		29	Coventry City	1-2	Norton	13429	9	7			1	6	3					2	10				5			4	11	8	
14	Oct	3	BOURNEMOUTH	2-1	Norton, Travers	7452	9			5	1	6	3					2	10	7					11	4		8	
15		6	Brighton & Hove Albion	4-2	Norton 2, Allen, Wheeler	7681	9					6	3					2	10	7			5		11	4		8	1
16		12	CARLISLE UNITED	2-0	Walker, Norton	13032	11					6	3						10	7	4		5	9		2		8	1
17		20	Swindon Town	1-1	Tindall	16516	11					6	3						10	7	4		5	9		2		8	1
18		26	PETERBOROUGH UTD.	0-1		13391	11					6	3			8			10		4		5	9		2		7	1
19	Nov	10	NORTHAMPTON T	2-1	Walker (p), Norton	7402						6				8		3	10		4		5	9	11	2		7	1
20		17	Queen's Park Rangers	2-3	Travers 2	10313			7	3		6							10		4		5	9	11	2		8	1
21		24	Bournemouth	0-1		11322			7			6						3	10		4		5	9	11	2		8	1
22	Dec	1	Crystal Palace	1-2	Long (og)	12391	10					6						3	7		4		5	9	11	2		8	1
23		15	Shrewsbury Town	1-2	Allen	4163	8					6						3			4		5	9	11	2	10	7	1
24		22	PORT VALE	4-3	Tindall, Allen 2, Webb	5578	11					6	2					3			4		5	9		8	10	7	1
25	Feb	23	BRIGHTON & HOVE ALB	4-5	Webb, Tindall 2, Walker (p)	6026	11			2		6	3								4		5	9		8	10	7	1
26		26	Bristol Rovers	0-1		5894	11			2		6	3								4		5	9		8	10		1
27	Mar	8	SWINDON TOWN	1-2	Wheeler	16126						6	3							7	4	10	5	9		2	11	8	1
28		11	WREXHAM	3-0	Wheeler 2, Tindall	5265	11					6	3							7	4	10	5	9		2		8	1
29		16	Peterborough United	1-1	Tindall	10361						6						3		7	4	10	5	9	11	2		8	1
30		20	HULL CITY	2-2	Travers, Walker (p)	7167						6						3		7	4	10	5	9	11	2		8	1
31		22	BARNSLEY	4-1	Allen, Tindall 2, Shreeve	6455	11					6						3		7	4	10	5	9		2		8	1
32		30	Northampton Town	0-5		7845	11					6						3		7	4	10	5	9		2		8	1
33	Apr	3	WATFORD	0-5		5776	11					4	3							7		10	5	9	6	2		8	1
34		5	QUEEN'S PARK RANGERS	1-1	Shreeve	7946						4					3			7		10	5	9	6	2	11	8	1
35		12	Millwall	1-4	Wheeler	15544						6					3			7	4	10	5	9		2	11	8	1
36		13	Hull City	1-0	Webb	5978	9					4					3		8			10	5		6	2	11	7	1
37		15	MILLWALL	2-0	Webb, Tindall	9095						4					3		8			10	5	9	6	2	11	7	1
38		19	CRYSTAL PALACE	0-1		9839		8				4					3					10	5	9	6	2	11	7	1
39		27	Wrexham	1-1	Allen	5209	9					4					3					10	5		6	2	11	7	1
40	May	1	COVENTRY CITY	4-1	Webb 3, Travers	9551	9					4					3		8			10	5		6	2	11	7	1
41		4	Bradford Park Avenue	2-3	Webb 2	8209	9					4					3		8			10	5		6	2	11	7	1
42		6	Carlisle United	1-1	Spiers	4305	9					4					3					10	5		6	2	11	7	1
43		8	BRISTOL ROVERS	1-0	Wheeler	7981	9					4					3				7	8	10	5		6	2	11	1
44		11	Halifax Town	2-1	Webb, Shreeve	1202	9					4					3					8	10	5		6	2	11	7	1
45		13	Barnsley	0-1		5289	9					4					3				11	8	10	5		6	2		7	1
46		18	Bristol City	2-4	Wheeler, Walker (p)	7043	9					4					3					8	10	5		6	2	11	7	1

	Apps	34	2	4	4	9	45	24	5	5	8	3	13	17	25	20	23	22	45	22	29	46	23	44	34
	Goals	12						1			3			8			3	1	9	5	9	11	9	2

One own goal

F.A. Cup

| R1 | Nov | 3 | Swindon Town | 2-4 | Walker (p), Wheeler | 17697 | | | | | | 6 | 3 | | | 8 | | | 10 | | 4 | | 5 | 9 | 11 | 2 | | 7 | 1 |

F.L. Cup

| R1 | Sep | 26 | Cardiff City | 1-5 | Norton | 4136 | 9 | | | | 1 | 6 | 3 | | | 8 | | 2 | 10 | | | | 5 | | | 4 | 11 | 7 | |

		P	W	D	L	F	A	W	D	L	F	A	Pts
1	Northampton Town	46	16	6	1	64	19	10	4	9	45	41	62
2	Swindon Town	46	18	2	3	60	22	4	12	7	27	34	58
3	Port Vale	46	16	4	3	47	25	7	4	12	25	33	54
4	Coventry City	46	14	6	3	54	28	4	11	8	29	41	53
5	Bournemouth	46	11	12	0	39	16	7	4	12	24	30	52
6	Peterborough Utd.	46	11	5	7	48	33	9	6	8	45	42	51
7	Notts County	46	15	3	5	46	29	4	10	9	27	45	51
8	Southend United	46	11	7	5	38	24	8	5	10	37	53	50
9	Wrexham	46	14	6	3	54	27	6	3	14	30	56	49
10	Hull City	46	12	6	5	40	22	7	4	12	34	47	48
11	Crystal Palace	46	10	7	6	38	22	7	6	10	30	36	47
12	Colchester United	46	11	6	6	41	35	7	5	11	32	58	47
13	Queen's Park Rgs.	46	9	6	8	44	36	8	5	10	41	40	45
14	Bristol City	46	10	9	4	54	38	6	4	13	46	54	45
15	Shrewsbury Town	46	13	4	6	57	41	3	8	12	26	40	44
16	Millwall	46	11	6	6	50	32	4	7	12	32	55	43
17	Watford	46	12	3	8	55	40	5	5	13	27	45	42
18	Barnsley	46	12	6	5	39	28	3	5	15	24	46	41
19	Bristol Rovers	46	11	8	4	45	29	4	3	16	25	59	41
20	READING	46	13	4	6	51	30	3	4	16	23	48	40
21	Bradford Park Ave.	46	10	9	4	43	36	4	3	16	36	61	40
22	Brighton & Hove A.	46	7	6	10	28	38	5	6	12	30	46	36
23	Carlisle United	46	12	4	7	41	37	1	5	17	20	52	35
24	Halifax Town	46	8	3	12	41	51	1	9	13	23	55	30

1963/64   6th in Division 3

						Allen DJ	Bridger DJ	Dixon MG	Evans MG	Faulkes BK	Grant DB	High DH	Jones FG	Kerr P	Lofty JK	Martin JC	Meldrum C	Morris A	Neate G	Norton R	Petts JWFJ	Shreeve P	Spiers RA	Thornhill RD	Tindall RAE	Travers MJP	Walker JH	Webb DJ	Wheeler J	Wilkie AW
1	Aug	24	Millwall	0-2		11057			1	4					9	11		3	7	2			10	5	6					8	
2		28	CRYSTAL PALACE	0-0		10118			1	4			3		9				7	2			10	5	6					11	8	
3		31	LUTON TOWN	1-1	Kerr	7751	11		1	4					9			3	7	2			10	5	6						8	
4	Sep	7	Coventry City	0-0		24992			1	4				11	9			3	7	2			10	5	6						8	
5		11	Crystal Palace	1-4	Wheeler	12049			1	4				11	9			3	7	2			10	5	6						8	
6		14	MANSFIELD TOWN	4-3	Wheeler 2, Jones, Thornhill	6715			1	4				11	10			3	7	2				5	6	9					8	
7		18	WALSALL	0-1		8467	11		1	4					10			3	7	2				5	6	9					8	
8		21	Brentford	2-4	Allen, Tindall	12394	10		1	3					8				2	7				5	6	9	4		11			
9		28	SHREWSBURY TOWN	2-0	Wheeler, Martin	6057				4						11	9	3	7		10			5				6	2			8	1
10	Oct	1	Walsall	1-1	Kerr	5939	11	2		4					10		7	3						5				9	6			8	1
11		5	Bristol City	2-0	Wheeler, Walker	7585	11			4				7				9	3		10			5				6	2			8	1
12		9	NOTTS COUNTY	3-2	Loxley (og), Travers, Allen	8403	11			4				7				9	3		10			5				6	2			8	1
13		12	HULL CITY	2-0	Wheeler, Walker (p)	8214	11			4				7	10			9	3					5				6	2			8	1
14		17	Notts County	1-0	Allen	5271	11			4				7	10			9	3					5				6	2			8	1
15		19	Southend United	0-2		8325	11			4								9	3	7	10			5				6	2			8	1
16		23	PORT VALE	1-0	Allen	8731	11			4				7	10			9	3					5				6	2			8	1
17		26	PETERBOROUGH UTD.	1-0	Kerr	9418	11			4				7	10			9	3					5				6	2			8	1
18		28	Port Vale	0-0		9492	11			4				7	10			9	3					5				6	2			8	1
19	Nov	2	Oldham Athletic	1-3	Kerr	13874	11			4				7	10			9	3					5				6	2			8	1
20		9	BRISTOL ROVERS	3-1	Martin 2, Allen	8142	11			4				7	10			9	3					5				6	2			8	1
21		23	WREXHAM	2-1	Evans, Webb	7181	11		1	4				7					3					5		9	6	2	10	8			
22		30	Bournemouth	2-1	Martin, Webb	8084	11		1	4				7			9	3					8	5				6	2	10			
23	Dec	14	MILLWALL	1-0	Martin	5642				4				11			9	3			8			5	6				2	10	7		1
24		21	Luton Town	1-2	Webb	4346				4		9		11				3			8			5	6				2	10	7		1
25		26	Colchester United	1-2	Neate	5607	10			4		9		11	8				3					5	6				2		7		1
26		28	COLCHESTER UNITED	5-3	Kerr,Fowler(og),Jones 2,Rutter(og)	8050	10			4				11	8		9		3					5	6				2		7		1
27	Jan	11	COVENTRY CITY	2-2	Kerr, Thornhill	17102	10			4				11	8				3					5	6	9			2		7		1
28		18	Mansfield Town	1-2	Martin	5423	11			4				7	8		9	3						5	6				2	10			1
29		25	WATFORD	2-0	Allen, Webb	9926	11			4				7	8		9	3						5	6				2	10			1
30	Feb	1	BRENTFORD	4-3	Webb 2, Grant, Jones	10887	11			4		9		7	8			3						5	6				2	10			1
31		8	Shrewsbury Town	1-2	Allen	5904	11			4		9		7	8			3		2				5					6	10			1
32		15	BRISTOL CITY	1-1	Webb	9873	11			4		9		7	8			3						5					6	10			1
33		22	Hull City	1-1	Webb	7561	8			4				11				3	7					5		9	6		2	10			1
34		29	BARNSLEY	6-1	Shreeve 2,Webb,Walker(p),Tindall,Evans	7646	11		1	4				7				3					8	5		9	6		2	10			
35	Mar	7	Peterborough United	0-1		6567	11			4				7				3					8	5		9	6		2	10			
36		14	OLDHAM ATHLETIC	0-1		5635	11			4								3	7				8	5		9	6		2	10			1
37		20	Barnsley	3-0	Allen 2, Travers	3761	10			4								3		6			8	5		9	11	2			7		1
38		27	Crewe Alexandra	2-2	Tindall, Ewing (og)	4858	10			4								3		6			8	5		9	11	2			7		1
39		28	QUEEN'S PARK RANGERS	1-2	Wheeler	7947	10			4								3		6			8	5		9	11	2			7		1
40		30	CREWE ALEXANDRA	2-2	Travers (p), Webb	6256				6	2							3				4	8	5		9	11			10	7		1
41	Apr	3	Wrexham	3-0	Travers 2, Jones (og)	4756	9			6				7				3				4	8	5			11	2	10			1
42		11	BOURNEMOUTH	2-0	Grant, Allen	9696	9			6		7						3		2		4	8	5			11		10			1
43		14	Queen's Park Rangers	2-4	Webb, Travers (p)	5542	9	5		6		7						3		2	4		8				11		10			1
44		18	Watford	0-1		14397	9			6	3			7						2	4		10	5			11				8		1
45		21	Bristol Rovers	5-2	Allen 3, Travers, Jones	8002	9			6	2			7				3			4		10	5			11				8		1
46		25	SOUTHEND UNITED	4-2	Wheeler 4	6124	9	5	1	6	2			7				3			4		10				11				8		

	Apps	37	3	12	46	4	8	1	30	24	2	17	42	12	13	11	5	19	44	16	14	31	30	19	32	34
	Goals	13			2		2		5	6		6				1		2			2	3	7	3	11	11	

Five own goals

F.A. Cup

R1	Nov	16	ENFIELD	2-2	Wheeler, Allen	10178	11			4					10			9	3	7				5				6	2			8	1
rep		19	Enfield	4-2	Wheeler, Webb 2, Tindall	7431	11			4								3	7					5		9	6	2	10	8	1
R2	Dec	7	Luton Town	1-2	Webb	9047	11			4				7			9	3					8	5				6	2	10			1

F.L. Cup

| R1 | Sep | 4 | BRENTFORD | 1-1 | Kerr | 7582 | | | 1 | 4 | | | | 11 | 9 | | | 3 | 7 | 2 | | | 10 | 5 | 6 | | | | | | 8 | |
| rep | | 23 | Brentford | 0-2 | | 10360 | 10 | | 1 | 3 | | | | | | | | | 2 | 7 | | 8 | | 5 | 6 | 9 | 4 | | 11 | | | |

		P	W	D	L	F	A	W	D	L	F	A	Pts
1	Coventry City	46	14	7	2	62	32	8	9	6	36	29	60
2	Crystal Palace	46	17	4	2	38	14	6	10	7	35	37	60
3	Watford	46	16	6	1	57	28	7	6	10	22	31	58
4	Bournemouth	46	17	4	2	47	15	7	4	12	32	43	56
5	Bristol City	46	13	7	3	52	24	7	8	8	32	40	55
6	READING	46	15	5	3	49	26	6	5	12	30	36	52
7	Mansfield Town	46	15	8	0	51	20	5	3	15	25	42	51
8	Hull City	46	11	9	3	45	27	5	8	10	28	41	49
9	Oldham Athletic	46	13	3	7	44	35	7	5	11	29	35	48
10	Peterborough Utd.	46	13	6	4	52	27	5	5	13	23	43	47
11	Shrewsbury Town	46	13	6	4	43	19	5	5	13	30	61	47
12	Bristol Rovers	46	9	6	8	52	34	10	2	11	39	45	46
13	Port Vale	46	13	6	4	35	13	3	8	12	18	36	46
14	Southend United	46	9	10	4	42	26	6	5	12	33	52	45
15	Queen's Park Rgs.	46	13	4	6	47	34	5	5	13	29	44	45
16	Brentford	46	11	8	4	54	36	4	10	9	33	44	44
17	Colchester United	46	10	8	5	45	26	2	11	10	25	42	43
18	Luton Town	46	12	2	9	42	41	4	8	11	22	39	42
19	Walsall	46	7	9	7	34	35	6	5	12	25	41	40
20	Barnsley	46	9	9	5	34	29	3	6	14	34	65	39
21	Millwall	46	9	4	10	33	29	5	6	12	20	38	38
22	Crewe Alexandra	46	10	5	8	29	26	1	7	15	21	51	34
23	Wrexham	46	9	4	10	50	42	4	2	17	25	65	32
24	Notts County	46	7	8	8	29	26	2	1	20	16	66	27

1964/65   13th in Division 3

	Date		Opponent	Score	Scorers	Att	Allen DJ	Bayliss R	Bridger DJ	Dixon MG	Evans MG	Fairchild MP	Grant DB	Kerr P	Knight BT	Knight PR	Meldrum C	Neate G	Norton R	Petts JWFJ	Shreeve P	Spiers RA	Terry PA	Thornhill RD	Travers MJP	Walker JH	Webb DJ	Wheeler J	Wilkie AW
1	Aug	22	Bournemouth	2-3	Travers 2	10314	8					6	7				3		4		10	5	9		11	2			1
2		26	SHREWSBURY TOWN	3-1	Shreeve 2, Fairchild	8432						6	7	8			3		4		10	5	9		11	2			1
3		29	SOUTHEND UNITED	2-0	Travers 2	7558						6	7	8			3		4		10	5	9		11	2			1
4	Sep	1	Shrewsbury Town	0-4		5643						6	7	8			3		4		10	5	9		11	2			1
5		4	Barnsley	1-0	Hopper (og)	6103	9					6					3	2	4			5		8	11		10	7	1
6		7	Queen's Park Rangers	1-0	Webb	7233	7					6					3	2	4			5	9	8	11		10		1
7		12	SCUNTHORPE UNITED	2-0	Thornhill 2	6882	7					6					3	2		4		5	9	8	11		10		1
8		16	QUEEN'S PARK RANGERS	5-3	Terry 3, Thornhill, Webb	10422	7					6					3	2		4		5	9	8	11		10		1
9		19	Walsall	1-4	Terry	3681	7					6					3	2		4		5	9	8	11		10		1
10		26	WATFORD	6-2	Thornhill 4, Allen, Travers	8749	7					6					3		4			5	9	8	11	2	10		1
11		29	Bristol City	0-2		11981	7					6					3		4			5	9	8	11	2	10		1
12	Oct	2	Workington	2-0	Webb, Allen	7028	7					6					3		4			5	9	8	11	2	10		1
13		7	BRISTOL CITY	1-1	Travers (p)	11856	7					6					3		4			5	9	8	11	2	10		1
14		10	OLDHAM ATHLETIC	1-0	Terry	8074	7					6					3		4			5	9	8	11	2	10		1
15		12	Hull City	0-1		12107	10		2				7	9			3		6	4		5		8	11				1
16		17	Bristol Rovers	0-1		12758	7		2					9			3		6	4	10	5		8	11				1
17		21	HULL CITY	3-3	Webb 2, Grant	8582			2	1			7	6			3		4			8	5	9	11		10		
18		24	BRENTFORD	1-1	Terry	12296							7	6			3		4			8	5	9	11	2	10		1
19		26	Peterborough United	1-2	Webb	11096							7	6			3		4			8	5	9	11	2	10		1
20		31	Colchester United	2-2	Travers 2	3350	8						7	6			3		4				5	9	11	2	10		1
21	Nov	7	PORT VALE	1-1	Webb	7360	8							6	7		3		4				5	9	11	2	10		1
22		21	LUTON TOWN	1-2	Webb	7568								6	7		3		4			8	5	9	11	2	10		1
23		28	Mansfield Town	1-2	Travers	6480								6	7		3		4			8	5	9	11	2	10		1
24	Dec	12	BOURNEMOUTH	1-0	Shreeve	5924								6	7		3		4			8	5	9	11	2	10		1
25		19	Southend United	2-2	Travers, Shreeve	5326	9							6	7		3		4			8	5		11	2	10		1
26		26	Exeter City	2-2	Webb, Walker (p)	8720	9							6	7		3		4			8	5		11	2	10		1
27	Jan	2	BARNSLEY	1-1	Webb	6620	9							6	7		3		4			8	5		11	2	10		1
28		15	Scunthorpe United	1-1	Allen	5992	9							6	7		3		4			8	5		11	2	10		1
29		23	WALSALL	0-2		6674	9							6	7		3		4			8	5		11	2	10		1
30	Feb	6	Watford	1-5	Fairchild	6655	9					7		6			3		4			8	5		11	2	10		1
31		13	WORKINGTON	1-0	Shreeve	5304	9				4	7				11	3					8	5		6	2	10		1
32		20	Oldham Athletic	2-1	P Knight, Allen	5491	9				4	7				11	3					8	5		6	2	10		1
33		27	BRISTOL ROVERS	1-1	Fairchild	7546	9				4	7				11	3					8	5		6	2	10		1
34	Mar	6	Grimsby Town	1-1	Allen	4955	9				4	7				11	3					8	5		6	2	10		1
35		13	COLCHESTER UNITED	1-1	Trevis (og)	5649	9				4	7				11	3					8	5		6	2	10		1
36		16	Carlisle United	2-1	Neil (og), Terry	11864	11				4	7					3					8	5	9	6	2	10		1
37		20	Port Vale	0-2		4162	11				4	7					3					8	5		6	2	10		1
38		24	GRIMSBY TOWN	2-0	Evans, Fairchild	6326	11				4	7					3					8	5	9	6	2	10		1
39		27	CARLISLE UNITED	1-2	Terry	6502	11				4	7					3					8	5	9	6	2	10		1
40	Apr	3	Luton Town	1-3	Meldrum	5479	11				4	7					3	10				8	5	9	6	2			1
41		7	EXETER CITY	2-2	Walker (p), Allen	5059	11				4						3	8					5	9	10	6	2		7	1
42		10	MANSFIELD TOWN	2-1	Webb, Kerr	5406					4			9			3					8	5		6	11	2	10	7	1
43		16	Gillingham	1-2	Terry	14323					4			9			3					8	5	10	6	11	2		7	1
44		17	Brentford	1-2	Webb	8929					2				11		3			4		8	5	9	6		10	7	1
45		19	GILLINGHAM	3-0	Fairchild 2, Terry	8282					2	7			11		3					8	5	9	4	6	10		1
46		24	PETERBOROUGH UTD.	4-2	Crawford (og), Terry, Webb, Thornhill	6177		6			2	7			11		3					8	5	9	4		10		1
						Apps	32	1	3	1	30	18	9	17	3	14	46	5	29	6	32	46	30	28	34	35	37	5	45
						Goals	6				1	6	1	1			1	1			5		11	8	10	2	13		

Four own goals

F.A. Cup

	Date		Opponent	Score	Scorers	Att																							
R1	Nov	14	WATFORD	3-1	Walker (p), Norton, Webb	9940	7					1		6			3		4			8	5	9		11	2	10		1
R2	Dec	5	Aldershot	3-1	Terry 2, Webb	11054								6	7		3		4			8	5	9		11	2	10		1
R3	Jan	9	NEWPORT COUNTY	2-2	Webb, Spiers	11998	9							6	7		3		4			8	5			11	2	10		1
rep		11	Newport County	1-0	Shreeve	12000	9							6	7		3		4			8	5			11	2	10		1
R4		30	BURNLEY	1-1	Kerr	17852	9						7	10	6		3		4			8	5			11	2			1
rep	Feb	2	Burnley	0-1		20591	9						7	10			3		4			8	5		6	11	2			1

F.L. Cup

	Date		Opponent	Score	Scorers	Att																							
R2	Sep	23	QUEEN'S PARK RANGERS	4-0	Webb, Allen, Taylor(og), Terry (p)	7726	7					6							4			5	9	8	11	2	10		1
R3	Oct	14	FULHAM	1-1	Meldrum	13873	7		2					9			3		6	4	10	5		8	11				1
rep		19	Fulham	3-1	Grant 2, Travers	5270			2				7	6			3		4			8	5	9	11		10		1
R4	Nov	4	Aston Villa	1-3	Webb	8000			2				7	6			3		4			8	5	9	11		10		1

Played at 3 in R2: BK Faulkes

		P	W	D	L	F	A	W	D	L	F	A	Pts
1	Carlisle United	46	14	5	4	46	24	11	5	7	30	29	60
2	Bristol City	46	14	6	3	53	18	10	5	8	39	37	59
3	Mansfield Town	46	17	4	2	61	23	7	7	9	34	38	59
4	Hull City	46	14	6	3	51	25	9	6	8	40	32	58
5	Brentford	46	18	4	1	55	18	6	5	12	28	37	57
6	Bristol Rovers	46	14	7	2	52	21	6	8	9	30	37	55
7	Gillingham	46	16	5	2	45	13	7	4	12	25	37	55
8	Peterborough Utd.	46	16	3	4	61	33	6	4	13	24	41	51
9	Watford	46	13	8	2	45	21	4	8	11	26	43	50
10	Grimsby Town	46	11	10	2	37	21	5	7	11	31	46	49
11	Bournemouth	46	12	4	7	40	24	6	7	10	32	39	47
12	Southend United	46	14	4	5	48	24	5	4	14	30	47	46
13	READING	46	12	8	3	45	26	4	6	13	25	44	46
14	Queen's Park Rgs.	46	15	5	3	48	23	2	7	14	24	57	46
15	Workington	46	11	7	5	30	22	6	5	12	28	47	46
16	Shrewsbury Town	46	10	6	7	42	35	5	6	12	34	46	42
17	Exeter City	46	8	7	8	33	27	4	10	9	18	25	41
18	Scunthorpe United	46	9	8	6	42	27	5	4	14	23	45	40
19	Walsall	46	9	4	10	34	36	6	3	14	21	44	37
20	Oldham Athletic	46	10	3	10	40	39	3	7	13	21	44	36
21	Luton Town	46	6	8	9	32	36	5	3	15	19	58	33
22	Port Vale	46	7	6	10	27	33	2	8	13	14	43	32
23	Colchester United	46	7	6	10	30	34	3	4	16	20	55	30
24	Barnsley	46	8	5	10	33	31	1	6	16	21	59	29

1965/66   8th in Division 3

						Allen DJ	Bayliss R	Cook M	Dixon MG	Evans MG	Fairchild MP	Faulkes BK	Knight BT	Knight PR	Maidment IM	McDonald TJ	Meldrum C	Neate G	Norton R	Scarrott AR	Shreeve P	Silvester PD	Spiers RA	Terry PA	Thornhill RD	Travers MJP	Webb DJ	Wheeler J	Wilkie AW
1	Aug 21	WATFORD	1-2	Terry	12051	10				2						11	3		12	7	8		5	9	4	6		1
2		25 Oldham Athletic	2-2	Terry, Travers	7869	10				2						11	3		8	7			5	9	4	6		1
3		28 Scunthorpe United	0-2		4335	10				2						11	3		8	7			5	9	4	6		1
4	Sep 3	BRIGHTON & HOVE ALB	0-0		10534		8	1	2			7		11	3						5	9	4	6	10		
5		11 Queen's Park Rangers	2-0	Terry, Allen	6800	10		1	2	7					11	3				8		5	9	4	6			
6		15 GILLINGHAM	2-2	Allen, Travers (p)	8583	10	8	1	2	7					11	3						5	9	4	6			
7		17 MANSFIELD TOWN	2-1	P Knight, Cook	7450	10	8	1	2	11		7				3						5	9	4	6			
8		25 Hull City	3-3	Cook, Travers, Allen	14686	10	8	1	2	11		7				3						5	9	4	6			
9	Oct 1	OXFORD UNITED	0-1		19844	10	8	1	2	11		7				3						5	9	4	6			
10		9 Walsall	0-3		8870	10	8	1	2	11		7				3						5		4	6	12	9	
11		15 WORKINGTON	1-1	McDonald	8717	10		1	2						11	3		7	8			5	9	4	6			
12		23 Bournemouth	2-3	Ferns (og), Allen	5421	10		1	2						11	3		7	8			5	9	4	6			
13		29 SOUTHEND UNITED	1-0	Terry	8048	10		1	2						11	3		7	8			5	9	4	6			
14	Nov 6	Swindon Town	0-5		15839	8	4	1	3			7	11	2							9	5	6	10				
15		20 Grimsby Town	3-3	Allen, Travers, Terry	7715	8		1	6							3	2	7				5	9	4	11	10		
16		27 BRENTFORD	2-0	Terry, Webb	6272	8		1	6							3	2	7				5	9	4	11	10		
17	Dec 11	YORK CITY	3-0	Webb, B Knight, Terry	6191	8		1	6		11					3	2	7				5	9	4		10		
18		27 PETERBOROUGH UTD.	2-1	Allen, Thornhill	10226	8		1	6							3	2	7	12			5	9	4	11	10		
19	Jan 1	WALSALL	3-0	Terry, Webb, Scarrott	7133	8		1	6	2						3		7				5	9	4	11	10		
20		8 Shrewsbury Town	3-3	Terry, Allen, Webb	5686	8		1	6	2						3		7				5	9	4	11	10		
21		29 Watford	2-1	Webb, Travers	6941	8		1	6	2						3		7				5	9	4	11	10		
22	Feb 5	SCUNTHORPE UNITED	2-0	Terry, Travers	7102	8		1	6	2						3		7				5	9	4	11	10		
23		12 MILLWALL	1-1	Scarrott	13763	8		1	6	3							2					5	9	4	11	10		
24		19 Brighton & Hove Albion	1-1	Allen	13323	8		1	6	2						3		7				5	9	4	11	10		
25	Mar 5	Millwall	0-3		16822	8		1	6							3	2	7				5	9	4	11	10		
26		7 BOURNEMOUTH	1-0	Webb	8583			1	6			7				3	2	8				5	9	4	11	10		
27		12 Mansfield Town	2-0	Travers (p), P Knight	4721		8	1	6			7				3	2					5	9	4	11	10		
28		18 HULL CITY	0-1		14196	8		1	6			7				3	2					5	9	4	11	10		
29		23 Gillingham	4-2	Terry, Webb 3	5339	8		1	6							3		7				5	9	4	11	10		
30		26 Oxford United	0-2		9098	8		1	6	2						3		7				5	9	4	11	10		
31		28 Peterborough United	0-0		6081	8	10	1	6							3	2	7				5	9	4	11			
32		30 OLDHAM ATHLETIC	3-2	Travers, Allen, Terry	6064	8	10	1	6							3	2	7				5	9	4	11			
33	Apr 1	SWINDON TOWN	0-2		13916	8	10	1	6							3	2	7				5	9	4	11			
34		9 Bristol Rovers	0-0		7316	8	10	1	6							3	2	7				5	9	4	11			
35		11 Swansea Town	4-5	Terry 2, Allen 2	7162	8		1	6				11	10	3	2	7					5	9	4				
36		13 SWANSEA TOWN	2-1	McDonald, Travers	6278	8	6	1					7		10	3	2					5	9	4	11			
37		23 Brentford	1-1	Travers	7813	8	6	1					7		10	3	2					5	9	4	11			
38		27 Exeter City	2-1	Bayliss, Silvester	4790	8	6	1						11	3	2			7		9	5		4		10		
39		29 BRISTOL ROVERS	0-1		7467	8	6	1						11	3	2			7		9	5		4		10		
40	May 6	York City	2-1	Allen, Silvester	2732	8	6	1	2						3		7				9	5		4	11	10		
41		9 Workington	0-1		2197	8	6	1	2						3		7				9	5		4	11	10		
42		13 QUEEN'S PARK RANGERS	2-1	Allen, Meldrum	6554	8		1	6	2			11		3		7				9	5	10	4				
43		18 EXETER CITY	4-1	Allen 2, Terry, Scarrott	4302	8		1	6	2			11		3		7				9	5	10	4				
44		20 SHREWSBURY TOWN	4-1	Silvester 2, Terry 2	4998	8		1	6	2			11				7				9	5	10	4			3	
45		23 GRIMSBY TOWN	0-0		5432	8	12	1	6	2			11	3			7				9	5	10	4				
46		27 Southend United	1-2	Allen	4402	8		1	6	2			11	3			7				9	5	10	4				

League appearance total for R Bayliss includes an extra substitute appearance but the game in which he played is unknown.

	Apps	43	8	12	43	42	6	13	1	12	7	13	44	18	4	33	6	9	45	41	46	37	23	2	3
	Goals	16	1	2			1	2		2	1		3		4		17	1	10	9					

One own goal

F.A. Cup

R1	Nov 13	BRISTOL ROVERS	3-2	Terry, Allen 2	8873	8		1	6						3	2	7				5	9	4	11	10	
R2	Dec 4	BRENTFORD	5-0	Allen, Webb 2, Terry, Evans	10582	8		1	6						3	2	7				5	9	4	11	10	
R3	Jan 22	SHEFFIELD WEDNESDAY	2-3	Thornhill, Evans	22488	8		1	6	2					3		7				5	9	4	11	10	

F.L. Cup

R1	Sep 1	Port Vale	2-2	Travers, McDonald	5321		8	1	2			7		11	3						5	9	4	6	10		
rep		8 PORT VALE	1-0	Thornhill	5664			1	2	7				11	3				8		5	9	4	6	10		
R2		22 SOUTHEND UNITED	5-1	Terry 2, Fairchild 2, Cook	7664	10		1	2	11		7			3				8		5	9	4	6			
R3	Oct 13	Derby County	1-1	Terry	10814	10		1	2					11	3		7	8			5	9	4	6			
rep		20 DERBY COUNTY	2-0	Shreeve, Allen	8192	10		1	2					11	3		7	8			5	9	4	6			
R4	Nov 3	Cardiff City	1-5	Terry	7698	10		1	2		7		11	3				8		5	9	4	6				

R1 replay a.e.t.

		P	W	D	L	F	A	W	D	L	F	A	Pts
1	Hull City	46	19	2	2	64	24	12	5	6	45	38	69
2	Millwall	46	19	4	0	47	13	8	7	8	29	30	65
3	Queen's Park Rgs.	46	16	3	4	62	29	8	6	9	33	36	57
4	Scunthorpe United	46	9	8	6	44	34	12	3	8	36	33	53
5	Workington	46	13	6	4	38	18	6	8	9	29	39	52
6	Gillingham	46	14	4	5	33	19	8	4	11	29	35	52
7	Swindon Town	46	11	4	8	43	18	8	5	10	31	30	51
8	READING	46	13	5	5	36	19	6	8	9	34	44	51
9	Walsall	46	13	7	3	48	21	7	3	13	29	43	50
10	Shrewsbury Town	46	13	7	3	48	22	6	4	13	25	42	49
11	Grimsby Town	46	15	6	2	47	25	2	7	14	21	37	47
12	Watford	46	12	4	7	33	19	5	9	9	22	32	47
13	Peterborough Utd.	46	13	6	4	50	26	4	6	13	30	40	46
14	Oxford United	46	11	3	9	38	33	8	5	10	32	41	46
15	Brighton & Hove A.	46	13	4	6	48	28	3	7	13	19	37	43
16	Bristol Rovers	46	11	10	2	38	15	3	4	16	26	49	42
17	Swansea Town	46	14	4	5	61	37	1	7	15	20	59	41
18	Bournemouth	46	9	8	6	24	19	4	4	15	14	37	38
19	Mansfield Town	46	10	5	8	31	36	5	3	15	28	53	38
20	Oldham Athletic	46	8	7	8	34	33	4	6	13	21	48	37
21	Southend United	46	15	1	7	43	28	1	3	19	11	55	36
22	Exeter City	46	9	6	8	36	28	3	5	15	17	51	35
23	Brentford	46	9	4	10	34	30	1	8	14	14	39	32
24	York City	46	5	7	11	30	44	4	2	17	23	62	27

1966/67 4th in Division 3

						Allen DJ	Bacuzzi DR	Bayliss R	Chapman J	Dean RG	Dixon MG	Evans MG	Faulkes BK	Foster RE	Harris GA	Meldrum C	Mullen J	Scarrott AR	Silvester PD	Smee RG	Spiers RA	Terry PA	Thornhill RD	Travers MJP	Webb DJ	Wheeler J	Wilkie AW	Yard EJ
1	Aug 20	Torquay United	0-3		7387	8			3		1	4	2	10	11			7			5	9	6	12				
2	27	BRIGHTON & HOVE ALB	1-1	Terry	8258	8					1	3		10	11			7			5	9	6	4				
3	Sep 3	Darlington	1-0	Travers	7076	8					1	3		10	11			7			5	9	6	4	2			
4	7	BRISTOL ROVERS	1-2	Terry	7885	8					1	3		10	11			7			5	9	6	4	2			
5	10	QUEEN'S PARK RANGERS	2-2	Allen, Terry	8148	8	2				1	6		10	11						5	9	4	7	3			
6	17	Watford	0-1		6615	8	2				1	6	12	10	11	3					5	9	4	7				
7	21	DARLINGTON	1-0	Harris	6259	10	2				1	4		8	11	3		7				9	5	6		12		
8	24	SWINDON TOWN	2-1	Terry 2	9234	10	2				1			8		3		7				9	4	6	11			
9	27	Bristol Rovers	1-2	Harris	10394	7	2	6		5	1				10	11	3					9	4		8			
10	Oct 1	Oxford United	3-1	Terry, Allen 2	9342	10	2	6			1			8	11	3		7			5	9	4					
11	8	COLCHESTER UNITED	2-3	Harris (p), Webb	7374	10	2	6			1			8	11	3		7			5	9	4		12			
12	15	Shrewsbury Town	0-1		3912						1	4	2	8	11	3		7			5	9		6	10			
13	19	Grimsby Town	0-2		6140						1	4	2	8	11	3		7	9		5	10	6					
14	22	MIDDLESBROUGH	0-0		6485							4	2	8	11	3		7			5	9	6	12	10		1	
15	29	Swansea Town	2-5	Harris, Webb	5680	8					1		2		11	3		7	9		5		4	6	10			
16	Nov 5	BOURNEMOUTH	0-0		4262	8			6	5	1		2	10	11	3		7				9	4					
17	11	Orient	2-3	Terry, Thornhill	4025	8			6	5	1			10	11	3		7				9	4					
18	16	GRIMSBY TOWN	6-0	Harris 3, Thornhill 2, Allen	4355	8	2		6	5					11	3		7				9	10				1	4
19	19	GILLINGHAM	2-1	Harris, Allen	5994	8	2		6	5					11	3		7				9	10				1	4
20	Dec 3	SCUNTHORPE UNITED	4-0	Thornhill, Harris, Scarrott, Terry	5252	8	2		6	5					11	3		7				9	10				1	4
21	10	Oldham Athletic	3-1	Harris 2 (1p), Terry	9722	8	2		6	5					11	3		7				9	10				1	4
22	17	TORQUAY UNITED	2-1	Terry, Harris	6557	8	2		6	5					11	3		7	12			9	10				1	4
23	26	Walsall	1-3	Allen	10557	8	2		6	5					11	3		7				9	10				1	4
24	27	WALSALL	3-1	Thornhill, Terry 2	10235	8	2		6	5	1				11	3		7				9	10					4
25	31	Brighton & Hove Albion	1-0	Harris	12457	8	2		6	5					11	3		7				9	10				1	4
26	Jan 14	Queen's Park Rangers	1-2	Allen	14341	8	2		6	5					11	3		7				9		10			1	4
27	21	WATFORD	1-1	Thornhill	8998		2		6	5				10	11	3		7	9			8					1	4
28	Feb 4	Swindon Town	1-0	Harris	17141	8	2		6	5					11	3		7				9	10				1	4
29	11	OXFORD UNITED	1-2	Terry	13956		2		6	5					11	3		7	8			9	10				1	4
30	22	Mansfield Town	2-4	Terry, Allen	6824	8	2		6	5					11	3		7	10			9					1	4
31	25	Colchester United	0-2		4331	8	2		6	5					11	3		7	10			9					1	4
32	Mar 3	SHREWSBURY TOWN	2-0	Harris (p), Smee	6323	8	2		6	5				10	11	3		7		9							1	4
33	11	MANSFIELD TOWN	2-2	Smee, Harris	6232	8	2		6					10	11	3		7		9	5						1	4
34	18	Middlesbrough	2-2	Harris, Smee	17569	8	2		6					10	11	3		7		9	5						1	4
35	25	SWANSEA TOWN	2-0	Allen, Silvester	6197	8	2		6						11	3		7	10	9	5						1	4
36	27	PETERBOROUGH UTD.	2-2	Allen, Meldrum	7035	8	2		6						11	3		7	10	9	5						1	4
37	28	Peterborough United	1-2	Smee	5572	8	2		6						11	3		7	10	9	5						1	4
38	Apr 1	Bournemouth	2-2	Harris, Smee	4610	8	2		6					10	11	3	7			9	5						1	4
39	8	ORIENT	1-0	Harris	6966	8	2		6					10	11	3	7			9	5						1	4
40	12	DONCASTER ROVERS	4-0	Harris 2 (1p), Meldrum, Smee	4729	8	2		6					10	11	3		7		9	5						1	4
41	15	Gillingham	2-0	Silvester, Harris (p)	5418		2	6						10	11	3		7	8	9	5						1	4
42	22	WORKINGTON	2-0	Smee, Scarrott	5698		2	6						10	11	3		7	8	9	5						1	4
43	25	Doncaster Rovers	2-0	Smee, Foster	3066	8	2	6						10	11	3		7		9	5						1	4
44	28	Scunthorpe United	2-0	Scarrott, Foster	5124	8	2		6					10	11	3		7		9	5						1	4
45	May 6	OLDHAM ATHLETIC	2-1	Smee, Harris	7307	8	2		6					10	11	3		7		9	5						1	4
46	13	Workington	2-1	Foster, Harris	856	8	2		6					10	11	3		7		9	5						1	4
				Apps		39	37	6	29	19	17	10	7	29	45	41	2	41	12	15	26	28	28	11	7	5	29	29
				Goals		10								3	24	2		3	2	9		14	6	1	2			

F.A. Cup

R1	Nov 26	Hendon	3-1	Harris, Thornhill 2	4050	8	2		6	5					11	3		7				9	10				1	4
R2	Jan 16	Aldershot	0-1		16500	8	2		6	5					11	3		7				9		10			1	4

F.L. Cup

R1	Aug 22	Watford	1-1	Terry	4592	8			5		1	3		10	11			7				9	6	4	2			
rep	29	WATFORD	1-0	Foster	5608	8					1	3		10	11			7			5	9	6	4	2			
R2	Sep 14	Leicester City	0-5		11112	9					1	6	2	10	11						5	4	7	8	3			

		P	W	D	L	F	A	W	D	L	F	A	Pts
1	Queen's Park Rgs.	46	18	4	1	66	15	8	11	4	37	23	67
2	Middlesbrough	46	16	3	4	51	20	7	6	10	36	44	55
3	Watford	46	15	5	3	39	17	5	9	9	22	29	54
4	READING	46	13	7	3	45	20	9	2	12	31	37	53
5	Bristol Rovers	46	13	8	2	47	28	7	5	11	29	39	53
6	Shrewsbury Town	46	15	5	3	48	24	5	7	11	29	38	52
7	Torquay United	46	17	3	3	57	20	4	6	13	16	34	51
8	Swindon Town	46	14	5	4	53	21	6	5	12	28	38	50
9	Mansfield Town	46	12	4	7	48	37	8	5	10	36	42	49
10	Oldham Athletic	46	15	4	4	51	16	4	6	13	29	47	48
11	Gillingham	46	11	9	3	36	18	4	7	12	22	44	46
12	Walsall	46	12	8	3	37	16	6	2	15	28	56	46
13	Colchester United	46	14	3	6	52	30	3	7	13	24	43	44
14	Orient	46	10	9	4	36	27	3	9	11	22	41	44
15	Peterborough Utd.	46	12	4	7	40	31	2	11	10	26	40	43
16	Oxford United	46	10	8	5	41	29	5	5	13	20	37	43
17	Grimsby Town	46	13	5	5	46	23	4	4	15	15	45	43
18	Scunthorpe United	46	13	4	6	39	26	4	4	15	19	47	42
19	Brighton & Hove A.	46	10	8	5	37	27	3	7	13	24	44	41
20	Bournemouth	46	8	10	5	24	24	4	7	12	15	33	41
21	Swansea Town	46	9	9	5	50	30	3	6	14	35	59	39
22	Darlington	46	8	7	8	26	28	5	4	14	21	53	37
23	Doncaster Rovers	46	11	6	6	40	40	1	2	20	18	77	32
24	Workington	46	9	3	11	35	35	3	4	16	20	54	31

1967/68   5th in Division 3

		Date	Opponent	Score	Scorers	Att	Allen DJ	Bacuzzi DR	Bayliss R	Chapman J	Collins JW	Dean RG	Dixon MG	Docherty J	Foster RE	Harris GA	Lamble J	Meldrum C	Mullen J	Sainty JA	Scarrott AR	Silvester PD	Smee RG	Spiers RA	Thornhill RD	Wilkie AW	Yard EJ
1	Aug	19	STOCKPORT COUNTY	3-0	Sainty 2, Allen	9819	7	2		5	9		1			11		4		10	8			3			
2		25	Tranmere Rovers	2-1	Sainty (p), Scarrott	8895		2	5		9				7			4	11	10	8			3		1	6
3	Sep	2	ORIENT	4-2	Collins, Sainty, Harris 2 (1p)	10106	7	2		5	9					11		4		10	8			3		1	6
4		6	Shrewsbury Town	1-2	Harris	4975	7	2	12	5	9	3				11		4		10	8					1	6
5		9	Northampton Town	2-1	Collins, Sainty	12625	7		2	5	9					11		4		10	8			3		1	6
6		16	WALSALL	2-2	Collins 2	11017	7		2	5	9					11		4		10	8			3		1	6
7		23	Gillingham	0-3		5790	7		2	5	9				12	11		4		10	8			3		1	6
8		27	SHREWSBURY TOWN	0-0		9849	7			5					6	11		4	8	10				9	3	12	1	2
9		30	GRIMSBY TOWN	3-0	Foster, Silvester, Mullen	7784	9		2	5					7	11		4	8					10		3		1	6
10	Oct	4	SWINDON TOWN	2-1	Silvester, Harland (og)	18028	9		2	5					7	11		4	8					10		3		1	6
11		7	Oxford United	0-2		11780	9		2	5					7			4	11		10				3	12	1	6
12		14	BURY	3-4	Yard, Sainty, Chapman	9427	9		2	5					7	11		4		10	8			3		1	6
13		21	Bournemouth	0-2		5219	6		2	5	9				7	11	12		8	10				3	4	1	
14		24	Swindon Town	1-5	Harris	17422	6		2	5	9	4			7	11				8	10			3		1	
15		28	COLCHESTER UNITED	1-0	Harris	5894	6		2	5	9	4	1		7	11	12			8		10	3				
16	Nov	4	Peterborough United	3-2	Smee, Harris 2 (1p)	6837	7		2	5	9		1			11		4		8		10	3				6
17		11	MANSFIELD TOWN	2-1	Harris (p), Collins	8247	7		2	5	9	3	1			11		4		8		10					6
18		13	Orient	0-1		4676	7		2	5	9	3	1			11		4		8		10					6
19		18	Watford	0-3		10800	7		2	5	9	3	1			11		4		8		10					6
20		25	SOUTHPORT	1-1	Harris	7260	7	2		5	8	3	1			11		4		9				3			6
21	Dec	1	Scunthorpe United	2-1	Collins 2	3541	7	2		5	8	3	1		6	11		4		9		10					
22		15	Stockport County	0-3		5920	6		2	5	8	3	1		7	11				9		10		4			
23		23	TRANMERE ROVERS	3-0	King (og), Harris, Sainty	8222	6		2	5	8		1		7	11		3		9		10		4			
24		26	Bristol Rovers	0-1		13374	6			5	9		1		7	11		4		10	8			3			2
25		30	BRISTOL ROVERS	2-1	Harris 2	7615	6			5	9		1		7	11		4		10	8	12		3			2
26	Jan	20	Walsall	2-2	Harris, Smee	9703	7	2	5		9		1			8	11		3				10	4			6
27	Feb	3	GILLINGHAM	3-1	Harris, Collins, Allen	6679	7	2		5	9		1	8		11		4					10	3			6
28		10	Grimsby Town	1-1	Docherty	3800	7	2		5	9		1	8		11		4		12			10	3			6
29		14	NORTHAMPTON T	0-0		8093	7			5	10		1	8		11	6	4					9	3			2
30		17	Torquay United	1-2	Silvester	8235		2		5			1	8		11	7	4		9		10		3			6
31		24	OXFORD UNITED	1-1	Meldrum	10082		2		5	12		1	8		11	7	4		9		10		3			6
32	Mar	2	Bury	0-2		8198	12	2	5		7		1	11				4		9		10	8	3			6
33		9	BRIGHTON & HOVE ALB	1-0	Sainty	6429	11		2	5		7		1	8					9		10	3				6
34		16	BOURNEMOUTH	1-0	Docherty	5663	11	2	5		7		1	8						9			10	3	4		6
35		20	Brighton & Hove Albion	1-1	Docherty	9188	10	2	5		7		1	8		11		4		9				3			6
36		23	Colchester United	5-2	Harris 2(1p), Smee 2, Collins	3136	6			5	7		1	8		11		4		9			10	3			2
37		30	PETERBOROUGH UTD.	0-0		5034	8	2		5	7		1	8		11		4		10				3			6
38	Apr	6	Mansfield Town	2-2	Harris, Sainty	5661	7	2		5	8		1	9		11				10				3	4		6
39		12	BARROW	3-0	Sainty, Harris 2	6922	7	2		5	6		1	8		11				9				10	3	4		
40		13	WATFORD	2-0	Allen, Bacuzzi	8106	7	2		5	6	3	1	8		11				9				10		4		12
41		15	Barrow	0-1		5536	7	2		5	12		1	8		11				9				10	3		6
42		19	Southport	1-2	Yard	5464	6	2		5	9		1	8		11		3						10		4		7
43		24	OLDHAM ATHLETIC	0-1		5296	6	2		5	9		1	8		11		3						10		4		7
44		27	SCUNTHORPE UNITED	2-1	Docherty, Collins	3879	7	2		5	8		1	9		11		3						10		4		6
45	May	4	Oldham Athletic	3-1	Silvester, Harris, Yard	4070	7	2		5	9			8		11		3				10			4	1	6
46		11	TORQUAY UNITED	4-0	Silvester 2, Harris, Allen	7477	7	2		5	9			8		11		3		12		10			4	1	6
			Apps				43	25	23	40	41	10	31	20	16	41	5	38	6	30	16	14	20	33	13	15	39
			Goals				4	1		1	10			4	1	21		1	1	10		6	4				3

Two own goals

F.A. Cup

		Date	Opponent	Score	Scorers	Att																					
R1	Dec	13	ALDERSHOT	6-2	Silvester 2, Allen 2, Collins, Harris	14750	7	2		5	8	3	1		6	11	12	4		9		10					
R2	Jan	6	DAGENHAM	1-1	Harris	12445	6		5		9		1		7	11		4		10			8	3			2
rep		15	Dagenham	1-0	Sainty	8000	6		5		9		1		7	11		4		10			8	3			2
R3		27	Manchester City	0-0		40343	8	2	5		9		1		7	11		4						10	3		6
rep		31	MANCHESTER CITY	0-7		25659	8	2	5		9		1		7	11		4						10	3		6

F.L. Cup

		Date	Opponent	Score	Scorers	Att																					
R1	Aug	23	BRISTOL ROVERS	3-0	Collins, Harris 2 (1p)	7821	7	2	5		9					11		4			8			3	10	12	1	6
R2	Sep	13	WEST BROMWICH ALB.	3-1	Harris 2, Sainty	18910	7		2	5	9					11		4		10	8			3			1	6
R3	Oct	11	Arsenal	0-1		27866	9		2	5					7	11		4			8		10		3	12	1	6

		P	W	D	L	F	A	W	D	L	F	A	Pts
1	Oxford United	46	18	3	2	49	20	4	10	9	20	27	57
2	Bury	46	19	3	1	64	24	5	5	13	27	42	56
3	Shrewsbury Town	46	14	6	3	42	17	6	9	8	19	32	55
4	Torquay United	46	15	6	2	40	17	6	5	12	20	39	53
5	READING	46	15	5	3	43	17	6	4	13	27	43	51
6	Watford	46	15	3	5	59	20	6	5	12	15	30	50
7	Walsall	46	12	7	4	47	22	7	5	11	27	39	50
8	Barrow	46	14	6	3	43	13	7	2	14	22	41	50
9	Peterborough Utd.	46	14	4	5	46	23	6	6	11	33	44	50
10	Swindon Town	46	13	8	2	51	16	3	9	11	23	35	49
11	Brighton & Hove A.	46	18	4	1	31	14	5	8	10	26	41	48
12	Gillingham	46	13	6	4	35	19	5	6	12	24	44	48
13	Bournemouth	46	13	7	3	39	17	3	8	12	17	34	47
14	Stockport County	46	12	5	6	24	22	3	4	16	21	53	47
15	Southport	46	13	6	4	35	22	4	6	13	30	43	46
16	Bristol Rovers	46	14	3	6	42	25	3	6	14	30	53	43
17	Oldham Athletic	46	13	3	9	37	32	7	4	12	23	33	43
18	Northampton Town	46	10	8	5	40	25	4	5	14	18	47	41
19	Orient	46	10	6	7	27	24	2	11	10	19	38	41
20	Tranmere Rovers	46	10	7	6	39	28	4	5	14	23	46	40
21	Mansfield Town	46	8	7	8	32	31	4	6	13	19	43	37
22	Grimsby Town	46	10	7	6	33	21	4	2	17	19	48	37
23	Colchester United	46	6	8	9	29	40	3	7	13	21	47	33
24	Scunthorpe United	46	8	8	9	36	34	2	3	18	20	53	32

65

1968/69 14th in Division 3

			Date	Opponent	Score	Scorers	Att	Allen DJ	Bacuzzi DR	Bence PI	Bishton DR	Brown RE	Chapman J	Collins JW	Dean RG	Docherty J	Harris GA	Henderson R	Hitchcock AP	Meldrum C	Sainty JA	Silvester PD	Smee RG	Spiers RA	Thornhill RD	Yard EJ
1	Aug	10		Stockport County	2-2	Collins 2	6463	7	2			1	5	9		8	11			4	10			3	12	6
2		16		NORTHAMPTON T	1-0	Collins	7515	7	2			1	5	9		8	11			4	10				3	6
3		24		Plymouth Argyle	1-3	Collins	8725	7	2			1	5	9		8	11			4	10				3	6
4		27		Swindon Town	0-0		16969	7	2			1	8	9	3		11			5	10	12			4	6
5		30		HARTLEPOOL	7-0	Silvester 4, Collins 2, Sainty	8969	7	2			1	5	8	3		11				9	10		12	4	6
6	Sep	7		Walsall	2-2	Sainty 2	6945	7	2			1	5	8	3		11				9	10			4	6
7		13		WATFORD	0-1		12099	7	2			1	5	8	3		11				9	10			4	6
8		18		Crewe Alexandra	2-1	Harris, Silvester	6509	7	2			1	5	8	3		11				9	10			4	6
9		21		Shrewsbury Town	3-3	Harris, Sainty, Silvester	5769	6	2			1	7	8			11			5	9	10		3	4	12
10		27		BRISTOL ROVERS	2-1	Harris 2	10399	6				1	7	8			11			5	9	10		3	4	2
11	Oct	4		GILLINGHAM	3-2	Harris, Allen, Collins	10399	6	2			1	7	8			11			5	9	10		3	4	
12		9		SWINDON TOWN	0-1		17629		2			1	7	8	12		11			5	9	10		3	4	6
13		11		Tranmere Rovers			7136		2			1	7	9	4	8	11			5		10		3		6
14		18		BRIGHTON & HOVE ALB	1-0	Thornhill	7220		2			1	7	9	4	8	11			5		10		3	12	6
15		26		Barnsley	0-1		9029	6	2			1	5	9	4		11					10		3	7	8
16	Nov	2		MANSFIELD TOWN	2-1	Collins 2	5677	6			2	1	5	9	4		11				8	10		3	7	
17		6		ORIENT	0-1		5519	6			2	1	5	9	4		11				8	10		3	7	
18		8		Southport	1-1	Silvester	4409	6				1	5	9	4		11	8				10		3	7	
19		23		Torquay United	0-1		7334	6	2			1	5	9	3		11	8			10			4	7	12
20		30		OLDHAM ATHLETIC	4-1	Harris, Collins, Yard, Allen	4506	7	2			1	5	9	3		11	8		10					4	6
21	Dec	14		TRANMERE ROVERS	2-0	Storton (og), Silvester	3673	7	2			1	5	8	3		11	6		10	12	9			4	
22		20		Brighton & Hove Albion	0-2		7112	7	2			1	5	8	3		11	6		10	12	9			4	
23		26		Gillingham	2-2	Collins, Sainty	4692	6	2			1	5	7	3	8	11				9	10			4	
24	Jan	11		Mansfield Town	1-1	Meldrum	6935	6	2			1	5	8	3		11			9		10			4	7
25		18		SOUTHPORT	1-0	Harris	5138	6	2			1	5	8	3		11			9	12	10			4	7
26		25		Orient	2-4	Collins, Chapman	4440	6	2			1	5	8	3		11			9		10			4	7
27		29		BARNSLEY	3-2	Collins 2, Sainty	4775	7	2			1		8			11	5			9	10		3	4	6
28	Feb	1		Luton Town	1-2	Yard	11871	7	2			1		8			11	5			9	10		3	4	6
29		18		Oldham Athletic	1-1	Silvester	2297		2			1	10			7	11			3	8	9		5	6	4
30		28		STOCKPORT COUNTY	4-2	Docherty 2, Harris, Sainty	5393		2	12		1	10			7	11			3	8	9		5	6	4
31	Mar	4		Rotherham United	1-4	Silvester	7970		2			1	10	12	5	7	11			3	8	9			6	4
32		8		Northampton Town	2-4	Silvester, Collins	6072		2			1	12	10	5	7	11			3	8	9			6	4
33		12		LUTON TOWN	1-1	Silvester	6146		2			1		10		7	11			3	8	9		5	6	4
34		14		PLYMOUTH ARGYLE	1-2	Silvester	5085		2			1	4	10		7	11			3	8	9		5	6	
35		17		Barrow	0-0		3474		2	6		1	11	7						3	8	9		5	10	4
36		22		Hartlepool	0-2		2754		2	6		1	11	7			12			3	8	9		5	10	4
37		24		ROTHERHAM UNITED	1-0	Bence	3475		2	6		1		7		11				3	8	9		5	10	4
38		28		WALSALL	2-2	Sainty 2	4208		2	6		1		7	12	11				3	8	9		5	10	4
39		31		TORQUAY UNITED	1-1	Harris (p)	3938		2			1		10		7	11			3	8	9		5	6	4
40	Apr	4		Bournemouth	1-1	Collins	7496		2			1		10		7	11			3	8	9		5	6	4
41		5		Bristol Rovers	3-1	Meldrum, Docherty, Collins	6704		2	8		1		7	12	11				3	9	10		5	6	4
42		7		CREWE ALEXANDRA	3-1	Yard, Silvester 2	6015		2	8		1		7		11				3	9	10		5	6	4
43		11		SHREWSBURY TOWN	2-4	Harris, Bence	4945		2	8		1		7		11	9			3		10		5	6	4
44		16		BOURNEMOUTH	0-1		4497		2	8		1		7			11			3	9	10		5	6	4
45		19		Watford	0-1		20923		2	4		1	10	8	12	7	11			3		9		5	6	
46		23		BARROW	0-1		3467	4	2			1		8			11			3	10	9	7	5	6	

	Allen	Bacuzzi	Bence	Bishton	Brown	Chapman	Collins	Dean	Docherty	Harris	Henderson	Hitchcock	Meldrum	Sainty	Silvester	Smee	Spiers	Thornhill	Yard
Apps	26	43	10	2	46	34	44	25	21	40	5	2	34	37	41	1	31	45	36
Goals	2		2			1	17		3	10			3	9	15			1	3

One own goal

F.A. Cup

			Date	Opponent	Score	Scorers	Att																		
R1	Nov	16		PLYMOUTH ARGYLE	1-0	Henderson	7149	6	2			1	5	9	4		11	8				10		3	7	
R2	Dec	7		TORQUAY UNITED	0-0		8274	7	2			1	5	9	3		11	8		10		12			4	6
rep		11		Torquay United	2-1	Harris, Silvester	8266	6	2			1	5	8	3		11	7		10		9			4	
R3	Jan	4		Newcastle United	0-4		41210	7	2			1	5	9		8	11	6				10		3	4	12

F.L. Cup

			Date	Opponent	Score	Scorers	Att																		
R1	Aug	14		Colchester United	0-2		3824	7	2			1	5	9	12	8	11			4	10			3	6	

		P	W	D	L	F	A	W	D	L	F	A	Pts
1	Watford	46	16	5	2	35	7	11	5	7	39	27	64
2	Swindon Town	46	18	4	1	38	7	9	6	8	33	28	64
3	Luton Town	46	20	3	0	57	14	5	8	10	17	24	61
4	Bournemouth	46	16	2	5	41	17	5	7	11	19	28	51
5	Plymouth Argyle	46	10	8	5	34	25	7	7	9	19	24	49
6	Torquay United	46	13	4	6	35	18	5	8	10	19	28	48
7	Tranmere Rovers	46	12	3	8	36	31	7	7	9	34	37	48
8	Southport	46	14	8	1	52	20	3	5	15	19	44	47
9	Stockport County	46	14	5	4	49	25	2	9	12	18	43	46
10	Barnsley	46	13	6	4	37	21	3	8	12	21	42	46
11	Rotherham United	46	12	6	5	40	21	4	7	12	16	29	45
12	Brighton & Hove A.	46	12	7	4	49	21	4	6	13	23	44	45
13	Walsall	46	10	9	4	34	18	4	7	12	16	31	44
14	READING	46	13	3	7	41	25	2	10	11	26	41	43
15	Mansfield Town	46	14	5	4	37	18	2	6	15	21	44	43
16	Bristol Rovers	46	12	6	5	41	27	4	5	14	22	44	43
17	Shrewsbury Town	46	11	8	4	28	17	5	3	15	23	50	43
18	Orient	46	10	8	5	31	19	4	6	13	20	39	42
19	Barrow	46	11	6	6	30	23	6	2	15	26	52	42
20	Gillingham	46	10	10	3	35	20	3	5	15	19	43	41
21	Northampton Town	46	9	8	6	37	30	5	4	14	17	31	40
22	Hartlepool	46	6	12	5	25	29	4	7	12	15	41	39
23	Crewe Alexandra	46	11	4	8	40	31	2	5	16	12	45	35
24	Oldham Athletic	46	9	6	8	33	27	4	3	16	17	56	35

66

1969/70 8th in Division 3

						Allen DJ	Bell TJ	Bence PI	Brown RE	Butler DG	Butler DM	Chappell LA	Cumming GRR	Death SV	Dixon WE	Docherty J	Habbin RL	Harley JR	Harris GA	Hitchcock AP	Jenkins TE	Meldrum C	Morgan SE	Sainty JA	Sharpe FC	Silvester PD	Smee RG	Spiers RA	Thornhill RD	Wagstaff A	Wagstaff B	Williams RG
1	Aug 9	PLYMOUTH ARGYLE	2-1	Harris, Chappell	9275				1			10			2				11		7				6	5		9	12		3	8	4	
2	16	Gillingham	3-1	B Wagstaff, Chappell 2	5795	12			1			10			2				11		7	6			5	9					3	8	4	
3	23	BRISTOL ROVERS	1-5	Chappell	8244				1			10			2				11		7	6			5	9					3	8	4	12
4	26	Barnsley	3-4	Allen, Smee, Williams	8234	8			1			10			2				11	5								9	12	3		4		6
5	30	Shrewsbury Town	0-0		3970	10			1			8			2				11				12					9	5	3	7	6	4
6	Sep 6	DONCASTER ROVERS	1-0	Williams	6631	10			1			8			2		12		11								9	5	3	7	6	4
7	13	Stockport County	2-2	Chappell 2	2857	10			1			8			2			12	11								9	5	3	7	6	4
8	17	TORQUAY UNITED	1-1	Williams	8326	12			1			8						10	11	3							9		5	7	4		6
9	20	BOURNEMOUTH	2-0	Allen 2	7117	8			1			10			2		12		11		7	5					9				4		6
10	27	Bury	1-2	Thornhill	3799	8			1			10			2		12		11	3	7	5					9		6		4		
11	Oct 1	Bradford City	0-4		8926	5			1			10			2				11		7						9			3	8	4	6
12	4	WALSALL	2-3	Williams, Harris (p)	5821	5			1			10			2				11		7	12					9			3	8	4	6
13	8	GILLINGHAM	1-0	Williams	6128	5			1			10			2				11		7				12					3	8	4	6
14	11	Orient	1-0	Docherty	9809	5			1			10			2	11					7	3					6				8	4	9
15	18	Mansfield Town	1-2	Boam (og)	5373	5		12	1			9			2	11					7				3		6				8	4	10
16	25	ROTHERHAM UNITED	1-1	Smee	5751	5			1			10			2	11					7						9			3	8	4	6
17	Nov 1	Rochdale	2-3	Smee, Jenkins	7977	5		8	1						2		12	11		3	7				4		9	10					6
18	8	BRIGHTON & HOVE ALB	1-0	Sharpe	7565	6							1		2			11			7		5		4		9			3	8	10	
19	22	Southport	2-6	Jenkins, Williams	2303	6						10		1	2	11	9				7		5		4					3	12		8
20	24	Tranmere Rovers	5-1	Jenkins 3, Chappell, Williams	3870	6		10				8		1	2		9				7		5		3			4					11
21	Dec 5	Torquay United	1-2	Williams	6115	6		10				8		1	2		9				7				3			5			12	4	11
22	13	STOCKPORT COUNTY	3-1	Spiers, Habbin, Cumming	5029	5					3	8	7	1	2		9						12					4			10	6	11
23	26	Bristol Rovers	1-1	Chappell (p)	12035	5					3	10	7	1	2		9								6			4			8		11
24	27	SHREWSBURY TOWN	3-1	Chappell 2, Cumming	8486	5					3	10	7	1	2		9	4							6						8		11
25	Jan 10	Bournemouth	2-1	Williams, B Wagstaff	3852	5					3	10	7	1	2		9	11							6						8	12	4
26	14	BRADFORD CITY	1-0	Harley	11054	5					3	8		1	2	12	9	11							6						10	7	4
27	17	BURY	3-2	Williams, Cumming, A Wagstaff	10592	3						10	7	1	2		9	11							5						8	4	6
28	20	Doncaster Rovers	3-2	Williams, Chappell 2	6483	5					3	8	7	1	2		9								6						10	4	11
29	24	Barrow	2-2	Habbin, Chappell	2834	5					3	8	7	1	2		9								6						10	4	11
30	Feb 7	ORIENT	3-2	Allen (og), Habbin, B Wagstaff	18031	5					3	8	7	1	2		9	11					12		6						10	4	7
31	11	HALIFAX TOWN	4-1	B Wagstaff, Williams, Chappell, Allen	15301	5					3	8	7	1	2		9								6						10	4	11
32	14	Plymouth Argyle	1-1	Habbin	10095	5					3	8	7	1	2		9								6						10	4	11
33	21	Rotherham United	1-1	Chappell	12827	5					3	8	7	1	2		9								6						10	4	11
34	28	ROCHDALE	1-0	Chappell (p)	14307	5					3	8	7	1	2		9								6						10	4	11
35	Mar 11	LUTON TOWN	0-1		18929	5					3	8	7	1	2		9								6						10	4	11
36	14	Halifax Town	1-1	Bell	3917	5	8				3		7	1	2		9						12		6						10	4	11
37	18	BARROW	6-3	Habbin 3, Cumming, Chappell, Bell	11735	5	8				3	4	7	1	2		9								6						10	12	11
38	21	FULHAM	0-4		16582	5	8				3	4	7	1	2		9								6						10	4	11
39	27	Brighton & Hove Albion	1-2	Williams	32032	5	4				3	8	7	1	2		9								6						10	12	11
40	28	Luton Town	0-5		14401	5	8				3		12	1			9	7					2		6						10	4	11
41	30	MANSFIELD TOWN	1-0	Chappell	8923		9			3	8	7	1	2										5						10	4	11
42	Apr 4	BARNSLEY	6-2	Chappell 3, Williams 2, DG Butler	6924	12	9			4	3	8	7	1	2										6						10	5	11
43	8	TRANMERE ROVERS	1-1	B Wagstaff	9091	4	9				3	8	7	1	2			12							6						10	5	11
44	14	Walsall	1-4	Chappell	4921		9				3	8	7	1	2			12							6						10	5	11
45	20	Fulham	1-2	B Wagstaff	9713					4	3	8		1	2		9	7					12		5						10	6	11
46	22	SOUTHPORT	8-0	Williams, Cumming 3, Habbin 2, Chappell 2	6813					4	3	8	7	1	2		9								5						10	6	11

Played in one game: JL Pratt (43, at 1); B Rowan (4, at 7).
DR Bacuzzi played in games 8 and 9 at 2 (substituted in game 9).

Apps	40	9	4	17	5	23	42	22	28	43	5	28	11	10	2	21	8	9	4	32	3	14	11	16	41	40	42
Goals	4	2		1			24	7				1	9	1	2		5				1		3	1	1	1	6	16

Two own goals

F.A. Cup

| R1 | Nov 15 | Brentwood Town | 0-1 | | 3047 | 6 | | | 1 | | | 9 | | | 2 | | | | 11 | | 7 | | | | 5 | | 8 | 3 | | | 4 | 10 |

Played at 12: Henderson

F.L. Cup

| R1 | Aug 13 | Colchester United | 1-1 | Harris (p) | 5195 | 8 | | | 1 | | | 10 | | | 2 | | | | 11 | | 7 | 12 | | | 6 | 5 | 9 | | | 3 | | 4 | |
| rep | 20 | COLCHESTER UNITED | 0-3 | | 11065 | | | | 1 | | | 10 | | | 2 | | | | 11 | | 7 | 6 | | | 5 | 9 | | | | 3 | 8 | 4 | |

		P	W	D	L	F	A	W	D	L	F	A	Pts
1	Orient	46	16	5	2	43	15	9	7	7	24	21	62
2	Luton Town	46	13	8	2	46	15	10	6	7	31	28	60
3	Bristol Rovers	46	15	5	3	51	26	5	11	7	29	33	56
4	Fulham	46	12	9	2	43	26	8	6	9	38	29	55
5	Brighton & Hove A.	46	16	4	3	37	16	7	5	11	20	27	55
6	Mansfield Town	46	14	4	5	46	22	7	7	9	24	27	53
7	Barnsley	46	14	6	3	43	24	5	9	9	25	35	53
8	READING	46	16	3	4	52	29	5	8	10	35	48	53
9	Rochdale	46	11	6	6	39	24	7	4	12	30	36	46
10	Bradford City	46	11	6	6	37	22	6	6	11	20	28	46
11	Doncaster Rovers	46	13	4	6	31	19	4	8	11	21	35	46
12	Walsall	46	11	4	8	33	31	6	8	9	21	36	46
13	Torquay United	46	9	9	5	36	22	5	8	10	26	37	45
14	Rotherham United	46	10	8	5	36	19	5	6	12	26	35	44
15	Shrewsbury Town	46	10	12	1	35	17	3	6	14	27	46	44
16	Tranmere Rovers	46	10	8	5	38	29	4	8	11	18	43	44
17	Plymouth Argyle	46	10	7	6	32	23	6	4	13	24	41	43
18	Halifax Town	46	10	9	4	31	15	4	6	13	16	38	43
19	Bury	46	13	4	6	47	29	2	7	14	28	51	41
20	Gillingham	46	7	6	10	28	33	6	7	10	24	31	39
21	Bournemouth	46	8	9	6	28	27	4	6	13	20	44	39
22	Southport	46	11	5	7	31	22	3	5	15	17	44	38
23	Barrow	46	7	9	7	28	27	1	5	17	18	54	30
24	Stockport County	46	4	7	12	17	30	2	4	17	10	41	23

1970/71   21st in Division 3: Relegated

#	Date		Opponent	Score	Scorers	Att	Bell TJ	Butler DG	Butler DM	Chappell LA	Cumming GRR	Death SV	Dixon WE	Flannigan RJ	Habbin RL	Harley JR	Mellows MA	Morgan SE	Murphy NM	Pratt JL	Ryan TS	Sharpe FC	Swain M	Wagstaff A	Wagstaff B	Williams RG
1	Aug	15	Gillingham	0-0		6368	4	12	3	8	7	1	2		9									5	10	6	11
2		22	WALSALL	1-2	Harrison (og)	8589	4	12	3	8	7	1	2		9									5	10	6	11
3		29	Chesterfield	0-4		8002	8	4	3		7	1	2		9		5								10	6	11
4	Sep	2	TRANMERE ROVERS	1-1	Cumming	6993	8		3		7	1	2		9	11	5							4	10	6	
5		5	SWANSEA CITY	3-1	Bell, Habbin, Harley	7039	8		3		7	1	2		9	11	5							4	10	6	
6		12	Preston North End	1-4	Cumming (p)	9457	8		3		7	1	2		9	11	5							4	10	6	
7		19	BARNSLEY	2-0	Cumming, Williams	6562	8		3		7	1	2		9		5							4	10	6	11
8		23	SHREWSBURY TOWN	2-1	B Wagstaff, Cumming (p)	8202			3	8	7		2	11	9		5		1					4		6	10
9		26	Rochdale	2-1	Cumming (p), Williams	3840		12	3	8	7		2		9		5		1					4	10	6	11
10		30	Bradford City	1-0	Williams	5692			3		7		2		9				5	1				4	8	10	6	11
11	Oct	3	WREXHAM	0-0		8690			3	12	7		2		9			8		1				5	4	10	6	11
12		10	Doncaster Rovers	0-2		4936			3	10	7		2	12	9					1				5	4	8	6	11
13		17	GILLINGHAM	3-2	Habbin, Cumming, Williams	6352				8	7		2	3	9					1				5	4	10	6	11
14		21	FULHAM	1-1	Habbin	14335				8	7		2	3	9					1				5	4	10	6	11
15		24	Mansfield Town	0-0		6310				8	7		2	3	9		5			1					10	6	4	11
16		31	ASTON VILLA	3-5	Cumming, Habbin, Williams	13475	12			2	8		7	3	9		5			1					10	6	4	11
17	Nov	7	Bristol Rovers	0-4		16610	12		3	8	7		2	10	9		5			1				6	4			11
18		11	TORQUAY UNITED	2-1	Bell, Cumming	7741	9		3	8	7	1	2											5	10	4	6	11
19		14	PORT VALE	2-1	Bell, Chappell	5036	9		3	8	7	1	2		12									5	6	10	4	11
20		28	Rotherham United	1-2	Habbin	7278				2	8	7	1	4	3	9			10					5		11	6	
21	Dec	5	BURY	1-5	Chappell	6208	9			3	8	7	1	2	4	11								5	10		6	
22		19	Walsall	2-1	Harley, Morgan	4371				3	8	9	1	2	6	7	11	10						5			4	
23	Jan	9	BRADFORD CITY	1-1	Habbin	5455		4	2	9	8	1		3	10			5							11	7	6	12
24		16	Fulham	1-1	Swain	10143	9				8	11	1	2	3	10		5							4	7	6	
25		23	Halifax Town	0-4		4617	9			3	8		1	2		11	10	12						5	4	6		
26		30	ROTHERHAM UNITED	4-2	Habbin 3, Harley	4807	9			3			1	2	12	10	11							5	4	8	6	
27	Feb	6	Bury	1-5	Habbin	3242	8			3			1	2		9	11							5	4	10	6	
28		13	HALIFAX TOWN	1-1	Bell	5357	8						1	2		9		11						5	4	10	6	
29		19	Torquay United	4-0	Cumming, Bell, Swain, Mellows	6410	8				7		1	2	3	9		11						5	10	4	6	
30	Mar	6	MANSFIELD TOWN	1-0	Bell	4508	8				7		1	2	3	9		11						5	10	4	6	
31		10	Shrewsbury Town	1-3	Cumming	3065	8				7		1	2	3	9		11						5	10	6	4	12
32		13	Port Vale	1-3	Bell	3450	8				7			2	3	9		11		5	1				10	6	4	
33		17	PLYMOUTH ARGYLE	0-2		4294	8				7		1	2	3	9		11						5	10	4	6	
34		20	BRISTOL ROVERS	0-2		5559	8			12	7		1	2	3	9	6	11						5	10	4	6	
35		24	Plymouth Argyle	0-4		7700	8	5			7		1	2	3	9	6	11	12						10	4		
36		27	Swansea City	0-5		6160	7	3					1	2		9	6	11		8		5			10	4		12
37	Apr	3	CHESTERFIELD	1-1	Mellows	3834	8	4			7		1	2	3	9	6	11								5	10	
38		9	Wrexham	0-2		7145	8	4			12	1	2	3	9	6	11								10	5	7	
39		10	Brighton & Hove Albion	0-2		5980	12		3	8	7		2	10	9	11			1					6	4	5		
40		12	PRESTON NORTH END	1-0	Habbin	7970	11		3	8	7		2		9	6			1				5	10	4			
41		17	DONCASTER ROVERS	1-0	Cumming	5570	11		3	8	7		2		9	6	12		1					10	4	5		
42		21	BRIGHTON & HOVE ALB	0-3		6133	11		3	8	7		2		9	6	12		1					10	4	5		
43		24	Barnsley	0-3		2975			3	8			2		9	11	7		1				5	10	4	6	12	
44		26	Tranmere Rovers	0-0		2839			3	8	7		2		9	11			1				6	4	10	5		
45	May	1	ROCHDALE	1-1	B Wagstaff	5746	10		3	8	7				9	6	11		1				2		4	5		
46		4	Aston Villa	1-2	Habbin	16694	10		3	8	7		2		9	6			1				11		4	5		

	Apps	33	5	36	29	43	27	42	25	45	20	16	15	4	19	1	32	31	40	40	23
	Goals	7			2	11				12	3	2	1					2		2	5

One own goal

F.A. Cup

	Date		Opponent	Score	Scorers	Att																					
R1	Nov	21	BISHOPS STORTFORD	6-1	Chappell 3, Cumming 2, Bell	7792	9		3	8	7	1	2		10									5	12	4	6	11
R2	Dec	12	Shrewsbury Town	2-2	Cumming, Williams	5978			3	8	7	1	2	10			5							4		9	6	11
rep		21	SHREWSBURY TOWN	1-0	Habbin	8418			3	8	7	1	2		9		5							4		10	6	11
R3	Jan	6	Watford	0-5		13206			3	9	8	1	2			11		5						4	12	7	6	10

F.L. Cup

	Date		Opponent	Score	Scorers	Att																					
R1	Aug	19	Newport County	1-2	Chappell	3624	4	12	3	8	7	1	2		9									5		10	6	11

Watney Cup

	Date		Opponent	Score	Scorers	Att																					
R1	Aug	1	MANCHESTER UNITED	2-3	Habbin, Cumming	18348	4		3	8	7	1	2		9			5	12						10	6	11	

Played at 14: Swain

		P	W	D	L	F	A	W	D	L	F	A	Pts
1	Preston North End	46	15	8	0	42	16	7	9	7	21	23	61
2	Fulham	46	15	6	2	39	12	9	6	8	29	29	60
3	Halifax Town	46	16	2	5	46	22	6	10	7	28	33	56
4	Aston Villa	46	13	7	3	27	13	6	8	9	27	33	53
5	Chesterfield	46	13	8	2	45	12	4	9	10	21	26	51
6	Bristol Rovers	46	11	5	7	38	24	8	8	7	31	26	51
7	Mansfield Town	46	13	7	3	44	28	5	8	10	20	34	51
8	Rotherham United	46	12	10	1	38	19	5	6	12	26	41	50
9	Wrexham	46	12	8	3	43	25	6	5	12	29	40	49
10	Torquay United	46	12	6	5	37	26	7	5	11	17	31	49
11	Swansea City	46	11	5	7	41	25	4	11	8	18	31	46
12	Barnsley	46	12	6	5	30	19	5	5	13	19	33	45
13	Shrewsbury Town	46	11	6	6	37	28	5	7	11	21	34	45
14	Brighton & Hove A.	46	8	10	5	28	20	6	6	11	22	27	44
15	Plymouth Argyle	46	6	12	5	39	33	6	7	10	24	30	43
16	Rochdale	46	8	8	7	29	26	6	7	10	32	42	43
17	Port Vale	46	11	6	6	29	18	4	6	13	23	41	42
18	Tranmere Rovers	46	8	11	4	27	18	2	11	10	18	37	42
19	Bradford City	46	7	6	10	23	25	6	8	9	26	37	40
20	Walsall	46	10	1	12	30	27	4	10	9	21	30	39
21	READING	46	10	7	6	32	33	4	4	15	16	52	39
22	Bury	46	7	9	7	30	23	5	4	14	22	37	37
23	Doncaster Rovers	46	8	5	10	28	27	5	4	14	17	39	35
24	Gillingham	46	6	9	8	22	29	4	4	15	20	38	33

1971/72 16th in Division 4

#	Date		Opponent	Score	Scorers	Att	Archer P	Ashton J	Bell TJ	Butler DM	Chappell LA	Cumming GRR	Death SV	Dixon WE	Flannigan RJ	Habbin RL	Harley JR	Harman PR	Hetzke SER	James MC	Lenarduzzi RI	Morgan SE	Pratt JL	Proudlove AG	Swain M	Wagstaff A	Wagstaff B	Wooler AT
1	Aug	14	Hartlepool	1-3	A Wagstaff	2470	2		9	4	8	7	1			11	6								3	10	5	
2		21	CHESTER	1-0	Bell	4157			9	3	8	7	1	2		11	6			4						10	5	
3		28	Aldershot	2-1	Chappell 2	8634	12		9	3	8	7	1	2		11	6			4						10	5	
4		30	Stockport County	1-0	Cumming	2648	12		9	3	8	7	1	2		11	6			5						10	4	
5	Sep	4	DARLINGTON	2-0	Cumming, Chappell	5485	12		9	3	8	7	1	2		11	6			5						10	4	
6		11	Lincoln City	0-0		5621	10		9	3	8	7	1	2		11	6			5							4	
7		18	BURY	0-2		5617	12		9	3	8	7	1	2		11	6			5						10	4	
8		25	Crewe Alexandra	0-2		2300	6		9	3	8	7	1	2		11				5						10	4	
9		27	Barrow	0-0		2441	6		9	3	8	7	1	2		11				5					10		4	
10	Oct	2	GRIMSBY TOWN	1-3	Bell	5333			9	3	8	7	1	2	10	11				5						6	4	
11		9	Northampton Town	0-5		5255	3		9		8		1	2	12	11	6					5			7	10	4	
12		16	HARTLEPOOL	3-0	Harman, Chappell, Bell	3176	3		9		8	7		2			6	11				5	1			10	4	
13		20	BRENTFORD	2-1	Bell, Chappell	10473	3		9		8			2			6	10				5	1			7	4	
14		23	Workington	0-5		2791	3		11		9	8		2			6	10				5	1		12	7	4	
15		30	EXETER CITY	3-1	B Wagstaff, Cumming 2 (1p)	5024			11	2	9	8			3		6	10				5	1			7	4	
16	Nov	6	Cambridge United	1-4	Cumming	5159	11			2	9	8			3		6	10				5	1			7		4
17		13	GILLINGHAM	1-2	B Wagstaff	4491				11	2	10	9	1			8	3			5					7	6	4
18		27	Scunthorpe United	1-1	Cumming	4577				3	8	7	1	2	11		5	9							10	6	4	
19	Dec	4	NEWPORT COUNTY	4-2	Cumming 2, Bell, Chappell	3835			11	3	8	7	1	2	10		5	9								6	4	
20		18	Darlington	0-1		2513				3	8	7	1	2	11	12	5	9	4							10	6	
21		27	DONCASTER ROVERS	3-1	Harley, Chappell, Cumming	7123			5	9	8	1	2	7	12	4	10									6	3	11
22	Jan	1	Bury	1-2	Harman	4251				2	8	7	1		10	9	6	11			5			4				3
23		8	ALDERSHOT	2-0	B Wagstaff, Cumming	5995				2	9	8	1		7		11	3	10		4						6	5
24		22	BARROW	1-0	Chappell	11689				2	8	7	1				11	5	9		4					10	6	3
25		29	Brentford	2-1	B Wagstaff, Harman	12144				2	9	8	1	12			11	3	10		4					7	6	5
26	Feb	12	WORKINGTON	0-0		7852				2	8	7	1	9			11	3	10		5					12	6	4
27		19	Exeter City	0-0		4971				10	2		8	1	7		11	4			9			3			6	5
28		26	CAMBRIDGE UNITED	1-0	Chappell	6608				10	2	9	8	1	7		11	5			4						6	3
29	Mar	4	Gillingham	2-4	Bell 2	4351				10	2	9	8	1	7		4	12			3						6	5
30		11	NORTHAMPTON T	2-1	Cumming 2	4078				10		8	1	2	7	11	12	9		3	4						6	5
31		15	PETERBOROUGH UTD.	2-1	Chappell 2	6035					10	9	1	2	7	8	4	11	12	3						6		5
32		18	Chester	0-2		2165					10	8	1	2		11	5	9	4	3					7	6		
33		22	SOUTHEND UNITED	1-4	Chappell	6197	5				10	8	1	2	7	11		9			3				12	6	4	
34		25	LINCOLN CITY	0-1		4663				9		10	7	1	2		11			5		12	8		6	4	3	
35		31	Grimsby Town	0-2		16657				10		9	8	1	2		11	5			4	12				7	6	3
36	Apr	1	Doncaster Rovers	1-1	Harman	2875				10			7	1	2		11	6	9	5					8	4	3
37		3	CREWE ALEXANDRA	1-0	B Wagstaff	4881	5			9			8	1	2		11	3	10	4						7	6	
38		7	Southend United	1-4	Cumming (p)	13498	5			10			8	1	2		11	4	9	12	3					6	7	
39		10	Colchester United	1-2	Habbin	4110						10		2		11	4	9	12		3	1	8			7	6	5
40		15	SCUNTHORPE UNITED	2-0	Chappell 2	4308	12					10	8		2		11	4	9		3	1				7	6	5
41		19	SOUTHPORT	1-1	Cumming	3715					2		9		7	8	11		10		3			1		6	4	5
42		22	Newport County	1-2	Harman	3070					2	9	8	1	6		11	10			4					7	3	5
43		26	STOCKPORT COUNTY	2-2	Harman 2	3136					2	10		1	7		9		11		3				8	12	6	4
44		29	COLCHESTER UNITED	2-4	Habbin, Harman	3346		8			2	9		1			7		10		3	4			11	12	6	5
45	May	1	Peterborough United	2-3	Cumming 2 (1p)	4259				7	2	10	8	1	6		11	3	9			12					4	5
46		4	Southport	2-5	Harman, Chappell	1343				3	2	10	8		12		11	4	9				1			7	6	5

	Apps	17	1	28	31	39	43	37	38	15	39	37	30	4	21	2	22	9	5	10	37	41	24
	Goals			7		15	16			2	1	9										1	5	

F.A. Cup

	Date		Opponent	Score	Scorers	Att																						
R1	Nov	20	Bridgwater Town	3-0	Prescott (og), Flannigan, Cumming	3500				3	9	8	1	2	11		4			5					10		7	6
R2	Dec	11	ALDERSHOT	1-0	Harman	9827			11	3	8	7	1	2	10		5	9								6	4	
R3	Jan	15	Blyth Spartans	2-2	B Wagstaff, Cumming (p)	6800				3	8	7	1		10	11	2	9		4						6	5	
rep		19	BLYTH SPARTANS	6-1	Harman 3, Cumming, B Wagstaff, Habbin	10550				2	9	8	1		7	11	4	10		3						12	6	5
R4	Feb	5	ARSENAL	1-2	B Wagstaff	25756				2	9	8	1		7		11	4	10		3						6	5

F.L. Cup

	Date		Opponent	Score	Scorers	Att																						
R1	Aug	18	Gillingham	0-4		6570			9	4	8	7	1	2	3	11	6									10	5	

		P	W	D	L	F	A	W	D	L	F	A	Pts
1	Grimsby Town	46	18	3	2	61	26	10	4	9	27	30	63
2	Southend United	46	18	2	3	56	26	6	10	7	25	29	60
3	Brentford	46	16	2	5	52	21	8	9	6	24	23	59
4	Scunthorpe United	46	13	8	2	34	15	9	5	9	22	22	57
5	Lincoln City	46	17	5	1	46	15	4	9	10	31	44	56
6	Workington	46	12	9	2	34	7	4	10	9	16	27	51
7	Southport	46	15	5	3	48	21	3	9	11	18	25	50
8	Peterborough Utd.	46	14	6	3	51	24	3	10	10	31	40	50
9	Bury	46	16	4	3	55	22	3	8	12	18	37	50
10	Cambridge United	46	11	8	4	38	22	6	6	11	24	38	48
11	Colchester United	46	13	6	4	38	23	6	4	13	32	46	48
12	Doncaster Rovers	46	11	8	4	35	24	5	6	12	21	39	46
13	Gillingham	46	11	5	7	33	24	5	8	10	28	43	45
14	Newport County	46	13	5	5	34	20	5	3	15	26	52	44
15	Exeter City	46	11	5	7	40	30	5	6	12	21	38	43
16	READING	46	14	3	6	37	26	3	5	15	19	50	42
17	Aldershot	46	5	13	5	27	20	4	9	10	21	34	40
18	Hartlepool	46	14	2	7	39	25	3	4	16	19	44	40
19	Darlington	46	9	9	5	37	24	5	2	16	27	58	39
20	Chester	46	10	11	2	34	16	0	7	16	13	40	38
21	Northampton Town	46	8	9	6	43	27	4	4	15	23	52	37
22	Barrow	46	8	8	7	23	26	5	3	15	17	45	37
23	Stockport County	46	7	10	6	33	32	2	4	17	22	55	32
24	Crewe Alexandra	46	9	4	10	27	25	1	5	17	16	44	29

69

1972/73   7th in Division 4

#	Date		Opponent	Score	Scorers	Att	Alleyne AM	Ashton J	Bell TJ	Butler DM	Carnaby BJ	Chappell LA	Cumming GRR	Death SV	Dixon WE	Freeman PR	Habbin RL	Harley JR	Harman PR	Hetzke SER	Hulme J	Hunt RR	Lenarduzzi RI	Wagstaff A	Wagstaff B	Wooler AT	Youlden TF
1	Aug	12	CREWE ALEXANDRA	1-1	Carnaby	5277			9	2	8	10	7	1			11				5			12	4	3	6
2		19	Hereford United	0-3		8839			7	2	10	8	4	1	3		11	12	9		5						6
3		26	BURY	0-0		3961				2	10	8	7	1	3		9		11		5				4		6
4	Sep	2	Hartlepool	2-1	Chappell, Cumming (p)	5195			9	2	10	8	11	1	7						5			4		3	6
5		9	PETERBOROUGH UTD.	2-0	Chappell, Youlden	3721			11	2	10	9	7	1	8						5				4	3	6
6		16	Northampton Town	1-1	Bell	3752			11	2	10	9	7	1	8						5				4	3	6
7		20	LINCOLN CITY	1-1	Chappell	4679			11	2	10	9	7	1	8						5			12	4	3	6
8		23	NEWPORT COUNTY	5-0	Chappell 3, Bell 2	4265			11	2		9	7	1	8						5			10	4	3	6
9		27	Workington	0-0		1614			11	2	12	9	7	1	8						5			10	4	3	6
10		30	Aldershot	0-1		7590				2	12	8	7	1	9			11			5			10	4	3	6
11	Oct	7	STOCKPORT COUNTY	0-0		4909			9	2		8	11	1	10		12				5			7	4	3	6
12		11	EXETER CITY	2-0	A Wagstaff, Chappell	4292			9	2		8	11	1	10		12				5			7	4	3	6
13		14	Gillingham	0-1		3438			9	2		8	11	1	10		12				5			7	4	3	6
14		21	SOUTHPORT	1-1	Alleyne	4836	2		9		4	8		1	10		11				5			7		3	6
15		23	Darlington	2-0	Chappell, Cumming (p)	1705	2				4	8	11	1	10		9				5			7		3	6
16		28	Bradford City	1-1	A Wagstaff	4075	2				4	8	11	1	10		9				5			7		3	6
17	Nov	4	WORKINGTON	2-0	Cumming, Carnaby	5292	2			3	4	8	7	1	10		9	12			5			11			6
18		11	Lincoln City	0-0		4004	2			3	4	8	7	1	10		9				5		6	11	12		
19		25	COLCHESTER UNITED	0-1		5111	2			3	4	8	7	1	10		9	12			5			11			6
20	Dec	2	Mansfield Town	1-1	Harley	4505	2			3	4	8	7	1	10		9	12			5			11	6		
21		16	Barnsley	0-0		2393	2	7		3	10	8		1	4		9	12			5			11	6		
22		23	DONCASTER ROVERS	1-0	Habbin	4762	2			3	4	10		1	7		11		9		5			8	6		
23		26	Newport County	0-1		5439	2			3	7	9		1	8		11	12	10		5			6	4		
24		30	HEREFORD UNITED	0-1		5363	2		11	3		10		1	7		9		12		5			8	4		6
25	Jan	20	HARTLEPOOL	1-0	Hunt	5360				3		10	7	1	2	8	11					9		4	6		5
26		27	Peterborough United	2-4	Chappell, Hunt	5452				3		9	7	1	2	10	12				5	11		8	4		6
27	Feb	10	NORTHAMPTON T	3-0	B Wagstaff 2, Chappell	5443			12			8	7	1	2	10	11				5	9		4	4		3
28		21	DARLINGTON	1-0	Bell	6010			10			8	7	1	2	9	11				5	12		4	6		3
29		24	BARNSLEY	0-0		5560			12	3	7	8		1	2	10	9				5	11			4		6
30		28	TORQUAY UNITED	3-0	Freeman 2, A Wagstaff	5843				4	7	8		1	2	9	11				5			10	6		3
31	Mar	2	Stockport County	2-2	Freeman, B Wagstaff	3409	2			3	10	8		1		9	11				5			7	4		6
32		7	Chester	0-2		1390	2			3	10	8	12	1		9	11				5			7	4		6
33		10	GILLINGHAM	3-1	Peach (og), Freeman 2	5369	2			3	10		11	1		9	7				5	8			4		6
34		16	Southport	1-4	B Wagstaff	3885	2			3	10	12	7	1		9	11				5	8			4		6
35		21	CAMBRIDGE UNITED	1-0	Cumming	5589	2			3	10		7	1		9	11				5	8		4			6
36		24	BRADFORD CITY	2-0	Napier (og), Freeman	4700	2			3	10		7	1		9	11				5	8		4			6
37		30	Colchester United	2-2	Cumming, Hunt	3092	2			3	10		7	1		9	11				5	8		4	12		6
38	Apr	3	Exeter City	0-0		3898	2			3	10		7	1		9	11				5	8		4	6		
39		7	MANSFIELD TOWN	2-0	Chappell, B Wagstaff	7102	2			3	8	12	7	1		9	11				5	10		6	4		
40		10	Bury	0-4		2144	2			3	8	10	7	1		9	11				5			4	6		12
41		14	Cambridge United	0-1		6033	12		11	3	8	10	7	1			9				5			4	6		2
42		21	CHESTER	2-1	Chappell 2	4624				2	10	8	7	1	12	9	11				5		6	4			3
43		23	ALDERSHOT	0-0		10325	12			2	10	8	7	1		9	11				5		6	4			3
44		24	Doncaster Rovers	2-0	Cumming 2	1623	2				10	8	7	1		9	11				5		6	4			3
45		28	Torquay United	2-2	A Wagstaff, Cumming	2814	2				10	8	7	1		9	11				5		6	4			3
46	May	2	Crewe Alexandra	0-0		1164	2				10	8	7	1		9	11			6	5			4			3
			Apps				26	1	17	38	37	41	38	46	30	21	39	6	6	1	45	12	5	39	32	14	38
			Goals				1		4		2	13	8			6	1	1				3		4	5		1

Two own goals

F.A. Cup

Rnd	Date		Opponent	Score	Scorers	Att																					
R1	Nov	18	Gillingham	2-1	Habbin, Dixon	4432	2			3	4	9	11	1	8		10				5			7			6
R2	Dec	9	HAYES	0-0		9545	2		9	3	4	8		1	7			10			5			11	6	12	
rep		11	Hayes	1-0	Chappell	7341	2		11	3	4	9		1	8		10				5			7	6		
R3	Jan	13	DONCASTER ROVERS	2-0	Chappell, Cumming	10361	2		11	3		8	7	1	4		9							10	6		5
R4	Feb	3	Sunderland	1-1	Chappell	33913			9		12		10	1	2		11				5	8		6	4		3
rep		7	SUNDERLAND	1-3	Cumming (p)	19793			9	12	4	8	7	1	2		11				5	10			6		3

F.L. Cup

Rnd	Date		Opponent	Score	Scorers	Att																					
R1	Aug	16	FULHAM	1-1	Chappell	8884			9	2	10	8	7	1			11				5			4	3		6
rep		23	Fulham	1-1	Cumming	5639				2	10	8	7	1	3		9		11		5			4			6
rep2		28	FULHAM	0-1		8174				2	10	8	7	1	3		11	12	9		5			4			6

R1 replay a.e.t.

		P	W	D	L	F	A	W	D	L	F	A	Pts
1	Southport	46	17	4	2	40	19	9	6	8	31	29	62
2	Hereford United	46	18	4	1	39	12	5	8	10	17	26	58
3	Cambridge United	46	15	6	2	40	23	5	11	7	27	34	57
4	Aldershot	46	14	6	3	33	14	8	6	9	27	24	56
5	Newport County	46	14	6	3	37	18	8	6	9	27	26	56
6	Mansfield Town	46	15	7	1	52	17	5	7	11	26	34	54
7	READING	46	14	7	2	33	7	3	11	9	18	31	52
8	Exeter City	46	13	8	2	40	18	5	6	12	17	33	50
9	Gillingham	46	15	4	4	44	20	4	7	12	19	38	49
10	Lincoln City	46	12	7	4	38	27	4	9	10	26	30	48
11	Stockport County	46	14	7	2	38	18	4	5	14	15	35	48
12	Bury	46	11	5	7	37	19	3	11	9	21	32	46
13	Workington	46	15	7	1	44	20	2	5	16	15	41	46
14	Barnsley	46	9	8	6	32	24	5	8	10	26	36	44
15	Chester	46	11	6	6	40	19	3	9	11	21	33	43
16	Bradford City	46	12	6	5	42	25	4	5	14	19	40	43
17	Doncaster Rovers	46	10	8	5	28	19	5	4	14	21	39	42
18	Torquay United	46	8	10	5	23	17	4	7	12	21	30	41
19	Peterborough Utd.	46	10	8	5	42	29	4	5	14	29	47	41
20	Hartlepool	46	8	10	5	17	15	4	7	12	17	34	41
21	Crewe Alexandra	46	7	8	8	18	23	2	10	11	20	38	36
22	Colchester United	46	8	7	8	36	28	2	3	18	12	48	31
23	Northampton Town	46	7	6	10	24	30	3	5	15	16	43	31
24	Darlington	46	5	9	9	28	41	2	6	15	14	44	29

1973/74   6th in Division 4

#	Date		Opponent	Score	Scorers	Att	Alleyne AM	Bromley B	Butler DM	Carnaby BJ	Chappell LA	Cooper ASJ	Cumming GRR	Death SV	Freeman PR	French GE	Friday R	Habbin RL	Henderson SJ	Hetzke SER	Hulme J	Hunt RR	Lenarduzzi RI	Smee RG	Stuckey BG	Wagstaff A	Wagstaff B	Youlden TF
1	Aug	25	Newport County	0-0		4928			3	8	9		12	1	10			11	2		5	7					6	4
2	Sep	1	DARLINGTON	2-0	Chappell 2 (1p)	4654			3	10	8		12	1	9			11	2		5					7	4	6
3		8	Hartlepool	2-1	B Wagstaff, Cumming	2736			3	10	8		7	1	9			11	2		5						4	6
4		11	Colchester United	0-0		4565			3	10	8		7	1				11	2		5	9					4	6
5		15	BURY	2-2	Habbin, B Wagstaff	7554			3	8	9		7	1	10			11	2		5					12	4	6
6		17	Brentford	1-0	Chappell	8717	9		3	8	10			1				11	2		5					7	4	6
7		22	Exeter City	1-0	Habbin	6822	9		3	8	10			1	12			11	2		5					7	4	6
8		29	PETERBOROUGH UTD.	1-1	Bromley	8388	11		3	10	8		12	1	9				2		5	7				4		6
9	Oct	3	BRENTFORD	1-0	Cumming	11267	7		3	8	10		12	1	9			11	2		5						4	6
10		6	Doncaster Rovers	0-0		2516			3	8	9		7	1	10			11	2		5			12		4		6
11		13	LINCOLN CITY	0-0		7282			3	10	8		4	1	9			11			5			2	7	12		6
12		20	MANSFIELD TOWN	3-0	Chappell 3	6537	4		3		8		7	1	9			10	2		5			6		11		
13		24	COLCHESTER UNITED	1-1	Chappell	12480	4		3	12	8		7	1	9			10	2		5			6		11		
14		27	Workington	0-0		1456	4		3	10	9		12	1				11	2	6	5			8	7			
15	Nov	3	GILLINGHAM	0-1		8248	4		3	10			12	1	9			8	2	6	5			11		7		
16		10	Bradford City	3-4	Chappell 3 (1p)	3047			3	8	10			1		7		9	2	6	5					11	4	
17		13	Scunthorpe United	0-1		2669			3	10	8		12	1	4	11		9	2		5					7	6	
18		17	ROTHERHAM UNITED	1-0	B Wagstaff	5638			3		9		12	1	10	11		8	2	6	5					7	4	
19	Dec	8	Stockport County	0-0		1618	8		3		9		4	1				11	2	6	5					7		10
20		22	Peterborough United	0-2		7821	4		3	12	9		8	1				11	2	6	5					7	10	
21		26	SWANSEA CITY	1-2	Smee	5838	4		3		8		7	1				9	2	6	5			12	11	10		
22		29	HARTLEPOOL	1-1		4663			3	12	8			1				10	2	6	5			9	11	7	4	
23	Jan	1	Darlington	1-2	Hetzk	2379	12		3	4	8			1				7	2	6	5			9	11	10		
24		5	CREWE ALEXANDRA	2-0	Chappell 2	3697			3	4	10		12	1	8			11	2	6	5			9	7			
25		12	Bury	0-1		3316			3	4	10		12	1	8			11	2	6	5			9	7			
26		19	NEWPORT COUNTY	1-1	Carnaby	4468			3	8	9		7	1	10				2	6	5			12		11		
27		27	Northampton Town	3-3	Chappell 2, Carnaby	7599			3	10	8			1		9		7	2	6	5					11	4	
28	Feb	3	Barnsley	2-3	Friday, Freeman	6218			3	10	8			1	12	9	7		2	6	5					11	4	
29		10	EXETER CITY	4-1	Freeman, Carnaby, Friday 2	5394			3	10	8			1	7	9	12		2		5					11	4	6
30		17	Lincoln City	2-0	Freeman, B Wagstaff	4866	3			11	8			1	10	9	2			6	5					7	4	
31		24	DONCASTER ROVERS	5-0	Chappell 3 (1p), Friday, Stuckey	9187			3	10	8			1	7	9			2	5	6					11	4	
32	Mar	3	Swansea City	1-2	Chappell	3353			3	10	8			1	7	9	12		2	5	6					11	4	
33		10	WORKINGTON	2-0	Freeman 2	6112			3	10	8			1	7	9			2		5					11	4	6
34		16	Mansfield Town	1-1	Carnaby	2183			3	8	10			1	7	9			2		5					11	4	6
35		20	BARNSLEY	1-0	Stuckey	7012		5	7	10				1	9	11			2		3				8		6	4
36		24	BRADFORD CITY	0-0		8065			3	10	8			1	7	9	12		2		5					11	4	6
37		27	Crewe Alexandra	1-2	Youlden	1302			3	10	8		12	1	7	9	4		2		5					11		6
38		30	Gillingham	1-0	Chappell	7140			3	8	10			1		9	7		2		4					11	6	5
39	Apr	3	NORTHAMPTON T	1-2	Habbin	7055			3	10	8		4	1	12	9	7		2		5					11		6
40		6	SCUNTHORPE UNITED	0-0		3721			3	10	8		4	1	12	9	11		2		5					7		6
41		12	TORQUAY UNITED	4-0	Chappell 4	4423			3	10	8			1	7	9	12		2		5					11	4	6
42		13	Rotherham United	1-1	Habbin	2605			3	10	8			1	12		7		2	6		9				11	4	5
43		15	Torquay United	1-1	Stuckey (p)	3265	3			10				1	7	9	8		2	5	12					11	4	6
44		20	STOCKPORT COUNTY	1-1	Habbin	4011	3					4	12	1	10	9	7		2	5						11	8	6
45		22	CHESTER	3-0	Freeman 2, Habbin	3277	3							1	10	9	7		2	5						11	4	6
46		27	Chester	0-0		2229	3							1	10	9	7		2	5						11	4	6
					Apps		5	12	41	39	41	1	27	46	35	19	41	44	22	42	4	5	9	31	16	28	26
					Goals			1		4	24		2		7	4	6		1					1	3	4	1

F.A. Cup

R1	Nov	24	SLOUGH TOWN	3-0	Bromley, Hetzke, Chappell	7096		4	3		8		7	1				9	2	6	5					11	10	
R2	Dec	15	Southend United	0-2		6032		4	3	8	9		7	1	12			11	2	6	5					10		

F.L. Cup

R1	Aug	29	WATFORD	2-2	Chappell 2	6279			3	9	8			1	10			11	2		5					7	4	6
rep	Sep	5	Watford	3-2	A Wagstaff, Cumming, Chappell	7852			3	10	8		12	1	9			11	2		5					7	4	6
R2	Oct	8	Everton	0-1		15772			3	10	8		4	1	9			11	2		5			12	7			6

R1 replay a.e.t.

		P	W	D	L	F	A	W	D	L	F	A	Pts
1	Peterborough Utd.	46	19	4	0	49	10	8	7	8	26	28	65
2	Gillingham	46	16	5	2	51	16	9	7	7	39	33	62
3	Colchester United	46	16	5	2	46	14	8	7	8	27	22	60
4	Bury	46	18	3	2	51	14	6	8	9	30	35	59
5	Northampton Town	46	14	7	2	39	14	6	6	11	24	34	53
6	READING	46	11	9	3	37	13	5	10	8	21	24	51
7	Chester	46	13	6	4	31	19	4	9	10	23	36	49
8	Bradford City	46	14	7	2	45	20	3	7	13	13	32	48
9	Newport County	46	13	6	4	39	23	3	8	12	17	42	45
10	Exeter City	45	12	5	6	37	20	6	3	13	21	35	44
11	Hartlepool	46	11	4	8	29	16	5	8	10	19	31	44
12	Lincoln City	46	10	8	5	40	30	6	4	13	23	37	44
13	Barnsley	46	15	5	3	42	16	2	5	16	16	48	44
14	Swansea City	46	11	6	6	28	15	5	5	13	17	31	43
15	Rotherham United	46	10	9	4	33	22	5	4	14	23	36	43
16	Torquay United	46	11	7	5	37	23	2	10	11	15	34	43
17	Mansfield Town	46	13	8	2	47	24	0	9	14	15	45	43
18	Scunthorpe United	45	12	7	3	33	17	2	5	16	14	47	42
19	Brentford	46	9	7	7	31	20	3	9	11	17	30	40
20	Darlington	46	9	8	6	29	24	4	5	14	11	38	39
21	Crewe Alexandra	46	11	5	7	28	30	3	5	15	15	41	38
22	Doncaster Rovers	46	10	7	6	32	22	2	4	17	15	58	35
23	Workington	46	10	8	5	33	26	1	5	17	10	48	35
24	Stockport County	46	4	12	7	22	25	3	8	12	22	44	34

1974/75 7th in Division 4

#	Date	Opponent	Score	Scorers	Att
1	Aug 17	CAMBRIDGE UNITED	2-0	Murray, Habbin	5117
2	24	Rotherham United	1-2	Friday	2738
3	31	NORTHAMPTON T	3-2	Habbin, Friday, Taylor	5464
4	Sep 7	Scunthorpe United	1-0	Friday	2095
5	14	NEWPORT COUNTY	3-0	Habbin, Taylor (p), Friday	6529
6	18	CREWE ALEXANDRA	1-1	Taylor (p)	9787
7	21	Exeter City	2-0	Murray, Habbin	3493
8	25	Chester	0-2		2807
9	28	SOUTHPORT	4-1	Wagstaff, Friday 3	6165
10	30	Rochdale	2-0	Murray, Habbin	1684
11	Oct 5	Torquay United	1-2	Habbin	3327
12	12	SHREWSBURY TOWN	1-2	Carnaby	8339
13	19	Mansfield Town	1-1	Habbin	5295
14	26	BARNSLEY	0-3		5973
15	Nov 2	DARLINGTON	3-0	Habbin, Lenarduzzi, Stuckey	4607
16	6	Hartlepool	3-2	Habbin 2, Friday	3204
17	8	Workington	1-2	Carnaby	1212
18	16	BRADFORD CITY	1-1	Friday (p)	5742
19	30	DONCASTER ROVERS	2-0	Habbin 2	4243
20	Dec 6	Lincoln City	1-1	Murray	7005
21	13	Southport	0-2		1212
22	21	SWANSEA CITY	1-2	Murray	3855
23	28	STOCKPORT COUNTY	1-3	Friday (p)	3941
24	Jan 4	Crewe Alexandra	0-1		1640
25	11	LINCOLN CITY	1-0	Murray	4388
26	18	Doncaster Rovers	1-1	Friday	1505
27	25	Brentford	0-1		6485
28	Feb 1	WORKINGTON	3-0	Murray, Cooper, Friday	4157
29	8	Darlington	1-0	Cooper	1696
30	15	BRENTFORD	1-0	Murray	6013
31	22	Bradford City	3-1	Henderson 2, Murray	3454
32	24	HARTLEPOOL	0-0		5980
33	28	Northampton Town	3-0	Murray, Cumming, Robertson (og)	3039
34	Mar 8	CHESTER	2-1	Murray, Henderson	5921
35	18	Cambridge United	0-1		2927
36	22	SCUNTHORPE UNITED	1-1	Lenarduzzi	4639
37	29	Swansea City	2-1	Friday, Taylor	1833
38	31	Stockport County	0-1		1886
39	Apr 2	EXETER CITY	3-0	Henderson, Friday 2	4639
40	5	Barnsley	0-2		2772
41	9	ROCHDALE	2-1	Alleyne, Friday	3861
42	12	TORQUAY UNITED	1-0	Murray	4450
43	15	Newport County	2-2	Aston, Hancock (og)	1536
44	19	Shrewsbury Town	0-2		5050
45	23	ROTHERHAM UNITED	1-1	Friday	4500
46	26	MANSFIELD TOWN	1-1	Friday	5559

Two own goals

F.A. Cup

| R1 | Nov 23 | Swindon Town | 0-4 | | 13365 |

F.L. Cup

R1	Aug 21	BRIGHTON & HOVE ALB.	0-0		7567
rep	28	Brighton & Hove Albion	2-2	Wagstaff, Murray	11803
rep2	Sep 3	BRIGHTON & HOVE ALB.	0-0		8527
rep3	5	Brighton & Hove Albion	3-2	Taylor 2, Friday	7257
R2	11	ROTHERHAM UNITED	4-2	Habbin 3, Friday	8971
R3	Oct 9	Burnley	1-2	Habbin	14258

R1 first and second replays a.e.t.

Division 4

		P	W	D	L	F	A	W	D	L	F	A	Pts
1	Mansfield Town	46	17	6	0	55	15	11	6	6	35	25	68
2	Shrewsbury Town	46	16	3	4	46	18	10	7	6	34	25	62
3	Rotherham United	46	13	7	3	40	19	9	8	6	31	22	59
4	Chester	46	17	5	1	48	9	6	6	11	16	29	57
5	Lincoln City	46	14	8	1	47	14	7	7	9	32	34	57
6	Cambridge United	46	15	5	3	43	16	5	9	9	19	28	54
7	READING	46	13	6	4	38	20	8	4	11	25	27	52
8	Brentford	46	15	6	2	38	14	3	7	13	15	31	49
9	Exeter City	46	14	3	6	33	24	5	8	10	27	39	49
10	Bradford City	46	10	5	8	32	21	7	8	8	24	30	47
11	Southport	46	13	7	3	36	19	2	10	11	20	37	47
12	Newport County	46	13	5	5	43	30	6	4	13	25	45	47
13	Hartlepool	46	13	6	4	40	24	3	5	15	12	38	43
14	Torquay United	46	10	7	6	30	25	4	7	12	16	36	42
15	Barnsley	46	10	7	6	34	24	5	4	14	28	41	41
16	Northampton Town	46	12	6	5	43	22	3	5	15	24	51	41
17	Doncaster Rovers	46	11	6	6	38	24	3	7	13	24	50	40
18	Crewe Alexandra	46	9	9	5	22	16	2	9	12	12	31	40
19	Rochdale	46	9	9	5	35	22	4	4	15	24	53	39
20	Stockport County	46	10	8	5	26	22	2	6	15	17	43	38
21	Darlington	46	11	4	8	38	27	2	6	15	16	40	36
22	Swansea City	46	9	4	10	25	31	6	2	15	21	42	36
23	Workington	46	7	5	11	23	29	3	6	14	13	37	31
24	Scunthorpe United	46	7	8	8	27	29	0	7	16	14	49	29

1975/76   3rd in Division 4: Promoted

						Alleyne AM	Barker GA	Carnaby BJ	Cooper ASJ	Cumming GRR	Death SV	Dunphy EM	Friday R	Henderson SJ	Hetzke SER	Hiron RMC	Hollis KM	Lenarduzzi RI	Moreline DJ	Murray J	Nelson DN	Peters GD	Stuckey BG	Turner JGA	Whitham J	Youlden TF
1	Aug	16	ROCHDALE	2-0	Youlden, Hetzke	4717	3		7		4	1	8	11		5	9						2			10	6
2		23	Crewe Alexandra	3-3	Hiron 3, Friday	2057	3				4	1	11	9	12	5	8				10		2			7	6
3		30	SOUTHPORT	1-0	Murray	4777					4	1		9	3	5	8				10	11	2	7			6
4	Sep	6	Lincoln City	1-3	Friday	4327					4	1	12	9	3	5	8				10	7	2	11			6
5		13	WATFORD	3-0	Barker, Murray, Friday	5721		5			4	1	10	9			8				3	12	2	11		7	6
6		20	Workington	2-0	Marray (p), Friday	1212		5			4	1	11	10			9		6	3	12		2	7		8	6
7		22	Hartlepool	4-2	Whithams 3, R Smith (og)	2269		5			4	1	10	9					6	3	8		2	11		7	6
8		27	BOURNEMOUTH	2-1	Dunphy 2	7423		5			4	1	10	9			12		6	3	8		2	11		7	6
9	Oct	4	Scunthorpe United	1-2	Friday	2321		5			4	1	7	9			10		6	3	8		2	11	12		6
10		11	BRADFORD CITY	2-1	Murray, Hiron	6068		5			4	1	11	9			10		6	3	8		2	7			6
11		18	Barnsley	2-4	Friday, Henderson	2938		5			4	1	11	9	12		10		6	3	8		2	7			6
12		20	Newport County	0-0		3955		5			4	1	10	9	2		8			3				11		7	6
13		25	HUDDERSFIELD T	2-0	Cumming, Stuckey	6875		5			4	1	11	9	2		8		12	3				7		10	6
14	Nov	1	Doncaster Rovers	1-1	Hiron	7293		5			4	1	10	9			8		12	3			2	11		7	6
15		5	SWANSEA CITY	1-0	Murray	5703		5			4	1	10	9			8		2	3	7			11		12	6
16		8	EXETER CITY	4-3	Friday, Murray 2 (1p), Hiron	6581		5			4	1	11	9			10		2	3	8			7		12	6
17		15	Torquay United	0-0		2383		5			4	1	11				9		2	3	8			7		10	6
18		29	Darlington	1-0	Peters	1761		5			4	1	11				9		2	3	8		10	7			6
19	Dec	6	STOCKPORT COUNTY	5-0	Murray 3, Friday 2	6899		5			4	1	11	9			10		2	3	8			7			6
20		13	SCUNTHORPE UNITED	1-0	Murray	5763		5			4	1	11	9			10		2	3	8			7			6
21		19	Tranmere Rovers	0-2		3170		5			4	1	10	9					8	2	3	7		12	11			6
22		26	CAMBRIDGE UNITED	1-0	Hiron	7996		5			4	1	10	9	2		8			3	7			11			6
23		27	Brentford	2-2	Peters, Stuckey	10612		5			4	1	11	9	2		10			3	8		12	7			6
24	Jan	3	NORTHAMPTON T	1-0	Barker	10360		5				1	10	9	2		8			3	4		7	11			6
25		10	Southport	2-1	Hiron, Henderson	1167		5			4	1	10	9	2		8			3	7			11			6
26		17	WORKINGTON	1-0	Friday	7376		5	8		4	1	10	9	2		10			3	7					12	6
27		24	Watford	1-2	Friday	6644		5	4			1	11	9	2		8			3			12	7		10	6
28	Feb	6	Swansea City	1-5	Friday	2752		5	11			1	10	9			8			3	7		2	4		12	6
29		13	Exeter City	1-4	Friday	3641		5			4	1	10	9	2		8			3	7		12	11			6
30		21	TORQUAY UNITED	0-0		6455		5			4	1	11	9	11		8			3	7		2			12	6
31		25	HARTLEPOOL	1-0	Friday	6473				7	11	1	12	9	4	5	8			3			2			10	6
32		28	Huddersfield Town	0-3		6546				7		1	11	9	4	5	8			3	12		2			10	6
33	Mar	2	NEWPORT COUNTY	1-0	Murray (p)	6405			11				10	9	4	5	8			3	7		2		1		6
34		6	DONCASTER ROVERS	0-1		6637			7				11	9	4	5	8		12	3	10		2		1		6
35		13	Bradford City	1-1	Nelson	2916			7				10	11	4	5		8		3		9				1		6
36		17	BARNSLEY	0-0		6709			10				11	9	4	5		7		3	12	8	2			1		6
37		20	DARLINGTON	4-1	Friday 2, Hollis, Hiron	5536	5		4				10	9	2		8	11		3	7		12			1		6
38		26	Stockport County	1-1	Friday	2319	5		10				11	9	2		8	7		3	4					1		6
39		31	TRANMERE ROVERS	5-0	Murray 3 (2p), Friday 2	11159			10				11	9	2	5	8	12		3	4		7			1		6
40	Apr	3	Rochdale	0-0		913			10				11	9	2	5	8	12		3	4		7			1		6
41		7	Bournemouth	1-0	Nelson	5372			10				11	9	2	5	8			3	4	7				1		6
42		10	LINCOLN CITY	1-1	Hiron	15900			10				11	9	2	5	8			3	4	7				1		6
43		15	Northampton Town	1-4	Hiron	9584			10				11	9	2	5	8			3	4	7				1		6
44		19	BRENTFORD	1-0	Hiron	12972			10				11	9	5	5	8	12		3	4	7	2			1		6
45		21	Cambridge United	2-2	Friday, Carnaby	3245	12		10		4		11	9		5	8			3		7	2			1		6
46		24	CREWE ALEXANDRA	3-1	Friday, Dunphy, Nelson	12440	5		10		4		11	9			8			3		7	2			1		6
					Apps		2	30	18	2	30	32	45	44	27	17	43	7	16	44	37	10	30	26	14	19	40
					Goals			2	1		1		3	21	2	1	11	1			15	3	2	2		3	1

One own goal

F.A. Cup

| R1 | Nov | 22 | Hendon | 0-1 | | 3500 | | 5 | 8 | | 4 | 1 | | | | | 10 | | 2 | 3 | 9 | | | 12 | 7 | | 11 | 6 |

F.L. Cup

| R1/1 | Aug | 20 | GILLINGHAM | 0-1 | | 4846 | 3 | | 10 | | 4 | 1 | 11 | 9 | | 5 | 8 | | | | 12 | | 2 | | | 7 | 6 |
| R1/2 | | 25 | Gillingham | 1-1 | Friday | 5016 | | | | | 4 | 1 | | 9 | 3 | 5 | 8 | | | | 10 | 7 | 2 | 11 | | | 6 |

		P	W	D	L	F	A	W	D	L	F	A	Pts
1	Lincoln City	46	21	2	0	71	15	11	8	4	40	24	74
2	Northampton Town	46	18	5	0	62	20	11	5	7	25	20	68
3	READING	46	19	3	1	42	9	5	9	9	28	42	60
4	Tranmere Rovers	46	18	3	2	61	16	6	7	10	28	39	58
5	Huddersfield Town	46	11	6	6	28	17	10	8	5	28	24	56
6	Bournemouth	46	15	5	3	39	16	5	7	11	18	32	52
7	Exeter City	46	13	7	3	37	17	5	7	11	19	30	50
8	Watford	46	16	4	3	38	18	6	2	15	24	44	50
9	Torquay United	46	12	6	5	31	24	6	8	9	24	39	50
10	Doncaster Rovers	46	10	6	7	42	31	9	5	9	33	38	49
11	Swansea City	46	14	8	1	51	21	2	7	14	15	36	47
12	Barnsley	46	12	8	3	34	16	2	8	13	18	32	44
13	Cambridge United	46	7	10	6	36	28	7	5	11	22	34	43
14	Hartlepool	46	10	6	7	37	29	6	4	13	25	49	42
15	Rochdale	46	7	11	5	27	23	5	7	11	13	31	42
16	Crewe Alexandra	46	10	7	6	36	21	3	8	12	22	36	41
17	Bradford City	46	9	7	7	35	26	3	10	10	28	39	41
18	Brentford	46	12	7	4	37	18	2	6	15	19	42	41
19	Scunthorpe United	46	11	3	9	31	24	3	7	13	19	35	38
20	Darlington	46	11	7	5	30	14	3	3	17	18	43	38
21	Stockport County	46	8	7	8	23	23	5	5	13	20	53	38
22	Newport County	46	8	7	8	35	33	5	2	16	22	57	35
23	Southport	46	6	6	11	27	31	2	4	17	14	46	26
24	Workington	46	5	4	14	19	43	2	3	18	11	44	21

1976/77 — 21st in Division 3: Relegated

#	Date		Opponent	Score	Scorers	Att	Barker GA	Bennett PR	Bowman RD	Butlin BD	Carnaby BJ	Cumming GRR	Death SV	Drysdale B	Dunphy EM	Earles PJ	Friday R	Henderson SJ	Hetzke SER	Hiron RMC	Hollis KM	Kearns OA	Moreline DJ	Murray J	Nelson DN	Peters GD	Porterfield I	Stuckey BG	Turner JGA	Williams JS	Youlden TF
1	Aug	21	Gillingham	2-2	Murray, Cumming	5314		5			10	4	1				12		8				3	7	9	2		11			6
2		28	Shrewsbury Town	0-2		4111		5				4	1		12		9	3	6		10				7	8	2		11			
3	Sep	4	WALSALL	2-1	Murray 2 (2p)	6243		5				4	1		10		9	3							7	8	2		11			6
4		8	WREXHAM	2-0	Friday, Nelson	6415		5				4	1		10		9	3							7	8	2		11			6
5		11	Northampton Town	2-1	Stuckey, Murray	6176		5				4	1		10		9	3							7	8	2		11			6
6		14	Peterborough United	1-2	Hollis	5406		5				4	1		10			3			9				7	8	2		11			6
7		18	PORT VALE	1-1	Hetzke	7104		5				4	1		10			3	12	8					7	9	2		11			6
8		25	Portsmouth	2-0	Hollis, Peters	11837		5			11	4	1		10		9	3		8	12				7		2					6
9	Oct	2	SWINDON TOWN	4-1	Murray 2 (1p), Cumming, Carnaby	11899		5			11	4	1		10		9	2		8				3	7	12						6
10		9	Chesterfield	0-4		4010		5			10	4	1		11		9	2		8				3	7	12						6
11		16	SHEFFIELD WEDNESDAY	0-1		9668		5				4	1		10		9	2			11			3	8	12			7			6
12		23	Lincoln City	1-3	Hollis	6502		5				4	1		10		9	2	12	8				3	7				11			6
13		30	CHESTER	2-0	Friday, Cumming	5758						4	1		11		9	2	5	10				3	8	12			7			6
14	Nov	3	BRIGHTON & HOVE ALB	2-3	Murray, Hiron	12335						4	1		10		9	2	5	8				3	7		11					6
15		6	Crystal Palace	1-1	Friday	15453						4	1		10		9	2	5	8				3	7		11					6
16		8	Mansfield Town	0-4		7636						4	1		10		9	2	5	8				3	7		11	12				6
17		13	PRESTON NORTH END	0-2		6816							1		10			2	5	8				3	7	9	12	11	4			6
18		26	Tranmere Rovers	1-2	Peters	2525		5			10		1					3		8				6	7	9	2	11	4			
19	Dec	18	Grimsby Town	1-2	Murray	3289		5	4		8		1				9	3		10				6	7		2		11			
20		27	PETERBOROUGH UTD.	1-0	Murray	7499		5	4		11		1				9	3		8				6	7		2		10			
21		29	Oxford United	0-1		5640		5	4		11		1				9	3		8				6	7		2		10			
22	Jan	1	CRYSTAL PALACE	0-0		12088		5	4		8		1					3		10	9			6	7		2		11			
23		15	Wrexham	1-3	Murray	5653		5	4		10		1			9		3		8				6	7		2		11			12
24		22	GILLINGHAM	1-2	Earles	6390		5	4	9	11		1			8		2		10	12			3	7							6
25		29	Bury	0-1		4489	6	5	4	9	11		1			8		12		10				3	7							
26	Feb	1	Chester	1-3	Murray (p)	3318	6	5	4	9		8	1		10			2	5	11				3	7		2					
27		5	SHREWSBURY TOWN	0-0		5634	6	5	4	9					10	8				11				3	7		2			1		
28		12	Walsall	1-6	Murray	4534	5		4	8					10	9		12		11				3	7		2			1		
29		16	YORK CITY	1-1	Bennett	4786	5	6	4					11	10	8		3		9	12				7		2					
30		19	NORTHAMPTON T	2-4	Murray 2 (1p)	5051	5	6	4					11	10	8		3			9				7		2			12	1	
31		26	BURY	1-3	Tucker (og)	4612	6	5	4					11	1	3	10	8			9			2	7						12	
32		28	Port Vale	0-1		4212			4			10			1	3	11	7		5	9	12		6			2				8	
33	Mar	5	PORTSMOUTH	2-0	Hetzke 2	8102			4			11			1	3	10	7		5		9		6			2				8	
34		11	Swindon Town	2-2	Hiron, Earles	10120			4		10				1	3	11	7		5	8	9		6			2					
35		19	CHESTERFIELD	2-0	Earles, Hollis (p)	4995			4			11			1	3	10	7		5	9	8		6			2					
36		26	Sheffield Wednesday	1-2	Earles	10021			4			11			1	3	10	7		5	8	9		6	12		2					
37	Apr	2	LINCOLN CITY	1-2	Hollis (p)	4417			4			11			1	3	10	7		5	8	9		6	12		2					
38		9	OXFORD UNITED	2-0	Earles, Murray (p)	6467			4					11	1	3	10	7		5	9			6	8		2					
39		12	Brighton & Hove Albion	0-2		26312					10		12	4	1	3	11	7		5	9			6	8		2					
40		16	MANSFIELD TOWN	1-0	C Foster (og)	5121			4					10	1	3	11	7		5	9			6	8		2					
41		23	Preston North End	0-3		4872			4					10	1	3	11	7		5	9			6	8		2			12		
42		30	TRANMERE ROVERS	0-0		4183			4					11	1	3		7		5	9		12	6	8		2			10		
43	May	3	Rotherham United	2-1	Kearns, Bowman	4200			10					4	1	3		7		5	11	9		6	8		2					
44		7	York City	1-1	Murray	1872			10					4	1	3		7		5	11	9		6	8		2					
45		11	ROTHERHAM UNITED	0-3		5903			10					4	1	3		7		5	11	9		6	8	12	2					
46		14	GRIMSBY TOWN	2-0	Hiron, Kearns	4027	6		4					11	1	3		7		5	10	9		8			2					

	Apps	6	27	28	5	19	29	42	16	32	23	16	29	24	34	18	5	36	42	14	35	5	19	4	5	18
	Goals		1	1		1	3				5	3		3	3	5	2		16	1	2		1				

Two own goals

F.A. Cup

	Date		Opponent	Score	Scorers	Att																									
R1	Nov	20	WEALDSTONE	1-0	Murray	5791		5				11	1				9	3		8				6	7	4	2		10			
R2	Dec	11	Wycombe Wanderers	2-1	Friday 2	7700		4			10	5	1				9	3		8				6	7		2		11			
R3	Jan	8	Hereford United	0-1		7401		5	4		10	12	1					3		8	9			6	7		2		11			

Played at 12 in R1: Painter

F.L. Cup

	Date		Opponent	Score	Scorers	Att																									
R1/1	Aug	14	PETERBOROUGH UTD.	2-3	Murray, Friday	5263		5			6	4			10		9	3		8					7	12	2		11	1		
R1/2		18	Peterborough United	1-0	Friday	6286		5			10	4					9			8				3	7		2		11	1		6
rep		25	Peterborough United	1-3	Murray	5449		6				4	1				9	3	5	8				10	7	12	2		11			

		P	W	D	L	F	A	W	D	L	F	A	Pts
1	Mansfield Town	46	17	6	0	52	13	11	2	10	26	29	64
2	Brighton & Hove A.	46	19	3	1	63	14	6	8	9	20	26	61
3	Crystal Palace	46	17	5	1	46	15	6	8	9	22	25	59
4	Rotherham United	46	11	9	3	30	15	11	6	6	39	29	59
5	Wrexham	46	15	6	2	47	22	9	4	10	33	32	58
6	Preston North End	46	15	4	4	48	21	6	8	9	16	22	54
7	Bury	46	15	2	6	41	21	8	6	9	23	38	54
8	Sheffield Wed.	46	15	4	4	39	18	7	5	11	26	37	53
9	Lincoln City	46	12	9	2	50	30	7	5	11	27	40	52
10	Shrewsbury Town	46	13	7	3	40	21	5	4	14	25	38	47
11	Swindon Town	46	12	6	5	48	33	3	9	11	20	42	45
12	Gillingham	46	11	8	4	31	21	5	4	14	24	43	44
13	Chester	46	14	3	6	28	20	4	5	14	20	38	44
14	Tranmere Rovers	46	10	7	6	31	23	3	10	10	20	30	43
15	Walsall	46	8	7	8	39	32	5	8	10	18	33	41
16	Peterborough Utd.	46	11	4	8	33	28	2	11	10	22	37	41
17	Oxford United	46	9	8	6	34	29	3	7	13	21	36	39
18	Chesterfield	46	10	6	7	30	26	4	4	15	26	44	38
19	Port Vale	46	9	7	7	29	28	2	9	12	18	43	38
20	Portsmouth	46	8	9	6	28	26	3	5	15	25	44	36
21	READING	46	10	5	8	29	24	3	4	16	20	49	35
22	Northampton Town	46	9	4	10	33	29	4	4	15	27	46	34
23	Grimsby Town	46	10	6	7	29	22	2	3	18	16	47	33
24	York City	46	7	8	8	25	34	3	4	16	25	55	32

1977/78　8th in Division 4

#		Date	Opponent	Score	Scorers	Att	Bennett PR	Bowman RD	Britten MEW	Cumming GRR	Davies R(2)	Death SV	Earles PJ	Goodchild GD	Hetzke SER	Hicks M	Hiron RMC	Kearney MJ	Kearns OA	Lewis AT	Moreline DJ	Murray J	Nelson DN	Peters GD	Sanchez LP	Sutton DW	Turner JGA	Wanklyn EW	White MI	Williams JS
1	Aug	20	SOUTHEND UNITED	0-1		4197		12	11	4			1	7			5		9				3	6	10	8	2		1		
2		27	Brentford	1-1	Peters	8176	10	4	11				1	7			5						3	6	8	9	2				
3	Sep	3	HALIFAX TOWN	2-1	Earles 2	3415	10	4	11				1	7			5						3	6	8	9	2				
4		10	Torquay United	0-3		3028		4	11				1	7	12		5		9				3	6	10	8	2				
5		14	Watford	1-3	Earles	5072		4	12				1	7			5		11				3	6	10	8	2				9
6		17	Southport	3-1	Peters, Williams, Murray	2902	10	4	11	4			1	7			5		12				3	6	8		2				9
7		24	Hartlepool United	1-2	Earles	2402	10		11	4			1	7			5		12				3	6	8		2				9
8		27	York City	0-2		1765		10		4			1	7			5		11				3	6	8	9	2				
9	Oct	1	WIMBLEDON	2-2	Earles, Cumming	4578		11		4			1	7			5						3	6		8	2	10			9
10		5	ALDERSHOT	1-0	Williams	6235							1	7			5						3	6		8	2	10			9
11		8	Northampton Town	2-0	Bowman, Nelson	3861	6	4			12	11	1	7			5						3			8	2	10			9
12		15	Scunthorpe United	1-0	Cumming	2699	6	4		11	10		1	7			5						3			9	2	8		12	
13		22	CREWE ALEXANDRA	2-0	Sanchez, Nelson	4668	6	4		10	11		1	7					5				3			8	2	9			
14		25	Bournemouth	0-1		3210	6	4		10	11		1	7			5						3			8	2	9			
15		29	Swansea City	1-2	Earles	4753		4		10	11		1	7			5		6				3			8	2	12			9
16	Nov	5	DARLINGTON	2-1	Davies, Kearns	4269		4		11	10		1	7			5		6		8		3			9	2				
17		12	Grimsby Town	1-0	Earles	3992		4		10	11		1	7			5				8		3			9	2		6		
18		19	HUDDERSFIELD T	1-0	Earles	4502		4		10	11		1	7					6		8		3			9	2	5			
19	Dec	3	Barnsley	1-4	Kearns	4346		4		10	11		1	7					6		8		3			9	2	5			12
20		10	DONCASTER ROVERS	3-0	Kearns 2, Earles	4321		4		10	11		1	7					6		8		3			9	2	5			
21		26	Stockport County	0-2		4777	10	4			11		1	7					6		9		3			8	2	5			
22		28	ROCHDALE	4-3	Kearns 2, Earles, Scott (og)	5066		4		10	11		1	7					6		9		3			8	2	5			
23		31	NEWPORT COUNTY	2-0	Kearns, Bennett	6086	6	4		10	11		1	7							9					8	2	5		3	
24	Jan	2	Darlington	0-2		2631	6	4		10	11		1	7							9					8	2	5		3	12
25		7	BOURNEMOUTH	0-0		5490	6	4		10	11		1	7							9					8	2	5		3	12
26		13	Southend United	2-0	Kearns 2	6481	6	4		10	11		1	7							9					8	2	5		3	
27	Feb	8	TORQUAY UNITED	3-3	Kearns 2 (1p), Bowman	4773	6	4		10	11		1	7		8		9	3							2			5	3	
28		18	HARTLEPOOL UNITED	2-3	Kearney, Earles	4322	5	4		10	11		1	7				6	12	9	8					2				3	
29		24	Wimbledon	1-1	Earles	2567	6	4		10	11		1	7			5		8	9						2				3	
30	Mar	4	NORTHAMPTON T	0-0		4321	6	4		10	11		1	7			5		8	9					12	2				3	
31		7	Watford	0-1		11439	6	4		10	11		1				5		8	9						7	2			3	
32		11	SCUNTHORPE UNITED	1-0	Kearns	3628	6	4		10	11		1				5		8	9						7	2			3	
33		14	Southport	1-1	Kearns	838	6	4		10	11		1				5		8	9	12					7	2			3	
34		17	Crewe Alexandra	1-1	Bowman	1760	6	4		10	11	1		7			5			12	9					8	2			3	
35		24	SWANSEA CITY	1-4	Kearns	6274	6	4		10	11			7			5		12	9						8	2		1	3	
36		27	STOCKPORT COUNTY	2-1	Earles, Kearns	3537	6	4			11			7			5		12	9	10					8	2		1	3	
37	Apr	1	Newport County	0-0		2333	6	4			11			7			5		12	9	10					8	2		1	3	
38		4	Aldershot	1-1	Davies	6756	6	4			11			7			5		12	9	10					8	2		1	3	
39		8	GRIMSBY TOWN	0-0		3621	6	4			11			7			5		8	9	10						2		1	3	12
40		12	BRENTFORD	0-0		7384	6	4			11			7			5		8	9	10						2		1	3	
41		15	Huddersfield Town	2-0	Kearns, Hicks	2130	6	4			11			7			5		8	9	10						2		1	3	12
42		18	Halifax Town	4-2	Earles 2 (1p), Kearney, Lewis	1633	6	4			11			7			5		8		10					9	2		1	3	
43		22	BARNSLEY	0-0		3914	6	4			11			7			5		8		10					9	2		1	3	12
44		24	Rochdale	0-1		734	6	4			11			7			5		8	9	10						2		1	12	3	
45		26	YORK CITY	1-0	Clements (og)	2457	6	4			11			7			5		9							2	10	1	8	3	
46		29	Doncaster Rovers	2-2	Bowman 2	1670	6	4			11			7			5		8		10					2		1	9	3	

	Apps	33	44	7	30	37	33	43	1	16	19	15	20	27	34	10	8	35	46	8	9	13	4	25	13
	Goals	1	5		2	2		15				1		2	16	1			1	2	2	1				2

Two own goals

F.A. Cup

		Date	Opponent	Score	Scorers	Att																									
R1	Nov	26	ALDERSHOT	3-1	Earles 2, Kearns	8194		4		10			1	7			5		9				3			8	2	11		6	
R2	Dec	17	Wealdstone	1-2	Earles	3800	11	4		10			1	7			5		9		3	6				8	2				

F.L. Cup

		Date	Opponent	Score	Scorers	Att																									
R1/1	Aug	13	Watford	1-2	Nelson	5722		10	11					7			5		9				3	6	4	8	2		1		
R1/2		17	WATFORD	1-0	Murray (p)	4533		10	11					7			5		9		12	3	6	4	8	2		1		
rep		23	Watford	0-5		7076	4	12	11					7			5		9			3	6	10	8	2		1		

		P	W	D	L	F	A	W	D	L	F	A	Pts
1	Watford	46	18	4	1	44	14	12	7	4	41	24	71
2	Southend United	46	15	5	3	46	18	10	5	8	20	21	60
3	Swansea City	46	16	5	2	54	17	7	5	11	33	30	56
4	Brentford	46	15	6	2	50	17	6	8	9	36	37	56
5	Aldershot	46	15	8	0	45	16	4	8	11	22	31	54
6	Grimsby Town	46	14	6	3	30	15	7	5	11	27	36	53
7	Barnsley	46	15	4	4	44	20	3	10	10	17	29	50
8	READING	46	12	7	4	33	23	6	7	10	22	29	50
9	Torquay United	46	12	6	5	43	25	4	9	10	14	31	47
10	Northampton Town	46	9	8	6	32	30	8	5	10	31	38	47
11	Huddersfield Town	46	13	5	5	41	21	2	10	11	22	34	45
12	Doncaster Rovers	46	11	8	4	37	26	3	9	11	15	39	45
13	Wimbledon	46	8	11	4	39	26	6	5	12	27	41	44
14	Scunthorpe United	46	12	6	5	31	14	2	10	11	19	41	44
15	Crewe Alexandra	46	11	8	4	34	25	4	6	13	16	44	44
16	Newport County	46	14	6	3	43	22	2	5	16	22	51	43
17	Bournemouth	46	12	6	5	28	20	2	9	12	13	31	43
18	Stockport County	46	14	4	5	41	19	2	6	15	15	37	42
19	Darlington	46	10	8	5	31	22	4	5	14	21	37	41
20	Halifax Town	46	7	10	6	28	23	3	11	9	24	39	41
21	Hartlepool United	46	12	4	7	34	29	3	3	17	17	55	37
22	York City	46	8	7	8	27	31	4	5	14	23	38	36
23	Southport	46	5	13	5	30	32	1	6	16	22	44	31
24	Rochdale	46	8	6	9	29	28	0	2	21	14	57	24

75

1978/79 — Champions of Division 4: Promoted

League

#	Date		Opponent	Result	Scorers	Att	Alexander JE	Bennett PR	Bowman RD	Britten MEW	Death SV	Earles PJ	Hetzke SER	Hicks M	Kearney MJ	Kearns OA	Lewis AT	Peters GD	Sanchez LP	Shipley GM	Wanklyn EW	White MI	Williams JS
1	Aug	19	Grimsby Town	2-1	Earles, Kearns	4152			4		1	7	6	5		9	11	2	10			3	8
2		23	ROCHDALE	2-0	Earles, Hetzke	4481		6	4		1	7	8	5		9	11	2	10			3	
3		26	WIGAN ATHLETIC	2-0	Kearns (p), Sanchez	5033		6	4		1	7	8	5		9	11	2	10			3	
4	Sep	2	Huddersfield Town	1-1	Sanchez	2951		6	4	12	1	7	8	5		9	11	2	10			3	
5		9	NEWPORT COUNTY	2-1	Kearns 2 (1p)	5327		6	4		1	7	8	5		9	11	2	10			3	
6		13	Hereford United	0-0		3526		6	4		1	7	8	5		9	11	2	10			3	
7		16	DONCASTER ROVERS	3-0	Bowman, Kearns 2 (1p)	5394		6	4		1	7	8	5	12	9	11	2	10			3	
8		23	Wimbledon	0-1		5011		6	4		1	7	8	5	12	9	11	2	10			3	
9		27	TORQUAY UNITED	1-0	Bowman (p)	5957		6	4		1	7	8	5	9		11	2	10			3	
10		30	Barnsley	1-3	Bowman (p)	10282		6	4		1	7	8	5	9		11	2	10			3	
11	Oct	7	BRADFORD CITY	3-0	Hetzke, Kearney, Sanchez	5886		6	4		1	7	8	5	9		11	2	10			3	
12		14	Northampton Town	2-2	Earles 2	4694		6	4		1	7	8	5	9	12	11	2	10			3	
13		17	Darlington	2-1	Sanchez, Kearney	1881		6	4		1	7	8	5	9		11	2	10			3	
14		21	YORK CITY	3-0	Lewis, Kearney, Hetzke	12271		6	4		1	7	8	5	9		11	2	10			3	
15		28	STOCKPORT COUNTY	3-3	Bowman (p), Earles, Hetzke	7289		6	4		1	7	8	5	9	12	11	2	10			3	
16	Nov	4	Scunthorpe United	3-0	Peters, Earles, Czuczman (og)	2541		6	4		1	7	8	5	9	10	11	2				3	
17		11	HUDDERSFIELD T	1-1	Hetzke	7115		6	4		1	7	8	5	9		11	2	10			3	
18		18	Wigan Athletic	0-3		5858		6	4		1	7	8	5	9	12	11	2	10			3	
19	Dec	6	CREWE ALEXANDRA	3-0	Bowman 2 (1p), Kearney	4891	7	6	4		1	12		5	9	8	11	2	10			3	
20		9	Halifax Town	0-0		1413	7	6	4		1	8		5	9		11	2	10			3	
21		23	Portsmouth	0-4		12541	7	6	4		1	11	8	5	9	12		2	10			3	
22		26	BOURNEMOUTH	1-0	Kearney	6946	7	6	4		1	8		5	9			2	10		11	3	
23	Jan	13	Newport County	2-3	Earles, Kearney	5968		6	4		1	7	8	5	9		11	2	10			3	
24	Feb	3	Torquay United	1-1	Earles	3444		6	4		1	7		5	9	8	11	2				10	3
25		6	Aldershot	2-2	Lewis, Bowman (p)	7732		6	4		1	7	8	5	9		11	2	12			10	3
26		10	BARNSLEY	1-0	Bennett	6915		6	4		1	7	8	5	9		11	2	12			10	3
27		21	HEREFORD UNITED	3-0	Hetzke, Bowman, Earles	5871		6	4		1	7	8	5	9		11	2				10	3
28		24	NORTHAMPTON T	5-1	Earles, Hetzke, Kearney, Bowman, Kearns	6933		6	4		1	7	8	5	9	12	11	2				10	3
29		26	HARTLEPOOL UNITED	3-1	Earles 2, Kearns	7052	12	6	4		1	7	8	5		9	11	2				10	3
30	Mar	3	York City	1-0	Earles	2654		6			1	7	4	5	9	8	11	2	12			10	3
31		9	Stockport County	0-0		3560		6			1	7	2	5	9	8	11		4			10	3
32		13	Bradford City	3-2	Kearns, Kearney, Earles	3387		6			1	7	4	5	9	8	11	2	12			10	3
33		16	SCUNTHORPE UNITED	0-1		5390		6			1	7	4	5	9	8	11	2	12			10	3
34		20	Doncaster Rovers	2-2	Kearney, Lewis	2487		6			1	7	4	5	9	8	11	2				10	3
35		24	Rochdale	0-1		1567		6			1	7	4	5	8	9	11	2		12		10	3
36		28	GRIMSBY TOWN	4-0	Alexander 4	8540	7	6			1			8	5	9	11	2	4	10			3
37		31	PORT VALE	0-0		6704	7	6			1			8	5	9	12	11	2	4	10		3
38	Apr	7	Crewe Alexandra	2-0	Kearney, Alexander	1856	7	6			1			8	5	9	11	2	4	10			3
39		13	PORTSMOUTH	2-0	Lewis, Shipley	15302	7	6			1			8	5	9	11	2	4	10			3
40		14	Bournemouth	0-0		5638	7	6			1			8	5	9	11	2	4	10			3
41		16	ALDERSHOT	4-0	Kearns 2, Alexander, Hetzke	13517	7	6			1		8	5		9	11	2	4	10			3
42		21	Hartlepool United	0-0		2526	7	6	4		1		8	5			11	2	9	10			3
43		25	DARLINGTON	1-0	Bowman	7337	7	6	4		1	12	8	5		9		2	11	10			3
44		28	HALIFAX TOWN	1-0	Hetzke	7642	7	6	4		1	9	8	5			12	2	11	10			3
45	May	2	WIMBLEDON	1-0	Alexander	13379	8	6	4		1	7	9	5				2	11	10			3
46		5	Port Vale	3-0	Hicks, Earles, Alexander	3603	8	6	4		1	7		5				2	11	10			3

	Apps	16	45	34	1	46	39	42	46	33	27	40	45	39	12	13	46	1
	Goals	8	1	10			15	9	1	10	11	4	1	4	1			

One own goal

F.A. Cup

	Date		Opponent	Result	Scorers	Att																	
R1	Nov	25	GILLINGHAM	0-0		6910	7	6	4		1		12	5	9	8	11	2	10			3	
rep		28	Gillingham	2-1	Lewis, Kearney	6441	7	6	4		1			5	9	8	11	2	10			3	
R2	Dec	16	Portsmouth	1-0	Alexander	17195	7	6	4		1	8	12	5	9		11	2	10			3	
R3	Jan	9	Notts County	2-4	Kearney 2	8265	7	6	4		1	8	12	5	9		11	2	10			3	

R1 replay a.e.t.

F.L. Cup

	Date		Opponent	Result	Scorers	Att																	
R1/1	Aug	12	GILLINGHAM	3-1	Hetzke, Overton (og), Kearns	3246		6	4		1	7	8	5		9	11	2	10			3	
R1/2		15	Gillingham	2-1	Lewis, Earles	5914		6	4		1	7	8	5		9	11	2	10			3	
R2		30	WOLVERHAMPTON WAN.	1-0	Earles	13107		6	4		1	7	8	5		9	11	2	10			3	
R3	Oct	3	Rotherham United	2-2	Earles 2	6847		6	4		1	7	8	5	9		11	2	10			3	
rep		10	ROTHERHAM UNITED	1-0	Hetzke	12221		6	4		1	7	8	5	9		11	2	10			3	
R4	Nov	8	SOUTHAMPTON	0-0		24046		6	4		1	7	10	5	9		11	2	12			3	
rep		14	Southampton	0-2		22892		6	4		1	7	8	5	9	12	11	2	10			3	

Final Table

		P	W	D	L	F	A	W	D	L	F	A	Pts
1	READING	46	19	3	1	49	8	7	10	6	27	27	65
2	Grimsby Town	46	15	5	3	51	23	11	4	8	31	26	61
3	Wimbledon	46	18	3	2	50	20	7	8	8	28	26	61
4	Barnsley	46	15	5	3	47	23	9	8	6	26	19	61
5	Aldershot	46	16	5	2	38	14	4	12	7	25	33	57
6	Wigan Athletic	46	14	5	4	40	24	7	8	8	23	24	55
7	Portsmouth	46	13	7	3	35	12	7	5	11	27	36	52
8	Newport County	46	12	5	6	39	28	9	5	9	27	27	52
9	Huddersfield Town	46	13	8	2	32	15	5	3	15	25	38	47
10	York City	46	11	6	6	33	24	7	5	11	18	31	47
11	Torquay United	46	14	4	5	38	24	5	4	14	20	41	46
12	Scunthorpe United	46	12	3	8	33	30	5	8	10	21	30	45
13	Hartlepool United	46	7	12	4	35	28	6	6	11	22	38	44
14	Hereford United	46	12	8	3	35	18	3	5	15	18	35	43
15	Bradford City	46	11	5	7	38	26	6	4	13	24	42	43
16	Port Vale	46	8	10	5	29	28	6	4	13	28	42	42
17	Stockport County	46	11	5	7	33	21	3	7	13	25	39	40
18	Bournemouth	46	10	6	7	6	34	19	2	5	15	29	39
19	Northampton Town	46	12	4	7	40	30	3	5	15	24	46	39
20	Rochdale	46	11	4	8	25	26	4	5	14	22	38	39
21	Darlington	46	8	8	7	25	21	3	7	13	24	45	37
22	Doncaster Rovers	46	8	8	7	25	22	5	3	15	25	51	37
23	Halifax Town	46	7	5	11	24	32	2	5	16	15	40	26

1979/80 7th in Division 3

1	Aug 18	BRENTFORD	2-2	Hicks, Bowman	8140
2	21	Swindon Town	0-0		9794
3	25	Barnsley	0-2		10451
4	Sep 1	GILLINGHAM	1-3	Bowman	6406
5	8	Oxford United	0-4		6161
6	15	CARLISLE UNITED	2-0	Heale, Bowman (p)	5166
7	19	SOUTHEND UNITED	1-1	Kearney	6183
8	22	Chester	2-0	Earles, Kearney	3434
9	29	MANSFIELD TOWN	1-0	Earles	6123
10	Oct 5	Colchester United	1-1	Heale	3330
11	10	SWINDON TOWN	2-1	Bowman, Kearns	9884
12	13	Sheffield United	0-2		16747
13	20	EXETER CITY	2-1	Hetzke, Kearney	6328
14	23	Millwall	0-2		7139
15	27	BURY	3-1	Earles 2, Alexander	5555
16	Nov 3	Brentford	2-2	Heale, Earles	10011
17	7	MILLWALL	2-0	Heale, Bowman	10194
18	10	HULL CITY	3-0	Kearney 2, Sanchez	6909
19	17	Chesterfield	1-7	Kearns	4427
20	Dec 1	BLACKBURN ROVERS	1-1	Kearns	6010
21	8	Blackpool	2-5	Bowman, Kearney	3834
22	21	SHEFFIELD WEDNESDAY	0-2		5592
23	26	Plymouth Argyle	0-2		6484
24	29	BARNSLEY	7-0	* see below	5728
25	Jan 12	Gillingham	1-1	Kearney	6238
26	15	Grimsby Town	1-2	Hetzke	8763
27	Feb 9	CHESTER	2-1	Kearney 2	5622
28	16	Mansfield Town	2-2	Earles, Kearney	3114
29	20	ROTHERHAM UNITED	1-1	Sanchez	5436
30	23	SHEFFIELD UNITED	2-1	Earles, Sanchez	8799
31	25	Southend United	2-2	Kearns, Sanchez	3924
32	Mar 1	Exeter City	0-1		4197
33	5	WIMBLEDON	3-0	Kearns 2, Bowman	6292
34	8	Bury	0-1		2562
35	14	COLCHESTER UNITED	2-0	Joslyn, Sanchez	5691
36	22	Hull City	1-0	Wanklyn	4293
37	26	OXFORD UNITED	2-0	Bowman (p), Williams	6923
38	29	CHESTERFIELD	2-2	Bowman, Kearns	6806
39	Apr 1	Sheffield Wednesday	1-1	Williams	20878
40	5	PLYMOUTH ARGYLE	1-0	Kearns	7709
41	7	Wimbledon	1-1	Wanklyn	4198
42	12	GRIMSBY TOWN	1-1	Kearns	6796
43	15	Carlisle United	3-3	Bowman (p), Earles, Heale	3267
44	19	Blackburn Rovers	2-4	Kearns, Heale	10916
45	26	BLACKPOOL	0-1		6108
46	May 3	Rotherham United	1-1	Kearney	3061

Scorers in game 24: Heale 2, Earles 2, Bowman (p), Kearns, Kearney

F.A. Cup

R1	Nov 24	KETTERING	4-2	Kearney 2, Heale, Kearns	5877
R2	Dec 15	BARKING	3-1	Bowman (p), Sanchez, Heale	5451
R3	Jan 5	COLCHESTER UNITED	2-0	Earles, Heale	7780
R4	26	Swansea City	1-4	Kearney	18752

F.L. Cup

R1/1	Aug 1	Oxford United	5-1	Kearney, Earles 2, Wanklyn, Williams	5387
R1/2	15	OXFORD UNITED	2-1	Earles, White	6834
R2/1	29	MANSFIELD TOWN	4-3	Heale, Earles 2, Alexander	5779
R2/2	Sep 4	Mansfield Town	2-4	Bowman, Alexander	4326

		P	W	D	L	F	A	W	D	L	F	A	Pts
1	Grimsby Town	46	18	2	3	46	16	8	8	7	27	26	62
2	Blackburn Rovers	46	13	5	5	34	17	12	4	7	24	19	59
3	Sheffield Wed.	46	12	6	5	44	20	9	10	4	37	27	58
4	Chesterfield	46	16	5	2	46	16	7	6	10	25	30	57
5	Colchester United	46	10	10	3	39	20	10	2	11	25	36	52
6	Carlisle United	46	13	6	4	45	26	5	6	12	21	30	48
7	READING	46	14	6	3	43	19	2	10	11	23	46	48
8	Exeter City	46	14	5	4	38	22	5	5	13	22	46	48
9	Chester	46	14	6	3	29	18	3	7	13	20	39	47
10	Swindon Town	46	15	4	4	50	20	4	4	15	21	43	46
11	Barnsley	46	10	7	6	29	20	6	7	10	24	36	46
12	Sheffield United	46	13	5	5	35	21	5	5	13	25	45	46
13	Rotherham United	46	13	4	6	38	24	5	6	12	20	42	46
14	Millwall	46	14	6	3	49	23	2	7	14	16	36	45
15	Plymouth Argyle	46	13	7	3	39	17	3	5	15	20	38	44
16	Gillingham	46	8	9	6	26	18	6	5	12	23	33	42
17	Oxford United	46	10	4	9	34	24	4	9	10	23	38	41
18	Blackpool	46	10	7	6	39	34	5	4	14	23	40	41
19	Brentford	46	10	6	7	33	26	5	5	13	26	47	41
20	Hull City	46	11	5	7	29	25	1	9	13	22	48	40
21	Bury	46	10	4	9	30	23	6	3	14	15	36	39
22	Southend United	46	11	6	6	33	23	3	4	16	14	35	38
23	Mansfield Town	46	9	5	9	31	24	1	7	15	16	34	36
24	Wimbledon	46	6	8	9	34	38	4	6	13	18	43	34

1980/81   10th in Division 3

#	Date	Opponent	Score	Scorers	Att	Alexander JE	Barnes MF	Beavon MS	Bowman RD	Cheetham HD	Cullen SJR	Death SV	Dixon KM	Earles PJ	Fearon RT	Heale GJ	Henderson SJ	Hetzke SER	Hicks M	Joslyn RDW	Kearney MJ	Lewis AT	Moreline DJ	Sanchez LP	Shipperley DJ	Wanklyn EW	Webb NJ	White MI	Williams JS	Wood SA
1	Aug 16	WALSALL	2-0	Mower (og), Beavon	4612			11	4				1	9	7		8		5		2			10	6			3		
2	19	Gillingham	0-2		5193			11	4				1	9	7		8		5		2			10	6		12	3		
3	23	Brentford	2-1	Earles, Dixon	6717			11	4				1	9	7		8		5		2			10	6			3		
4	30	SWINDON TOWN	4-1	Earles, Webb, Bowman(p), Dixon	6665			11	4				1	9	7			3	5		2			10	6		8		12	
5	Sep 6	Huddersfield Town	1-4	Wanklyn	7312			11	4	3			1	9	7				6	5	2			10			8			
6	13	SHEFFIELD UNITED	1-0	Beavon	7561			11	4				1	9	7			3	6	5	2			10			8			
7	17	PLYMOUTH ARGYLE	1-1	Sanchez	6102			11	4				1	9	7			3	6	5	2			10			8			
8	20	Rotherham United	0-2		4461			11	4				1	9	7			3	6	5	2			10			12	8		
9	27	BARNSLEY	3-2	Earles 2, Webb	5623			11	4				1	9	7			3	6	5	2			10			12	8		
10	30	Plymouth Argyle	1-2	Beavon	11480			11	4				1	9				3	6	5	2	7		10			8			
11	Oct 4	MILLWALL	4-1	Bowman, Hicks, Webb, Dibble(og)	5937			11	4				1	9	7			3	6	5	2	10					8			
12	7	Newport County	0-0		5557			11	4				1	9	7				6	5	2	10	3	12			8			
13	11	Chester	0-1		2731			11	4				1	9	7				6	5	2	10	3	12			8			
14	18	CHESTERFIELD	2-3	Webb, Dixon	6151			11	4				1	9	7			3	6	5		10		2			8			
15	22	COLCHESTER UNITED	1-0	Williams	4203			11					1	9	7				6	5	2	3		10			4		8	
16	28	Charlton Athletic	2-4	Earles, Webb	6162			11	4				1	9	7				6	5	2	3		10			8			
17	Nov 1	EXETER CITY	2-1	Hicks, Williams	4891			11	4				1	9	7				6	5	2	3		10			8		12	
18	8	Burnley	2-1	Webb, Dixon	6925			11	4				1	9					6	5	2	3		10			8		7	
19	12	GILLINGHAM	0-1		4876			11	4				1	9					6	5	2	3		10			8			
20	15	Walsall	2-2	Williams, Webb	3583			11	4				1	9	12				6	5	2	3		10			8		7	
21	29	BLACKPOOL	3-0	Earles 2, Kearney	4208			11	4				1		7		2		6	5		8	3	10					9	
22	Dec 6	Hull City	0-2		3130			11	4				1		7		2		6	5		8	3	10			12		9	
23	20	FULHAM	0-0		4750			11	4				1		7		2		6	5		8	3	10			9			
24	26	Portsmouth	0-0		17412			11	4				1		7		2		6	5		8	3	10			9			
25	27	OXFORD UNITED	0-1		7260			11	4				1		7		12	2	6	5		8	3	10			9			
26	Jan 2	CHESTER	3-0	Kearney, Sanchez, Dixon	4045				4				1	12	7				6	5		11	8	3	10			9		2	
27	10	CARLISLE UNITED	3-1	Hetzke 2 (1p), Dixon	4197	12							1	9	7				6	5	10	8	3	11			4		2	
28	17	Blackpool	0-0		3273				4				1	9	7				6	5	10	8	3	11					2	
29	24	Swindon Town	1-3	Bowman	8347				4				1	9	7				6	5	10	8	3	11			12		2	
30	31	BRENTFORD	0-0		6374		12		4				1	9	7		8		6		10	5	3				11		2	
31	Feb 7	Sheffield United	0-2		8601		8		4	11			1	9	7		12		6		10	5	3						2	
32	10	Carlisle United	0-0		3889		8		4	11			1	9	7		12		6		10	5	3						2	
33	14	HUDDERSFIELD T	2-1	Beavon 2	5538		8		4	11			1	9	7				10		6		3	5					2	
34	18	NEWPORT COUNTY	1-1	Heale	4120		8		4	11			1	9	7				10		6		3	5					2	
35	21	Barnsley	3-2	Earles, Dixon 2	13304		8		4	11			1	9	7				10		6		3	5			12		2	
36	28	ROTHERHAM UNITED	1-1	Earles	5975		8		4	11			1	9	7				10		6		3	5	12				2	
37	Mar 8	Millwall	1-2	Beavon	7535		8		4				1	9	7				10			6	3	5			11		2	
38	22	Colchester United	2-1	Heale 2	3705		10		4				1		7	9			6	5	3	8					11		2	
39	28	CHARLTON ATHLETIC	1-3	Hetzke	7275		10		4				1	8	7	9			6	5			3				11		2	
40	Apr 4	Exeter City	1-3	Kearney	3890	5			4				1	12	11	9			6		7	8	3	10					2	
41	11	BURNLEY	1-3	Laws (og)	3977		8		4					7	1	9			6		10	5	3				11		2	12
42	18	Oxford United	1-2	Hetzke	5641		7		4					9		1	10		6			8	3				11		2	5
43	20	PORTSMOUTH	2-1	Dixon, Hetzke	7351				4					10		1	9		6		7	8	3				11		2	5
44	25	Fulham	2-1	Dixon 2	4601				4					10		1	9		6		7	8	3				11		2	5
45	May 2	HULL CITY	2-0	Dixon 2	3399				4		2			9		1	10		6		11	8	3				7			5
46	5	Chesterfield	2-3	Heale, Kearney	3059				4		2			9	12	1	10		6		11	8	3				7			5

Apps	1	1	37	44	7	2		40	39	39	6	21	13	45	27	39	26	30	2	37	4	5	27	3	27	6
Goals			6	3				13	9		4			5	2		4		2	1			7		3	

Three own goals

F.A. Cup

#	Date	Opponent	Score	Scorers	Att																									
R1	Nov 22	FULHAM	1-2	Earles	7485			11					1	9	7				6	5	2	12	3	10			4		8	

F.L. Cup

#	Date	Opponent	Score	Scorers	Att																									
R1/1	Aug 8	Northampton Town	2-0	Hetzke, Earles	3294			11	4				1	9	7		8		5		2			3	10	6					
R1/2	13	NORTHAMPTON T	2-3	Heale 2	4357			11	4				1	9	7		8		5		2			10	6			12	3		
R2/1	27	LUTON TOWN	0-2		5778			11	4				1	9	7		8				2		6	10	5			12	3		
R2/2	Sep 2	Luton Town	1-1	Hetzke	5707			11	4	3			1	9	7				5	6	2			10			8			

	P	W	D	L	F	A	W	D	L	F	A	Pts
1 Rotherham United	46	17	6	0	43	8	7	7	9	19	24	61
2 Barnsley	46	15	5	3	46	19	6	12	5	26	26	59
3 Charlton Athletic	46	14	6	3	36	17	11	3	9	27	27	59
4 Huddersfield Town	46	14	6	3	40	11	7	8	8	31	29	56
5 Chesterfield	46	17	4	2	42	16	6	6	11	30	32	56
6 Portsmouth	46	14	5	4	35	19	8	4	11	20	28	53
7 Plymouth Argyle	46	14	5	4	35	18	5	9	9	21	26	52
8 Burnley	46	13	5	5	37	21	5	9	9	23	27	50
9 Brentford	46	7	9	7	30	25	7	10	6	22	24	47
10 READING	46	13	5	5	39	22	5	5	13	23	40	46
11 Exeter City	46	9	9	5	30	24	7	4	12	26	36	45
12 Newport County	46	11	6	6	38	22	4	7	12	26	39	43
13 Fulham	46	8	7	8	28	29	7	6	10	29	35	43
14 Oxford United	46	7	8	8	20	24	6	9	8	19	23	43
15 Gillingham	46	9	8	6	23	19	3	10	10	25	39	42
16 Millwall	46	10	9	4	30	21	4	5	14	13	39	42
17 Swindon Town	46	10	6	7	35	27	3	9	11	16	29	41
18 Chester	46	11	5	7	25	17	4	6	13	13	31	41
19 Carlisle United	46	8	9	6	32	29	6	4	13	24	41	41
20 Walsall	46	8	4	11	26	36	7	4	12	26	36	45
21 Sheffield United	46	12	6	5	38	20	2	6	15	27	43	40
22 Colchester United	46	12	7	4	35	22	2	4	17	10	43	39
23 Blackpool	46	5	9	9	19	28	4	5	14	26	47	32
24 Hull City	46	7	8	8	23	22	1	8	14	17	49	32

1981/82 12th in Division 3

		Date	Opponent	Result	Scorers	Att	Barnes MF	Beavon MS	Clark PP	Court CC	Cullen SJR	Death SV	Dixon KM	Donnellan G	Earles PJ	Fearon RT	Heale GJ	Henderson SJ	Hetzke SER	Hicks M	Joslyn RDW	Kearney MJ	Lewis AT	Matthews M	Moore AD	Sanchez LP	Webb NJ	White MI	Williams JS	Wood SA
1	Aug	29	Doncaster Rovers	1-0	Earles	4192									7	1	9		6	5		8				10	11	3	2	4
2	Sep	5	GILLINGHAM	3-2	Beavon, Heale, Hetzke (p)	3731		4					12		7	1	9		6			8	3			10	11		2	5
3		13	Millwall	1-0	Heale	7184		4					7			1	9		6			8	3			10	11		2	5
4		19	BRISTOL ROVERS	0-3		5187		4					12		7	1	9		6	5		8	3			10	11		2	4
5		23	NEWPORT COUNTY	2-1	Dixon, Heale	4772							9		7	1	8		6	5			3			10	11		2	4
6		26	Swindon Town	2-0	Heale, Earles	9608		12					9		7	1	8		6	5			3			10	11		2	4
7		29	Plymouth Argyle	1-1	Heale	2745		10			3				7	1	9		6	5		8				11			2	4
8	Oct	3	HUDDERSFIELD T	1-2	Heale	5218		10	11						7	1	8		6	5	12	9	3						2	4
9		10	CHESTERFIELD	0-2		4936		10	11						7	1	8		6	4		9	3						2	5
10		17	Preston North End	0-0		5664		10					8		7	1	9		6	5			3			11			2	4
11		20	Bristol City	0-2		5178		10					8		7	1	8		6	5		12	3			11			2	4
12		24	WIMBLEDON	2-1	Webb (p), Hicks	3987		9					6			12	1	7		4		8	3			11	10		2	5
13		31	Chester	3-2	Kearney, Webb (p), Dixon	1886		4					7			1	9			5		8	3			10	11		2	6
14	Nov	4	WALSALL	0-0		4303		4					7			1	9	12		5		8	3			10	11		2	6
15		7	Exeter City	3-4	Kearney, Heale 2	3765		7					12			1	9		6	5		8	3			10	11		2	4
16		14	BURNLEY	1-1	Webb	4337		7		3			12			1	9		6	5		8				10	11		2	4
17		27	Southend United	0-2		4847		12		3			9	11		1	8		6	5						10	7		2	4
18	Dec	5	LINCOLN CITY	3-2	Kearney, Webb (p), Earles	3219		7		3			9	11	8	1				5		10					4		2	6
19	Jan	2	Newport County	1-3	Sanchez	2978		7					9	11	8	1		4		5						12			2	
20		6	PORTSMOUTH	2-1	Dixon, Webb	4263		7		3			9	11	8	1			5	6						10	4		2	
21		20	FULHAM	0-3		3992		7		3			9	11	8	1			6	5						10	12		4	2
22		23	PLYMOUTH ARGYLE	2-2	Beavon, Dixon	3024	6	7			12		9	11	8	1				5			3			10	4		2	
23		27	BRENTFORD	4-1	Webb (p), Dixon 2, Donnellan	3710	6	7					9	11		1			8	5			3			10	4		2	
24		30	Bristol Rovers	1-1	Donnellan	5348	12	7					9	11	8	1			6	5			3			10	4		2	
25	Feb	3	Oxford United	0-1		9500		7					9	11	8	1				5			3			10	4		2	6
26		6	MILLWALL	4-0	Webb, Beavon, Hicks, Earles	4362		7				1	9	11	8					5			3			10	4		2	6
27		13	Huddersfield Town	1-6	Webb	6022		7				1	9	11	8					5			3			10	4		2	6
28		17	DONCASTER ROVERS	3-3	Webb, Donnellan, Earles	2596					3	1	9	11	8				6	5					12	10	4	7	2	
29		20	SWINDON TOWN	1-1	Allan (og)	4375	12			1	3		9	11	8				6	5		10					4	7	2	
30		27	Chesterfield	1-2	Webb	4462		7					9		8	1			6	5		11				10	4	3	2	
31	Mar	6	PRESTON NORTH END	2-1	Hetzke, Webb	2895		7					9	11	8	1			6	5						10	4	3	2	
32		10	BRISTOL CITY	3-1	Dixon 2, Beavon	3552		7					9	11	8	1			6	5		12				10	4	3	2	
33		13	Wimbledon	0-0		2551		7			12		9	11		1			6	5	8	3				10	4		2	
34		16	Walsall	2-1	Webb, Kearney	2789		7					9			1			6	5	8	11				10	4	3	2	
35		20	CHESTER	4-1	Kearney, Sanchez, Dixon, Webb	3329		7					9	12		1				5	8	11				10	4	3	2	6
36		23	Carlisle United	1-2	Webb (p)	4635		7				2	9	12		1				5	8	11				10	4	3		6
37		27	EXETER CITY	4-0	Dixon 2, Kearney, Sanchez	3601		7			12		9			1		3		5	8	11				10	4		2	6
38	Apr	3	Burnley	0-3		6661		7			12		9	11		1			10	5	8	3					4		2	6
39		10	OXFORD UNITED	0-3		7171		7					9		11	1			10	5	8	3					4		2	6
40		12	Portsmouth	0-3		8327	6			3			9	12	7	1			4	5	8						11		2	10
41		17	Lincoln City	1-2	Hicks	5028	5			3			9	7	11	1			6	12	8						4		2	10
42		24	SOUTHEND UNITED	0-2		3085		7			12		9		11	1			3	5				8		10	4		2	6
43	May	1	Fulham	2-2	Earles, Beavon	6773		7					9		10	1		3		5	8	11					4		2	6
44		8	CARLISLE UNITED	2-2	Webb (p), Dixon	2958		7					9	11	1					5	8	3				10	4		2	6
45		15	Brentford	2-1	Kearney, Earles	4502		7					9		10	1		3		5	8	11					4		2	6
46		18	Gillingham	1-2	Kearney	3870		7					9	11	10	1				5	8	3					4		2	6

	Apps	6	40	2	1	17	3	42	22	33	42	18	2	32	44	1	27	36	1	1	35	40	9	45	32
	Goals		5					12	3	7		8		2	3		8				3	15			

One own goal

F.A. Cup

		Date	Opponent	Result	Scorers	Att																								
R1	Nov	21	Bournemouth	0-1		7376		7		3			12			1	9		6	5		8				10	11		2	4

F.L. Cup

		Date	Opponent	Result	Scorers	Att																								
R1/1	Sep	2	CHARLTON ATHLETIC	2-2	Earles, Hetzke (p)	3622		4					12		7	1	9		6	5		8				10	11	3	2	
R1/2		15	Charlton Atletic	1-3	Heale	4560		12							7	1	9		6	5		8	3			10	11		2	4

F.L. Group Cup

		Date	Opponent	Result	Scorers	Att																								
R1	Aug	15	Watford	1-4	Sanchez	4409		12					9		7	1	8		6	5						11	10	3	2	4
R1		18	ALDERSHOT	4-0	Hetzke 3 (2p), Sanchez	1759		10					9		7	1	8		6	5			3			11	4		2	
R1		22	OXFORD UNITED	2-0	Kearney 2	2261		10					14		7	1	9		6	5	12	8	3			11	4		2	

Second in group.

		P	W	D	L	F	A	W	D	L	F	A	Pts
1	Burnley	46	13	7	3	37	20	8	10	5	29	25	80
2	Carlisle United	46	17	4	2	44	21	6	7	10	21	29	80
3	Fulham	46	12	9	2	44	22	9	6	8	33	29	78
4	Lincoln City	46	13	7	3	40	16	8	7	8	26	24	77
5	Oxford United	46	10	8	5	28	18	9	6	8	35	31	71
6	Gillingham	46	14	5	4	44	26	6	6	11	20	30	71
7	Southend United	46	11	7	5	35	22	5	7	8	28	28	69
8	Brentford	46	8	6	9	28	22	11	5	7	28	25	68
9	Millwall	46	12	4	7	36	28	6	9	8	26	34	67
10	Plymouth Argyle	46	12	5	6	37	24	6	6	11	27	32	65
11	Chesterfield	46	12	4	7	33	27	6	6	11	24	31	64
12	READING	46	11	6	6	43	35	6	5	12	24	40	62
13	Portsmouth	46	11	10	2	33	14	3	9	11	23	37	61
14	Preston North End	46	10	7	6	25	22	6	6	11	25	34	61
15	Bristol Rovers	46	12	4	7	35	28	6	7	12	23	37	61
16	Newport County	46	9	10	4	28	21	5	6	12	26	33	58
17	Huddersfield Town	46	10	5	8	38	25	5	7	11	26	34	57
18	Exeter City	46	14	4	5	46	33	2	5	16	25	51	57
19	Doncaster Rovers	46	9	9	5	31	24	4	8	11	24	44	56
20	Walsall	46	10	7	6	32	23	3	7	13	19	32	53
21	Wimbledon	46	10	6	7	33	27	5	4	14	28	48	53
22	Swindon Town	46	9	5	9	37	36	4	8	11	18	35	52
23	Bristol City	46	7	6	10	24	29	4	7	12	16	36	46
24	Chester	46	2	10	11	16	30	5	1	17	20	48	32

79

1982/83   21st in Division 3: Relegated

						Barnes MF	Bason B	Beavon MS	Dawtry KA	Dixon KM	Doherty M	Donnellan G	Earles PJ	Fearon RT	Henderson SJ	Hicks M	Judge AG	Kearney MJ	Matthews M	McMahon D	Nutton M	O'Sullivan PA	Price KG	Richardson SE	Robinson MJ	Sanchez LP	Stant PR	Tutty WK	White MI	Williams JS	Wood SA
1	Aug 28	Bradford City	2-3	Beavon, Dixon	5001		10	4		9		11	7	1		5		8											3	2	6
2	Sep 4	PLYMOUTH ARGYLE	3-2	Earles, Dixon 2	2327		7	4		9		11	8			5	1									3		10			12	2	6
3	8	BRENTFORD	1-1	Dixon	3790		7	4		9		11	8			5	1									2		10			3		6
4	11	Lincoln City	0-4		2790	6	7	4		9		11	8			5	1			12						2		10			3		
5	18	CHESTERFIELD	0-0		2162	5	10	4	11	9			7	1												3	8					2	6
6	25	Doncaster Rovers	5-7	Dixon 4, Robinson	3118	5	10	4	11	9			7	1												3	8	6			12	2	
7	28	Gillingham	0-1		3621	5		4	7	9			8	1	3												11	10			6	2	
8	Oct 2	PRESTON NORTH END	2-3	Dixon 2	1943	5		4	7	9			8	1	3												11	10			6	2	
9	9	ORIENT	3-0	Earles 2, Robinson	2771		7	4		9			8	1		5										3	11	10			6	2	
10	15	Southend United	2-4	Dixon, Earles	3986		7	4		9		12	8	1		5										3	11	10				2	6
11	19	Sheffield United	1-1	Beavon	11971		7	4		9			8	1		5										3		10				2	6
12	23	WIGAN ATHLETIC	2-1	Dixon, Doherty	2841		7	4		9	11		8	1		5										3		10			12	2	6
13	30	Bristol Rovers	0-3		7370		7	4		9	11	12		1		5		8								3		10				2	6
14	Nov 3	CARDIFF CITY	1-2	Sanchez	3217		7	4		9	11			1		5		8								3		10			12	2	6
15	6	NEWPORT COUNTY	4-2	Dixon 3, Stant	3298		7	4		9	10	11		1		5		6											8		3	2	
16	13	Walsall	1-2	Stant	2343		7	4		9	10	11		1		5		6										12	8		3	2	
17	28	Millwall	1-1	Earles	3579	5	7	4				11	8				1				10										3	2	6
18	Dec 4	EXETER CITY	3-1	Dixon 2, Beavon	2201	5	7	4		9		11	8				1				10		3				12				2	6
19	11	Exeter City	2-2	Dixon 2	2272		7	4		9	12	11				5	1				10		3				8				2	6
20	18	HUDDERSFIELD T	1-1	Dixon	2698		7	4		9		11	12			5	1				10		3				8				2	6
21	27	Bournemouth	1-1	Tuffy	6118		7	4		9		12	11			5	1				10		3				8		2				
22	28	PORTSMOUTH	1-2	Dixon	7886		7	4		9		12	11			5	1				10		3				8				2	6
23	Jan 1	Wrexham	0-4		3390		10	4			7		8			5	1						11		2		9		12	3			6
24	3	OXFORD UNITED	0-3		6394		7	4		9			8			5	1						11		3		10	12	2				6
25	15	BRADFORD CITY	2-1	Matthews, Doherty	2290		10	4			11		8			5	1		7						2						3	9	6
26	22	Chesterfield	0-0		2703		10	4			11		8			5	1		7						3					2	6	9	
27	29	LINCOLN CITY	1-1	Barnes	2683	6	10	4			7					5	1		12			11	9		2					3	8		
28	Feb 1	Plymouth Argyle	0-3		3544		10	4			11						1		7	12			9	3				8	2	6	5		
29	5	DONCASTER ROVERS	2-0	Williams, Doherty	2092	5	10	4			11						1		7		6		9	2							12	3	8
30	12	Brentford	2-1	Williams, Price	6273	5	10	4			7						1				6		9	2		11					3	8	
31	20	Orient	3-3	Beavon, Doherty, Richardson	2538	5		4			7	10					1				6		9	2		11					3	8	
32	23	SHEFFIELD UNITED	2-0	King (og), Donnellan	2605	5	10	4			7	12					1				6		9	2		11					3	8	
33	26	SOUTHEND UNITED	1-1	Donnellan	2904	5	10	4			7	2	8				1						9	3		11						6	
34	Mar 1	Cardiff City	0-0		6173	5	10	4		9	7	8					1				6			3		11					2		
35	5	Wigan Athletic	2-2	Doherty, Barnes	3042	5	10	4		9	7	8					1	12			6			3		11					2		
36	12	BRISTOL ROVERS	1-2	Dixon	4490		10	4		9	7					5	1						8	3		11					6	2	
37	19	Newport County	0-1		3588		10	4		9	7					5	1						8	3		11					6	2	
38	25	WALSALL	1-1	Dixon	3347		10	4		9		7				5	1						8	3		11					6	2	
39	Apr 2	Portsmouth	2-2	Price, Earles	15327		10	4		9		7				5	1						8	3		11					6	2	
40	4	BOURNEMOUTH	2-1	Hicks, White	4664	12	10	4		9		7				5	1						8	3		11					6	2	
41	16	Gillingham	0-0		2816		10	4		9	12	7				5	1						8	3		11					6	2	
42	23	Huddersfield Town	1-3	Price	10885	12	10	4		9		7				5	1						8	3		11					6	2	
43	30	MILLWALL	3-3	Earles, Price, Dixon	4650	6		4		9	11	7				5	1						8	3		10						2	
44	May 2	Oxford United	2-1	Jones (og), Dixon (p)	6938	6		4		9	10	7			8	5	1							3		11						2	
45	7	Preston North End	0-2		7260	6	10	4		9		7				5	1						8	3		11						2	
46	14	WREXHAM	1-0	Dixon	5482	6	10	4		9		7			12	5	1						8	2		11						3	
				Apps		21	41	46	4	35	25	19	31	13	5	32	33	5	5	2	6	9	17	40	6	37	4	6	29	41	18
				Goals		2		4		26	5	2	7			1			1				4	1	2	1	2	1	1	2		

Two own goals

F.A. Cup

| R1 | Nov 20 | BISHOP'S STORTFORD | 1-2 | Earles | 2931 | | 7 | 4 | | 9 | 10 | 11 | 12 | 1 | | 5 | | | | | | | | | | | | 8 | | | 3 | 2 | 6 |

F.L. Cup (Milk Cup)

| R1/1 | Sep 1 | OXFORD UNITED | 0-2 | | 2786 | | 10 | 4 | | 9 | | 11 | 7 | 1 | | 5 | | 8 | | | | | | | | 12 | | | | | 3 | 2 | 6 |
| R1/2 | 15 | Oxford United | 0-2 | | 4882 | 5 | 7 | 4 | | 9 | | | 11 | 8 | 1 | | | 9 | | | | | | | 2 | | 10 | | | | | 3 | | 6 |

F.L. Trophy

R1	Aug 14	OXFORD UNITED	2-1	Beavon (p), Bason	1601	6	12	4		9	10	11	7	1		5		8										14			3	2	
R1	18	BOURNEMOUTH	4-2	Dixon 2, Beavon (p), Donnellan	1136		7	4		9	10	11	8	1		5									3							2	6
R1	21	Aldershot	3-3	Dixon 3	1744	6		4		9	12	11	7			5		8		10					3		14					2		
QF	Dec 8	WATFORD	5-3	Donnellan 3, Dixon, O'Sullivan	3517		7	4		9	12	11				5	1					10	3				8					2		6
SF	Jan 26	MILLWALL	1-3	Doherty	2658		12	4			10	8				5	1		7	11					3					2	6	9		

1983/84   3rd in Division 4: Promoted

#	Date		Opponent	Score	Scorers	Att	Barnes MF	Beavon MS	Crown DI	Duncan CJ	Hicks M	Horrix DV	Judge AG	Matthews M	Price KG	Richardson SE	Sanchez LP	Senior TJ	Tutty WK	Westwood GM	White MI	Williams JS	Wood SA
1	Aug	27	Blackpool	0-1		3429	6	4	11		5	8	1			3	10	9	7			2	
2	Sep	3	STOCKPORT COUNTY	6-2	Sanchez, Tutty, Beavon, Senior 3	2689	6	4	11		5	8	1			3	10	9	7			2	
3		7	DONCASTER ROVERS	3-2	Tutty, Senior, Horrix (p)	3888	6	4	11		5	8	1			3	10	9	7			2	
4		10	Rochdale	1-4	Crown	1276	6	4	11		5	8	1			3	10	9	7		12	2	
5		17	CHESTERFIELD	1-1	Senior	3658		4	11		5	8	1			3	10	9			7	2	6
6		24	Chester City	1-2	Senior	1367		4	11		5	8	1	12		3	10	9			7	2	6
7		27	Bristol City	1-3	Senior	6322		4	11		5	8	1	12	7		10	9			3	2	6
8	Oct	1	DARLINGTON	1-0	Barton (og)	2622		4	11	7	5	8					10	9		1	3	2	6
9		9	Northampton Town	2-2	Senior 2	3825		4	11	7	5	8			12		10	9		1	3	2	6
10		14	CREWE ALEXANDRA	5-0	Senior 2, Wood, Crown, Beavon	3279		4	11	7	5	8					10	9		1	3	2	6
11		19	MANSFIELD TOWN	4-0	Senior 2, White, Wood	3781		4	11	7	5	8					10	9		1	3	2	6
12		22	York City	2-2	Crown, Beavon	4315		4	11	7	5	8					10	9		1	3	2	6
13		29	SWINDON TOWN	2-2	Senior 2	6158		4	11	7	5	8	1				10	9			3	2	6
14	Nov	2	Peterborough United	3-3	Horrix, Senior 2	4073		4	11	7	5	8	1			12	10	9			3	2	6
15		5	Colchester United	0-3		2433		4	11	7	5	8	1			2	10	9			3		6
16		12	WREXHAM	4-1	Senior 2, Sanchez, Horrix	3282		4	11	7	5	8	1			2	10	9			3	12	6
17		26	Bury	3-2	Sanchez, Horrix 2	2220		4	11	7	5	8	1		12	3	10	9				2	6
18	Dec	2	HALIFAX TOWN	1-0	Crown	4150		4	11	7	5	8	1		12	3	10	9				2	6
19		17	HARTLEPOOL UNITED	5-1	Tutty, Price, Beavon(p), Lowe(og), Wood	2955		4	9	11	5		1		8	2		10	7		3		6
20		26	Aldershot	0-0		6270		4	11	7	5		1		8	2	10	9			3		6
21		27	TORQUAY UNITED	2-2	Senior, Horrix	5130			11	7	5	8	1			2	10	9	4		3	12	6
22		30	Tranmere Rovers	3-2	Beavon, Crown, Senior	2712		4	11	7	5	8	1			2	10	9			3		6
23	Jan	2	HEREFORD UNITED	3-1	Beavon, Crown, Senior	4768		4	11	7	5	8	1			2	10	9			3		6
24		6	Stockport County	0-3		1751		4	11	7	5	8	1			2	10	9			3	12	6
25		14	BLACKPOOL	2-0	Senior, Sanchez	5163		4	11	7	5	8	1			3	10	9				2	6
26		21	Chesterfield	1-2	Senior	3010		4	11	7	5	8	1				10	9	2			3	6
27		28	ROCHDALE	0-0		4162		4	11	7	5	8	1				10	9			3	2	6
28	Feb	4	Darlington	1-1	Cartwright (og)	1395		4	11	7	5	8	1			10		9			3	2	6
29		11	CHESTER CITY	1-0	Beavon	3496		4	11	7	5	8	1			2	10	9			3	12	6
30		15	PETERBOROUGH UTD.	1-1	Senior	3191	6	4	11	7	5	8	1			2	10	9			3		
31		18	Swindon Town	1-1	Senior	4863			11	7	5	8	1		4	3	10	9			6	2	
32		25	YORK CITY	1-0	Sanchez	4778		12	11	7	5	8	1		4	3	10	9			6	2	
33	Mar	3	Mansfield Town	0-2		1950		4	11	7	5	8	1			3	10	9			6	2	
34		7	COLCHESTER UNITED	1-0	Senior	3570			11	7	5	8	1		4	3	10	9			6	2	
35		10	Wrexham	3-0	Senior, Sanchez, Hicks	1871		12	11		5	8	1		4	3	10	9			7	2	6
36		17	NORTHAMPTON T	3-0	Senior 2, Horrix	3695			11		5	8	1		4	3	10	9			7	2	6
37		23	Crewe Alexandra	1-1	Crown	2435			11		5	8	1		4	3	10	9			7	2	6
38	Apr	7	BRISTOL CITY	2-0	Sanchez, Horrix	8780			11		5	8	1		4	3	10	9			7	2	6
39		13	Halifax Town	1-0	Sanchez	1113			11		5	8	1		4	3	10	9			7	2	6
40		21	ALDERSHOT	1-0	Senior	7884		12	11		5	8	1		4	3	10	9			7	2	6
41		23	Torquay United	2-2	Senior, Duncan	2665	12	4		7	5		1		8	3	10	9			11	2	6
42		28	BURY	1-1	Senior	4523		4	11	7	5	8	1			2	10	9			3		6
43	May	1	Doncaster Rovers	3-2	Senior, Price, Sanchez	4972			11	7	5	8	1		4	2	10	9			3		6
44		5	Hereford United	1-1	Sanchez	3820			11	7	5	8	1		4		10	9			3	2	6
45		7	TRANMERE ROVERS	1-0	White	7234		12	11	7	5	8	1		4		10	9			3	2	6
46		12	Hartlepool United	3-3	Senior 2, Duncan	1214			11	7	5	8	1		4		10	9			3	2	6

	Apps	Goals
Barnes MF	6	
Beavon MS	36	7
Crown DI	45	7
Duncan CJ	33	2
Hicks M	46	1
Horrix DV	43	8
Judge AG	41	
Matthews M	2	
Price KG	20	2
Richardson SE	34	
Sanchez LP	45	10
Senior TJ	45	36
Tutty WK	7	3
Westwood GM	5	
White MI	39	2
Williams JS	38	
Wood SA	37	3

Three own goals

F.A. Cup

	Date		Opponent	Score	Scorers	Att																	
R1	Nov	19	HEREFORD UNITED	2-0	Senior, Horrix	4453		4	11	7	5	8	1			3	10	9				2	6
R2	Dec	10	OXFORD UNITED	1-1	Price	11590		4	11	7	5		1		8	3	10	9				2	6
rep		14	Oxford United	0-3		7570		4	11	7	5		1		8	3	10	9			12	2	6

F.L. Cup (Milk Cup)

	Date		Opponent	Score	Scorers	Att																	
R1/1	Aug	30	Colchester United	2-3	Barnes, Senior	2418	6	4	11		5	8	1			3	10	9	7			2	
R1/2	Sep	14	COLCHESTER UNITED	4-3	Beavon, Senior 3	3460		4	11		5	8	1			3	10	9	7		12	2	6

R1/2 a.e.t.

Associate Members Cup

	Date		Opponent	Score	Scorers	Att																	
R1	Feb	20	Southend United	0-5		1597	5	4	11			8	1		9	3	10		7		6	2	

1984/85   9th in Division 3

#		Date	Opponent	Score	Scorers	Att	Beavon MS	Burvill G	Christie DHM	Crown DI	Duncan CJ	Gilkes ME	Hicks M	Horrix DV	Judge AG	Juryeff IM	Peters GO	Price KG	Richardson SE	Roberts BJ	Sanchez LP	Senior TJ	Westwood GM	White MI	Williams JS	Wood SA
1	Aug	25	ROTHERHAM UNITED	1-0	Senior	4015	12			11	7		5	8	1			4	3		10	9			2	6
2	Sep	1	Plymouth Argyle	2-1	Horrix, Senior	5509	4			11	7		5	8	1				2		10	9		3		6
3		8	DONCASTER ROVERS	1-4	Horrix	4050	4		12	11	7		5	8	1				3		10	9			2	6
4		15	Bristol Rovers	0-1		5197	4			11	7		5	8					3		10	9	1	12	2	6
5		18	Walsall	1-3	Beavon	4467	4			11	7		5	8				10	3			9	1		2	6
6		22	DERBY COUNTY	0-0		5666	4		12	11				8				7	3		10	9	1	5	2	6
7		29	Hull City	0-0		5366	4			11			5	8					3		10	9	1	7	2	6
8	Oct	3	WIGAN ATHLETIC	0-1		3279	4			11			5	8					3		10	9	1	7	2	6
9		6	BOLTON WANDERERS	3-1	Duncan, Horrix, Senior	3464	4			11	7			8					3		10	9	1	5	2	6
10		13	Preston North End	2-0	Horrix, D Jones (og)	3675	4			11				8				7	3		10	9	1	5	2	6
11		20	BURNLEY	5-1	Crown 2, Sanchez, Senior 2	4024	4		12	11				8				7	3		10	9	1	5	2	6
12		23	Gillingham	1-4	Crown	3568	4			11	3			8				7			10	9	1	5	2	6
13		27	Lincoln City	1-5	Senior	2422	4			11	7	12	5	8							10	9	1	3	2	6
14	Nov	3	BOURNEMOUTH	0-2		4193	4		7	11	3	12	5	8							10	9	1		2	6
15		7	ORIENT	1-1	Sanchez	2789	4			11	7		5	8					3		10	9	1		2	6
16		10	Swansea City	2-1	Senior, Wood	3630	4			11	7	12	5	8					3		10	9	1		2	6
17		24	CAMBRIDGE UNITED	3-1	Senior 3	3286	4			11	7		5			8			3			9	1	10	2	6
18	Dec	1	York City	2-2	Juryeff, Senior	4013	4			11	7		5			8			3			9	1	10	2	6
19		15	BRADFORD CITY	0-3		3908	4			11	7		5			8			3			9	1	10	2	6
20		22	BRISTOL CITY	1-0	White	4101	4			11	7		5	12		8			3			9	1	10	2	6
21		26	Newport County	2-1	Beavon, Senior	3016	4			11	7		5	12		8			3			9	1	10	2	6
22		29	Brentford	1-2	Juryeff	5161	4			11	7		5	12		8			3			9	1	10	2	6
23	Jan	1	MILLWALL	2-2	Senior, Horrix	4832	4		12	11	7		5	10		8			3			9	1		2	6
24		19	Doncaster Rovers	4-0	Crown, Horrix 2, Senior	3556	4			11	7		5	10					3			9	1	8	2	6
25		26	BRISTOL ROVERS	3-2	Horrix (p), Senior, White	4868	4			11	7	12	5	10					3			9	1	8	2	6
26	Feb	2	HULL CITY	4-2	Horrix 2, Senior 2	4612	4			11	7		5	10					3			9	1	8	2	6
27		23	Bournemouth	3-0	Horrix, Senior 2	5115	4			11	7		5	10					3			9	1	8	2	6
28	Mar	2	LINCOLN CITY	1-1	Senior	3938	4			11	7	12	5	10					3			9	1	8	2	6
29		9	Burnley	2-0	Horrix, Senior	3955	4	8	7				11	10					3			9	1	5		6
30		16	PRESTON NORTH END	3-0	Horrix 2, Williams	3273					9		11	5	10		2		3				1	8	7	6
31		23	Bolton Wanderers	2-1	Horrix 2	3627	4				9		11	5	10		2		3				1	8	7	6
32		26	Rotherham United	0-3		2581	4	12		11			9	5	10		2		3				1	8	7	6
33		30	Orient	0-0		2902	4	7	12				11	5	10		2		3				1	8	9	6
34	Apr	6	NEWPORT COUNTY	0-1		3811	4	7			12		11	5	10		2		3				1	8	9	6
35		9	Millwall	0-0		7394	4	7	12	11				5	10		2		3				1	8	9	6
36		13	SWANSEA CITY	0-1		3395	4		7	11		9	5	10			2		3				1	8		6
37		17	Derby County	1-4	Christie	7945	4		7	11		9	5	10			2		3	12			1	8		6
38		20	Cambridge United	2-0	Crown 2	1514	4	7	11	9			5	10			2		3	12			1	8		6
39		24	PLYMOUTH ARGYLE	1-1	Hicks	2516	4	7	11	9			5	10			2		3	12			1	8		6
40		27	YORK CITY	1-2	White	2653	4	7	11	9			5	10			2		3				1	8		6
41	May	1	WALSALL	1-1	Senior	1959	4	7		11			5	10			2		3			9	1	8		6
42		4	Bradford City	5-2	Crown, Hicks, Horrix 2, White	7910	4	7		11			5	10			12		3			9	1	8	2	6
43		6	BRENTFORD	0-0		3898	4	7		11			5	10			9		3	12			1	8	2	6
44		11	Bristol City	3-2	Gilkes, Horrix, Newman (og)	7038	4	7	11			12	5	10			9		3				1	8	2	6
45		13	Wigan Athletic	1-1	Gilkes	2382	4	7		11		12	5	10			9		3				1	8	2	6
46		14	GILLINGHAM	0-2		2311	4	7		11		12	5	10			9		3				1	8	2	6

	Apps	46	14	14	43	23	16	40	43	3	7	18	6	43	4	15	31	43	39	38	46
	Goals	2		1	7	1	2	2	19		2					2	22		4	1	1

Two own goals

F.A. Cup

	Date	Opponent	Score	Scorers	Att																				
R1	Nov 17	Barry Town	2-1	Beavon, Senior	4000	4			11	7		5			8			3			9	1	10	2	6
R2	Dec 8	BOGNOR REGIS	6-2	Juryeff 2, Beavon, Senior 2, White	6606	4			11		12	5	10		8			3			9	1	7	2	6
R3	Jan 5	Barnsley	3-4	Horrix (p), Senior, Crown	7272	4			11		12	5	10		8			3			9	1	7	2	6

F.L. Cup (Milk Cup)

	Date	Opponent	Score	Scorers	Att																				
R1/1	Aug 29	MILLWALL	1-1	Price	3771				11	7		5	8	1			4	2		10	9		3		6
R1/2	Sep 4	Millwall	3-4	Crown 2, Senior	3550	4			11	7		5	8	1				3		10	9			2	6

A.M. Cup (Freight Rover Trophy)

	Date	Opponent	Score	Scorers	Att																				
R1/1	Feb 6	BRENTFORD	1-3	Beavon	2500	4		8	12	7		11	5	10							9		3	2	6
R1/2		26 Brentford	0-2		2011	4		7	11			12	5	10				3			9	1	8	2	6

Played in R1/1: A Sperring (at 1).

1985/86 — Champions of Division 3: Promoted

Players: Bailie CJ, Beavon MS, Bremner KJ, Burvill G, Gilkes ME, Hicks M, Horrix DV, Hurlock TA, Peters GD, Platnauer NR, Reck SM, Richardson SE, Roberts BJ, Rogers A, Senior TJ, Stevenson NCA, Westwood GM, White MI, Williams JS, Wood SA

#	Date	Opponent	Score	Scorers	Att	Bailie	Beavon	Bremner	Burvill	Gilkes	Hicks	Horrix	Hurlock	Peters	Platnauer	Reck	Richardson	Roberts	Rogers	Senior	Stevenson	Westwood	White	Williams	Wood
1	Aug 17	BLACKPOOL	1-0	Williams	3410	2	4	10			5	12						3	11	9		1	8	7	6
2	24	Plymouth Argyle	1-0	Senior	4261	2	4		11		5	10						3		9		1	8	7	6
3	26	BRISTOL ROVERS	3-2	Bater (og), Hicks, Horrix	3649	2	4		12		5	10						3	11	9		1	8	7	6
4	31	Cardiff City	3-1	Senior 3	3539	2	4				5	10						3	11	9		1	8	7	6
5	Sep 7	WALSALL	2-1	Brazier (og), Senior	3793	2	4				5	10	7					3	11	9		1	8		6
6	14	Rotherham United	2-1	Rogers, White	3076	2	4				5	10	7					3	11	9		1	8	12	6
7	17	Brentford	2-1	Peters, Senior	6351	2	4				5	10	7					3	11	9		1	8	12	6
8	21	SWANSEA CITY	2-0	Horrix, Senior	5346		4	12			5	10		2				3	11	9		1	8	7	6
9	28	Doncaster Rovers	1-0	White	4012		4				5	10		2				3	11	9		1	8	7	6
10	Oct 2	CHESTERFIELD	4-2	Senior 3, Williams	6669		4	12			5	10		2				3	11	9		1	8	7	6
11	5	BOLTON WANDERERS	1-0	Wood	8164		4				5	10		2				3	11	9		1	8	7	6
12	12	Newport County	2-0	Beavon, Bremner	6461	3	4	12			5	10		2					11	9		1	8	7	6
13	19	Lincoln City	1-0	Senior	4007		4	10			5			2				3	11	9		1	8	7	6
14	23	WOLVERHAMPTON W.	2-2	Bremner, Senior	13465	3	4	10			5	12		2					11	9		1	8	7	6
15	26	Bury	1-3	Rogers	3967	3	4	10	8		5			2					11	9		1	8	7	6
16	Nov 2	WIGAN ATHLETIC	1-0	Williams	5986	3	4	10			5			2					11	9		1	8	7	6
17	6	NOTTS COUNTY	3-1	Bremner 2, Senior	6986	3	4	10			5	12		2					11	9		1	8	7	6
18	9	York City	1-0	Bremner	6045	3	4	10	7	11	5	8		2						9		1			6
19	23	DARLINGTON	0-2		5459		4	10	7	12	5	8		2			3		11	9		1			6
20	30	Derby County	1-1	Gilkes	16140	3	4	10		11	5	8		2					7	9		1			6
21	Dec 14	BRISTOL CITY	1-0	Gilkes	5785	3	4	10		11	5	8		2					7	9		1			6
22	21	PLYMOUTH ARGYLE	4-3	Horrix (p), Senior 2, Bremner	8732	3	4	10	12	11	5	8		2					7	9		1			6
23	26	Bournemouth	1-0	Horrix	6105		4	10	7		5	8		2			3		11	9		1			6
24	28	Bristol Rovers	2-0	Senior, Rogers	7760	3	4	10	7		5	8		2					11	9		1			6
25	Jan 1	GILLINGHAM	1-2	Horrix	10885	3	4		7	10	5	8		2					11	9		1			6
26	11	CARDIFF CITY	1-1	Bremner	7004	3	4	10	7	11	5	8		2						9		1			6
27	18	Blackpool	0-0		5295	3	4				5	8							11	9		1		2	6
28	Feb 1	Walsall	0-6		5113		4		7	11	5	8		2	10		3	12		9		1			6
29	22	Swansea City	3-2	Senior, Beavon 2	4765		4		12		5	8	7	2	10		3		11	9		1			6
30	Mar 4	Chesterfield	4-3	Senior 2, Peters, Williams	2428		4		11		5	8	7	2	10		3			9		1		12	6
31	8	Bolton Wanderers	0-2		4903		4		12		5	8	7	2	10		3			9		1		11	6
32	12	LINCOLN CITY	0-2		5012		4				5		7	2	10		3		11	9		1	8	6	
33	15	NEWPORT COUNTY	2-0	Wood, Hicks	5003		4				5	8	10	2			3		11	9		1		7	6
34	19	ROTHERHAM UNITED	2-1	Wood, Senior	5190	3			12		5	8	10	2	4				11	9		1		7	6
35	22	BURY	2-0	Senior, Horrix (p)	6567	2						8	10	5	4		3		11	9		1		7	6
36	29	Gillingham	0-3		5710	2	4	10		12		8		5		7	3		11	9		1			6
37	31	BOURNEMOUTH	1-2	Senior	7342		4	7				8	10	2			3		11	9	5	1			6
38	Apr 5	Notts County	0-0		3711		4					8		2			3		11	9	5	1	10	7	6
39	8	Wolverhampton Wan.	3-2	Rogers 2, White	4462	12	4		8				7	2			3		11	9	5	1	10		6
40	12	YORK CITY	0-0		6353	2	4					8	7	5			3		11	9		1	10	12	6
41	16	BRENTFORD	3-1	Senior 2, Wood	6855	2	4					8	7	5			3		11	9		1	10	12	6
42	19	Darlington	0-0		3838		4					8	7	5			3		11	9		1	10	2	6
43	22	Wigan Athletic	0-1		6056		4					8	7	5			3		11	9		1	10	2	6
44	26	DERBY COUNTY	1-0	Senior	12486		4					8	7	5			3		11	9		1	10	2	6
45	May 3	Bristol City	0-3		7814		4					8	7	5			3		11	9		1	10	2	6
46	5	DONCASTER ROVERS	2-0	Senior 2	8388		4					8	7	5			3		11	9		1	10	2	6

Apps: 26, 44, 22, 16, 9, 34, 41, 16, 41, 7, 1, 32, 1, 40, 46, 3, 46, 25, 31, 46
Goals: 3, 7, 2, 2, 6, 2, 5, 27, 3, 4, 4 — Two own goals

F.A. Cup

Rd	Date	Opponent	Score	Scorers	Att																				
R1	Nov 16	WEALDSTONE	1-0	Horrix (p)	7169		4	10	7	11	5	8		2				3		9		1			6
R2	Dec 7	HEREFORD UNITED	2-0	Senior, Horrix	6096	12	4	10		11	5	8		2			3		7	9		1			6
R3	Jan 4	Huddersfield Town	0-0		9875	3	4	10	7		5	8		2					11	9		1			6
rep	13	HUDDERSFIELD TOWN	2-1	Senior 2	8726	3	4	10	7	11	5	8								9		1		2	6
R4	25	BURY	1-1	Senior	9495	12	4	10	11		5	8		2			3			9		1		7	6
rep	28	Bury	0-3		5527	10	4		7	12	5	8		2			3			9		1		11	6

R3 replay a.e.t.

F.L. Cup (Milk Cup)

Rd	Date	Opponent	Score	Scorers	Att																				
R1/1	Aug 21	BOURNEMOUTH	1-3	Rogers	2614	2	4		12		5	10						3	11	9		1	8	7	6
R1/2	Sep 3	Bournemouth	0-2		2590	2	4				5	10						3	11	9		1	8	7	6

A.M. Cup (Freight Rover Trophy)

Rd	Date	Opponent	Score	Att																					
R1	Jan 21	Bournemouth	0-5	1974	3	4	10	7	11	5	8							9						6
R1	Mar 6	ORIENT	0-3	1403		4		3	11	12	8		5	10				14	9		1		7	

Played v. Bournemouth: Foster (at 2), Staker (12), Head (14), D Williams (1)
Played v. Orient: Foster (2), Staker (6).

1986/87 — 13th in Division 2

#	Date		Opponent	Score	Scorers	Att
1	Aug	23	MILLWALL	0-1		7159
2		30	Plymouth Argyle	0-1		9659
3	Sep	6	WEST BROMWICH ALB.	1-1	Hicks	7757
4		13	Leeds United	2-3	White, Senior	12246
5		20	SHREWSBURY TOWN	3-1	Beavon, Bremner, Williams	5453
6		27	Crystal Palace	3-1	Hicks, Canoville, Senior	7926
7	Oct	1	GRIMSBY TOWN	2-3	Canoville, Beavon (p)	6350
8		4	BLACKBURN ROVERS	4-0	Canoville, Senior, Wood, Bremner	6001
9		11	Sheffield United	3-3	Senior, Hicks, Eckhardt (og)	8816
10		18	Hull City	2-0	Senior 2	5707
11		21	Sunderland	1-1	Williams	17114
12		25	OLDHAM ATHLETIC	2-3	Bremner, Senior	7048
13	Nov	1	Bradford City	0-3		5783
14		8	BARNSLEY	0-0		5566
15		15	BRIGHTON & HOVE ALB	2-1	Bremner 2	7627
16		22	Stoke City	0-3		7465
17	Dec	6	Derby County	0-3		12695
18		13	IPSWICH TOWN	1-4	Hazell	7155
19		19	West Bromwich Albion	2-1	Bremner, Senior	7558
20		26	BIRMINGHAM CITY	2-2	Beavon (p), Bremner	7662
21		27	Brighton & Hove Albion	1-1	Bremner	10511
22	Jan	1	Portsmouth	0-1		18289
23		24	Millwall	1-2	Smith	4125
24		31	SUNDERLAND	1-0	Bremner	7105
25	Feb	7	PLYMOUTH ARGYLE	2-0	Senior 2	7073
26		14	Grimsby Town	2-3	Bremner 2	3579
27		17	HUDDERSFIELD T	3-2	Senior 2, Bailie	4884
28		21	CRYSTAL PALACE	1-0	Senior	7429
29		28	Shrewsbury Town	0-0		3445
30	Mar	6	Oldham Athletic	0-4		6712
31		14	HULL CITY	1-0	Bremner	5493
32		21	SHEFFIELD UNITED	2-0	Senior, Vaughan	6357
33	Apr	4	Barnsley	0-2		4285
34		11	BRADFORD CITY	0-1		5457
35		14	Blackburn Rovers	0-0		6609
36		18	PORTSMOUTH	2-2	Peters, Bremner	9769
37		20	Birmingham City	1-1	Bremner	5427
38		22	LEEDS UNITED	2-1	Ashurst (og), Senior	7635
39		25	STOKE CITY	0-1		6147
40	May	2	Huddersfield Town	0-2		4549
41		4	DERBY COUNTY	2-0	Senior 2	9419
42		9	Ipswich Town	1-1	Richardson	16115

Two own goals

F.A. Cup

	Date		Opponent	Score	Scorers	Att
R3	Jan	10	ARSENAL	1-3	Senior	16822

F.L. Cup (Littlewoods Challenge Cup)

	Date		Opponent	Score	Scorers	Att
R1/1	Aug	27	Bristol Rovers	2-1	Senior 2	3760
R1/2	Sep	3	BRISTOL ROVERS	4-0	Senior 3, Horrix	4300
R2/1		24	ASTON VILLA	1-1	Bremner	9363
R2/2	Oct	8	Aston Villa	1-4	Senior	12484

Full Members Cup

	Date		Opponent	Score	Scorers	Att
R1	Nov	4	Shrewsbury Town	1-0	Beavon	1245
R2		25	IPSWICH TOWN	0-2		3058

Played in R2: Head (at 12)

1987/88

22nd in Division 2: Relegated. Won the Simod Cup.

#		Date	Opponent	Score	Scorers	Att	Bailie CJ	Beavon MS	Canoville PK	Cowling DR	Curle K	Francis SS	Franklin PL	Gilkes ME	Gordon CK	Hicks M	Horrix DV	Jones L	Joseph F	Madden DJ	Moran SJ	Peters GD	Richardson SE	Robson MA	Smillie N	Tait MP	Taylor L	Westwood GM	White MI	Whitehurst W	Williams JS
1	Aug	22	Leeds United	0-0		19174		4			1				9	5	10	2	12			6	3		11		8		14		7
2		29	PLYMOUTH ARGYLE	0-1		6878		4			1				9	5	10	2	12			6	3		11	7	8		14		
3	Sep	1	Shrewsbury Town	1-0	Joseph	3223		12			1				9	5		2	10			6	3		7	4	8		11		
4		5	OLDHAM ATHLETIC	3-0	Gordon, Canoville, Joseph	5018		4	11		1				9	5		2	10			6	3		7		8		12		
5		12	Bournemouth	0-3		7597			11		1				9	5		2	10			6	3		7	4	8				
6		16	STOKE CITY	0-1		5569			11		1			12	9	5		2	10			6	3		7	4	8				
7		19	CRYSTAL PALACE	2-3	Taylor, Gilkes (p)	7039			11		1			12	9	5		2	10			6	3		7	4	8		14		
8		26	Swindon Town	0-4		10073	11	4			1			10		5		9	2	12		6	3				8		7		
9		29	Middlesbrough	0-0		10903	11	12			1			10	9	5		2				6	3		7		8		4		
10	Oct	3	WEST BROMWICH ALB.	1-2	Gilkes	5763	11				1			10	9	5		2	12			6	3		7	4	8				
11		10	Birmingham City	2-2	Gordon 2	6147		4	11					10	9	5	12	2				6	3			7	8	1			
12		17	HUDDERSFIELD T	3-2	Gordon, Gilkes, Peters	4859			11			6		10	9	5		2				12	3		4		8	1			7
13		20	Barnsley	2-5	Gordon 2	4396			11			6		10	9	5		2					3		7	4	8	1	12		
14		24	BRADFORD CITY	1-1	Gordon	6140						6		2	9	5	10						3		4	8	1	11			7
15		31	Aston Villa	1-2	Horrix	13413						6		3	9	5	10	2							11	4	8	1			7
16	Nov	7	Ipswich Town	1-2	Gordon	11346						6		3	9	5	10	2								4	8	1	11		7
17		14	MANCHESTER CITY	0-2		10272		4				6		3	9	5		2			10				11		8	1			7
18		21	Sheffield United	1-4	Moran	6977		4				6		3	9	5		2	12		10					7	8	1	11		
19		28	BLACKBURN ROVERS	0-0		4755	11	4				6	1	3	9	5		2	12		10						8				7
20	Dec	1	Millwall	0-3		6761	9	4				6	1	3		5		2			10			11		7	8				12
21		5	Hull City	2-2	Taylor, Moran	5797	2	4				6	1	3		5					10					9	8		11		7
22		12	LEEDS UNITED	0-1		6725	2	4				6	1	3		5	12			14	10					9	8		11		7
23		19	Stoke City	2-4	Moran, Tait	7148	2	4				6	1	3		5	12				8	10				9			11		7
24		26	SWINDON TOWN	0-1		9159	2	4				6	1	3	9	5					8	10			12	11					7
25		28	Crystal Palace	3-2	Jones, Madden, Beavon	12449		4		11		6	1	3		5		7			8	10		2		9					
26	Jan	1	Plymouth Argyle	3-1	Gilkes (p), Jones, Moran	13290	2	4		11		6	1	3		5		7			8	10				9					12
27		23	SHREWSBURY TOWN	1-0	Beavon	5170	2	4				6	1	3		5	9				8	10			11			12			7
28		30	LEICESTER CITY	1-2	Williams	6645	2	4				6	1	3	9	5	12				8	10			11						7
29	Feb	6	Oldham Athletic	2-4	Horrix, Moran	5400	2	4				6	1	3		5	10				12				11	9	8				7
30		13	MILLWALL	2-3	Tait, Hicks	6348	2	4				6	1	3		5				12	10				11	8				9	7
31		20	MIDDLESBROUGH	0-0		6706	2	4				6	1	14	3	5	12			4	10				11	8				9	7
32		27	West Bromwich Albion	1-0	Jones	8509	2	4				6	1	3		5		7				10			11	8				9	
33	Mar	5	Huddersfield Town	2-0	Whitehurst 2	6094	2	4				6	1	3		5		7				10			11	8				9	
34		12	BIRMINGHAM CITY	1-1	Whitehurst	6598	2	4				6	1	3		5		7				10			11	8				9	12
35		19	ASTON VILLA	0-2		10255	2	4				6	1	14		5						10	3		11	8	12			9	7
36	Apr	2	IPSWICH TOWN	1-1	Whitehurst	10193	2	4				6	1	10		5		7				12	3		11	8				9	
37		4	Manchester City	0-2		15172	2	4		14		6	1	11		5		7				10	3			8	12			9	
38		9	BARNSLEY	2-1	Cowling, Whitehurst	5039		4		11		6	1	3		5				12		14		2	7	10	8			9	
39		13	BOURNEMOUTH	0-0		10274		4		11		6	1	3		5				14				2	7	10	8			9	12
40		20	Bradford City	0-3		13608		4		11		1	6	3		5		7				10	12	2	14		8			9	
41		23	Leicester City	0-1		9603		4		11		6	1	3		5						10	7	2	12	8				9	
42		30	SHEFFIELD UNITED	2-1	Moran 2	6680		4		11		6		3		5						10	2	7	8			1		9	
43	May	2	Blackburn Rovers	1-1	Whitehurst	11373		4		11		6		3		5						10	2	7	8	12		1		9	
44		7	HULL CITY	0-0		6710		4		11		6	1	3		5						10	12	2	7	8				9	
					Apps		21	34	7	10	30	34	4	39	20	44	13	28	11	9	28	16	27	7	23	35	30	10	14	15	21
					Goals			2	1	1				4	8	1	2	3	2	1	7	1			2	2				6	1

F.A. Cup

R3	Jan	9	SOUTHAMPTON	0-1		11319	2	4				1	6	3	14	5		7			8	10				9	11				12

F.L. Cup (Littlewoods Challenge Cup)

R2/1	Sep	23	CHELSEA	3-1	Gilkes 2, Hicks	11034	11	4			1			10		5	9	2				6	3		7		8				
R2/2	Oct	7	Chelsea	2-3	Gordon 2	15469	11	4	12		1			10	9	5		2				6	3		7		8				
R3		28	Peterborough United	0-0		6300						6		3	9	5	10	2							4	8	1	11		7
rep	Nov	4	PETERBOROUGH UTD.	1-0	Peters	6030						6		3	9	5	10	2				12			11	4	8	1			7
R4		18	BRADFORD CITY	0-0		6784		4				6		3	9	5		2	10						11	7	8	1			
rep		24	Bradford City	0-1		10448	7	4				6	1	5	3	9			2						10	11	8				

Full Members Cup (Simod Cup)

R1	Dec	21	Queen's Park Rangers	3-1	Jones 2, Tait	4004	2	4				6	1	3		5	10	7	12	8					11	9					
R2	Jan	13	OXFORD UNITED	1-0	Horrix	5186	2	4				1	6	3	9	5	10			8					12	11	14				7
R3	Feb	3	NOTTM FOREST	2-1	Horrix, Beavon	9096	2	4				6	1	3		5	10								11	9	8				7
QF		10	BRADFORD CITY	2-1	Baillie, Horrix	6424	2	4				6	1	3		5	10			12					11	9	8				
SF	Mar	2	COVENTRY CITY	1-1	Smillie	15348	2	4				6	1	3		5	10	7							11	9	8				12
F		27	Luton Town	4-1	Gilkes, Beavon(p), Tait, Smillie	61740	2	4				6	1	10		5		7					14	3	11	9	8				12

R3 and QF a.e.t. SF won 4-3 on penalties a.e.t. Final at Wembley Stadium.

1988/89 18th in Division 3

#		Date	Opponent	Score	Scorers	Att	Beavon MS	Conroy MK	Curle K	Elsey KW	Francis SS	Franklin PL	Gernon FAJ	Gilkes ME	Gordon CK	Hicks M	Jones L	King AJ	Knight K	Moran SJ	Payne LJ	Phillips GC	Richardson SE	Senior TJ	Tait MP	Taylor L	Taylor SD	Whitehurst W	Whitlock M	Williams A
1	Aug	27	SHEFFIELD UNITED	1-3	Gilkes	5512	4		2	14	1	6		11	12	5	7			10				3		9	8			
2	Sep	3	Wolverhampton Wan.	1-2	Whitehurst	10513			6	2	1			11		5	7			10				3		4	8	9		
3		10	BOLTON WANDERERS	1-1	Whitehurst	4660	8		6	2	1			11		5	7			10				3		4		9		
4		17	Wigan Athletic	0-3		2534	4		6	2	1	7		11	9	5			14	10				3			8	12		
5		21	SOUTHEND UNITED	4-0	Knight, Beavon(p), Gordon, Hicks	4062	4		6	8	1	14	3	11	9	5								7	10		2			12	
6		24	Gillingham	1-0	Moran	4446	4		6	8	1	2	3	11	9	5								7	10				12		
7	Oct	1	CHESTER CITY	3-1	Tait, Knight 2	4376	4		6	8	1	2	3	11		5								7	10		9				
8		4	Bury	1-2	Tait	2027	4	14	6	8	1	2	3	11		5			12					7	10		9				
9		8	Cardiff City	2-1	Conroy, Gilkes	4057	4	9	6	8	1	2	3	11					12					7	10		5				
10		15	MANSFIELD TOWN	1-0	Beavon(p)	6604	4		6	8	1	2	14	11		5	7				12				3	9	10				
11		22	Notts County	3-3	Elsey, Senior, Gilkes	5170		10		8	1		6	11		5				7				3	9		4			2
12		26	BRISTOL ROVERS	3-1	Conroy 2, Knight	7150		10		8	1		3	11		5	7		12					2	9	6	4				
13		29	Northampton Town	3-1	Gilkes, Conroy, Jones	4355	4	10		3			6	11		5	7					1		2	9		8				
14	Nov	5	BRENTFORD	2-2	Jones, Knight	7974	4	10		3		2	6	11		5	7		14	12		1			9		8				
15		8	Fulham	1-2	Senior	6934	4	10		2			3	11		5	7		14	12		1			9	6	8				
16		12	PRESTON NORTH END	2-2	Moran, Senior	6225	4			8		2		11		5	7			10		1		3	9	6	12				
17		26	CHESTERFIELD	0-0		4775				4		12	3	11		5				7	10	1		2	9	6	8				
18	Dec	3	Bristol City	1-2	Senior	8045				4		2		11		5				7	10	1		3	9	8	12		6		
19		17	Port Vale	0-3		4779		10		4		2	6	11		5				7		1		3	9	8					
20		26	ALDERSHOT	3-1	Knight, Tait 2	6350				4			3	11		5				7		1		2	9	10	8		6		
21		30	BLACKPOOL	2-1	Senior (p), Knight	5554	14	12		4		2	3	11		5				7		1			9	10	8		6		
22	Jan	2	Swansea City	0-2		6772	14	10		4		2	3	11		5				7		1		12	9		8		6		
23		14	WOLVERHAMPTON W.	0-2		9353	4	10		14			3	11		5				7	12	1		2	9	8			6		
24		21	Bolton Wanderers	1-1	Hicks	5172	4			8			12	11		5	7			10		1		3	9				6	2	
25	Feb	4	Chester City	0-3		2389	4	12		8			6	11		5	2			10		1		3	9	7			6		
26		11	BURY	1-1	Moran	3804	4			8				11		5	2			10		1		3	9	7			6		
27		18	CARDIFF CITY	3-1	Gilkes, Moran, Senior	4359	4			8				11		5	2			10		1		3	9	7			6		
28		25	Mansfield Town	1-2	Senior	3012	4			8				11		5	2			10		1		3	9	7			6		
29	Mar	1	Bristol Rovers	1-1	Elsey	4573	4	12		8				11		5	2			10		1		3	9	7			6		
30		4	NOTTS COUNTY	1-3	Beavon	4153	4			8				11		5	2			10		1		3	9	7			6		12
31		7	Huddersfield Town	2-2	Senior 2	4933	4			12				11		5	7			10		1		3	9	8			6		2
32		11	Brentford	2-3	Senior, Jones	6866	4							3		5	7			10	11	1		2	9	8			6		
33		15	NORTHAMPTON T	1-1	Payne	3746	4							3		5			12	10	11	1		2	9	8			6		
34		18	Sheffield United	0-1		11867	4			8				10		5	2		7		11	1			9	6					
35		25	SWANSEA CITY	2-0	Senior 2	4367	4			8				10		5	2		7	12	11	1		3	9	6			14		
36		27	Aldershot	1-1	Beavon (p)	4960	4			8				10		5	2		7	12	11	1		3	9	6					
37	Apr	1	PORT VALE	3-0	Beavon, Gilkes, Senior	4501	4			8	1			10		5	2		7	12	11			3	9	6					
38		5	HUDDERSFIELD T	2-1	Senior 2	3802	4			8	1			10		5	2		7	12	11			3	9	6					
39		8	Blackpool	4-2	Elsey, Gilkes, Payne, Beavon	2792	4			8	1		12	10		5	2		7		11			3	9				6		
40		14	Southend United	1-2	Gilkes	4623	4			8	1			10		5	2		7	12	11			3	9	6					
41		19	WIGAN ATHLETIC	0-3		3821	4			8	1			10		5					11			3	9	6					2
42		22	GILLINGHAM	1-2	Gilkes	3511	4			8	1		12	3		5			7	10	11			2	9	6					
43		29	Preston North End	1-2	Beavon (p)	7005	4			8	1			10		5			7		11			3	9	6					2
44	May	1	FULHAM	0-1		5152	4			8	1		3	10		5			7	12	11			2	9	6		14			
45		5	BRISTOL CITY	1-2	Hicks	3620	4			8	1			10		5	2		7	12	11			3	9				6		14
46		13	Chesterfield	4-2	Senior, Payne, Beavon 2 (2p)	3147	4			8	1	2		10		5					11			3	9	6					7
					Apps		39	13	10	44	22	16	22	46	4	45	29	1	29	34	15	24		39	37	36	14	3	2	17	8
					Goals		9	4		3				9	1	3	3		7	4	3				16	4			2		

F.A. Cup

		Date	Opponent	Score	Scorers	Att																									
R1	Nov	19	HENDON	4-2	L Taylor 2, Elsey, Senior	5096	4			7			3	11		5			12	10		1		2	9	6	8				
R2	Dec	10	MAIDSTONE UNITED	1-1	Senior	5249				4		2	6	11		5				7	10	1		3	9		8				
rep		14	Maidstone United	2-1	Gernon, Senior	2821		10		4		2	6	11		5				7		1		3	9		8				
R3	Jan	7	Tranmere Rovers	1-1	Elsey	7799	4	10		8		2		11		5				12		1		3	9	7			6		
rep		11	TRANMERE ROVERS	2-1	Senior, Franklin	6574	12	10		4		2		11		5				7		1		3	9	8			6		
R4		28	Grimsby Town	1-1	Saunders (og)	9401	4			8			6			5	7			10		1		3	9	11					2
rep	Feb	1	GRIMSBY TOWN	1-2	Moran	8541	4			8			6	11		5	7			12		1		3	9	10					2

F.L. Cup (Littlewoods Challenge Cup)

		Date	Opponent	Score	Scorers	Att																									
R1/1	Aug	30	Torquay United	1-0	Moran	2182			6	2	1			11		5	7			10				3		4	8	9			
R1/2	Sep	7	TORQUAY UNITED	3-1	Tait, Beavon(p), Moran	3883	12		6	2	1			11		5	7			10				3		4	8	9			
R2/1		28	BRADFORD CITY	1-1	Tait	4013	4	14	6	3	1	2		11	9	5	12		7	10					8						
R2/2	Oct	12	Bradford City	1-2	Jones	6256	4		6	8	1	2		11		5	7			10				3	9						

R2/2 a.e.t.

A.M. Cup (Sherpa Van Trophy)

		Date	Opponent	Score	Scorers	Att																									
PR	Nov	30	ALDERSHOT	5-2	Senior 2, Knight, Moran	2837				4		2		11		5			7	10		1		3	9	6	8				
PR	Dec	6	Leyton Orient	1-1	Senior	1174	12			4		2		11		5			7	10		1		3	9		8		6		
R1	Jan	18	HEREFORD UNITED	2-3	Williams, Senior	2175	4	14		8			12	11		5			7	10		1		3	9				6		2

86

1989/90   10th in Division 3

						Bashir N	Beavon MS	Conroy MK	Francis SS	Friel GP	Gernon FAJ	Gilkes ME	Gooding MC	Hicks M	Jones L	Knight K	Lemon PA	Leworthy D	Moran SJ	Payne LJ	Richardson SE	Senior TJ	Tait MP	Taylor SD	Whitlock M	Williams A	Wood D
1	Aug 19	SHREWSBURY TOWN	3-3	Taylor. Hicks. Gilkes	3772		4		1		3	10		5	7							11	2	9	8			6
2	25	Crewe Alexandra	1-1	Williams	3311		4		1			10		5	7							11	3	9	8		2	6
3	Sep 2	TRANMERE ROVERS	1-0	Conroy	4548		4	11	1			10		5	7								3	9	8		2	6
4	9	Notts County	0-0		4697		4	11	1			10		5	7			12					3	9	8		2	6
5	16	WALSALL	0-1		3692	14	4	12	1			10		5	7							11	3	9	8		2	6
6	23	Swansea City	6-1	Senior 3, Hicks, Knight, Wood	3511	12	4		1			10		5	2	7						11	3	9	8			6
7	26	CHESTER CITY	1-1	Bashir	4296	8	4	12	1			10		5	2	7						11	3	9				6
8	30	Bristol Rovers	0-0		6120		4		1		8	10		5	2	7		12				11	3	9				6
9	Oct 6	Blackpool	0-0		3321		4		1		11	10		5	2	7							3	9	8			6
10	14	HUDDERSFIELD T	0-0		3959		4	12	1			10		5	2	7		11					3	9	8			6
11	17	FULHAM	3-2	Senior, Beavon (p), Mauge (og)	4743		4		1			10		5	2	7		11					3	9	8			6
12	21	Leyton Orient	1-4	Leworthy	4280		4	12	1			10		5	2	7		11					3	9	14	8		6
13	28	MANSFIELD TOWN	1-0	Leworthy	3242		4		1			10		5	2	7		11					3	9	8	12		6
14	31	Wigan Athletic	1-3	Senior	2029		4	12	1	10				5	2	7		11					3	9				6
15	Nov 4	BIRMINGHAM CITY	0-2		3527		4	12	1			10				2		11			14			9		8	3		6
16	11	Bury	0-4		3183		4	12	1					5	2			11		10				9		8	3	7	6
17	25	BRISTOL CITY	1-1	Senior	5353		4	10	1					5	2	7			14			11	3	9	8	12	6	
18	Dec 2	Preston North End	0-1		5081		4	10	1					5	2	7			14			11	3	9	8	12	6	
19	17	Northampton Town	1-2	Beavon	3025		4		1			12		5	2		7		10	11		3	9	8		6		
20	26	BRENTFORD	1-0	Senior	5590		12		1			10	4	5	2		7			11		3	9	8		6		
21	30	ROTHERHAM UNITED	3-2	Senior, Moran 2 (1p)	3924				1			10	4	5	2		7			11		3	9	8		6		
22	Jan 13	CREWE ALEXANDRA	1-1	Gooding	4645		7		1			10	4	5	2					11		3	9	8		6		
23	20	Shrewsbury Town	1-1	Moran	3504		7	8	1			10	4	5	2			12	11		3	9			6			
24	Feb 10	Walsall	1-1	Senior	3506		6		1			10	4		2			12	11		3	9	8	7	5			
25	12	Tranmere Rovers	1-3	Moran	5264			6	1			10	4		2			12	11		3	9	8	7			5	
26	17	PRESTON NORTH END	6-0	Moran,Senior 2,Bennett(og),Leworthy 2	3798			6	1			10	7		2			12	11		3	9	8				4	
27	20	SWANSEA CITY	1-1	Moran (p)	4064			6	1			10	7	5	2			12	11		3	9	8				4	
28	24	Bristol City	1-0	Leworthy	10616			6	1			10	7	5	2			12	11		3	9	8				4	
29	Mar 3	BOLTON WANDERERS	2-0	Tait, Gooding	4461		12	6	1			10	7	5	2				9	11		3		8				4
30	6	Bristol Rovers	0-1		6147		12	6	1			10	7	5		2			9	11	14	3		8				4
31	9	Chester City	1-1	Leworthy	1986			6	1			10	7	5					9	11		3		8			2	4
32	17	BLACKPOOL	1-1	Moran (p)	3752			6	1			10	7	5	2				9	11		3		8				4
33	20	Huddersfield Town	1-0	Tait	4588		11	6	1			10	7	5	2				9	14		3		8	12			4
34	24	Fulham	2-1	Beavon, Conroy	4835		11	6	1			10	7	5	2				9			3			8		3	4
35	31	LEYTON ORIENT	1-1	Leworthy	4130		11	6	1			10	7	5	2				9	12		3		8				4
36	Apr 3	Bolton Wanderers	0-3		4679		11	6	1			10	7	5	2				9	14		3		8	12			4
37	7	Mansfield Town	1-1	Tait	2568		11	6	1			10	7	5	2					9		3		8				4
38	10	WIGAN ATHLETIC	2-0	Moran, Williams	3009		11	6	1			10	7	5	2					9		3		8			4	
39	14	CARDIFF CITY	0-1		3198		11	6	1			10	7	5	2			12	9			3		8	14		4	
40	16	Brentford	1-1	Gooding	5594			6	1			12	7	5	2					11		3	9	8	10		4	
41	21	NORTHAMPTON T	3-2	Moran 2, Senior	3140			6	1			10	7	5						11		3	9	8	2		4	
42	24	Rotherham United	1-1	Senior	3719			6	1			10	7	5						11		3	9	8	2		4	12
43	28	BURY	1-0	Wood	3259			6	1			10	7	5					12	11		3	9	8	14		4	2
44	May 1	Cardiff City	2-3	Moran, Senior	3508			6	1			10	7	5	14				12	11		3	9				4	2
45	3	NOTTS COUNTY	1-1	Taylor	3132			6	1	14		10	7	5					12	11		3	9	8	2		4	
46	5	Birmingham City	1-0	Gilkes	14278			6	1	11		10	7	5					8			3	9		2		4	

	Apps	3	32	34	46	3	3	42	27	44	39	13	3	28	28	12	43	35	28	29	10	16	32
	Goals	1	3	2			2	3	2		1			7	11			14	3	2		2	2

Two own goals

F.A. Cup

R1	Nov 18	Bristol Rovers	1-1	Conroy	6115		4	10	1		3			5	2	7						11		9	8		12		6
rep	21	BRISTOL ROVERS	1-1	Senior	6015		4	10	1					5	2	7			14	11		3	9	8		12		6
rep2	27	Bristol Rovers	1-0	Senior	6782		4	10	1					5	2	7				11		3	9	8	12	6		
R2	Dec 9	WELLING UNITED	0-0		4998		4	10						5	2	7			12	11		3	9	8	14	6		
rep	13	Welling United	1-1	Beavon (p)	3444		4		1					5	2				10	11		3	9	8		6		7
rep2	19	WELLING UNITED	0-0		4138		4		1			10		5	2			12		11		3	9	8		6		7
rep3	22	Welling United	2-1	Moran 2	2737		4		1			10		5	2					11		3	9	8		6		7
R3	Jan 6	SUNDERLAND	2-1	Jones 2	9344		7		1			10	4	5	2					11		3	9	8		6		
R4	27	NEWCASTLE UNITED	3-3	Jones, Senior, Gilkes	11989		7	14	1			11	4	5	2			12	10			3	9	8		6		
rep	31	Newcastle United	1-4	Senior	26233		7	14	1			10	4	5	2					11		3	9	8		6		12

R1 replay and R2 replay and replay 2 a.e.t.   Played in R2 and R2 replay two: Burns (at 1)

F.L. Cup (Littlewoods Challenge Cup)

R1/1	Aug 22	Bristol City	3-2	Gilkes 3	6318		4		1			10		5	7							11	3	9	8			2	6
R1/2	29	BRISTOL CITY	2-2	Senior, Gilkes	4457		4	12	1			10		5	7							11	3	9	8			2	6
R2/1	Sep 19	NEWCASTLE UNITED	3-1	Senior 2, Taylor	7960	12	4		1			10		5	2	7						11	3	9	8				6
R2/2	Oct 4	Newcastle United	0-4		15220		4	11	1			10		5	2	7			12				3	9	8				6

A.M. Cup (Leyland DAF Cup)

PR	Jan 15	BRISTOL CITY	1-1	Moran	1784			9				10	4	5					12	11	7	3		8			6	2
PR	17	Swansea City	2-1	Tait, Senior	1829		7		1			10	4	5	2					11		3	9	8	12	6		
R1	23	Brentford	1-2	Moran (p)	3928		7	8				10	4	5	2				14	11		3	9		12	6		

Played v. Bristol City: PM Burns (at 1)

87

1990/91   15th in Division 3

#	Date		Opponent	Score	Scorers	Att	Bailey DS	Brooke GJ	Burns PM	Conroy MK	Edwards MD	Francis SS	Friel GP	Gilkes ME	Gooding MC	Hicks M	Jones L	Knight K	Leworthy D	Lovell SA	Maskell CD	McPherson KA	Moran SJ	Morrow SJ	Richardson SE	Senior TJ	Seymour CD	Smith MA	Statham B	Streete FA	Taylor SD	Williams A
1	Aug	25	Exeter City	3-1	Moran, Senior, Maskell	5694				6		1	12		7	5	2		14		10	4	11		3	9	8					
2	Sep	1	PRESTON NORTH END	3-3	Moran 2, Friel	4383				6		1	8		7	5		2	12		10	4	11		3	9						
3		8	Bradford City	1-2	Maskell	7034				6		1			7	5	2		12		10	4	11		3	9					8	
4		15	CAMBRIDGE UNITED	2-2	Senior, Maskell	4124				6		1	8		7	5	2		12		10	4	11		3	9					14	
5		18	CREWE ALEXANDRA	2-1	Moran 2	3663						1	8		7	5	2				10	4	11		3	9					6	
6		22	Huddersfield Town	2-0	Senior 2	4689			1	12			8	14	7	5	2				10	4	11		3	9					6	
7		29	Rotherham United	2-0	Senior, Maskell	4052			1	6			8	14	7	5	2				12	4	11		3	9					10	
8	Oct	2	BOURNEMOUTH	2-1	Senior, Maskell	5431			1	6				11	7	5	2				10	4			3	9					8	
9		6	BIRMINGHAM CITY	2-2	McPherson, Senior	5695			1	6				11	7		2				10	4			3	9	5				8	
10		13	Wigan Athletic	0-1		2576			1	6			12	11	7	5	2				10	4			3	9					8	
11		20	Bury	1-2	McPherson	2807			1	6				11	7	5			12		10	4			3	9	8			2	14	
12		23	BRENTFORD	1-2	Senior	6562			1	12				11	3		5		7	14	10	4			2	9				6	8	
13		27	LEYTON ORIENT	1-2	Senior	4513			1					11	3	7	5		8		12	4	10			9	2			6	14	
14	Nov	3	Stoke City	1-0	Moran	12096			1	10					3	7	5	2			12	4	11			9					8	6
15		10	Bolton Wanderers	1-3	Gooding	4648			1	10					3	7	5	2			12	4	11		8	9					14	6
16		24	SOUTHEND UNITED	2-4	Moran, Senior	3927				10		1			3	7		2	11		9	4	14			12				5	8	6
17	Dec	1	FULHAM	1-0	Lovell	4073				9		1	11	3	7	5			10	8		4			2					6	
18		14	Tranmere Rovers	0-0		4691				10		1			11	7	5	2		8		4			3	9					6	
19		22	Swansea City	1-3	Lovell	3778				10		1			11	7	5	2		8	12	4			3	9					6	
20		26	GRIMSBY TOWN	2-0	Gooding 2	3045	6					1			11	7	5	2		8	10	4			3	9						
21		29	MANSFIELD TOWN	2-1	Senior, Jones	4100	6					1			11	7	5	2		12	10	4			3	9		8				
22	Jan	12	Preston North End	2-1	Maskell (p), Gilkes	4471	6					1			11	7	5	2		12	10	4			3	9		8				
23		19	EXETER CITY	1-0	Maskell	5123	6					1			11	7	5	2			12	4		3		9		8				
24		26	WIGAN ATHLETIC	3-1	Maskell, Senior 2	3416	6					1			11	7	5	2			8	4		3		9						
25	Feb	1	Crewe Alexandra	0-1		3358	6					1			11	7	5	2	12	8	10	4		3		9						
26		19	Southend United	2-1	Moran, Bailey	4588	6				14	1			10	7	5	2		12		4	11	3		9						8
27		23	BOLTON WANDERERS	0-1		5997	6				1	12			7	5	2		8			4	11	3		9					10	
28	Mar	2	Fulham	1-1	Gooding	4475	6	12		10		1			7	5	2		8			4	11	3		9					14	
29		5	Chester City	0-1		631	6	14		8		1			7	5			12		10	4	11	3	2	9						
30		9	TRANMERE ROVERS	1-0	Gooding	4440	6	9				1			7	5			8		10	4	11	3	2						12	
31		12	Bournemouth	0-2		5921	6	12				1			7	5			8		10	4	11	3	2						9	
32		16	ROTHERHAM UNITED	2-0	Gooding, McPherson	3250	6					1			7	5			8		10	4	11	3	2	12					9	
33		23	Birmingham City	1-1	Jones	6795	6					1			7	5	2		8		10	4			3	9					11	
34		26	HUDDERSFIELD T	1-2	Taylor	4231	6			12		1			7	5			8		10	4	14		3	9	2				11	
35		30	Grimsby Town	0-3		7219	6			9	14	1			7	5			8		10	4			3	12		2			11	
36	Apr	1	SWANSEA CITY	0-0		3597	6			9	11	1			7	5			8		10	4			3	12		2			14	
37		6	Mansfield Town	0-2		2005	6			9	11	1			7	5			8	14		4	10		3	12		2				
38		9	Cambridge United	0-3		5825	6			10	11	1			7	5						4			3	9		2			8	
39		13	CHESTER CITY	2-2	Conroy, Gooding	2707	6			10	11	1			7	5	8		12			4	14		3	9		2				
40		20	BURY	1-0	Maskell	3081	6			9	11	1			7	5	8		12	10		4	14		3			2				
41		23	SHREWSBURY TOWN	1-2	Bailey	2422	6			9	11	1	12		7	5	8		3	10		4	14					2				
42		27	Brentford	0-1		6398	6			10	12	1			7	5			8			4	11			9		2			3	
43		30	BRADFORD CITY	1-2	Maskell	1934	6			3		1			7	5			8	12	4	11			9	14					10	2
44	May	4	Leyton Orient	0-4		2644			1	3				12	7	5			8	10	4	11				6					9	2
45		7	Shrewsbury Town	1-5	Senior	2425	6		1	3						5			8	10	4				9	11					7	2
46		11	STOKE CITY	1-0	Senior	4101	6			3		1			7	5			8	10	4			2	9	12					11	
					Apps		26	4	12	33	8	34	13	21	44	44	27	1	10	30	38	46	26	10	32	40	9	3	8	4	32	7
					Goals		2			1			1	1	7		2			2	10	3	8			15					1	

F.A. Cup

R1	Nov	17	Colchester United	1-2	Hicks	3761				10		1	7	3		5	2				12	4	11			9					8	6

F.L. Cup (Rumbelows Cup)

R1/1	Aug	28	OXFORD UNITED	0-1		5254				6		1	14	12	7	5	2				10	4	11		3	9						8
R1/2	Sep	5	Oxford United	1-2	Hicks	4238				6		1			7	5	2				10	4	11		3	9					8	

A.M. Cup (Leyland DAF Cup)

PR	Nov	27	Aldershot	1-3	Leworthy	2159						1			3	7	5		10	14		4	11		2	9				6	12	8
PR	Dec	7	SOUTHEND UNITED	1-4	Gooding	1472				12		1		11	3	7	5		10	8		4			2	9					6	

88

1991/92 — 12th in Division 3

#		Date	Opponent	Score	Scorers	Att
1	Aug	17	HULL CITY	0-1		4639
2		24	Hartlepool United	0-2		2858
3		31	BURY	3-2	Senior, McPherson, McGhee	2886
4	Sep	3	Swansea City	2-1	Byrne, Senior	3206
5		7	BIRMINGHAM CITY	1-1	Byrne	6649
6		14	Brentford	0-1		5775
7		17	Torquay United	2-1	Senior, Holzman	2591
8		21	BRADFORD CITY	1-2	Gooding	3765
9		28	Exeter City	1-2	Lovell	3383
10	Oct	5	BOURNEMOUTH	0-0		4033
11		11	Wigan Athletic	1-1	Cockram	1817
12		19	PETERBOROUGH UTD.	1-1	Dillon (p)	2954
13		26	Shrewsbury Town	2-1	Dillon, Taylor	2398
14	Nov	2	Bolton Wanderers	1-1	Gooding	3632
15		5	DARLINGTON	2-2	Maskell, Williams	2808
16		9	WEST BROMWICH ALB.	1-2	Taylor	5826
17		23	Chester City	2-2	Maskell 2 (1p)	1124
18		30	STOCKPORT COUNTY	1-1	Maskell	3511
19	Dec	20	HARTLEPOOL UNITED	0-1		2535
20		26	Bury	1-0	Maskell	2333
21		28	Hull City	1-0	Senior	3661
22	Jan	1	SWANSEA CITY	1-0	Senior	5083
23		11	HUDDERSFIELD T	1-0	Senior	4732
24		18	Stoke City	0-3		10808
25	Feb	1	Peterborough United	3-5	Richardson, Lee, Maskell (p)	3792
26		8	SHREWSBURY TOWN	2-1	Lee, Senior	3303
27		11	Stockport County	0-1		3720
28		15	FULHAM	0-2		4388
29		22	Huddersfield Town	2-1	Lee, Williams	6259
30		29	PRESTON NORTH END	2-2	Lee 2	3390
31	Mar	4	STOKE CITY	3-4	Lovell, Williams, Gooding	3986
32		7	Leyton Orient	1-1	Maskell	4436
33		10	Darlington	4-2	Maskell 3, Cork (og)	2388
34		14	BOLTON WANDERERS	1-0	P Brown (og)	3515
35		21	West Bromwich Albion	0-2		10707
36		28	CHESTER CITY	0-0		2813
37	Apr	1	BRENTFORD	0-0		5660
38		4	Birmingham City	0-2		12229
39		7	Fulham	0-1		3499
40		11	TORQUAY UNITED	6-1	Dillon, Lovell, Barkus, McGhee, Maskell 2	3111
41		14	Preston North End	1-1	Maskell	3204
42		18	Bradford City	0-1		5492
43		20	EXETER CITY	1-0	McGhee	3325
44		25	Bournemouth	2-3	Watson (og), Williams	6486
45		29	LEYTON ORIENT	3-2	Maskell 2, McGhee	2690
46	May	2	WIGAN ATHLETIC	3-2	Maskell (p), McGhee, Lovell	2748

Played in game 23: S Archibald (at 10). In game 25: NJ Fealey (6)
In game 24: A Gray (14). In games 28, 42 (at 12): AP Giamettei
In games 14, 15 and 16: SJ Morrow (at 3).
D Bass played at 14 in game 44 and 6 in games 45 and 46.

Three own goals

F.A. Cup

		Date	Opponent	Score	Scorers	Att
R1	Nov	16	Slough Town	3-3	Williams, Gooding, Taylor	3990
rep		27	SLOUGH TOWN	2-1	Williams, Lovell	6363
R2	Dec	7	Peterborough Utd.	0-0		5328
rep		17	PETERBOROUGH UTD.	1-0	Lovell	4373
R3	Jan	4	Bolton Wanderers	0-2		7301

Played in R1 replay: Honey (at 1)

F.L. Cup (Rumbelows Cup)

		Date	Opponent	Score	Att
R1/1	Aug	21	Cambridge United	0-1	3701
R1/2		28	CAMBRIDGE UNITED	0-3	3578

A.M. Cup (Autoglass Trophy)

		Date	Opponent	Score	Att
PR	Oct	22	Leyton Orient	0-1	1052
PR	Nov	20	NORTHAMPTON TOWN	0-2	1151

1992/93   8th in the new Football League Division 2

#		Date	Opponent	Score	Scorers	Att	Barkus LP	Bass D	Dillon KP	Francis SS	Gilkes ME	Gooding MC	Gray A	Hislop NS	Holzman MR	Hopkins J	Jackson DW	Jones T	Lambert CJP	Lovell SA	McCance D	McDonald DH	McGhee ME	McPherson KA	Moody P	Parkinson PJ	Quinn JM	Richardson SE	Taylor SD	Viveash AL	Williams A
1	Aug	15	Hartlepool United	1-1	Quinn	4129	11		8	1								2		12			10	4		6	9	3	7		5
2		22	LEYTON ORIENT	1-1	McGhee	4207	12		8	1					2			11					10	4		6	9	3	7		5
3		29	Bolton Wanderers	1-2	Williams	4877			8	1	7	2						11					10	4		6	9	3			5
4	Sep	5	HULL CITY	1-2	Taylor	3465	12			1	7	2						11					10	4		6	9	3	8		5
5		9	West Bromwich Albion	0-3		13164	7		8			2			3			11					12	4		6	9		10		5
6		16	ROTHERHAM UNITED	3-1	Quinn 2, Gilkes	2491	12		8		7			1	3			11	14	10				4		6	9	2			5
7		19	WIGAN ATHLETIC	4-0	Quinn 2, Gilkes, Gooding	3084			8		7	2		1	3			11	12	10				4		6	9				5
8		26	Brighton & Hove Albion	1-0	Lovell	7341		6	8		7	2		1	3			11		10				4			9	12			5
9	Oct	2	FULHAM	3-0	Lovell, Quinn, Gilkes	7204			8		7	2		1	3			11		10				4		6	9				5
10		10	Huddersfield Town	0-0		5281			8		7	2		1	3			11	14	10				4		6	9	12			5
11		17	BRADFORD CITY	1-1	Gilkes	4348			8		7	2		1	3			11	14	10				4		6	9	12			5
12		20	Preston North End	0-2		3330			8		7	2		1	3			11	12	10				4		6	9				5
13		24	Swansea City	1-2	Williams	5227			8		7	2		1	3			11		10			12	4		6		9	14		5
14		31	PLYMOUTH ARGYLE	3-0	Jones, Quinn, McPherson	5088			8		7	2		1	3			11	12				10	4			9	5	6		
15	Nov	3	Burnley	1-1	McGhee	8382			8	1	7	2			3			11	12				10	4			9	5	6		
16		7	BLACKPOOL	0-0		4163			8	1	7	2			3			11					10	4			9	12	6		5
17		21	Bournemouth	1-1	Gilkes	4418			8		7	2		1	3			11	10					4		6	9				5
18		28	EXETER CITY	2-3	Quinn, Parkinson	4015	12				7	2	10	1	3			11	14					4		6	9	8			5
19	Dec	12	Chester City	3-0	Gilkes 2, Lambert	2011			8	1	7	5			3			11	10					4	9	6		2			
20		19	STOCKPORT COUNTY	2-4	Gilkes, Moody	3832			8	1	7	2			3			11	10					4	9	6					5
21		26	STOKE CITY	0-1		7269			8	1	7	14			3			11	10	12				4	9	6		2			5
22		28	Mansfield Town	1-1	Lambert	3043	7		8	1		2						11		5			4	10		6	9		3		
23	Jan	9	Rotherham United	2-3	Quinn 2	4482	7		8	1		2		6				11					4	10			9		12	3	5
24		16	BRIGHTON & HOVE ALB	3-0	Taylor 2, Gooding	4400			8	1	7	2		6									4			10	9		11	3	5
25		23	Wigan Athletic	1-1	Lambert	1860			8	1	7			6	2				12				4			10	9		11	3	5
26		27	BOLTON WANDERERS	1-2	Williams	4640			8	1	7			6	2				10	12			4			14	9		11	3	5
27		30	Leyton Orient	2-1	Dillon, Parkinson	5466			8	1	7	4		6	2											10	9		11	3	5
28	Feb	6	HARTLEPOOL UNITED	2-0	Williams, Quinn	3431			8	1	7	3	10		2		4		12							6	9		11		5
29		13	Hull City	1-1	Gray	3593			8	1	7	3	12			2	4		10				5			6	9		11		
30		20	PRESTON NORTH END	4-0	Taylor. Gilkes, Gray, Quinn	3543			8	1	7	2	10			5	3		12							4	6	9		11		
31		27	HUDDERSFIELD T	2-1	Gray, Gilkes	3948			8	1	7	2	10			5	3			12						4	6	9		11		
32	Mar	6	Fulham	0-0		4818			8	1	7	2				5	3					10		4			6	9		11		
33		10	PORT VALE	1-0	Hopkins	4873			8	1	7	3	10			5						2		4			6	9		11		
34		13	Blackpool	1-0	Quinn	4160			8	1	7	3	10			5			12			2		4			6	9		11		14
35		20	BURNLEY	1-0	Gilkes	6398			8	1	7	3	10		14	5			12			2		4				9		11		6
36		23	Exeter City	0-0		2874		6	8	1	7	3	10			5			12			2		4				9		11		
37		27	BOURNEMOUTH	3-2	Lovell 2, Quinn	5978			8	1	7	3				5			12	10		2		4			6	9		11		
38	Apr	3	Port Vale	1-3	Quinn	7099			8	1	7	3				14	5		12	10		2		4			6	9		11		
39		7	CHESTER CITY	1-0	Parkinson	3754			8	1	7					12	5		11	10		2		4			6	9		3		
40		10	Stoke City	0-2		16964		7	8	1			14			3	5		12	10		2		4			6	9		11		
41		12	MANSFIELD TOWN	3-1	Lovell, Gooding, Taylor	4904				1	7	3				8	5			10		2		4			6	9		11		
42		16	Stockport County	2-2	Quinn (p), Lovell	5001		2		1		3				8	5			10				4		12	6	9		11		7
43		21	WEST BROMWICH ALB.	0-1	Parkinson	8026	12			1	7	3				2				10				4		8	6	9		11		5
44		24	Bradford City	0-3		7042				1	7	3				2	8			10				4		12	6	9		11		5
45	May	1	SWANSEA CITY	2-0	Quinn (p), Lovell	6922		11	8	1		3	12							10				4		2	7	9		11		5
46		8	Plymouth Argyle	2-2	Lovell, Gilkes	5137			8	1	7	3			2				12	10				4			6	9		11		5
					Apps		9	5	40	34	38	40	11	12	16	36	5	21	27	22	1	11	13	44	5	39	42	15	32	5	31
					Goals				1		12	3	3		1	1			3	8			2	1	1	4	17		5		4

F.A. Cup

		Date	Opponent	Score	Scorers	Att																									
R1	Nov	15	BIRMINGHAM CITY	1-0	Quinn	7667			8	1	7	2			3			11	10	12				4		6	9				5
R2	Dec	5	LEYTON ORIENT	3-0	Quinn 2 (1p), Parkinson	7213			8	1	7	12			3			11	10	14				4		6	9	2			5
R3	Jan	2	Manchester City	1-1	Taylor	20523				1	7	2		8	3									4		6	9		11		5
rep		13	MANCHESTER CITY	0-4		12065	14		8	1	7	2		6	3				10	12				4			9		11		5

F.L. Cup (Coca Cola Cup)

		Date	Opponent	Score	Scorers	Att																									
R2/1	Sep	22	Watford	2-2	Quinn, Williams	4036			8		7	2		1	3			11		10				4		6	9				5
R2/2	Oct	7	WATFORD	0-2		7386			8		7	2		1	3			11	12					4		6	9		10		5

A.M. Cup (Autoglass Trophy)

		Date	Opponent	Score	Scorers	Att																									
R1	Dec	1	BRIGHTON & HOVE ALB.	1-1	Gilkes	1209			8		7	2		1			6		11	10				4		14	9	3	12		5
R1	Jan	5	Bournemouth	1-1	Viveash	1218	7					2		1	8					12				4	10	6	9		11	3	5
R2	Feb	9	Exeter City	2-2	Quinn 2	1677			8	1		7	10		2	3	4			12						6	9		11		5

R2 lost on 2-4 penalties a.e.t.

1993/94 Champions of Division 2

#		Date	Opponent	Result	Scorers	Att	Bass D	Carey AW	Dillon KP	Gilkes ME	Gooding MC	Gray A	Hartenberger U	Hislop NS	Hopkins J	Humphrey J	Jones T	Kerr D	Lambert CJP	Lovell SA	McPherson KA	Parkinson PJ	Quinn JM	Ranson R	Taylor SD	Wallace RG	Williams A	Witter AJ
1	Aug	14	Huddersfield Town	3-0	Gooding, Quinn, Lovell	6415			8	7	11			1				3		10	4	6	9	2			5	
2		21	BURNLEY	2-1	Quinn, McPherson	6030			8	7	11			1				3		10	4	6	9	2			5	
3		28	Brentford	0-1		6848			8	7				1	12		14	3		10	4	6	9	2	11		5	
4	Sep	1	BARNET	4-1	Gooding, Parkinson, Quinn, Gilkes	4971			8	7	11			1	12		14	3		10	4	6	9	2			5	
5		4	CAMBRIDGE UNITED	3-1	Quinn 2, Parkinson	5007			8	7	11			1	4			3		10	12	6	9	2			5	
6		11	Wrexham	2-3	Jones (og), Lovell	3950			8	7	11	12		1	5			3		10	4	6	9	2				
7		15	Bradford City	4-2	Parkinson, Lovell, Quinn 2 (1p)	4853			8	7	11			1	2			3		10	4	6	9				5	
8		18	PLYMOUTH ARGYLE	3-2	Quinn 2, Gooding	6209			8	7	11	12		1	2			3		10	4	6	9				5	
9		25	HULL CITY	1-1	Hopkins	6453			8	7	11	12		1	5			3		10	4	6	9	2	14			
10	Oct	1	Swansea City	1-1	Hartenberger	4245			8	7	11		12	1	4			3		10		6	9	2			5	
11		9	Exeter City	6-4	Quinn 2, Lovell 2, Taylor 2	4725			8		11			1	5			3		10	4	6	9	2	7			
12		16	LEYTON ORIENT	2-1	Quinn 2	6066			8	12	11			1	4			3		10		6	9	2	7		5	
13		23	Port Vale	4-0	Lovell, Taylor, Quinn 2 (1p)	9252			8	12	11			1	4			3		10		6	9	2	7		5	
14		30	FULHAM	1-0	Quinn	7020			8	12	11			1	5			3		10	4	6	9	2	7			
15	Nov	2	Rotherham United	2-2	Lovell 2	3171			8	12	11			1	4			3		10		6	9	2	7		5	
16		6	BLACKPOOL	1-1	Quinn	6559			8	7	11		14	1	2			3		10	4	6	9		12		5	
17		20	Brighton & Hove Albion	1-0	Taylor	6309				7	11			1	4			3		10		6	9	2	8		5	
18		27	BOURNEMOUTH	3-0	Quinn 2, Gooding	5549			8	7	2			1	4			3	12	10		6	9		11		5	
19	Dec	11	Burnley	1-0	Gooding	11607			8	7	11		12	1	4	2		3				6	9		10		5	
20		18	HUDDERSFIELD T	0-0		5675			8	7	11			1	4	2		3		12		6	9		10		5	
21		28	STOCKPORT COUNTY	2-0	Lovell 2	11240			8	7	2			1	4			3		10		6	9		11		5	
22	Jan	1	Cardiff City	0-3		10257			8	7	6			1	4			3	12	10			9	2	11		5	
23		3	YORK CITY	2-1	Quinn 2	7199			8		6			1	4			3	7	10			9	2	11		5	
24		8	HARTLEPOOL UNITED	4-0	Quinn, Lovell, Gooding, Taylor	6217	14		8			7	12	1	4	2		3				6			11		5	
25		15	Leyton Orient	1-1	Lovell	6256			8			7		1	4	2		3				6	9		11		5	
26		22	EXETER CITY	1-0	Hartenberger	7174					8	7	12	1	4	2		3				6	9		11		5	
27		26	Bristol Rovers	1-1	Quinn (p)	7487					8	7		1	4	2		3				6	9		11		5	
28		30	Fulham	0-1		6911			8	7	11		14	1	4	2		3		10		6	9		12		5	
29	Feb	5	PORT VALE	1-2	Quinn (p)	7645			8		11		14	1	4	2	12	3		10	5	6	9		7			
30		12	Hartlepool United	4-1	Lovell 2, Taylor, Quinn	2218			8	12	11			1			10	3		14		6	9	2	7		5	4
31		19	BRENTFORD	2-1	Hopkins, Quinn	9056								1	2		11	3		10	8	6	9		7		5	4
32		26	Cambridge United	1-0	Quinn	4029					12			1	2		11	3	14	10	8	6	9		7		5	
33	Mar	5	WREXHAM	0-1		6311		14			8			1	5		11	3	12	6			9	2	7		10	4
34		12	Plymouth Argyle	1-3	Kerr	14953					8	6		1	4		11	3	12	10			9		7	2	5	
35		15	BRADFORD CITY	1-1	Lovell	5293					7	8		1	4		11	3		10		6	9		12	2	5	
36		19	Hull City	2-1	Quinn 2	7107					7	8		1	4			3		10		6	9		11	2	5	
37		26	SWANSEA CITY	2-1	Quinn (p), Lovell	6464			8	7	2			1	4			3		10		6	9		11		5	
38		29	York City	0-1		5558			8	7	2			1	4		12	3		10		6	9	14	11		5	
39	Apr	2	BRISTOL ROVERS	2-0	Quinn, Lovell	8035					7	8		1	4			3		10		6	9	2	11		5	
40		9	CARDIFF CITY	1-1	Gilkes	7129				7		8	14	1	4		12	3		10		6	9	2	11		5	
41		12	Barnet	1-0	Lovell	2289			8	12				1	4		7	3		10		6	9	2	11		5	
42		16	ROTHERHAM UNITED	0-0		6295			8	7	3		14	1			12			10	4	6	9	2	11		5	
43		23	Blackpool	4-0	Kerr, Lovell 2, Quinn	4529					8			1	2		7	3		10	4	6	9	12	11		5	
44		28	Stockport County	1-1	Gooding	7221				12	8			1	2		7	3		10	4	6	9		11		5	
45		30	BRIGHTON & HOVE ALB	2-0	Quinn 2 (1p)	11840				12	8			1	2		7	3		10	4	6	9		11		5	
46	May	5	Bournemouth	1-2	Quinn	7106			14	12	8			1	2		7	3		10	4	6	9		11		5	

Apps	1	1	32	39	41	5	9	46	42	8	17	45	6	45	20	42	46	24	38	3	41	4
Goals				2	7		2		2			2		20	1	3	35		6			

One own goal

F.A. Cup

	Date	Opponent	Result	Scorers	Att			Dillon	Gilkes	Gooding			Hislop	Hopkins			Kerr		Lovell	McPherson	Parkinson	Quinn	Ranson	Taylor		Williams	
R1	Nov 13	Cambridge United	0-0		4594				7	11			1	4			3		10		6	9	2	8		5	
rep	24	CAMBRIDGE UTD.	1-2	Gooding	4725				7	8		14	1	4			3		10	12	6	9	2	11		5	

F.L. Cup (Coca Cola Cup)

R1/1	Aug 18	NORTHAMPTON T	3-0	Quinn, Lovell, Parkinson	3283			8	7				1			11	3		10	4	6	9	2	12		5	
R1/2	Sep 7	Northampton Town	2-0	Gray, Dillon	1631			8	7	11	12		1	9			3		10	4	6		2	14		5	
R2/1	22	Manchester City	1-1	Lovell	9280			8	7	11			1			2	3		10	4	6	9				5	
R2/2	Oct 6	MANCHESTER CITY	1-2	Quinn	10052			8	14	11			1	7			3		10	4	6	9	2	12		5	

A.M. Cup (Autoglass Trophy)

R1	Oct 20	Brighton & Hove Albion	2-2	Quinn 2	1068				7			9	1	8			3	10	12	4		14		11		5	
R1	Nov 10	FULHAM	1-0	Taylor	2034			8	7	6		11	1	4			14		10		12	9	2	3		5	
R2	Dec 1	NORTHAMPTON TOWN	4-1	Hartenberger,Quinn,Lambert,Gooding	1811			8	7	2		10	1	4			3	14		12	6	9		11		5	
QF	Jan 11	Fulham	0-1		2864			8		7	12		1	4	2		3		10		6	9		11		5	

Played v. Brighton: Holzman (at 2), McCance (at 6, substituted).

1994/95 Second in Division One: Not promoted after play-off.

#	Date		Opponent	Score	Scorers	Att	Barnard DS	Bernal A	Carey AW	Gilkes ME	Gooding MC	Hartenberger U	Hislop NS	Holsgrove P	Hopkins J	Jones T	Kerr D	Lambert CJP	Lovell SA	McPherson KA	Murphy M(2)	Nogan LM	Osborn SE	Parkinson PJ	Quinn JM	Taylor SD	Viveash AL	Wdowczyk D	Williams A
1	Aug	13	Wolverhampton Wan.	0-1		27012		2		14	8		1			12	3		10				11	6	9	7		4	5
2		20	PORTSMOUTH	0-0		9106		2		12	8		1				3		10				11	6	9	7		4	5
3		27	Barnsley	2-0	Osborn, Taylor	4771				7	8		1		2		3		10				11	6	9	12		4	5
4		30	STOKE CITY	4-0	Lovell, Kerr, Gilkes, Taylor	7103				7	8		1	14	2		3		10				11	6	9	12		4	5
5	Sep	3	MILLWALL	0-0		8715				7	8		1	5	2	14	3		10				11	6	9	12	4		
6		10	Oldham Athletic	3-1	Lovell 2, Osborn	8412				7	8		1	6	2		3		10				11		9			4	5
7		14	Swindon Town	0-1		11646		2		7	8		1	6			3		10				11		9	12		4	5
8		17	SHEFFIELD UNITED	1-0	Quinn	9036		2		7	8		1	6			3		10				11	12	9	14		4	5
9		24	Watford	2-2	Osborn, Lovell	8015				7	8		1	6	2			12	14				11	3	9	10		4	5
10	Oct	1	NOTTS COUNTY	2-0	Lovell, Hartenberger	7465				7		14	1	6	2		3		10				11	8	9	12		4	5
11		8	Charlton Athletic	2-1	Osborn, Gilkes	10602		2		7	8	10	1	6			3						11	12	9	14		4	5
12		15	BRISTOL CITY	1-0	Gilkes	9389		2		7	8	10	1	6			3				14		11	12	9			4	5
13		22	SUNDERLAND	0-2		10757		2		7	8		1				3	12		14			11	6	9	10		4	5
14		29	West Bromwich Albion	0-2		14313				7	8	9	1		2	10	3			14			11	6		12		4	5
15	Nov	2	Derby County	2-1	Taylor, Gilkes	10585		2		7	8		1			5	10	3					11	6	9		4		
16		5	BURNLEY	0-0		8150		2		7	8		1			5	10	3		12			11	6		9	4		
17		19	Southend United	1-4	Quinn	5527	10		12		8		1			2	6	3		5			11		9	7	4		
18		26	TRANMERE ROVERS	1-3	Jones	7887	10	2			8		1			5	6	3	12	14			11		9	7	4		
19	Dec	3	Sunderland	1-0	Taylor	14021	7	2			8		1				6	3	14	10	5		11		9	12	4		
20		6	MIDDLESBROUGH	1-1	Taylor	10301		2		7	8		1				6	3		10	5		11		9	12	4		
21		10	Portsmouth	1-1	Quinn (p)	8578	12	2		7	8		1				3		10		5		11	6	9	4			
22		18	WOLVERHAMPTON W.	4-2	Osborn, Quinn, Gilkes 2	10136		2		7	8	12	1				3		10		5		11	6	9	4			
23		26	LUTON TOWN	0-0		11623		2		7	8		1				3			12	10		11	6	9	4	5		
24		28	Port Vale	2-0	Quinn (p), Taylor	7891		2		7	8		1				3			10	5		11	6	9	12	4		
25		31	GRIMSBY TOWN	1-1	Lambert	8526		2		7	8		1				3		14	10	5		11	6	9	12	4		
26	Jan	2	Bolton Wanderers	0-1		14705				7	8	12	1				2		11	10	5			6	9	3	4		
27		14	WEST BROMWICH ALB.	0-2		9390		5		7	8		1	11	4	2			12			10		6	9	3			
28		21	Burnley	2-1	Nogan, Taylor	9870		2		7	8		1	4	5	3			12			9			10	11	6		
29	Feb	4	Middlesbrough	1-0	Holsgrove	17982		2		7	8		1	4	5	11				14		9			10	12	6	3	
30		11	DERBY COUNTY	1-0	Kavanagh (og)	8834				7			1	6	2	11	3	14				9		12	10	8	5	4	
31		18	Tranmere Rovers	0-1		8750						14	1	6	2	11	3	12				9		7	10	8	5	4	
32		21	SOUTHEND UNITED	2-0	Holsgrove, Nogan	7895			14			10	1	6	4	2	3	7				9		8	12	11	5		
33		25	Notts County	0-1		7184							10	1	4	5	2	3	11			9		8	12	7	6		14
34	Mar	4	WATFORD	4-1	Gilkes 2, Holsgrove, Hartenberger	9705		2		7	8	10	1	6	4		3					9		12		11			5
35		8	Millwall	0-2		7546		2		7	8	10	1	4	6		3					9			14	11		12	5
36		11	BARNSLEY	0-3		7556		2		7	8		1	6			3	14	12	5		10			9	11	4		
37		18	Stoke City	1-0	Taylor	9982		2		7	8		1	6			3			5		12		10	9	11	4		
38		21	OLDHAM ATHLETIC	2-1	Nogan, Lovell	6921		2		7	12		1	6			3		10	5		14		8	9	11	4		
39		25	Sheffield United	1-1	Nogan	19241		2		7		12	1	6			3		10	5		9		8		11	4		
40	Apr	1	SWINDON TOWN	3-0	Lovell 3 (1p)	12565		2		7		14	1	6			3		10	5		9	12	8		11	4		
41		8	Grimsby Town	0-1		4519		2		7	14	10	1	6			3			5		9	8			11	4		12
42		15	PORT VALE	3-3	Nogan 3	8635		2		7	8	12	1				3		10	4		9	6			11			5
43		17	Luton Town	1-0	Taylor (og)	8717		2		12	8		1				3		10	6		9	7			11		4	5
44		21	BOLTON WANDERERS	2-1	Lovell, Nogan	13223		2		7	8		1				3		10	6		9	3			11		4	5
45		29	Bristol City	2-1	Lovell, Nogan	9474		2		7	8		1				3		10	6		9	3	12		11		4	5
46	May	7	CHARLTON ATHLETIC	2-1	Nogan, Williams	12137		2		7	8		1			14			10	6		9	3		12	11		4	5
					Apps		4	33	2	40	39	15	46	24	21	20	36	11	30	23	1	20	32	31	35	44	6	38	22
					Goals					8		2		3			1	1	1	1		10	5		5	8			1

Two own goals

Play Offs

	Date		Opponent	Score	Scorers	Att																							
SF1	May	14	Tranmere Rovers	3-1	Lovell 2, Nogan	12207		2		7	8		1						10	6		9	3			11		4	5
SF2		17	TRANMERE ROVERS	0-0		13245		2		7	8		1	12					10	6		9	3		14	11		4	5
F		29	Bolton Wanderers	3-4	Nogan, Williams, Quinn	64107		2		7	8		1	14					10	6		9	3		12	11		4	5

Play off final at Wembley, a.e.t.

F.A. Cup

	Date		Opponent	Score	Scorers	Att																							
R3	Jan	7	OLDHAM ATHLETIC	1-3	Taylor	8886		5		7	8	14	1	11	12	2			10					6	9	3		4	

F.L. Cup (Coca Cola Cup)

	Date		Opponent	Score	Scorers	Att																							
R1/1	Aug	16	Gillingham	1-0	Williams	2556		2			8		1	12	4		3		10				11	6	9	7			5
R1/2		23	GILLINGHAM	3-0	Quinn 2, Lovell	3436				7	8		1	12	2		3		10				11	6	9			4	5
R2/1	Sep	20	DERBY COUNTY	3-1	Quinn 2, Holsgrove	6056		2		7	8		1	6	12		3		10				11		9	14		4	5
R2/2		28	Derby County	0-2		9476		2			8		1	6	4		3		10	12			11	7	9	14			5

R2/2 a.e.t. Reading lost on away goals.

1995/96   19th in Division One

						Bernal A	Booty MJ	Brown KJ	Caskey DM	Codner RAG	Freeman AJ	Gilkes ME	Gooding MC	Hammond ND	Holsgrove P	Hopkins J	Jones T	Kerr D	Lambert CJP	Lovell SA	McPherson KA	Meaker MJ	Mikhailov BB	Morley TW	Nogan LM	Parkinson PJ	Quinn JM	Sheppard S	Swales SC	Thorp MS	Wdowczyk D	Williams A	Williams MK	Woods CCE
1	Aug	12	Stoke City	1-1	A Williams	11913	2						7	3				8		10	6		12	9	4		1			13	5	11	
2		19	DERBY COUNTY	3-2	Lovell, Morley, Nogan	9280							7	3		2				10	6	12	11	9	8		1	13		4	5		
3		26	Portsmouth	0-0		9917	2						7	3						10	6	12	11	9	8		1	13		4	5		
4		29	MILLWALL	1-2	Gooding	10143	2						12	3						10	6	11		9	8		1	7		4	5	13	
5	Sep	1	Southend United	0-0		4962	2						12	3						10	6	11		9	8	14	1	7		4	5	13	
6		9	LUTON TOWN	3-1	Nogan 2, Lovell (p)	8550	2						7	3		12			10			11		9	6	13	1			4	5	8	
7		12	GRIMSBY TOWN	0-2		7283	2						7	3		4		13	10			11		9	6	12	1			5	8		
8		16	Leicester City	1-1	Bernal	19681	2						7	3	4		11			10	6			9			1		8	5			
9		23	PORT VALE	2-2	Lambert 2	7819	2			8			7			4	11	14	3	10	6	13	1		9	12	5							
10		30	Sunderland	2-2	Lovell, Kerr	17503	2				14		7	3		4		13	11	10			1		9	8	12		5	6				
11	Oct	7	West Bromwich Albion	0-2		12907	2						7	3	4		11		10					8	9	1				6	5		
12		14	HUDDERSFIELD T	3-1	Lambert, A Williams, Quinn	8534	2						7	12		4		3	11	10		1		8	9						6	5		
13		21	Oldham Athletic	1-2	Lovell	5882	2						7	12		4		3	11	10				13	8	9	1				6	5		
14		28	IPSWICH TOWN	1-4	Lovell	10281	6		2	4			7	8				3	14	10		11		13	12	9						5			1
15	Nov	4	Crystal Palace	2-0	Shaw (og), Nogan	16687			2	4			7	3		11	12			10	6			9	8						5			1
16		11	BIRMINGHAM CITY	0-1		10203	5		2				7	3		11			4	10	6			9	8			12						1
17		18	BARNSLEY	0-0		6695	5		2				7	3		11	13		4	12	6		10	9	8									1
18		21	Charlton Athletic	1-2	Brown	7849	5		2				7	3		11	12		4	9	6		10		8	13								1
19		25	Sheffield United	0-0		9737	5		2				12	3		11				10	6			9		8	13	1		4				
20	Dec	2	WEST BROMWICH ALB.	3-1	Morley, Holsgrove, Nogan	7910	5		2				12	3		11	7				6			9	10	8	13	1	14	4				
21		9	Port Vale	2-3	Morley, Quinn (p)	6376			2				7			11			5		13	6		1	9	10	8	12		3			4		14
22		16	SUNDERLAND	1-1	Quinn	9431			2				7		1	11			3	14	13	6			9	10	8	12					4	5		
23		30	Norwich City	3-3	Lambert, Nogan, Kerr	13556			2				7		1	11		13	14	3		6			9	10	8	12					4	5		
24	Jan	1	TRANMERE ROVERS	1-0	Morley	8421			2					6	1	11		12	3	14	13				9	10	8	7					4	5		
25		13	Derby County	0-3		15123	4		2				12	3	1	11			6		13				9	10	8	7						5		
26		20	STOKE CITY	1-0	Gooding	8082	2	6					12	3		11				13					9	10	8	7					4	5		
27	Feb	4	PORTSMOUTH	0-1		7924	4	2					6	3	1	11		12	7	13					14	10	8	9						5		
28		10	Millwall	1-1	Bowry (og)	8875		2					6	3		11		8		4					9	10		7						5	12	
29		17	Grimsby Town	0-0		7041		2							3	11	6	7		10		12	1		9	8							4	5		
30		24	LEICESTER CITY	1-1	Lovell (p)	9817		2					12	3		11	6			10		7	1		8	9							4	5		
31		27	Luton Town	2-1	Booty, Lovell	6683	3	2					12			11	6			10		7	1		8	9	13						4	5		
32	Mar	2	WATFORD	0-0		8933	3	2		4			11	12			6					7	1		8	9	10							5		
33		9	Wolverhampton Wan.	1-1	Gooding	25954	3	2		4			11	8		13	6			10		7	1		12	9								5		
34		16	NORWICH CITY	0-3		8501	3	2		4			11	8		12	6			10		7			9	13	1							5		
35		19	SOUTHEND UNITED	3-3	Nogan 3	5321		2		4			11	8			6			10		7	1		9	12	13						3	5		
36		23	Tranmere Rovers	1-2	Caskey	6249		2		4			11	8			6			10		7	1		9	12	13						3	5		
37		30	OLDHAM ATHLETIC	2-0	Quinn 2	7025	2			4			11	8			6			10		7			9	12	13	1					3	5		
38	Apr	2	Huddersfield Town	1-3	A Williams	11828	2			4			11	3		6				10		7			8	9	1	12						5		
39		6	Ipswich Town	2-1	Bernal, Quinn	16651	6	2		4			7	8		12				13						9	1						3	5	10	
40		8	CRYSTAL PALACE	0-2		12576	6	2		4			7	8		5				13		14			12	11	9						3		10	
41		13	Barnsley	1-0	Quinn (p)	5440	6	2		4			7	8		5						1			12	11	9						3		10	
42		16	Watford	2-4	Caskey, Quinn	8113	6	2		4	14		7			5	12					13	1		8	11	9						3		10	
43		20	CHARLTON ATHLETIC	0-0		9778	6	2		4			7	8		5						1			12	11	9						3		10	
44		27	Sheffield United	0-3		9769	6	2		4			7	3		5						11	1		12	8	9								10	
45		30	WOLVERHAMPTON W.	3-0	M Williams, Quinn 2	12828	6			4			7	3		11	5						1		8	12	9						2		10	
46	May	5	Birmingham City	2-1	Nogan, Quinn	16233				4			7	3		11	2								8	12	9	1	5			6		10	

Played in game 11 (at 12): N Gordon.
In games 26 and 28 (at 1): SJ Sutton.

	Apps	34	17	12	15	4	1	44	40	5	30	14	21	8	15	35	16	21	16	17	39	42	35	18	9	2	30	31	15	5
	Goals	2	1	1	2				3					1	2	4	7			4	10		11					3	1		

Two own goals

F.A. Cup

| R3 | Jan | 6 | GILLINGHAM | 3-1 | Morley, Quinn 2 | 10324 | | | | | 3 | | 11 | | 6 | | 12 | 13 | | | 1 | 9 | 10 | 8 | 7 | | 2 | 4 | | 5 | | |
| R4 | | 27 | MANCHESTER UTD. | 0-3 | | 14780 | 4 | | | | 6 | 3 | 1 | 11 | | 2 | | 14 | 12 | | 13 | | 9 | 10 | 8 | 7 | | | | | 5 | | |

F.L. Cup (Coca Cola Cup)

R2/1	Sep	20	WEST BROMWICH ALB.	1-1	Lovell	6948	2						7			4		11	14	3	10	6			9	8	12	1		5			13	
R2/2	Oct	3	West Bromwich Albion	4-2	Lovell, Quinn 2 (1p), Lambert	8163	2						7	3		4			11	10					8	9	1					6	5		
R3	Nov	7	BURY	2-1	Lucketti (og), Quinn	10329	5		2		4		7	3		11			12	10	6				9	8	13	1								
R4		28	SOUTHAMPTON	2-1	Nogan, Morley	13742	5		2				13	3		11	7				6				9	10	8	14	1	12		4				
R5	Jan	10	Leeds United	1-2	Quinn	21023			2				13	3		11	6		12						9	10	4	7			8		5			

R3 game followed abandoned game Oct. 24th when Bury led 0-2.   Played in R5: Nixon (at 1)

1996/97 18th in Division One

#		Date	Opponent	Score	Scorers	Att.	Bernal A	Bibbo S	Blatherwick SS	Bodin PJ	Booty MJ	Brown KJ	Caskey DM	Gilkes ME	Glasgow BF	Gooding MC	Holsgrove P	Hopkins J	Hunter BV	Lambert CJP	Lovell SA	Mautone S	McPherson KA	Meaker MJ	Mikhailov BB	Morley TW	Nogan LM	Parkinson PJ	Quinn JM	Roach N	Swales SC	Wdowczyk D	Williams MK	Wright TJ
1	Aug	17	SHEFFIELD UNITED	1-0	Quinn	11081	4			3	2		8	12		11			5		10				1		13	14	9		6	7	
2		24	Ipswich Town	2-5	Nogan, Hunter	10540	4			3	2		8	12		11			5		13			14	1		10	7	9		6		
3		28	Barnsley	0-3		7598	4	1		3	2		8			11		5						12			13	10	7	9		6		
4		31	STOKE CITY	2-2	Morley (p), Holsgrove	8414		1		3	2			13		11	4	5			12						9	10	7			6	8	
5	Sep	8	OXFORD UNITED	2-0	Williams, Morley	8099	2	1		3			13	7		11	4	5						14			9	10		12		6	8	
6		10	West Bromwich Albion	2-3	Morley (p), Parkinson	13114	2			3		5	7			10	4							13			11	9	14	12		6	8	
7		14	Charlton Athletic	0-1		10761				3		2	12	7			4		5				6	11			9	13	8	10				
8		21	CRYSTAL PALACE	1-6	Morley (p)	9675				3		2		7		12	4		5	14			6	11	1		9	13	8	10				
9		28	Huddersfield Town	0-1		10330	4			3		2				11			5	8	13			12	1		9	10				6	7	
10	Oct	5	Wolverhampton Wan.	1-0		23193	4			3		2	12	7		11				8			5	13			9	14				6	10	1
11		12	GRIMSBY TOWN	1-1	Lambert	6656				3	2		10	7		11		6	5	8			4				9						12	1
12		15	MANCHESTER CITY	2-0	Morley (p)	11724	2			3				7		11		6	5	8			4				9	10	12					1
13		19	Oldham Athletic	1-1	Nogan 2	7171	2			3				7		11		6	5	8			4				9	10	13	12				1
14		26	SWINDON TOWN	2-0	Quinn (p)	11018	2			3			12	7		11		6	5	8			4				9	10						1
15		29	Bolton Wanderers	1-2	Morley 2 (1p)	12677	2			3			9	7		11		6	5	8			4	14			10	12	13					1
16	Nov	2	Southend United	1-2	Lambert	4712	2			3			12	7		11		6	5	8			4				9	10		13				1
17		16	Norwich City	1-1	Nogan	14412	2			3			8	7		11			5				4	13			9	10	6				12	1
18		23	QUEEN'S PARK RANGERS	2-1	Morley	12847	2			3			8	7		11			5	13			4	6			9	10	12					1
19		26	BIRMINGHAM CITY	0-0	Morley, Nogan	8407	2			3			8	7		11			5	14			4	6			9	10	13	12				1
20		30	Swindon Town	1-3		11499	2			3			8	7				5		14	13		4	11			9	10	6	12				1
21	Dec	3	TRANMERE ROVERS	2-0	Morley	5513	4			3						11			5	7	10		6				9				2	8		1
22		7	Port Vale	0-1	Lambert, Morley	6445	4			3						11			5	7	10		6				9	12			2	8		1
23		17	Bradford City	0-0		10077	4			3				7		11			5	12	10		6				9				2	8		1
24		21	PORTSMOUTH	0-0		8520	4			3				7		11			5	8	10		6				9	12				2	1	
25		26	WEST BROMWICH ALB.	2-2	Nogan, Quinn	10583	2			3			4	7		11			5				6				9	10		12		8		1
26		28	Oxford United	1-2	Morley	9221	7			3	2		4	13		11	5						6				9	10		12		8		1
27	Jan	11	CHARLTON ATHLETIC	2-2	Williams, Lambert	7614	7				2		4	3		11	5			10			6		1		9					8		
28		18	Birmingham City	1-4	Holsgrove	15363	7				2		4	3		11	5		12	10	14		6		1		9		13			8		
29		28	HUDDERSFIELD T	4-1	Morley,McPherson,Hunter,Lovell	5710	4	1		3	2		13	7		8			5	11	10		6				9					12		
30	Feb	1	Tranmere Rovers	2-2	Morley 2	6019	4	1		3	2		11			8			5		10		6	7			9			13		12		
31		8	BOLTON WANDERERS	3-2	Morley 3 (1p)	10739	4			3	2		11	14		12			5	8	10		6	7	1	9			13					
32		22	SOUTHEND UNITED	3-2	McPherson, Gilkes, Morley	7683	4			3	2		11	7		12			5	13	10	1	6	8		9								
33	Mar	1	Port Vale	0-1		6057	2						11	7		4		13	5	14	10	1	6	8		9		3	12					
34		4	NORWICH CITY	2-1	Morley, Adams (og)	8174	2				3		11	7		4			5			1	6	8		9		12	10		13			
35		12	Queen's Park Rangers	2-0	Morley, Maddix (og)	10316	2						11	7		4			5	12		1	6	8		9		3	10					
36		15	BRADFORD CITY	0-0		8327	2						11	7		4		5		13	12	1	6	8		9		3	10					
37		22	IPSWICH TOWN	1-0	Lovell	10058	2						11	7		4	3	5		8	10	1	6			9	13	14				12		
38		25	Portsmouth	0-1		9248	2						11	7		4	13	5			10	1	6			9	12	3				8		
39		29	Sheffield United	0-2		15133	2				11					4	7	5			12	1	6			9	10	3				8		
40		31	BARNSLEY	1-2	Morley (p)	10244	2		5	11			13			4	7				14	1	6			9	10	3	12			8		
41	Apr	5	Stoke City	1-1	Lambert	9947	2		5	3						11	13		7	14	1	6	12		10	4	9				8			
42		12	WOLVERHAMPTON W.	2-1	Lovell 2	14853	2		5				13			11		3		7	10	1	6	8				4	9			12		
43		19	Grimsby Town	0-2		4706			5			2				4	13	11	3		7	1	10	6	8		12			14				
44		23	Crystal Palace	2-3	Bodin, Williams	13747	5		14	7	2		4			11	8	3		13	10	1	6			9						12		
45		26	OLDHAM ATHLETIC	2-0	Roach, Lovell	8301	5		2	3			12		4	11			8	10	1	6	14		13				9		7			
46	May	4	Manchester City	2-3	Meaker, Symons (og)	27260	2		5	3			11		4				13	10	1	6	7		12			9			8			
					Apps		41	5	7	37	14	5	35	32	4	43	14	18	27	31	26	15	39	25	8	37	32	24	24	3	8	29	17	
					Goals					1			1				2		2	5	5		2	1		22	6	1	3	1		3		

Played in game 6 at 1: ND Hammond.
Played in game 46 at 14: B Smith.
Played in games 22 and 24: D Bass.

Three own goals

F.A. Cup

		Date	Opponent	Score	Scorers	Att.																											
R3	Jan	4	SOUTHAMPTON	3-1	Lambert, Caskey, Morley (p)	11537	7				2		4	3	12	11	5			10			6			1	9					8		
R4		25	Portsmouth	0-3		15003	7	1			2		4	3		11	6		5	10	12			9								8		

F.L. Cup (Coca Cola Cup)

		Date	Opponent	Score	Scorers	Att.																											
R1/1	Aug	20	WYCOMBE WANDERERS	1-1	Quinn	6210	4			3	2		8			11			5		10				1		13	12	9			6	7	
R1/2	Sep	3	Wycombe Wanderers	0-2		5069	12			3	2					14	11	4	5				1	9	10	7	13					6	8	

1997/98 Bottom of Division One: Relegated

						Asaba C	Bernal A	Bodin PJ	Booty MJ	Bowen JP	Brayson P	Crawford J	Caskey D	Davies GM	Fleck R	Gray S	Hammond N	Hodges L	Houghton RJ	Howie S	Lambert CJP	Legg A	Lovell SA	McIntyre J	McPherson KA	Mautone S	Meaker MJ	Morley TW	O'Neill MA	Parkinson PJ	Primus L	Roach N	Swales SC	Wdowczyk D	Williams MK
1	Aug	9	Bury	1-1	Swales	5065	9	7		2									10	8		11				5	1						6	12	3	4	
2		16	SWINDON TOWN	0-1		9338	9	7		2									10			11				5	1	14					6	12	3	4	
3		23	Birmingham City	0-3		16495	9	7	12	2									10	8		11				5	1						6	13	3	4	
4		30	BRADFORD CITY	0-3		7163	9	7	3	2									10	8		11				5	1				13		6				12
5	Sep	2	QUEEN'S PARK RANGERS	1-2	Hodges	10203	9	7		2									8			11				5	1	10					6	12	3		
6		7	West Bromwich Albion	0-1		15966	9			2									8			11				5	1	10			7		6	12	3		
7		13	OXFORD UNITED	2-1	Asaba, Hodges	9003	9	2											8			11				5	1	10			7	6	13	12			
8		20	Tranmere Rovers	0-6		5565	9			2									8	10		11				5	1				7	6		13			12
9		27	Portsmouth	2-0	Hodges, Williams	9593	9	2											8	10						5	1	11			7	6		12			4
10	Oct	4	SUNDERLAND	4-0	Asaba 2, Williams, Lambert	10795	9	2												10		8				5	1	11			7	6		13	12	4	
11		11	CREWE ALEXANDRA	3-3	Asaba 2, Westwood (og)	6685	9	2						10						8						5	1	11			7	6		3	12	4	
12		18	Manchester City	0-0		26488	9	2												10						5	1	11			7	6		3	12	4	
13		21	Norwich City	0-0		17781		2							9					10		8				5	1	11			7	6	12	3		4	
14		24	NOTTM. FOREST	3-3	Williams (p), Lambert, Primus	12610		2							9					10		8				5	1	11			7	6		3		4	
15	Nov	1	Port Vale	0-0		6569		2							9		1		8							5		11	12		7	6		3		4	
16		4	SHEFFIELD UNITED	0-1		8132		2							9		1		8							5		11	10		7	6		3		4	
17		8	STOCKPORT COUNTY	1-0	Morley (p)	7444	9	2						4			1					12				5		11	10		7	6		3			13
18		15	Huddersfield Town	0-1		12617	9	2						4			1	12	8							5			10		7	6		3			11
19		22	IPSWICH TOWN	0-4		9400	9	2		13				4			1	12	8							5			10		7	6		3			11
20		29	Stoke City	2-1	Morley 2 (1p)	11103	9			2				13			1	12	8			4				5			10		7	6		3			11
21	Dec	6	CHARLTON ATHLETIC	2-0	Hodges, Morley (p)	8076	9			2				13			1		8			4		12		5			10		7	6		3			11
22		13	Middlesbrough	0-4		29876	9			2					12	6	1		8			4				5			10		7			3			11
23		20	WOLVERHAMPTON W.	0-0		11715	9	5	3	2					6		1		8			4		12					10		7			3			11
24		26	WEST BROMWICH ALB.	2-1	McDermott (og), Williams	10154	9	5		2	12				6		1		8			4		13					10		7			3			11
25		28	Queen's Park Rangers	1-1	Morley	13015	9	5		2	12			4	6		1		8				7						10					3			11
26	Jan	10	BURY	1-1	Lucketti (og)	7499	9	5		2	11			4	6		1		8			7							10					3			
27		17	Swindon Town	2-0	Lovell, Lambert	9500		4		2	7				5		1		8	12		11		10				13	9		6			3			
28		27	Bradford City	1-4	Asaba	13021	10	4	5	2	7				5		1		8	12		11							9		6			3			
29		31	BIRMINGHAM CITY	2-0	Hodges, Asaba	10315	10	4		2	7				5		1		12	8								13	9		6			3			11
30	Feb	7	TRANMERE ROVERS	1-3	Williams	7069	10	4		2	7				5		1		11	8								12	9		6			3			13
31		17	Sunderland	1-4	Bowen	40579	10			2	7				4		1		11	8									9		6	5		3			
32		21	PORTSMOUTH	0-1		9928	10			2	7				4		1		8				3	12					9		6	5					11
33		24	MANCHESTER CITY	3-0	Hodges, Houghton, Asaba	11513	10			2	7				4		1		11	8			3	12							6	5					9
34		28	Crewe Alexandra	0-1		5202	10			2	7				11	4			8				3		6			12				5					9
35	Mar	3	Stockport County	1-5	Williams (p)	6148	10			2	7				12	4			8				3		6					11		5					9
36		7	PORT VALE	0-3		7139	10		6	2	7				4				8				3					13	12	11		5			14		9
37		14	Sheffield United	0-4		15473		6						4						12	11		3	9						10	8	5			2		7
38		17	Oxford United	0-3		8103		6						4						12	11		3	9						10	8	5			2		7
39		21	HUDDERSFIELD T	0-2		8593		2			12			4			1			11	3	9							8	5	13						10
40		28	Ipswich Town	0-1		19075		2					13	12	8		9	10			7	1		3		11					6	5					
41	Apr	4	STOKE CITY	2-0	O'Neill, Meaker	10448	12	2					6	8		13	3			1	11			9			7			10	4	5					
42		10	Charlton Athletic	0-3		14220		2			13	4	8		7	6				1	11	3		9				12	14	10	5						
43		13	MIDDLESBROUGH	0-1		14501					7	4	8	14		6				1	11			9				12	13	10	3	2					
44		18	Wolverhampton Wan.	1-3	Brayson	19785					9	2	8			3				1	11		4	10				7	12	6	13						
45		26	Nottingham Forest	0-1		29302		2			13	10	8		12	3				1	11		7	9							6	4	5				
46	May	3	NORWICH CITY	0-1		14817		2			12	8			9	3				1	13		11						7		10	4	5				

Played in games 30, 31 at 1: S Bibbo. In games 1 (at 13), 2 (8, substituted): P Holsgrove.
In games 2 (13), 11 (13) and 15 (10); BF Glasgow
In games 40 (4), 43 (5), 46 (6, substituted): P Kelly
In games 20 (14), 23 (13), 28 (13): MS Thorp

Apps	32	34	4	25	14	6	6	23	18	5	7	18	24	25	7	34	10	15	6	24	14	21	23	9	37	36	8	31	6	29
Goals	8				1	1							6	1		3		1			1	5	1		1			1		6

Three own goals

Made five appearances: MG Robins (games 4 to 8, all at 4 (substituted in game 8), LR Sandford (games 6 to 10, all at 3 (substituted in game 10), and NV Colgan (games 34 to 38, at 1).

F.A. Cup

R3	Jan	13	Cheltenham Town	1-1	Morley	6000		4		2	7				13	5			1	8		11		10				12	9		6			3			
rep		20	CHELTENHAM TOWN	2-1	Morley, Booty	9686		4		2	7				5				1	8	13	11		10					9		6			3			
R4		24	Cardiff City	1-1	Asaba	10174	10	4	5	2	7								1	8		12		11		13			14	9		6			3			
rep	Feb	3	CARDIFF CITY	1-1	Morley	11808	10	4		2	7				5				1	12	8	11							9		6			3			11
R5		13	Sheffield United	0-1		17845	10	4		2	7								11	8									9		6	5		3			12

R4 replay won 4-3 on penalties a.e.t. Played in R5 at 1: S Bibbo. In R3 replay at 12: MS Thorp

F.L. Cup (Coca Cola Cup)

R1/1	Aug	12	SWANSEA CITY	2-0	Lambert, Roach	4829	9	7		2									10	8		11				5	1						6	12	3	4	
R1/2		26	Swansea City	1-1	Asaba	3333	9	7	3	2									10	8		11				5	1	4					6	13				12
R2/1	Sep	16	PETERBOROUGH UTD.	0-0		5138	9	2		12									8	14		11				5	1	10				7	6	4	3			13
R2/2		23	Peterborough Utd.	2-0	Asaba, Williams	6067	9			2									8	10		11				5	1					7	6	12	3			4
R3	Oct	14	WOLVERHAMPTON WAN.	4-2	*see below	11080	9	2						13						10		8				5	1	11				7	6	12	3	14	4	
R4	Nov	18	Leeds United	3-2	Asaba, Williams, Morley	15069	9	2						4			1	12	8							5			10		7	6		3			11
R5	Jan	6	MIDDLESBROUGH	0-1		13072	9	5		2	12				6		1		8			4							10		7			3			11

Scorers in R3: A Williams (og), Parkinson, Meaker, McPherson   Played in R1/1 at 13: P Holsgrove.

1982/83 Division 3

1	Portsmouth	46	16	4	3	43	19	11	6	6	31	22	91
2	Cardiff City	46	17	5	1	45	14	8	6	9	31	36	86
3	Huddersfield Town	46	15	8	0	56	18	8	5	10	28	31	82
4	Newport County	46	13	7	3	40	20	10	2	11	36	34	78
5	Oxford United	46	12	9	2	41	23	10	3	10	30	30	78
6	Lincoln City	46	17	1	5	55	22	6	6	11	22	29	76
7	Bristol Rovers	46	16	4	3	55	21	6	5	12	29	37	75
8	Plymouth Argyle	46	15	2	6	37	23	4	6	13	24	43	65
9	Brentford	46	14	4	5	50	28	4	6	13	38	49	64
10	Walsall	46	14	5	4	38	19	3	8	12	26	44	64
11	Sheffield United	46	16	3	4	44	20	3	4	16	18	44	64
12	Bradford City	46	11	7	5	41	27	5	6	12	27	42	61
13	Gillingham	46	12	4	7	37	29	4	9	10	21	30	61
14	Bournemouth	46	11	7	5	35	20	5	6	12	24	48	61
15	Southend United	46	10	8	5	41	28	5	6	12	25	37	59
16	Preston North End	46	11	10	2	35	17	4	3	16	25	52	58
17	Millwall	46	12	7	4	41	24	2	6	15	23	53	55
18	Wigan Athletic	46	10	4	9	35	33	5	5	13	25	39	54
19	Exeter City	46	12	4	7	49	43	2	8	13	32	61	54
20	Orient	46	10	6	7	44	38	5	3	15	20	50	54
21	READING	46	10	8	5	37	28	2	9	12	27	51	53
22	Wrexham	46	11	6	6	40	26	1	9	13	16	50	51
23	Doncaster Rovers	46	6	8	9	38	44	3	3	17	19	53	38
24	Chesterfield	46	6	6	11	28	28	2	7	14	15	40	37

1883/84 Division 4

1	York City	46	18	4	1	58	16	13	4	6	38	23	101
2	Doncaster Rovers	46	15	6	2	46	22	9	7	7	36	32	85
3	READING	46	17	6	0	51	14	5	10	8	33	42	82
4	Bristol City	46	18	3	2	51	17	6	7	10	19	27	82
5	Aldershot	46	14	6	3	49	29	8	3	12	27	40	75
6	Blackpool	46	15	4	4	47	19	6	5	12	23	33	72
7	Peterborough Utd.	46	15	5	3	52	16	3	9	11	20	32	68
8	Colchester United	46	14	7	2	45	14	3	9	11	24	39	67
9	Torquay United	46	13	7	3	32	18	5	6	12	27	46	67
10	Tranmere Rovers	46	11	5	7	33	26	6	10	7	20	27	66
11	Hereford United	46	11	6	6	31	21	5	9	9	23	32	63
12	Stockport County	46	12	5	6	34	25	5	6	12	26	39	62
13	Chesterfield	46	10	11	2	34	24	5	4	14	25	37	60
14	Darlington	46	13	4	6	31	19	4	4	15	18	31	59
15	Bury	46	9	7	7	34	32	6	7	10	27	32	59
16	Crewe Alexandra	46	10	8	5	35	27	6	3	14	21	40	59
17	Swindon Town	46	11	7	5	34	23	4	6	13	24	33	58
18	Northampton Town	46	10	8	5	32	32	3	6	14	21	46	53
19	Mansfield Town	46	9	7	7	44	27	4	6	13	22	43	52
20	Wrexham	46	7	6	10	34	33	4	9	10	25	41	48
21	Halifax Town	46	11	6	6	36	25	1	6	16	19	64	48
22	Rochdale	46	8	9	6	35	31	3	4	16	17	49	46
23	Hartlepool United	46	7	8	8	31	28	3	2	18	16	57	40
24	Chester City	46	7	5	11	23	35	0	8	15	22	47	34

1984/85 Division 3

1	Bradford City	46	15	6	2	44	23	13	4	6	33	22	94
2	Millwall	46	18	5	0	44	12	8	7	8	29	30	90
3	Hull City	46	16	4	3	46	20	9	8	6	32	29	87
4	Gillingham	46	15	5	3	54	29	10	3	10	26	33	83
5	Bristol City	46	17	2	4	46	19	7	7	9	28	28	81
6	Bristol Rovers	46	15	6	2	37	13	6	6	11	29	35	75
7	Derby County	46	14	7	2	40	20	5	6	12	25	34	70
8	York City	46	13	5	5	42	22	7	4	12	28	35	69
9	READING	46	8	7	8	31	29	11	5	7	37	33	69
10	Bournemouth	46	16	3	4	42	16	3	8	12	15	30	68
11	Walsall	46	9	7	7	33	22	9	6	8	25	30	67
12	Rotherham United	46	11	6	6	36	24	7	5	11	19	31	65
13	Brentford	46	13	5	5	42	27	3	9	11	20	37	62
14	Doncaster Rovers	46	11	5	7	42	33	6	3	14	30	41	59
15	Plymouth Argyle	46	11	7	5	33	23	4	7	12	29	42	59
16	Wigan Athletic	46	12	6	5	36	22	3	8	12	24	42	59
17	Bolton Wanderers	46	12	5	6	38	22	4	1	18	31	53	54
18	Newport County	46	9	6	8	30	30	4	7	12	25	37	52
19	Lincoln City	46	8	11	4	32	20	3	7	13	18	31	51
20	Swansea City	46	7	5	11	31	39	5	6	12	22	41	47
21	Burnley	46	6	8	9	30	24	5	5	13	30	49	46
22	Orient	46	7	7	9	30	36	4	6	13	21	40	46
23	Preston North End	46	9	5	9	33	41	4	2	17	18	59	46
24	Cambridge United	46	2	3	18	17	48	2	6	15	20	47	21

1985/86 Division 3

1	READING	46	16	3	4	39	22	13	4	6	28	29	94
2	Plymouth Argyle	46	17	3	3	56	20	9	6	8	32	33	87
3	Derby County	46	13	7	3	45	20	10	8	5	35	21	84
4	Wigan Athletic	46	17	4	2	54	17	6	10	7	28	31	83
5	Gillingham	46	14	5	4	48	17	8	8	7	33	37	79
6	Walsall	46	15	7	1	59	23	7	2	14	31	41	75
7	York City	46	16	4	3	49	17	4	7	12	28	41	71
8	Notts County	46	12	6	5	42	26	7	8	8	29	34	71
9	Bristol City	46	14	5	4	43	19	4	9	10	26	41	68
10	Brentford	46	8	8	7	29	29	10	4	9	29	32	66
11	Doncaster Rovers	46	7	10	6	20	21	9	6	8	25	31	64
12	Blackpool	46	11	6	6	38	19	6	6	11	28	36	63
13	Darlington	46	10	7	6	39	33	5	6	12	22	45	58
14	Rotherham United	46	13	5	5	44	18	2	7	14	17	41	57
15	Bournemouth	46	9	6	8	41	31	6	3	14	24	41	54
16	Bristol Rovers	46	9	8	6	27	21	5	4	14	24	54	54
17	Chesterfield	46	10	6	7	41	30	3	8	12	20	34	53
18	Bolton Wanderers	46	10	4	9	35	30	5	4	14	19	38	53
19	Newport County	46	7	8	8	35	33	4	10	9	17	32	51
20	Bury	46	11	7	5	46	26	1	6	16	17	41	49
21	Lincoln City	46	7	9	7	33	34	3	7	13	22	43	46
22	Cardiff City	46	7	5	11	22	29	5	4	14	31	54	45
23	Wolverhampton Wan.	46	6	6	11	29	47	5	4	14	28	51	43
24	Swansea City	46	9	6	8	27	27	2	4	17	16	60	43

1986/87 Division 2

1	Derby County	42	14	6	1	42	18	11	3	7	22	20	84
2	Portsmouth	42	17	2	2	37	11	6	7	8	16	17	78
3	Oldham Athletic	42	13	6	2	36	16	9	3	9	29	28	75
4	Leeds United	42	15	4	2	43	16	4	7	10	15	28	68
5	Ipswich Town	42	12	6	3	29	10	5	7	9	30	33	64
6	Crystal Palace	42	12	4	5	35	20	7	1	13	16	33	62
7	Plymouth Argyle	42	12	6	3	40	23	4	7	10	22	34	61
8	Stoke City	42	11	5	5	40	21	5	5	11	23	32	58
9	Sheffield United	42	10	8	3	31	19	5	5	11	19	30	58
10	Bradford City	42	10	5	6	36	27	5	5	11	26	35	55
11	Barnsley	42	8	7	6	26	23	6	6	9	23	29	55
12	Blackburn Rovers	42	11	4	6	30	22	4	6	11	15	33	55
13	READING	42	11	4	6	33	23	3	7	11	19	36	53
14	Hull City	42	10	6	5	25	22	3	8	10	16	33	53
15	West Bromwich Alb.	42	8	6	7	29	22	5	6	10	22	27	51
16	Millwall	42	10	5	6	27	16	4	4	13	12	29	51
17	Huddersfield Town	42	9	6	6	38	30	4	6	11	16	31	51
18	Shrewsbury Town	42	11	3	7	24	14	4	3	14	17	39	51
19	Birmingham City	42	8	9	4	27	21	3	8	10	20	38	50
20	Sunderland	42	8	6	7	25	23	4	6	11	24	36	48
21	Grimsby Town	42	5	8	8	18	21	5	6	10	21	38	44
22	Brighton & Hove A.	42	7	6	8	22	20	2	6	13	15	34	39

1987/88 Division 2

1	Millwall	44	15	3	4	45	23	10	4	8	27	29	82
2	Aston Villa	44	9	7	6	31	21	13	5	4	37	20	78
3	Middlesbrough	44	15	4	3	44	16	7	8	7	19	20	78
4	Bradford City	44	14	3	5	49	26	8	8	6	25	28	77
5	Blackburn Rovers	44	12	8	2	38	22	9	6	7	30	30	77
6	Crystal Palace	44	16	3	3	50	21	6	6	10	36	38	75
7	Leeds United	44	14	4	4	37	18	5	8	9	24	33	69
8	Ipswich Town	44	14	3	5	38	17	5	6	11	23	35	66
9	Manchester City	44	11	4	7	50	28	8	4	10	30	32	65
10	Oldham Athletic	44	13	4	5	43	27	5	7	10	29	37	65
11	Stoke City	44	12	6	4	34	22	5	5	12	16	35	62
12	Swindon Town	44	10	7	5	43	25	6	4	12	30	35	59
13	Leicester City	44	12	5	5	35	20	4	6	12	27	41	59
14	Barnsley	44	11	4	7	42	32	4	8	10	19	30	57
15	Hull City	44	10	8	4	32	22	4	7	11	22	38	57
16	Plymouth Argyle	44	12	4	6	44	26	4	4	14	21	41	56
17	Bournemouth	44	7	7	8	36	30	6	3	13	20	38	49
18	Shrewsbury Town	44	7	8	7	23	22	4	8	10	19	32	49
19	Birmingham City	44	7	9	6	20	24	4	6	12	21	42	48
20	West Bromwich Alb.	44	8	7	7	29	26	4	4	14	21	43	47
21	Sheffield United	44	8	6	8	27	28	5	1	16	18	46	46
22	READING	44	5	7	10	20	25	5	5	12	24	45	42
23	Huddersfield Town	44	4	6	12	20	38	2	4	16	21	62	28

1988/89 Division 3

1	Wolverhampton Wan.	46	18	4	1	61	19	8	10	5	35	30	92
2	Sheffield United	46	16	3	4	57	21	9	6	8	36	33	84
3	Port Vale	46	15	3	5	46	21	9	9	5	32	27	84
4	Fulham	46	12	7	4	42	28	10	2	11	27	39	75
5	Bristol Rovers	46	9	11	3	34	21	10	6	7	33	30	74
6	Preston North End	46	14	7	2	56	31	5	8	10	23	29	72
7	Brentford	46	14	5	4	36	21	4	9	10	30	40	68
8	Chester City	46	12	6	5	38	18	7	5	11	26	43	68
9	Notts County	46	11	7	5	37	22	7	6	10	27	32	67
10	Bolton Wanderers	46	12	8	3	42	23	4	8	11	16	31	64
11	Bristol City	46	10	3	10	32	25	8	6	9	21	30	63
12	Swansea City	46	11	8	4	33	22	4	8	11	18	31	61
13	Bury	46	11	7	5	27	22	5	6	12	28	45	61
14	Huddersfield Town	46	10	8	5	35	25	7	1	15	28	48	60
15	Mansfield Town	46	10	8	5	32	22	4	9	10	16	30	59
16	Cardiff City	46	10	9	4	30	16	4	6	13	14	40	57
17	Wigan Athletic	46	9	5	9	28	22	5	9	9	27	31	56
18	READING	46	10	6	7	37	29	5	5	13	31	43	56
19	Blackpool	46	10	6	7	36	29	4	7	12	20	30	55
20	Northampton Town	46	11	2	10	41	34	5	4	14	25	42	54
21	Southend United	46	10	9	4	33	26	3	6	14	23	49	54
22	Chesterfield	46	9	5	9	35	35	5	2	16	16	51	49
23	Gillingham	46	7	3	13	25	32	5	1	17	22	49	40
24	Aldershot	46	7	6	10	29	29	1	7	15	19	49	37

1989/90 Division 3

1	Bristol Rovers	46	15	8	0	43	14	11	7	5	28	21	93
2	Bristol City	46	15	5	3	40	16	12	5	6	36	24	91
3	Notts County	46	17	4	2	40	18	8	8	7	33	35	87
4	Tranmere Rovers	46	15	5	3	54	22	8	6	9	32	27	80
5	Bury	46	11	7	5	35	19	10	4	9	35	30	74
6	Bolton Wanderers	46	12	7	4	32	19	6	8	9	27	29	69
7	Birmingham City	46	10	7	6	33	19	8	5	10	27	40	66
8	Huddersfield Town	46	11	5	7	30	23	6	9	8	31	39	65
9	Rotherham United	46	12	6	5	48	28	5	7	11	23	34	64
10	READING	46	10	9	4	33	21	5	10	8	24	32	64
11	Shrewsbury Town	46	10	9	4	38	24	6	6	11	21	30	63
12	Crewe Alexandra	46	10	8	5	32	24	5	9	9	24	29	62
13	Brentford	46	11	4	8	41	31	7	3	13	25	35	61
14	Leyton Orient	46	9	6	8	28	24	7	4	12	24	32	58
15	Mansfield Town	46	13	2	8	34	25	3	5	15	16	40	55
16	Chester City	46	11	7	5	30	23	2	8	13	13	32	54
17	Swansea City	46	10	6	7	25	27	4	6	13	20	36	54
18	Wigan Athletic	46	10	6	7	29	22	3	8	12	19	42	53
19	Preston North End	46	10	7	6	42	30	4	3	16	23	49	52
20	Fulham	46	8	8	7	33	27	4	7	12	22	39	51
21	Cardiff City	46	6	9	8	30	35	6	5	12	21	35	50
22	Northampton Town	46	7	7	9	27	31	4	7	12	24	37	47
23	Blackpool	46	8	6	9	29	33	2	10	11	20	40	46
24	Walsall	46	6	8	9	23	30	3	6	14	17	42	41

1990/91 Division 3

1	Cambridge United	46	14	5	4	42	22	11	6	6	33	23	86
2	Southend United	46	13	6	4	34	23	13	1	9	33	28	85
3	Grimsby Town	46	16	3	4	42	13	8	8	7	24	21	83
4	Bolton Wanderers	46	14	5	4	33	18	10	6	7	31	32	83
5	Tranmere Rovers	46	13	5	5	38	21	10	4	9	26	25	78
6	Brentford	46	12	4	7	30	22	9	9	5	29	25	76
7	Bury	46	13	6	4	39	26	7	7	9	28	30	73
8	Bradford City	46	13	3	7	36	22	7	7	9	26	32	70
9	Bournemouth	46	14	6	3	37	20	5	7	11	21	38	70
10	Wigan Athletic	46	14	3	6	40	20	6	6	11	31	34	69
11	Huddersfield Town	46	13	3	7	37	23	5	10	8	20	28	67
12	Birmingham City	46	8	9	6	21	21	8	8	7	24	28	65
13	Leyton Orient	46	15	2	6	35	19	3	8	12	20	39	64
14	Stoke City	46	9	7	7	36	29	7	5	11	19	30	60
15	READING	46	11	5	7	34	28	6	3	14	19	38	59
16	Exeter City	46	12	6	5	35	16	4	3	16	23	36	57
17	Preston North End	46	11	5	7	33	29	4	6	13	21	38	56
18	Shrewsbury Town	46	8	7	8	29	22	6	3	14	32	46	52
19	Chester City	46	10	3	10	27	27	4	6	13	19	31	51
20	Swansea City	46	8	6	9	31	33	5	3	15	18	39	48
21	Fulham	46	8	8	7	27	22	2	8	13	14	34	46
22	Crewe Alexandra	46	6	9	8	35	35	5	2	16	27	45	44
23	Rotherham United	46	5	10	8	31	38	5	2	16	19	49	42
24	Mansfield Town	46	5	8	10	23	27	3	6	14	19	36	38

1991/92 Division 3

1	Brentford	46	17	2	4	55	29	8	5	10	26	26	82
2	Birmingham City	46	15	6	2	42	22	8	6	9	27	30	81
3	Huddersfield Town	46	15	4	4	36	15	7	8	8	23	23	78
4	Stoke City	46	14	5	4	45	24	7	9	7	24	25	77
5	Stockport County	46	15	5	3	47	19	7	5	11	28	32	76
6	Peterborough Utd.	46	13	7	3	38	20	7	7	9	27	38	74
7	West Bromwich Alb.	46	12	6	5	45	25	7	8	8	19	24	71
8	Bournemouth	46	13	4	6	33	18	7	7	9	19	30	71
9	Fulham	46	11	7	5	29	16	8	6	9	28	37	70
10	Leyton Orient	46	12	7	4	36	18	6	4	13	26	34	65
11	Hartlepool United	46	12	5	6	30	21	6	6	11	27	36	65
12	READING	46	9	8	6	33	27	7	5	11	26	35	61
13	Bolton Wanderers	46	10	9	4	26	19	4	8	11	31	37	59
14	Hull City	46	9	4	10	28	23	7	7	9	26	31	59
15	Wigan Athletic	46	11	6	6	33	21	4	8	11	25	43	59
16	Bradford City	46	8	10	5	36	30	5	9	9	26	31	58
17	Preston North End	46	12	7	4	42	32	3	5	15	19	40	57
18	Chester City	46	10	6	7	34	29	4	8	11	22	30	56
19	Swansea City	46	10	9	4	35	24	4	5	14	20	41	56
20	Exeter City	46	11	7	5	34	25	3	4	16	23	55	53
21	Bury	46	8	7	8	31	31	5	5	13	24	43	51
22	Shrewsbury Town	46	7	7	9	30	31	5	4	14	23	37	47
23	Torquay United	46	13	3	7	29	19	0	5	18	13	49	47
24	Darlington	46	5	5	13	31	39	5	2	16	25	51	37

1992/93 Division 2 of the new Football League

1	Stoke City	46	17	4	2	41	13	10	8	5	32	21	93
2	Bolton Wanderers	46	18	2	3	48	14	9	7	7	32	27	90
3	Port Vale	46	14	7	2	44	17	12	4	7	35	27	89
4	West Bromwich Alb.	46	17	3	3	56	22	8	7	8	32	32	85
5	Swansea City	46	12	7	4	38	17	8	6	9	27	30	73
6	Stockport County	46	11	11	1	47	18	8	4	11	34	39	72
7	Leyton Orient	46	16	4	3	49	20	5	5	13	20	33	72
8	READING	46	14	4	5	44	20	4	11	8	22	31	69
9	Brighton & Hove A.	46	13	4	6	36	24	7	5	11	27	35	69
10	Bradford City	46	12	5	6	36	24	6	9	8	33	43	68
11	Rotherham United	46	9	7	7	30	27	8	7	8	30	33	65
12	Fulham	46	9	9	5	28	22	7	8	8	29	33	65
13	Burnley	46	11	8	4	38	21	4	8	11	19	38	61
14	Plymouth Argyle	46	11	6	6	38	28	5	6	12	21	36	60
15	Huddersfield Town	46	10	6	7	30	22	7	3	13	24	39	60
16	Hartlepool United	46	8	6	9	19	23	6	6	11	23	37	54
17	Bournemouth	46	7	10	6	28	24	5	7	11	17	28	53
18	Blackpool	46	9	9	5	40	30	3	6	14	23	45	51
19	Exeter City	46	5	8	10	26	30	6	9	8	28	39	50
20	Hull City	46	9	5	9	28	26	4	6	13	18	43	50
21	Preston North End	46	8	5	10	41	47	5	3	15	24	47	47
22	Mansfield Town	46	7	8	8	34	34	4	3	16	18	46	44
23	Wigan Athletic	46	6	6	11	26	34	4	5	14	17	38	41
24	Chester City	46	6	2	15	30	47	2	3	18	19	55	29

1993/94 Division 2

1	READING	46	15	6	2	40	16	11	5	7	41	28	89
2	Port Vale	46	16	6	1	46	18	10	4	9	33	28	88
3	Plymouth Argyle	46	16	4	3	46	26	9	6	8	42	30	85
4	Stockport County	46	15	3	5	50	22	9	10	4	24	22	85
5	York City	46	12	7	4	33	13	9	5	9	31	27	75
6	Burnley	46	17	4	2	55	18	4	6	13	24	40	73
7	Bradford City	46	13	5	5	34	20	6	8	9	27	33	70
8	Bristol Rovers	46	10	8	5	33	26	10	2	11	27	33	70
9	Hull City	46	9	9	5	33	20	9	5	9	29	34	68
10	Cambridge United	46	11	5	7	38	29	8	4	11	41	44	66
11	Huddersfield Town	46	9	8	6	27	26	8	6	9	31	35	65
12	Wrexham	46	13	4	6	45	33	4	7	12	21	44	62
13	Swansea City	46	12	7	4	37	20	4	5	14	19	38	60
14	Brighton & Hove A.	46	10	7	6	38	29	5	7	11	22	38	59
15	Rotherham United	46	11	4	8	42	30	4	9	10	21	30	58
16	Brentford	46	7	10	6	30	28	6	9	8	27	27	58
17	Bournemouth	46	8	7	8	26	27	6	8	9	25	32	57
18	Leyton Orient	46	11	9	3	38	26	3	5	15	19	45	56
19	Cardiff City	46	10	7	6	39	33	3	8	12	27	46	54
20	Blackpool	46	12	2	9	41	37	4	3	16	22	38	53
21	Fulham	46	7	6	10	20	23	7	4	12	30	40	52
22	Exeter City	46	8	7	8	38	37	3	5	15	14	46	45
23	Hartlepool United	46	8	3	12	28	40	1	6	16	13	47	36
24	Barnet	46	4	6	13	22	32	1	7	15	19	54	28

1994/95 Division 1

1	Middlesbrough	46	15	4	4	41	19	8	9	6	26	21	82
2	READING	46	12	7	4	34	21	11	3	9	24	23	79
3	Bolton Wanderers	46	16	6	1	43	13	5	8	10	24	32	77
4	Wolverhampton Wan.	46	15	5	3	39	18	6	8	9	38	43	76
5	Tranmere Rovers	46	17	4	2	51	23	5	6	12	16	35	76
6	Barnsley	46	15	6	2	42	19	5	6	12	21	33	72
7	Watford	46	14	6	3	33	17	5	7	11	19	29	70
8	Sheffield United	46	12	9	2	41	21	5	8	10	33	34	68
9	Derby County	46	12	6	5	44	23	6	6	11	22	28	66
10	Grimsby Town	46	12	7	4	36	19	5	7	11	26	37	65
11	Stoke City	46	10	7	6	31	21	6	8	9	19	32	63
12	Millwall	46	11	8	4	36	22	5	6	12	24	38	62
13	Southend United	46	13	2	8	33	25	5	6	12	21	48	62
14	Oldham Athletic	46	12	7	4	34	21	4	6	13	26	39	61
15	Charlton Athletic	46	11	6	6	33	25	5	5	13	25	41	59
16	Luton Town	46	8	6	9	35	30	7	7	9	26	34	58
17	Port Vale	46	11	5	7	30	24	4	8	11	28	40	58
18	Portsmouth	46	9	8	6	31	28	6	5	12	22	35	58
19	West Bromwich Alb.	46	13	3	7	33	24	3	7	13	18	33	58
20	Sunderland	46	5	12	6	22	22	7	6	10	19	23	54
21	Swindon Town	46	9	6	8	28	27	3	6	14	26	46	48
22	Burnley	46	8	7	8	36	33	3	6	14	13	41	46
23	Bristol City	46	8	8	7	26	28	3	4	16	16	35	45
24	Notts County	46	7	8	8	26	28	2	5	16	19	38	40

1995/96 Division 1

1	Sunderland	46	13	8	2	32	10	9	9	5	27	23	83
2	Derby County	46	14	8	1	48	22	7	8	8	23	29	79
3	Crystal Palace	46	9	9	5	34	22	11	6	6	33	26	75
4	Stoke City	46	13	6	4	32	15	7	7	9	28	34	73
5	Leicester City	46	9	7	7	32	29	10	7	6	34	31	71
6	Charlton Athletic	46	8	11	4	28	23	9	9	5	29	22	71
7	Ipswich Town	46	13	5	5	45	30	6	7	10	34	39	69
8	Huddersfield Town	46	14	4	5	42	23	3	8	12	19	35	63
9	Sheffield United	46	9	7	7	29	25	7	7	9	28	29	62
10	Barnsley	46	9	10	4	34	28	5	8	10	26	38	60
11	West Bromwich Alb.	46	11	5	7	34	29	5	7	11	26	39	60
12	Port Vale	46	10	5	8	30	29	5	10	8	29	37	60
13	Tranmere Rovers	46	9	9	5	42	29	5	8	10	22	31	59
14	Southend United	46	11	8	4	30	22	4	6	13	22	39	59
15	Birmingham City	46	11	7	5	37	23	4	6	13	24	41	58
16	Norwich City	46	7	9	7	26	24	7	6	10	33	31	57
17	Grimsby Town	46	8	10	5	27	25	6	4	13	28	44	56
18	Oldham Athletic	46	10	7	6	33	20	4	7	12	21	30	56
19	READING	46	8	7	8	28	30	5	10	8	26	33	56
20	Wolverhampton Wan.	46	8	9	6	34	28	5	7	11	22	34	55
21	Portsmouth	46	8	6	9	34	32	5	7	11	27	37	52
22	Millwall	46	7	6	10	23	28	6	7	10	20	35	52
23	Watford	46	7	8	8	40	33	3	10	10	22	37	48
24	Luton Town	46	7	6	10	30	34	4	6	13	10	30	45

1996/97 Division 1

1	Bolton Wanderers	46	18	4	1	60	20	10	10	3	40	33	98
2	Barnsley	46	14	4	5	43	19	8	10	5	33	36	80
3	Wolverhampton Wan.	46	10	5	8	31	24	12	5	6	37	27	76
4	Ipswich Town	46	13	7	3	44	23	7	7	9	24	27	74
5	Sheffield United	46	13	5	5	46	23	7	8	8	29	29	73
6	Crystal Palace	46	10	7	6	39	22	9	7	7	39	26	71
7	Portsmouth	46	12	4	7	32	24	8	4	11	27	29	68
8	Port Vale	46	9	9	5	36	28	8	7	8	22	27	67
9	Queen's Park Rgs.	46	10	5	8	33	25	8	7	8	31	35	66
10	Birmingham City	46	11	7	5	30	18	6	8	9	22	30	66
11	Tranmere Rovers	46	10	9	4	42	27	7	5	11	21	29	65
12	Stoke City	46	15	3	5	34	22	3	7	13	17	35	64
13	Norwich City	46	9	10	4	28	18	8	2	13	35	50	63
14	Manchester City	46	12	4	7	34	25	5	6	12	25	35	61
15	Charlton Athletic	46	11	8	4	36	28	5	3	15	16	38	59
16	West Bromwich Alb.	46	7	7	9	37	33	7	8	8	31	39	57
17	Oxford United	46	14	3	6	44	26	2	6	15	20	42	57
18	READING	46	13	7	3	37	24	2	5	16	21	43	57
19	Swindon Town	46	11	6	6	36	27	4	3	16	16	44	54
20	Huddersfield Town	46	10	7	6	28	20	3	8	12	20	41	54
21	Bradford City	46	10	5	8	29	32	2	7	14	18	40	48
22	Grimsby Town	46	7	7	9	31	34	4	6	13	29	47	46
23	Oldham Athletic	46	6	8	9	30	30	4	5	14	21	36	43
24	Southend United	46	7	9	7	32	32	1	6	16	10	54	39

1997/98 Division 1

1	Nottingham Forest	46	18	2	3	52	20	10	8	5	30	22	94
2	Middlesbrough	46	17	4	2	51	12	10	6	7	26	29	91
3	Sunderland	46	14	7	2	49	22	12	5	6	37	28	90
4	Charlton Athletic	46	17	5	1	48	17	9	5	9	32	32	88
5	Ipswich Town	46	14	5	4	47	20	9	9	5	30	23	83
6	Sheffield United	46	16	5	2	44	20	3	12	8	25	34	74
7	Birmingham City	46	10	8	5	27	15	9	9	5	33	20	74
8	Stockport County	46	14	6	3	46	21	5	2	16	25	48	65
9	Wolverhampton Wan.	46	13	6	4	42	25	5	5	13	15	28	65
10	West Bromwich Alb.	46	9	8	6	27	26	7	5	11	23	30	61
11	Crewe Alexandra	46	10	2	11	30	34	8	3	12	28	31	59
12	Oxford United	46	12	6	5	36	20	4	4	15	24	44	58
13	Bradford City	46	10	9	4	26	23	4	6	13	20	36	57
14	Tranmere Rovers	46	9	8	6	34	26	5	6	12	20	31	56
15	Norwich City	46	9	8	6	32	27	5	5	13	20	42	55
16	Huddersfield Town	46	9	5	9	28	28	5	6	12	22	44	53
17	Bury	46	7	10	6	22	22	4	9	10	20	36	52
18	Swindon Town	46	9	6	8	28	25	5	4	14	14	48	52
19	Port Vale	46	7	6	10	25	24	6	4	13	31	42	49
20	Portsmouth	46	8	6	9	28	30	5	4	14	23	33	49
20	Queen's Park Rgs.	46	8	9	6	28	21	2	10	11	23	42	49
22	Manchester City	46	6	6	11	28	26	6	6	11	28	31	48
23	Stoke City	46	8	5	10	30	40	3	8	12	14	34	46
24	READING	46	8	4	11	27	31	3	5	15	12	47	42

READING AGAINST OTHER LEAGUE CLUBS
Present day names used throughout

	p	w	d	l	f	a	w	d	l	f	a	tf	ta	% won
Aberdare Ath	10	3	0	2	5	3	1	2	2	3	6	8	9	40.00
Accrington Stanley	4	2	0	0	7	0	0	1	1	3	4	10	4	50.00
Aldershot	50	18	4	3	65	29	8	11	6	45	35	110	64	52.00
Aston Villa	4	0	0	2	3	7	0	0	2	2	4	5	11	0.00
Barnet	2	1	0	0	4	1	1	0	0	1	0	5	1	100.00
Barnsley	54	15	8	4	52	25	6	5	16	35	56	87	81	38.89
Barrow	8	3	0	1	10	4	0	3	1	2	3	12	7	37.50
Birmingham City	16	1	5	2	8	9	2	3	3	8	14	16	23	14.29
Blackburn Rovers	6	1	2	0	5	1	0	2	1	3	5	8	6	16.67
Blackpool	24	6	4	2	16	7	3	3	6	15	25	31	32	37.50
Bolton Wanderers	18	6	1	2	14	8	1	2	6	7	16	21	24	38.89
Bournemouth	92	29	6	11	83	46	9	15	22	44	65	127	111	41.30
Bradford City	46	8	9	6	27	25	7	4	12	32	47	59	72	34.09
Bradford PA	10	5	0	0	15	2	2	0	3	10	11	25	13	70.00
Brentford	70	20	10	5	66	34	8	10	17	41	60	107	94	40.00
Brighton & Hove Alb.	74	19	10	8	64	34	7	12	18	45	70	109	104	35.14
Bristol City	70	16	10	9	58	52	10	5	20	42	72	100	124	37.14
Bristol Rovers	74	23	5	9	71	40	7	11	19	41	64	112	104	40.54
Burnley	14	4	2	1	13	7	4	1	2	9	14	22	21	57.14
Bury	40	7	5	8	28	33	3	3	14	18	41	46	74	26.32
Cambridge United	14	6	1	0	13	4	2	1	4	6	11	19	15	57.14
Cardiff City	32	8	6	2	31	12	5	3	8	17	33	48	45	40.62
Carlisle United	10	3	1	1	10	5	1	3	1	7	7	17	12	40.00
Charlton Athletic	28	7	5	2	22	14	4	3	7	12	19	34	33	38.46
Chelsea	8	2	1	1	9	7	0	2	2	1	3	10	10	25.00
Chester City	28	11	3	0	27	8	3	3	8	13	21	40	29	50.00
Chesterfield	24	4	5	3	21	16	2	2	8	16	32	37	48	25.00
Colchester Utd.	44	14	3	5	47	26	6	6	10	38	43	85	69	45.45
Coventry City	32	12	4	0	38	16	2	5	9	11	26	49	42	43.75
Crewe Alexandra	26	8	5	0	29	11	2	6	5	13	16	42	27	41.67
Crystal Palace	60	15	7	8	64	36	9	9	12	41	47	105	83	40.00
Darlington	24	10	1	1	23	8	6	2	4	15	13	38	21	66.67
Derby County	10	4	1	0	7	2	1	1	3	4	12	11	14	50.00
Doncaster Rovers	32	13	1	2	36	11	8	6	2	33	22	69	33	65.62
Everton	2	0	0	1	0	2	0	0	1	2	3	2	5	0.00
Exeter City	82	31	6	4	89	35	16	7	18	67	76	156	111	57.32
Fulham	26	7	2	4	17	16	3	5	5	15	17	32	33	38.46
Gateshead	4	2	0	0	7	2	0	1	1	0	3	7	5	50.00
Gillingham	78	22	5	12	74	42	7	9	23	37	71	111	113	37.18
Grimsby Town	42	8	7	6	38	23	4	5	12	18	39	56	62	28.57
Halifax Town	20	7	3	0	21	9	3	3	4	12	17	33	26	50.00
Hartlepool Utd.	24	8	2	2	29	7	5	3	4	21	20	50	27	54.17
Hereford Utd.	6	2	0	1	6	2	0	2	1	1	4	7	6	33.33
Huddersfield Town	34	10	4	3	27	17	6	3	8	19	27	46	44	50.00
Hull City	38	8	6	5	31	19	7	6	6	19	22	50	41	39.47
Ipswich Town	32	7	2	7	25	31	4	2	10	21	32	46	63	36.67
Leeds United	6	1	0	2	2	3	0	1	2	4	9	6	12	16.67
Leicester City	4	0	1	1	2	3	0	1	1	1	2	3	5	0.00
Leyton Orient	64	19	8	5	73	29	7	10	15	44	60	117	89	40.62
Lincoln City	22	3	5	3	13	11	3	3	5	11	20	24	31	27.27
Luton Town	36	10	4	4	32	15	6	1	11	18	41	50	56	44.44
Manchester City	10	3	1	1	7	3	0	1	4	3	12	10	15	25.00

Team	p	w	d	l	f	a	w	d	l	f	a	tf	ta	pts
Mansfield Town	48	20	4	0	51	20	2	12	10	32	43	83	63	45.83
Merthyr Town	12	5	1	0	14	2	0	3	3	4	10	18	12	41.67
Middlesbrough	12	1	3	2	5	6	1	3	2	3	11	8	17	20.00
Millwall	70	20	6	9	65	31	5	10	20	24	61	89	92	35.71
Newport County	80	27	6	7	90	36	7	14	19	42	68	132	104	42.50
Northampton Town	82	29	8	4	93	36	14	9	18	63	83	156	119	52.44
Norwich City	52	14	5	7	49	36	6	8	12	36	46	85	82	40.00
Nottm Forest	16	2	2	4	13	14	2	2	4	10	20	23	34	28.57
Notts County	42	12	4	5	47	28	2	6	13	16	38	63	66	33.33
Oldham Athletic	32	11	1	4	36	16	4	5	7	24	30	60	46	46.88
Oxford United	20	4	1	5	10	12	2	0	8	7	19	17	31	27.78
Peterborough U	26	7	4	2	20	13	1	3	9	17	28	37	41	30.77
Plymouth Argyle	50	10	6	9	37	32	5	5	15	29	46	66	78	30.00
Port Vale	56	14	7	7	45	32	6	6	16	26	46	71	78	37.04
Portsmouth	32	5	5	6	15	18	2	6	8	10	24	25	42	20.00
Preston North End	30	8	4	3	33	18	2	3	10	12	35	45	53	33.33
QPR	66	21	6	6	65	34	9	7	17	39	54	104	88	46.88
Rochdale	16	6	2	0	15	5	2	1	5	7	11	22	16	50.00
Rotherham United	28	8	5	1	21	13	3	5	6	17	24	38	37	39.29
Scunthorpe United	20	7	2	1	15	3	5	2	3	12	8	27	11	60.00
Sheffield Utd.	20	7	0	3	12	9	0	4	6	6	20	18	29	38.89
Sheffield Wed.	4	0	0	2	0	3	0	1	1	2	3	2	6	0.00
Shrewsbury T	52	14	6	6	58	34	5	7	14	30	53	88	87	36.54
Southampton	28	5	4	5	17	16	2	6	6	19	28	36	44	25.00
Southend Utd.	88	27	9	8	102	54	7	12	25	46	86	148	140	38.64
Southport	16	5	3	0	20	5	1	2	5	10	22	30	27	37.50
Stockport County	32	9	5	2	38	21	2	8	6	13	25	51	46	33.33
Stoke City	26	5	4	4	22	14	3	3	7	12	28	34	42	25.00
Sunderland	8	2	1	1	6	3	1	2	1	5	7	11	10	33.33
Swansea City	54	16	4	7	46	28	8	4	15	37	56	83	84	44.44
Swindon Town	88	26	9	9	88	48	7	15	22	39	76	127	124	37.21
Thames	2	1	0	0	5	1	0	1	0	0	0	5	1	50.00
Torquay United	70	24	8	3	93	38	6	15	14	47	58	140	96	42.86
Tottenham Hotspur	6	2	0	1	8	5	0	2	1	3	9	11	14	33.33
Tranmere Rovers	32	9	4	3	26	14	4	4	8	19	27	45	41	43.33
Walsall	62	13	10	8	45	33	6	9	16	35	68	80	101	30.65
Watford	78	26	8	5	90	34	5	6	28	33	81	123	115	39.74
West Bromwich Alb.	24	3	4	5	19	24	2	0	10	8	26	27	50	18.18
Wigan Ath.	18	7	0	2	17	8	0	4	5	6	16	23	24	38.89
Wimbledon	8	3	1	0	8	3	0	3	1	2	3	10	6	37.50
Wolves	22	7	2	2	23	11	2	2	7	11	19	34	30	45.00
Workington	16	6	2	0	12	1	3	2	3	7	9	19	10	56.25
Wrexham	18	6	1	2	14	5	3	1	5	12	15	26	20	50.00
York City	18	6	2	1	13	4	4	3	2	12	11	25	15	55.56
	p	w	d	l	f	a	w	d	l	f	a	tf	ta	pts
Totals:	3168	912	350	322	3005	1633	352	434	798	1790	2843	4795	4476	3604
comprising:														
New Division 1 (old 2)	480	113	57	70	384	279	39	61	140	227	498	611	777	508
New Div. 2, old 3	1196	327	142	129	1070	653	144	154	300	709	1069	1779	1722	1422
Old Div. 4	368	119	44	21	320	120	42	66	76	193	272	513	392	454
Old Div 3S	1124	353	107	102	1231	581	127	153	282	661	1004	1892	1585	1220

F.A. Cup Record in non-League Seasons

Players appearances and goals are included in the A-Z section only if they also made a Football League appearance.

1877/78

R1	Nov	3	SOUTH NORWOOD	2-0	Field, Franklin	Hayward S	Rogers	Franklin WL	Ive H	Richardson	Turner R	Wakeman A	Marks DC	Mullens KH	Sillence G	Field CG
R2	Dec	8	Upton Park	0-1		Hayward S	Field CG	Ive H	Richardson	Franklin WL	Barnett WH	Turner TH	Marks DC	Mullens KH	Sillence G	Wakeman

1878/79

R1	Nov	9	HENDON	1-0	Holbrook	Hayward S	Rogers HF	Morgan JR	Franklin WL	Richardson	Lewis T	Holbrook W	Bartholomew	Field CG	Sillence G	Kayll AJ
R2	Dec	18	OLD ETONIANS	0-1		Hayward S	Rogers HF	Morgan JR	Field CG	Palmer CH	Lewis T	Holbrook W	Turner TH	Turner TH	Sillence G	Wollaston J

1879/80

R1			Henley		*Reading scratched*											

1880/81

R1	Nov	13	HOTSPUR	5-1	C Field, Fuller, Holbrook, Turner, Sillence	Hayward S	Cripps AJ	Field H	Jones WH	Holbrook W	Sillence G	Grundy GB	Fuller GF	Field CG	Turner TH
R2	Dec	18	SWIFTS	0-1		Hayward S	Cripps AJ	Field H	Jones WH	Prior SC	Sillence G	Holbrook W	Bartholomew	Grundy GB	Fuller GF

1881/82

R1	Oct	29	HENDON	5-0	Thompson 3, C Field, Turner	Hayward S	Tuck FJ	Field H	Hayden F	Holbrook W	Sillence G	Bartholomew	Thompson FB	Field CG	Turner TH
R2	Nov	26	WEST END	1-1	Field	Hayward S	unknown	unknown	unknown	Holbrook W	Sillence G	Bartholomew	Thompson FB	Field CG	Turner TH
R4			Marlow		*Reading scratched*										

West End disqualified in R2. Bye in R3.

1882/83

R2	Nov	29	Royal Engineers	0-8		Hayward S	Field E	Franklin WL	Hill TE	Tombs WTS	Holbrook W	Walker HE	Bird-Thomson R	Field CG	Sillence G	Fuller FG

Bye in R1.

1883/84

R1	Nov	10	SOUTH READING	2-2	Lushington, Turner	Hayward S	Field E	Tombs WTS	Hill TE	Bird-Thomson J	Holbrook W	Walker HE	Field CG	Bird-Thomson R	Turner TH	Lushington
rep		17	South Reading	4-0	C Field 2, Deacon, one og	Hayward S	Field E	Tombs WTS	Hill TE	Turner TH	Walker HE	Holbrook W	Field CG	Fry	Moore WH	Deacon E
R2	Dec	1	WEST END	1-0	C Field	Hayward S	Field E	Tombs WTS	Franklin WL	Hill TE	Holbrook W	Turner TH	Field CG	Walker HE	Bird-Thomson R	Moore WH
R3		22	UPTON PARK	1-6	C Field	Hayward S	Field E	Tombs WTS	Jones RH	Hill TE	Holbrook W	Turner TH	Field CG	Walker HE	Bird-Thomson R	Moore WH

1884/85

R1	Nov	8	ROCHESTER	2-0	Egerton, E Field	Hayward S	Field E	Franklin WL	Turner TH	Danter JA	Walker HE	Walker HE	Egerton G	Deacon E	Holbrook W	West F
R2	Dec	6	Upton Park	1-3	Walker	Hayward S	Field E	Cripps AJ	Turner TH	Maxwell	Walker HE	Walker HE	Egerton G	Moore	West F	Simpson

1885/86

R1	Oct	31	Rochester	1-6	unknown	Hayward S	Field E	Field CG	Maxwell H	Turner TH	Walker HE	Walker HE	West F	Egerton G	Havill R	Wollaston S

1886/87

R1	Oct	23	Old Carthusians	1-2	Murdoch	Hayward S	Field E	Cripps AJ	Haywood O	Salter W	Turner TH	Skurray	Fry A	Murdoch K	Walker HE	Egerton G

1887/88

R1	Oct	15	DULWICH	0-2		Haywood S	Reed	Cripps	Haywood O	Rogers	Walker	Greenslade	Fry A	Murdoch	Holbrook W	West F
rep			Dulwich		*Reading scratched*											

Replay ordered after Reading protested, but Reading scratched.

1888/89

Q1	Oct	6	Luton Town	0-4		1000 Hayward S	Field	Justine S	Steward	Collier	Skurray	White	Fry A	Harrison	Earley	Skurray

1889/90

Q2	Oct	26	OLD ST. PAULS	3-4	Hawes, Nailer, B Harding	Harrowell	Ledger	Houghton	Deane F	Hawes	Skurray	White	Nailer	Hill	Nailer	unknown

After extra time.

100

1890/91

Q1	Oct	4	Ipswich Town	0-2							Harrowell			Read H	Venard

1891/92

Q1	Oct	3	NEWBURY	2-1	George 2			Harrowell	Justins	White	Justine S	Deane F	Lewis	George	Oliver	Turner	Warburton	Hewett	Read H	Venard
Q2	Oct	24	Southampton St. Marys	0-7				Harrowell	Justins	White	Justine S	Oliver	Lewis	Deane	Warburton	Turner	Hewett	Read H	Venard
Q3	Nov	14	Clifton	2-8	Read 2			Harrowell	Justins	White	Justine S	Deane F	Lewis	Venard	Read	Hewett	Turner	Warburton

Southampton disqualified after Reading protested that two players were ineligible.

1892/93

Q1	Oct	15	CLIFTON	6-1	Read, Hewett 3, Knight, Venard			Manners KJ	White C	Justine S	Deane F	Turner	Knight W	George J	Warburton	Hewett	Read H	Venard
Q2	Oct	29	Uxbridge	3-2	Hewett, George, Read			Manners KJ	White C	Justine S	Deane F	Turner	Knight W	George J	Warburton	Skurray	Read H	Venard
Q3	Nov	19	Swindon Town	1-2	George			Manners KJ	White C	Justine S	Deane F	Turner	Knight W	George J	Warburton	Skurray	Read H	Venard

1893/94

Q1	Oct	14	WARMLEY	3-0	Harris, Titcombe, Frewin			Manners KJ	White C	Justine S	Deane F	Turner	Knight W	George J	Frewin H	Hirons	Read H	Titcombe
Q2	Nov	4	Newbury	2-1	George, Frewin			Manners KJ	White C	Justine S	Deane F	Turner	Knight W	George J	Frewin H	Hirons	Read H	Campbell
Q3		25	SOUTHAMPTON ST. MARYS	2-1	Campbell 2			Manners KJ	White C	Justine S	Deane F	Turner	Knight W	George J	Frewin H	Campbell	Read H	Corbett B
Q4	Dec	16	Swindon Town	2-0	Campbell 2			Manners KJ	White C	Justine S	Deane F	Turner	Knight W	George J	Frewin H	Campbell	Read H	Corbett B
R1	Jan	27	Preston North End	0-18				Manners KJ	White C	Justine S	Deane F	Turner	Knight W	George J	Frewin H	Stewart J	Read H	Corbett B

1894/95

Q1	Oct	13	Clifton	7-3	Stewart 2, Deane, Dickenson, Shepherd, 2 unknown			Cannon	Justine S	White	Deane F	Shepherd	Knight W	Fletcher	Kelsey	Stewart J	Warburton	Dickenson
Q2	Nov	3	Southampton St. Marys	2-5	Deane, Currighan		5000	Cannon	White	Inglis	Deane F	Shepherd	Knight W	Currighan	Dickenson	Stewart J	Fletcher	Kelsey

1895/96

Q1	Oct	12	BRISTOL ST. GEORGE	7-2	Reid 4, Dickenson, Wheeler, Cunningham			Cannon	Bach	Justins	White	Evans	Knight W	Dickenson	Marshall	Reid	Cunningham	Wheeler
Q2	Nov	2	EASTLEIGH LSWR	2-1	Reid, Cunningham			Cannon	Bach	Justins	White	Evans	Knight W	Gray	Rossiter	Reid	Cunningham	Wheeler
Q3		23	Southampton St. Marys	0-3			5000	Cannon	Justins	Bach	Knight W	Evans	Inglis	George	Marshall	Hatton	Cunningham	Wheeler

1896/97

Q3	Nov	21	Bedminster	5-0	Smith, Mableson, Cunningham 2, G Reid		1000	Cannon	Knight W	Justins	Speirs	Watts	Mableson	Hadley	Reid G	Gordon	Reid J	Cunningham
Q4	Dec	12	SOUTHAMPTON ST. MARYS	1-4	Hadley		3000	Cannon	Bach	Justins	Speirs	Fitzpatrick	Watts	Hadley	Reid G	Gordon	Reid J	Cunningham

1897/98

Q3	Oct	30	SWINDON TOWN	0-0			8000	Bulimer	Henderson	O'Brien	Sharpe	Watts	Eccleston	Crawford	Barr	Cockshutt	Dewey	Hadley
rep	Nov	3	Swindon Town	2-3	Eccleston (p), Hadley		2000	Bulimer	Sharpe	O'Brien	Foster	Watts	Eccleston	Crawford	Barr	Cockshutt	Dewey	Hadley

1898/99

Q3	Oct	29	Bristol Rovers	1-0	Millar		8000	Whittaker	Henderson	O'Brien	Ballantyne	Foster	Sharp J	Davies	Goldie	Millar	Sharp A	Bamford
Q4	Nov	9	WARMLEY	1-1	Millar		8000	Whittaker	Henderson	O'Brien	Ballantyne	Holt	Eccleston	Davies	Johnson	Millar	Sharp A	Plant
rep		30	WARMLEY	3-0	Plant, Davies, Millar		2000	Whittaker	Henderson	Hosie	Sharp J	Holt	Eccleston	Davies	Goldie	Millar	Sharp A	Plant
Q5	Dec	10	Bristol City	2-3	Millar, A Sharp		7000	Whittaker	Henderson	O'Brien	Sharp J	Holt	Eccleston	Davies	Goldie	Millar	Sharp A	Plant

1899/1900

Q3	Oct	28	Wycombe Wanderers	8-0	Ross 2, Holt 2, Kelly, Davies, Goldie, one ano		3000	Whittaker	Henderson	O'Brien	Watts	Holt	Hosie	Barlow	Goldie	Ross	Davies	Kelly
Q4	Nov	18	MARLOW	2-1	Ross, Kelly		4000	Whittaker	Henderson	O'Brien	Sharp J	Holt	Hosie	Barlow	Goldie	Ross	Davies	Kelly
Q5	Dec	9	CHESHAM TOWN	7-1	Kelly 2, Davies, Goldie 2, Ross, one ano		3000	Whittaker	Henderson	O'Brien	Sharp J	Holt	Hosie	Barlow	Goldie	Ross	Davies	Kelly
R1	Jan	27	Newcastle United	1-2	Barlow		11259	Whittaker	Henderson	O'Brien	Watts	Holt	Hosie	Evans	Barlow	Ross	Davies	Kelly

1900/01

Q3	Nov 3	OXFORD CITY	4-0	Mainman, Barlow, Evans, Watts		1500	Cotton	Henderson	Clinch	Bull	Holt	Evans	Barlow	Logan	Mainman	Arnett
Q4	17	CHESHAM GENERALS	11-0	Pegg 6, Evans 2, Barnes, Barlow, Spence		500	Cotton	Henderson	Clinch	Bull	Holt	Evans	Barlow	Pegg	Spence	Barnes
Q5	Dec 8	RICHMOND	2-0	Pegg, Barnes			Cotton	Henderson	Clinch	Bull	Holt	Evans	Barlow	Logan	Logan	Barnes
IR	Jan 5	BRISTOL CITY	1-1	Pegg		8000	Cotton	Henderson	Clinch	Bull	Holt	Evans	Logan	Pegg	Sharp	Barnes
rep	9	Bristol City	0-0			3000	Cotton	Henderson	Clinch	Bull	Mainman	Evans	Logan	Pegg	Sharpe A	Barnes
rep2	14	Bristol City	2-1	Spence, Evans		5000	Cotton	Henderson	Sharp J	Bull	Mainman	Evans	Logan	Pegg	Spence	Barnes
R1	Feb 9	BRISTOL ROVERS	2-0	Barnes, Pegg			Cotton	Henderson	Sharp J	Bull	Mainman	Evans	Logan	Pegg	Sharpe A	Barnes
R2	23	Bolton Wanderers	1-0	A Sharpe		11592	Cotton	Sharp J	Clinch	Bull	Mainman	Evans	Logan	Pegg	Sharpe A	Barnes
R3	Mar 23	TOTTENHAM HOTSPUR	1-1	Evans		14417	Cotton	Henderson	Clinch	Bull	Mainman	Evans	Logan	Pegg	Sharpe A	Barnes
rep	28	Tottenham Hotspur	0-3			11600	Cotton	Henderson	Clinch	Bull	Mainman	Evans	Logan	Pegg	Sharpe A	Barnes

Q3 played at Reading by arrangement.
IR replay abandoned after 20 minutes of extra time. IR replay 2 at Swindon.

1901/02

IR	Dec 14	CHESTERFIELD	2-1	Davidson, Evans		3000	Cotton	Stokes	Clinch	Bull	Watts	Evans	Bradshaw	Davidson	Griffiths	Barnes
R1	Jan 25	Notts County	2-1	Allison (p), Davidson		9000	Cotton	Stokes	Clinch	Bull	Watts	Allison	Blackwood	Davidson	Griffiths	Barnes
R2	Feb 8	PORTSMOUTH	0-1			8600	Cotton	Stokes	Clinch	Bull	Watts	Allison	Blackwood	Davidson	Griffiths	Barnes

1902/03

IR	Dec 13	BURNLEY	1-0	Griffiths		5000	Cotton	Watts	Clinch	Bull	Spence	Allison	Lyons	Davidson	Griffiths	Flynn
R1	Feb 7	Nottingham Forest	0-0			15000	Cotton	Stokes	Clinch	Bull	Watts	Allison	Spence	Lyon	Griffiths	Flynn
rep	14	NOTT'M FOREST	3-6	Craggs 2, Griffiths		14900	Cotton	Bull	Clinch	Spence	Watts	Craggs	Buff	Lyon	Griffiths	Flynn

R1 replay a.e.t.

1903/04

IR	Dec 12	GAINSBOROUGH TRIN.	1-0	Bevan		6000	Naisby	Smith	Clinch	Henderson	Good	Willis	Simpson	Poppitt	Fletcher	Flynn
R1	Feb 6	BOLTON WANDERERS	1-1	Bevan		8785	Naisby	O'Brien	Smith H	Henderson	Good	Willis	Simpson	Poppitt	Heywood	Flynn
rep	10	Bolton Wan.	2-3	Bevan 2		10082	Naisby	O'Brien	Smith H	Henderson	Good	Willis	Simpson	Poppitt	Heywood	Flynn

1904/05

IR	Jan 14	Brentford	1-1	Harris (p)		18000	Naisby	Henderson	Smith H	Bannister	Riley	Brown	Bainbridge	Higginson	Harris	Corrin
rep	18	BRENTFORD	2-0	Harris, Higginson			Naisby	Henderson	Smith H	Bannister	Riley	Brown	Bainbridge	Higginson	Harris	Corrin
R1	Feb 4	Fulham	0-0			30000	Naisby	Henderson	Smith H	Bannister	Riley	Brown	Bainbridge	Higginson	Harris	Corrin
rep	8	FULHAM	0-0			12500	Naisby	Henderson	Smith H	Bannister	Riley	Brown	Bainbridge	Higginson	Harris	Corrin
rep2	13	Fulham	0-1			15000	Naisby	Henderson	Smith H	Bannister	Riley	Raisbeck	Bainbridge	Higginson	Harris	Corrin

R1 replay and replay 2 a.e.t. Replay 2 at White Hart Lane.

1905/06

R1	Jan 14	Hull City	1-0	McCafferty		9000	Newbigging	Lindsay	Smith H	Brown W	Bannister	Brown C	Bainbridge	Gettins	Long	McCafferty	Leonard
R2	Feb 3	Tottenham Hotspur	2-3	McCafferty 2		26000	Newbigging	Lindsay	Smith H	Riley	Bannister	Brown C	Bainbridge	Long	McCafferty	Allman	Gettins

1906/07

R1	Jan 12	Bradford City	0-2			18000	Whittaker	Lindsay	Allman	Comrie	Weir	Gettins	Minter	Edgley	Davies	Carrick

1907/08

R1	Jan 11	Queen's Park Rangers	0-1			25000	Rae	Coquet	Smith H	Walker	Boden	Dougal	Minter	Edgley	Rodger	Gee

1908/09

R1	Jan 16	Norwich City	0-0			15000	Newbigging	Crump	Wilkes	Bartholomew	Boden	Mainds	Burch	Wheatcroft	Morley	Huggins
rep	20	NORWICH CITY	1-1	Burch		9000	Newbigging	Crump	Wilkes	Bartholomew	Boden	Mainds	Burch	Wheatcroft	Morley	Huggins
rep2	25	Norwich City	2-3	Wheatcroft 2		7000	Newbigging	Crump	Wilkes	Bartholomew	Boden	Mainds	Burch	Wheatcroft	Morley	Huggins

R1 played at Stamford Bridge. R1 replay 2 played at Villa Park.

1909/10

R1	Jan 15	Wolverhampton Wand.	0-5			6000	O'Donnell	West	Henderson	Chapman	Hancock	Kilsey	Lee	Tomlinson	Wilkie	Birch

1910/11

Q4	Nov	19	EXETER CITY	1-1	Andrews		7400	Caldwell	Smith J	Bartholomew	Smart	Hancock	Slatter	Lee	Jordan	McCulloch	Andrews	Greer
rep		28	Exeter City	0-1			2000	Caldwell	Smith J	Bartholomew	Smart	Hancock	Butler	Lee	Jordan	McCulloch	Andrews	Greer

1911/12

Q4	Nov	18	SOUTHALL	7-1	Foster 2, Bailey 2, Greer 2, Andrews			Caldwell	Smith J	Bartholomew	Slatter	Hanney	Bradley	Lee	Bailey	Foster	Andrews	Greer
Q5	Dec	2	Castleford Town	2-1	Foster, Greer			Caldwell	Smith J	Bartholomew	Slatter	Hanney	Bradley	Lee	Bartlett	Foster	Andrews	Greer
R1	Jan	13	Southport Central	2-0	Andrews, Lee			Caldwell	Smith J	Bartholomew	Smart	Hanney	Bradley	Lee	Bailey	Foster	Andrews	Greer
R2	Feb	3	Aston Villa	1-1	Bailey		25000	Caldwell	Smith J	Bartholomew	Smart	Hanney	Bradley	Lee	Bailey	Foster	Andrews	Greer
rep		6	ASTON VILLA	1-0	Foster		13048	Caldwell	Smith J	Bartholomew	Smart	Hanney	Bradley	Lee	Bailey	Foster	Andrews	Greer
R3		24	MANCHESTER UTD.	1-1	Bradley		24069	Caldwell	Smith J	Bartholomew	Smart	Hanney	Bradley	Lee	Bailey	Foster	Andrews	Greer
rep		29	Manchester United	0-3			30000	Caldwell	Smith J	Bartholomew	Smart	Hanney	Bradley	Lee	Bailey	Foster	Andrews	Greer

1912/13

R1	Jan	16	Stoke	2-2	Foster, Pinfield		14500	Bernard	Smith J	Comrie	Seeburg	Hanney	Bradley	Morris	Bailey	Foster	Burton	Pinfield
rep		22	STOKE	3-0	Burton, Pinfield, Morris		12000	Bernard	Smith J	Stevens	Comrie	Hanney	Bradley	Morris	Bailey	Foster	Burton	Pinfield
R2	Feb	1	TOTTENHAM HOTSPUR	1-0	Pinfield		17784	Bernard	Smith J	Stevens	Comrie	Hanney	Bradley	Morris	Bailey	Seeburg	Burton	Pinfield
R3		22	BLACKBURN ROVERS	1-2	Bailey		19926	Bernard	Smith J	Stevens	Comrie	Hanney	Bradley	Morris	Bailey	Foster	Burton	Pinfield

1913/14

R1	Jan	10	Bradford Park Avenue	1-5	Foster		12000	Crawford	Smith J	Stevens	Comrie	Forrest	Willis	Morris	Brown	Foster	Burton	Lofthouse

1914/15

R1	Jan	9	WOLVERHAMPTON WAN.	0-1			11117	Crawford	Bartholomew	Thomson	Comrie	Willis	Stevenson	Pinfield	Bailey	Foster	Chorley	Lofthouse

1919/20

R1	Jan	10	Plymouth Argyle	0-2			15000	Archibald	Smith J	Horler	Christie	Goodman	Hartridge	Hastie	Bailey	Weir	Andrews	Carr

Joe Bailey, who scored Reading's first goal in the Football League.

Maurice Edelston, England Amateur and Wartime international.

Steve Death; set a Football League record of 1,103 minutes without conceding a goal.

Robin Friday, a rare talent

READING'S MANAGERS

Harry Matthews	1902-22
Arthur Chadwick	1923-26
Angus Wylie	1926-31
Joe Smith	1931-35
Billy Butler	1935-39
Johnny Cochrane	1939
Joe Edelston	1939-47
Ted Drake	1947-52
Jack Smith	1952-55
Harry Johnston	1955-63
Roy Bentley	1963-69
Jack Mansell	1969-72
Charlie Hurley	1972-77
Maurice Evans	1977-84
Ian Branfoot	1984-89
Ian Porterfield	1989-91
Mark McGhee	1991-94
M Gooding/J Quinn	1994-97
Terry Bullivant	1997-98
Tommy Burns	1998-

Maurice Evans, manager 1977-84

Arthur Chadwick's team, 1925. Back; Back; Clifford (Director), Wilson, Inglis, Messer, Duckworth, McConnell, Evans, Jackson (trainer). Front; Smith, Braithwaite, Davey, Tinsley, Robson

Name		D.O.B	Place of Birth	Died	First Season	Last Season	Previous Club	Next Club	Appearances League	FAC	FLC	Other	Goals League	FAC	FLC	Oth.
Alexander AA	Tony	08/02/35	Reading		1952	1955	Juniors	Yeovil Town	11	0	0	0	2	0	0	0
Alexander JE	John	03/10/55	Liverpool		1978	1980	Millwall	Northampton Town	25	4	2	0	9	1	2	0
Allan AM	Adam	12/09/04	Newarthill		1930	1932	Sunderland	Queen of the South	106	5	0	0	3	0	0	0
Allan J	John		Newcastle		1922		Bury	(USA)	42	1	0	0	0	0	0	0
Allen BW	Bryn	28/03/21	Gilfach Goch		1949		Cardiff City	Coventry City	26	1	0	0	12	0	0	0
Allen DJ	Denis	02/03/39	Dagenham	1995	1961	1969	Charlton Ath.	Bournemouth	335	24	18	0	84	6	5	0
Allen RSL	Ralph	30/06/06	Newburn	1981	1936		Charlton Ath.	Northampton Town	10	0	0	1	7	0	0	0
Alleyne AM	Andy	19/05/51	Barbados		1972	1975	Newbury Town	Wokingham Town	48	4	1	0	2	0	0	0
Allison J	Jack	31/07/22	Stannington		1948	1949	Blyth Spartans	Walsall	29	0	0	0	4	0	0	0
Amor WG	Bill	06/11/19	Pewsey	1988	1947	1951	Huntley & Palmers	Met. Police	66	2	0	0	12	0	0	0
Anderton SJ	Sylvan	23/11/34	Reading		1952	1958	Juniors	Chelsea	155	12	0	11	18	1	0	0
Andrews LTA	Len	09/12/1888	Reading	1969	1920		Southampton	Southampton	33	13	0	0	5	3	0	0
Archer P	Phil	25/08/52	Rotherham		1971		Sheffield Utd.	Hillingdon Borough	17	0	0	0	0	0	0	0
Archibald S	Steve	27/09/56	Glasgow		1991		St. Mirren	Fulham	1	0	0	0	0	0	0	0
Asaba C	Carl	28/01/73	London		1997		Brentford		32	3	7	0	8	1	3	0
Ashton J	John	04/07/54	Reading		1971	1974	Juniors	Didcot Town	13	0	0	0	1	0	0	0
Ayre RW	Bobby	26/03/32	Berwick-on-Tweed		1958	1959	Charlton Ath.	Weymouth	57	6	0	2	24	2	0	0
Bacon A	Arthur	1905	Birdholme	1942	1929	1931	Manchester City	Chesterfield	69	4	0	0	44	1	0	0
Bacuzzi DR	Dave	12/10/40	Islington		1966	1969	Manchester City	Cork Hibernians	107	9	2	0	1	0	0	0
Baggett WJ	Bill		Derby		1927	1931	Bolton Wanderers	Tunbridge Wells	78	2	0	0	20	0	0	0
Bailey DS	Danny	21/05/64	Leyton		1990	1991	Exeter City	Exeter City	50	3	0	0	2	0	0	0
Bailey WG	Joe	09/02/1890	Thame	1974	1920		Nottm. Forest	Boscombe	41	15	0	0	17	5	0	0
Bailie CJ	Colin	31/03/64	Belfast		1985	1987	Swindon Town	Cambridge Utd.	84	7	9	9	1	0	0	1
Bainbridge KV	Ken	15/01/21	Barking		1950	1952	West Ham Utd.	Southend Utd.	89	8	0	0	32	3	0	0
Balmforth GW	George		Denaby		1930	1931	Sheffield Wed.	Oswestry Town	9	0	0	0	0	0	0	0
Barclay JB	John	22/01/04	Thornton		1926		Dundee	Accrington Stanley	4	0	0	0	0	0	0	0
Barker GA	Geoff	07/02/49	Hull		1974	1976	Darlington	Grimsby Town	52	1	0	0	2	0	0	0
Barkus LP	Lea	07/12/74	Reading		1991	1992	YTS	Fulham	15	1	0	1	1	0	0	0
Barley JC	Charlie	1904	Staveley		1929	1936	Arsenal	Maidenhead Utd.	194	19	0	1	16	0	0	0
Barnard DS	Darren	30/11/71	Rinteln, Germany		1994		Chelsea (loan)		4	0	0	0	0	0	0	0
Barnes MF	Michael	17/09/63	Reading		1980	1983	App.	Northampton Town	34	0	2	3	2	0	1	0
Barney VC	Vic	03/04/22	Stepney		1946	1948	Oxford City	Bristol City	45	2	0	0	12	2	0	0
Barron PG	Paul	16/09/53	Woolwich		1986		West Brom. (loan)		4	0	0	0	0	0	0	0
Bartholomew F	Fred		Reading		1920		Reading Biscuits	(Coaching staff)	8	14	0	0	0	0	0	0
Barton DJ	Doug	31/07/27	Islington		1950	1952	Ford Sports	Newport County	10	0	0	0	0	0	0	0
Bashir N	Naseem	12/09/69	Amersham		1989		Juniors	Slough Town	3	0	1	0	1	0	0	0
Bason B	Brian	03/09/55	Epsom		1982		Crystal Palace	Three Bridges	41	1	2	4	0	0	0	1
Bass D	David	29/11/74	Frimley		1991	1996	YTS	Rotherham Utd.	11	0	0	0	0	0	0	0
Batt VT	Vic	13/03/43	Dorking		1961	1962	Juniors	Yiewsley	15	0	1	0	0	0	0	0
Batten HG	Bert	14/05/1898	Bristol	1956	1927		Bradford City	Clapton Orient	16	2	0	0	2	1	0	0
Bayliss R	Ron	20/09/44	Belfast		1964	1967	Juniors	Bradford City	38	4	3	0	1	0	0	0
Beavon MS	Stuart	30/11/58	Wolverhampton		1980	1989	Tottenham H	Northampton Town	396	32	28	25	44	3	2	6
Bedford NB	Brian	24/12/33	Ferndale		1954		Beddau YC	Southampton	3	0	0	0	1	0	0	0
Bell TJ	Terry	01/08/44	Nottingham		1969	1972	Hartlepool Utd.	Aldershot	87	7	3	1	20	1	0	0
Bence PI	Paul	21/12/48	Littlehampton		1968	1969	Brighton & Hove A.	Brentford	14	0	0	0	2	0	0	0
Bennett JH	John				1921				9	0	0	0	0	0	0	0
Bennett PR	Paul	04/02/52	Southampton		1976	1978	Southampton	Aldershot	105	8	11	0	3	0	0	0
Bernal A	Andy	16/05/66	Canberra, Australia		1994	1997	Sydney Olympic		142	9	15	3	2	0	0	0
Bertschin CF	Chris	07/09/24	Kensington		1947	1948	Ilford	Snowdown CW	12	4	0	0	1	1	0	0
Bewley DG	David	22/09/20	Bournemouth		1949	1950	Fulham	Fulham	11	0	0	0	1	0	0	0
Bibbo S	Sal	24/08/74	Basingstoke		1996	1997	Sheffield United		7	2	0	0	0	0	0	0
Bill RJ	Roger	17/05/44	Creswell		1962		Chelsea	Amersham Town	4	0	0	0	0	0	0	0
Bishton DR	Dennis	22/09/50	Windsor		1968		App.	Hillingdon Borough	2	0	0	0	0	0	0	0
Blackman RH	Ron	02/04/25	Portsmouth		1946	1953	Gosport Borough	Nottm. Forest	228	12	0	0	158	9	0	0
Blatherwick SS	Steve	20/09/73	Nottingham		1996		Nottm Forest (loan)		7	0	0	0	0	0	0	0
Bodin PJ	Paul	13/09/64	Cardiff		1996	1997	Swindon Town	Bath C (plyr/mgr)	41	1	3	0	1	0	0	0
Boland G	George 'Dicky'	06/10/02	Marley Hill	1977	1928		Hartlepools Utd.	Fulham	1	0	0	0	0	0	0	0
Booty MJ	Martyn	30/05/71	Kirby Muxloe		1995	1997	Crewe Alexandra		56	7	7	6	1	1	0	0
Bowen JP	Jason	24/08/72	Merthyr		1997		Birmingham City		14	5	1	0	1	0	0	0
Bowman RD	Richie	25/09/54	Lewisham		1976	1980	Charlton Ath.	Gillingham	195	11	17	0	30	1	1	0
Boyle MJ	Mike	11/10/08	Bearpark		1933	1934	Bolton Wanderers	Exeter City	15	0	0	2	0	0	0	0
Braithwaite E	Ted	12/12/02	Salford	1990	1924	1928	Bradford City	Swindon Town	133	17	0	0	22	4	0	0
Brayson P	Paul	16/09/77	Newcastle		1997		Newcastle U		6	0	0	0	1	0	0	0
Bremner KJ	Kevin	07/10/57	Banff		1985	1986	Millwall	Brighton & Hove A.	64	6	4	2	21	0	1	0
Brice GHJ	Gordon	04/05/24	Bedford		1947	1952	Wolves	Fulham	198	12	0	0	9	1	0	0
Bridger DJ	Dave	08/11/41	Hartley Wintney		1962	1964	Juniors	Thorneycroft	10	0	3	0	0	0	0	0
Briggs F	Fred	01/05/08	Wombwell		1935	1937	Rotherham Utd.	Southampton	27	0	0	0	6	0	0	0
Britten MEW	Martyn	01/05/55	Bristol		1977	1978	Bristol Rovers	Taunton Town	8	0	3	0	0	0	0	0
Britton GJ	Gerry	20/10/70	Glasgow		1991		Glasgow Celtic (loan)		2	2	0	0	0	0	0	0
Bromley B	Brian	20/03/46	Burnley		1973	1974	Brighton & Hove A.	Wigan Athletic	14	2	0	0	1	1	0	0
Brooke GJ	Garry	24/11/60	Bethnal Green		1990		Brentford (loan)		4	0	0	0	0	0	0	0
Brooks J	Johnny	23/12/31	Reading		1949	1952	Juniors	Tottenham H	46	3	0	0	5	1	0	0
Brooks NH	Norman	28/05/20	Reading	1973	1946		Huntley & Palmers		1	0	0	0	0	0	0	0
Broskom GR	George	1898	Rotherham		1920		Coventry City	Halifax Town	15	3	0	0	1	1	0	0
Brown AI	Arthur	10/10/03	Aberdare	1971	1935		Aberdare Ath.	Port Vale	14	0	0	0	0	0	0	0
Brown HS	Henry	18/09/07	Kirkcaldy	1963	1938		Plymouth Argyle	Retired	26	0	0	2	4	0	0	4
Brown KJ	Kenny	11/07/67	Barking		1995	1996	West Ham U (loan)		17	0	3	0	1	0	0	0
Brown RE	Roy	05/10/45	Hove		1968	1969	Tottenham H	Notts County	63	5	3	0	0	0	0	0
Bruce H	Harry	1905	Coundon		1931		Bankhead Albion		7	0	0	0	0	0	0	0

Name		D.O.B	Place of Birth	Died	First Season	Last Season	Previous Club	Next Club	Appearances League	FAC	FLC	Other	Goals League	FAC	FLC	Oth.
Buck GW	George	25/01/41	Abingdon		1958	1960	Juniors	Stockport Co.	31	1	0	0	4	0	0	0
Burgin T	Terry	09/10/38	Nottingham		1960				2	0	0	0	0	0	0	0
Burns J	James		Dromore		1924		Glenavon		4	0	0	0	0	0	0	0
Burns PM	Phil	18/12/66	Stockport		1989	1990	Army	Slough Town	12	2	0	1	0	0	0	0
Burvill G	Glen	26/10/62	Canning Town		1984	1985	Aldershot	Aldershot	30	5	1	2	0	0	0	0
Butcher RW	Ron	1916	Shirley		1936	1937	Aston Villa		18	0	0	1	0	0	0	0
Butler DG	Dennis	04/08/52	Compton		1969	1970	App.	Hillingdon Borough	10	0	1	0	1	0	0	0
Butler DM	Dennis	07/03/43	Parsons Green		1969	1973	Hull City	Margate	169	17	8	1	0	0	0	0
Butler W	Billy	27/03/00	Atherton	1966	1933	1934	Bolton Wanderers	(manager)	56	8	0	2	13	3	0	0
Butlin BD	Barry	09/11/49	Rolleston		1976		Derby County (loan)		5	0	0	0	0	0	0	0
Byrne DS	David	05/03/61	Hammersmith		1991		Millwall (loan)		7	0	0	0	2	0	0	0
Cameron D	Duncan		Menstrie		1920		Stenhousemuir	Rotherham Utd.	26	2	0	0	1	0	0	0
Campbell CJ	Charles		Blackburn		1926		QPR		1	0	0	0	0	0	0	0
Campbell RI	Bobby	28/06/22	Glasgow		1954	1958	Chelsea	(coaching staff)	94	15	0	2	12	1	0	0
Canoville PK	Paul	04/03/62	Hillingdon		1986	1987	Chelsea	Enfield	16	0	5	0	4	0	0	0
Carey AW	Alan	21/08/75	Greenwich		1993	1994	YTS	Basingstoke T	3	0	0	0	0	0	0	0
Carnaby BJ	Brian	14/12/47	Plymouth		1972	1976	Arcadia (SA)	Australia	145	9	15	0	10	0	0	0
Carney EF	Gene	1895	Bootle	1952	1923		New Brighton	New Brighton	23	1	0	0	0	0	0	0
Carr JEC	Jimmy	19/12/1893	Maryhill	1980	1920	1922	West Ham Utd.	Southampton	116	5	0	0	8	0	0	0
Carter JH	Jock	1911	Aylesbury	1992	1935				2	0	0	1	0	0	0	2
Caskey DM	Darren	21/08/74	Basildon		1995	1997	Tottenham H		73	3	3	0	2	1	0	0
Chandler FEJ	Fred	02/08/12	Hythe		1932	1935	Newport (IOW)	Blackpool	41	0	0	1	14	0	0	0
Chandler SE	Sid	30/05/01	London	1961	1928	1930	Preston NE	Cantab. Waverley	84	7	0	0	1	0	0	0
Chapman J	John	24/05/45	Sacriston		1966	1968	Workington	Stockport Co.	103	7	3	0	2	0	0	0
Chappell LA	Les	06/02/47	Nottingham		1969	1974	Blackburn Rovers	Doncaster Rovers	201	18	11	1	78	7	5	0
Cheetham HD	Hughie	03/02/58	Manchester		1979	1980	Crewe Alexandra	Wokingham Town	12	0	5	0	0	0	0	0
Chitty WS	Wilf	10/07/12	Walton-on-Thames	1997	1946	1947	Plymouth Argyle	Retired	23	3	0	0	7	1	0	0
Christie AG	Alec	27/06/1896	Glasgow	1981	1920		Hamilton Academical	Walsall	31	1	0	0	1	0	0	0
Christie DHM	Derrick	15/03/57	Bletchley		1984		Cambridge Utd.	Cardiff City	14	0	0	2	1	0	0	0
Chung C	Cyril 'Sammy'	16/07/32	Abingdon		1953	1954	Headington Utd.	Norwich City	22	3	0	0	12	1	0	0
Churchill T	Trevor	20/11/23	Barnsley		1946		Sheffield United	Leicester City	10	0	0	0	0	0	0	0
Clark PP	Paul	14/09/58	Benfleet		1981		Brighton & Hove A.	Southend Utd.	2	0	0	0	0	0	0	0
Clover WA	Bill	19/02/20	Bracknell		1946	1949	Woodley OB		44	1	0	0	4	0	0	0
Cockerill HL	Harry	27/06/1896	Ryhope	1960	1923	1924	Bristol City	Merthyr Town	55	4	0	0	2	0	0	0
Cockram AC	Allan	08/10/63	Kensington		1991		Woking	St. Albans City	6	1	0	1	1	0	0	0
Codner RAG	Robert	23/01/65	Walthamstow		1995		Brighton & Hove A.	Peterborough Utd.	4	0	1	0	0	0	0	0
Colgan NV	Nick	19/9/73	Eire		1997		Chelsea (loan)		5	0	0	0	0	0	0	0
Collins JW	John	10/08/42	Chiswick		1967	1968	Oldham Athletic	Luton Town	85	9	3	0	27	1	1	0
Conroy MK	Mike	31/12/65	Glasgow		1988	1990	St. Mirren	Burnley	80	10	5	4	7	1	0	0
Cook M	Maurice	10/12/31	Berkhamsted		1965		Fulham	Banbury United	12	0	1	0	2	0	1	0
Cook WL	Willie	11/03/06	Dundee	1981	1937		Blackpool		33	1	0	3	2	0	0	1
Cooper ASJ	Adrian	16/01/57	Reading		1973	1975	App.	Bracknell Town	14	0	0	0	2	0	0	0
Cooper HG	Horace		Reading		1920				1	0	0	0	0	0	0	0
Cooper NJ	Neale	24/11/63	Darjeeling, India		1991		Aston Villa	Dunfermline Ath.	7	0	2	0	0	0	0	0
Coote SA	Stan				1935	1936	Luton Town		6	1	0	2	0	0	0	0
Court CC	Colin	25/03/64	Winchester		1981		Andover	Andover	1	0	0	0	0	0	0	0
Cowling DR	David	27/11/58	Doncaster		1987		Huddersfield T	Scunthorpe Utd.	10	0	0	0	0	0	0	0
Crawford HS	Sid	07/10/1887	Dundee	1979	1920	1921	Arsenal	Millwall	73	5	0	0	0	0	0	0
Crawford J	Jimmy	01/05/73	Chicago		1997		Newcastle U		6	0	0	0	0	0	0	0
Crombie DM	Dean	09/08/57	Lincoln		1986		Grimsby Town (loan)		4	0	0	1	0	0	0	0
Cronin TP	Tommy	17/12/32	Richmond, Surrey		1956	1957	Fulham	Guildford City	30	1	0	2	4	0	0	0
Cross J	Jack	05/02/27	Bury		1955		Sheffield Utd.	Headington Utd.	15	3	0	2	6	1	0	0
Crossley J	James	19/07/22	Belfast		1946		Portsmouth		1	0	0	0	0	0	0	0
Crown DI	David	16/02/58	Enfield		1983	1984	Portsmouth	Cambridge Utd.	88	6	4	3	14	1	2	0
Cryle G	George	10/04/28	Aberdeen		1948	1950	Wolves	Ayr United	8	0	0	0	2	0	0	0
Cullen SJR	Jon	09/10/62	Oxford		1979	1981	App.	Larnaka (Cyprus)	20	1	0	0	0	0	0	0
Cullen WM	William		Glasgow		1923		Third Lanark		1	0	0	0	0	0	0	0
Cumming GRR	Gordon	23/01/48	Johnstone		1969	1977	Arsenal	Highmoor	295	22	14	1	51	8	2	1
Curle K	Keith	14/11/63	Bristol		1987	1988	Bristol City	Wimbledon	40	0	8	5	0	0	0	0
Curtis F	Frank	1890	Llanelli		1920		Wolves	Bilston	1	0	0	0	0	0	0	0
Dale HJ	Harry				1920				1	0	0	0	0	0	0	0
Dalton BL	Bryan	09/01/17	Arundel		1936		Portsmouth	Gillingham	7	0	0	0	2	0	0	0
Dand R	Robert		Ilford		1922		Ilford	QPR	54	1	0	0	0	0	0	0
Darnell L	Len	14/09/05	Irchester	1968	1930	1933	West Bromwich A.	Carlisle Utd.	85	7	0	1	4	0	0	0
Davey HH	Hugh	01/01/1890	Belfast		1924	1927	Bournemouth	Portsmouth	56	5	0	0	46	3	0	0
Davidson DB	Douglas	02/12/18	Dundee	1968	1949	1950	Blackpool	(coaching staff)	11	0	0	0	1	0	0	0
Davies GM	Gareth	11/12/73	Hereford		1997		Crystal Palace		18	3	1	0	0	0	0	0
Davies R	Roy	19/10/03	Penydarren	1944	1929	1931	Wolves		67	1	0	0	7	0	0	0
Davies R(2)	Roy	25/10/53	Ealing		1977		Slough Town	Torquay United	37	0	0	0	2	0	0	0
Davies W	Bill	16/05/30	Middlesbrough		1954	1960	Scarborough	Dover	202	15	1	8	0	0	0	0
Davis B	Bert	1902	Nottingham		1923		Boston Town	Mansfield Town	33	1	0	0	8	0	0	0
Davis JF	Fred	23/05/29	Walsall		1953	1954	Bloxwich Strollers	Wrexham	63	7	0	0	1	0	0	0
Dawtry KA	Kevin	15/06/58	Hythe		1982		Bournemouth (loan)		4	0	0	0	0	0	0	0
Dean CG	Cyril		Bournemouth		1936	1937	Aston Villa	Southampton	16	1	0	1	3	0	0	0
Dean RG	Ray	15/12/45	Steventon		1966	1968	Juniors	Aldershot	54	6	2	0	0	0	0	0
Death SV	Steve	19/09/49	Elmswell		1969	1981	West Ham Utd.	Retired	471	33	32	1	0	0	0	0
Dennington LA	Les	1902	West Bromwich		1926	1928	Aston Villa	Exeter City	11	0	0	0	0	0	0	0
Deverall HR	Harold 'Jackie'	05/05/16	Reading		1937	1947	Maidenhead Utd.	Leyton Orient	74	4	0	3	9	1	0	0
Dilley EE	Ernie		London		1920				2	0	0	0	0	0	0	0

Name		D.O.B	Place of Birth	Died	First Season	Last Season	Previous Club	Next Club	Appearances League	FAC	FLC	Other	Goals Leagu	FAC	FLC	Oth.
Dillon KP	Kevin	18/12/59	Sunderland		1991	1993	Newcastle United	Stevenage Borough	101	4	8	6	4	0	1	0
Dix RW	Ronnie	05/09/12	Bristol		1947	1948	Tottenham H	Retired	44	7	0	0	13	2	0	0
Dixon C	Cyril	01/02/01	Rawmarsh	1978	1932		Barnsley		4	0	0	0	0	0	0	0
Dixon KM	Kerry	24/07/61	Luton		1980	1982	Dunstable	Chelsea	116	3	6	7	51	0	0	6
Dixon MG	Mike	12/10/43	Reading	1993	1962	1967	Juniors	Aldershot	113	9	12	0	0	0	0	0
Dixon TC	Tommy	08/06/29	Newcastle		1954	1958	West Ham Utd.	Brighton & Hove A.	123	10	0	10	63	6	0	7
Dixon WE	Will	02/02/50	Wood Green		1969	1972	Arsenal	Colchester Utd.	153	14	6	1	0	1	0	0
Docherty J	John	29/04/40	Glasgow		1967	1969	Brentford	Brentford	46	1	1	0	8	0	0	0
Docherty T	Tom	15/04/24	Penshaw		1953	1954	Norwich City	Newport County	53	1	0	0	2	0	0	0
Dodgin N	Norman	01/11/21	Gateshead		1950		Newcastle United	Northampton Town	13	0	0	0	1	0	0	0
Doherty M	Mike	08/03/61	Liverpool		1982		Basingstoke Town	Slough Town	25	1	0	5	5	0	0	1
Dollery HE	Horace 'Tom'	14/10/14	Reading	1987	1935		Juniors		1	0	0	0	0	0	0	0
Doncaster AR	Dick	13/05/08	Barry Dock		1933		Crystal Palace	Gillingham	2	0	0	0	0	0	0	0
Done R	Bob	27/04/04	Runcorn	1982	1935	1936	Liverpool	Chester	13	0	0	0	1	0	0	0
Donnellan G	Gary	03/07/62	Kensington		1981	1982	Watford	Wealdstone	41	1	2	5	5	0	0	4
Doran S	Sam	22/12/12	Bradford		1937	1938	Bradford	Halifax Town	27	2	0	4	8	0	0	0
Dougall JH	Jimmy	1900	Wishaw		1926		Coventry City	Retired	11	1	0	0	0	0	0	0
Dougall R	Robert		Falkirk		1937	1938	Blackpool	Retired	74	2	0	6	7	0	0	0
Douglas EAC	Edward		Hebburn		1929	1930	Brentford		6	1	0	0	0	1	0	0
Draper W	William				1920			Southampton	3	0	0	0	0	0	0	0
Drysdale B	Brian	24/02/43	Wingate		1976		Bristol City (loan)		16	0	0	0	0	0	0	0
Duckworth JC	Joe	29/04/1898	Blackburn		1924	1929	Aberdare Ath.	Brighton & Hove A.	202	23	0	0	0	0	0	0
Duncan CJ	Colin	05/08/57	Wantage		1983	1984	Gillingham	Aldershot	56	4	2	1	3	0	0	0
Dunphy EM	Eamonn	03/08/45	Dublin		1975	1976	Charlton Ath.	Shamrock Rovers	77	0	2	0	3	0	0	0
Earles PJ	Pat	22/03/55	Titchfield		1976	1982	Southampton	RS Southampton	247	9	22	6	68	6	11	0
Eaton F	Frank	12/11/02	Stockport	1979	1930	1932	Barnsley	QPR	101	9	0	0	33	1	0	0
Edelston M	Maurice	27/04/18	Hull	1976	1946	1951	Brentford	Northampton Town	202	21	0	0	70	10	0	0
Edwards MD	Matthew	15/06/71	Hammersmith		1990		Tottenham H (loan)		8	0	0	0	0	0	0	0
Eggo RM	Bert	22/11/1895	Brechin	1977	1921	1928	Sheffield Wed.	Retired	289	23	0	0	2	0	0	0
Ellison SW	Walter	27/08/23	Leadgate		1949		Consett	Brighton & Hove Alb.	4	0	0	0	0	0	0	0
Elsey KW	Karl	20/11/58	Swansea		1988		Gillingham	Maidstone Utd.	44	7	4	3	3	2	0	0
Evans DG	Dai	28/01/02	Abercanaid	1951	1924	1927	Bolton Wanderers	Huddersfield T	122	19	0	0	11	0	0	0
Evans MG	Maurice	22/09/36	Didcot		1955	1966	Juniors	Andover (p/m)	407	26	15	11	13	3	0	0
Evans S	Sam		Glasgow		1927	1928	Clydebank	Ballymena	13	0	0	0	0	0	0	0
Fairchild MP	Mick	24/11/42	Northampton		1964	1965	Luton Town	Cambridge United	24	2	2	0	6	0	2	0
Farquhar D	Doug	11/06/21	Methil		1950	1951	Arsenal	Hereford Utd.	9	0	0	0	1	0	0	0
Faulkes BK	Brian	10/04/45	Abingdon		1963	1966	Juniors	Northampton Town	24	1	2	0	0	0	0	0
Fealey NJ	Nathan	12/03/73	Aldershot		1991		YTS	Aldershot Town	1	0	0	0	0	0	0	0
Fearon RT	Ron	19/11/60	Romford		1980	1982	Dover	Sutton Utd.	61	2	4	6	0	0	0	0
Featherby WL	Len	28/07/05	King's Lynn	1972	1930		Wolves	Mansfield Town	25	0	0	0	3	0	0	0
Ferguson AD	Danny		Flint		1928		Manchester Utd.	Accrington Stanley	2	0	0	0	0	0	0	0
Fergusson WA	William	02/03/00	Willenhall	1986	1924		Oldham Athletic	Rochdale	24	3	0	0	8	2	0	0
Fielding HL	Horace	14/10/06	Heywood	1969	1933	1936	Grimsby Town	Crystal Palace	132	15	0	5	36	5	0	1
Fisher F	Freddie	28/11/24	Hetton-le-Hole		1946	1951	Slough Town	Shrewsbury Town	139	13	0	0	23	1	0	0
Fitzgerald AM	Alf	25/01/11	Conisbrough	1981	1934	1935	Denabu United	QPR	6	0	0	1	1	0	0	0
Flannigan RJ	Ray	15/03/49	Margate		1970	1971	Margate	Ramsgate	40	5	1	0	0	1	0	0
Fleck R	Robert	11/08/65	Glasgow		1997		Norwich City		5	0	0	0	0	0	0	0
Forrester GL	George	-08/06/27	Cannock	1982	1955		Gillingham	Headington Utd.	6	0	0	2	2	0	0	2
Forster M	Matt	24/08/00	Newburn	1976	1930	1932	Tottenham H	Charlton Ath.	70	10	0	0	0	0	0	0
Foster RE	Ronnie	22/11/38	Islington		1966	1967	Grimsby Town	Dallas Tornado	45	5	4	0	4	0	1	0
Foster TC	Tom		Sunderland		1933			Clapton Orient	1	0	0	0	0	0	0	0
Francis SS	Steve	29/05/64	Billericay		1986	1992	Chelsea	Huddersfield T	216	15	15	13	0	0	0	0
Franklin PL	Paul	05/10/63	Hainault		1987	1988	Watford	Wycombe Wan.	20	5	3	3	0	1	0	0
Freeman AJ	Andy	08/09/77	Reading		1995		Crystal Palace		1	0	0	0	0	0	0	0
Freeman PR	Percy	04/07/45	Newark		1972	1974	Lincoln City	Lincoln City	60	2	3	0	13	0	0	0
French GE	Graham	06/04/45	Wolverhampton		1973		Luton Town (loan)		3	0	0	0	0	0	0	0
Friday R	Robin	27/07/52	Hammersmith	1990	1973	1976	Hayes	Cardiff City	121	3	11	0	46	2	5	0
Friel GP	George	11/10/70	Reading		1989	1990	YTS	Woking	16	1	1	1	1	0	0	0
Fullwood J	James	17/02/11	Ilkeston	1981	1937	1938	Tottenham H	Retired	42	2	0	6	0	0	0	0
Gamble FC	Fred	29/05/05	Charing Cross	1965	1932	1933	Aldershot		10	0	0	0	3	0	0	0
Gardiner R	Robert		Motherwell		1921	1923	Motherwell		96	3	0	0	20	0	0	0
Gardiner WS	Willie	15/08/29	Glasgow		1958	1959	Leicester City	Sudbury Town	8	0	0	0	2	0	0	0
Garratt FCH	Fred		Wolverton		1922			Wolverton Town	2	0	0	0	0	0	0	0
Gaunt L	Les	03/01/18	Leeds		1946	1949	Leeds United	Newbury T (manager)	71	7	0	0	0	1	0	0
Gernon FAJ	Irvin	30/12/62	Birmingham		1988	1989	Gillingham	Northampton Town	25	5	0	1	0	1	0	0
Getgood G	George	15/11/1892	Coylton	1970	1920		Ayr United	Birmingham	36	4	0	0	1	0	0	0
Giamattei AP	Aaron	11/10/73	Reading		1991		YTS	Newbury Town	2	0	0	0	0	0	0	0
Gilhespy TWC	Cyril	18/02/1898	Fencehouses	1985	1930		Blackburn Rovers	Mansfield Town	21	3	0	0	3	1	0	0
Gilkes ME	Michael	20/07/65	Hackney		1984	1996	Leicester City	Wolves	393	34	32	28	43	1	6	2
Girvan H	Hector		Glasgow		1926	1928	Bo'ness	Swindon Town	33	0	0	0	0	0	0	0
Glasgow BF	Byron	15/02/79	London		1996	1997	YTS		7	1	0	0	0	0	0	0
Glidden GS	Gilbert	15/12/15	Sunderland		1936	1949	Port Vale	Leyton Orient	111	8	0	3	24	1	0	1
Goldberg L	Les		See Gaunt L above													
Goldie A	Alex		Ayrshire		1923		Nuneaton Town		4	0	0	0	1	0	0	0
Goodall B	Bernard	04/10/37	Slough		1959	1961	Juniors	Carlisle Utd.	98	8	3	1	0	0	0	1
Goodchild GD	Gary	27/01/58	Chelmsford		1977		Hereford Utd.	Kramfors (SWE)	1	0	0	0	0	0	0	0
Gooding MC	Mick	12/04/59	Newcastle		1989	1996	Wolves	Retired	314	19	19	16	26	2	0	2
Goodman G	George		See Getgood G above													
Goodwin HB	Harry		Glasgow		1927	1929	Portsmouth	Dolphin	89	6	0	0	15	0	0	0

Name		D.O.B	Place of Birth	Died	First Season	Last Season	Previous Club	Next Club	Appearances League	FAC	FLC	Other	Goals League	FAC	FLC	Oth.
Gordon CK	Colin	17/01/63	Stourbridge		1987	1988	Wimbledon	Fulham	24	1	6	1	9	0	2	0
Gordon N	Neville	15/11/75	Greenwich		1995		Millwall	(Finland)	1	0	0	0	0	0	0	0
Gorringe FC	Fred	1903	Salford	1965	1931		Bolton Wanderers		1	0	0	0	0	0	0	0
Graham H	Harry	16/12/1887	Edinburgh		1925	1926	St. Bernards		12	2	0	0	0	0	0	0
Grant DB	David	31/07/43	Edinburgh		1963	1964	Third Lanark	Trowbridge Town	17	2	3	0	3	0	2	0
Grant L	Len		Reading		1921	1924	Reading Utd.		77	2	0	0	1	0	0	0
Gray A	Andy	25/10/73	Southampton		1991	1993	YTS	Leyton Orient	17	0	1	2	3	0	1	0
Gray S	Stuart	18/12/73	Harrogate		1997		Celtic		7	0	0	0	0	0	0	0
Green A	Albert	07/10/1892	Rickmansworth		1923		Millwall		10	0	0	0	1	0	0	0
Green GF	George	22/12/14	Northowram		1947	1948	Huddersfield T		44	4	0	0	6	1	0	0
Green R	Roy	08/06/31	Loughborough		1955	1956	Bloxwich Strollers	Hastings Utd.	14	0	0	0	3	0	0	0
Gregory CF	Charlie	24/10/11	Doncaster		1933	1937	Manchester City	Crystal Palace	129	14	0	4	6	1	0	0
Grieve D	David	15/02/29	Selkirk		1951	1953	Dalry Thistle	Crystal Palace	19	1	0	0	1	0	0	0
Groves KEL	Ken	09/10/21	Eton		1946		Preston NE		4	0	0	0	0	0	0	0
Gulliver J	Jeff	02/08/15	Merthyr Tydfil		1946	1950	Leeds United	Swindon Town	159	11	0	0	0	0	0	0
Gunning H	Harry	08/02/32	Leigh-on-Sea		1957		Crystal Palace	Guildford City	12	0	0	1	1	0	0	1
Habbin RL	Dick	06/01/49	Cambridge		1969	1974	Cambridge Utd.	Rotherham Utd.	219	14	14	1	42	3	4	1
Halkyard C	Cecil	17/04/02	Rochdale	1989	1930		Connahs Quay	Rhyl Athletic	8	0	0	0	0	0	0	0
Hall DK	Dennis	24/12/30	Southwell		1954		Portsmouth	Bournemouth	13	1	0	0	0	0	0	0
Hall WF	Willie	06/02/26	Walton-le-Dale	1986	1953		Blackpool	Worcester City	16	0	0	0	0	0	0	0
Hammond ND	Nicky	07/09/67	Hornchurch		1995	1997	Plymouth Argyle		24	5	2	0	0	0	0	0
Hanney ET	Ted	19/01/1889	Reading		1921		Coventry City	Northfleet Utd.	41	0	0	0	2	0	0	0
Harbridge CW	Charlie	15/07/1891	Tipton	1980	1920		Corinthians	Charlton Ath.	19	1	0	0	0	0	0	0
Hargreaves J	Jackie	01/05/15	Rotherham	1978	1946	1947	Bristol City	Yeovil Town	15	0	0	0	0	0	0	0
Harley JR	John	22/04/49	March		1969	1972	Stevenage Town	Aldershot	74	7	2	0	6	0	0	0
Harman PR	Peter	11/10/50	Guildford		1971	1972	Bournemouth	Bath City	36	4	3	0	9	4	0	0
Harris GA	George	10/06/40	Lambeth		1966	1969	Watford	Cambridge Utd.	136	11	9	0	57	4	5	0
Harrison P	Peter	25/10/27	Sleaford		1957	1958	Bournemouth	Southport	40	5	0	7	5	0	0	1
Harston E	Ted	27/02/07	Monk Bretton		1931	1933	Barnsley	Bristol City	18	1	0	0	11	0	0	0
Hartenberger U	Uwe	01/02/68	Lauterecken, Germany		1993	1994	Bayer Uerdingen	Mannheim	24	2	0	3	4	0	0	1
Hatcher CH	Cliff	27/06/25	Currie Dando		1947	1948			2	0	0	0	0	0	0	0
Hayhurst A	Albert	17/09/05	Birdwell	1991	1933	1938	Luton Town		219	18	0	10	10	2	0	0
Hazell R	Bob	14/06/59	Jamaica		1986		Luton Town	Port Vale	4	0	0	1	1	0	0	0
Head DG	David	11/08/40	Midsomer Norton		1960		Arsenal	Bristol Rovers	12	0	0	0	0	0	0	0
Heale GJ	Gary	15/07/58	Canvey Island		1979	1981	Luton Town	Sparta Rotterdam	76	5	7	3	20	3	4	0
Helliwell S	Sid	30/01/04	Sheffield	1939	1926		Sheffield Wed.	Tottenham H	5	0	0	0	2	0	0	0
Henderson R	Ray	31/03/37	Wallsend		1968	1969	Hull City	Halifax T (man)	5	5	0	0	0	1	0	0
Henderson SJ	Stewart	05/06/47	Bridge of Allan		1973	1982	Brighton & Hove A.	(Coaching staff)	166	7	13	0	6	0	0	0
Henley L	Les	26/09/22	Lambeth		1946	1952	Arsenal	Bohemians (p/m)	181	17	0	0	29	3	0	0
Hepple R	Robert		Mickley		1921		Bradford City	Mickley	19	1	0	0	0	0	0	0
Hetzke SER	Steve	03/06/55	Marlborough		1971	1981	App.	Blackpool	261	11	28	3	23	1	5	3
Hicks M	Martin	27/02/57	Stratford-on-Avon		1977	1990	Charlton Ath.	Birmingham City	500	39	38	26	23	1	2	0
Higginbotham H	Harry		Sydney, Australia		1924		Nelson		24	1	0	0	3	0	0	0
High DH	David	22/02/41	Reading		1959	1963	Juniors	New Zealand	71	3	2	0	2	0	0	0
Hilligan S					1926				1	0	0	0	0	0	0	0
Hinshelwood WAA	Wally	27/10/29	Battersea		1952	1955	Fulham	Bristol City	135	7	0	1	31	0	0	1
Hiron RMC	Ray	22/07/43	Gosport		1975	1977	Portsmouth	Fareham Town	92	6	8	0	14	0	0	0
Hislop NS	Shaka	22/02/69	London		1992	1994	University (USA)	Newcastle United	104	3	10	9	0	0	0	0
Hitchcock AP	Alan	05/10/49	Bracknell		1968	1969	App.		4	0	0	0	0	0	0	0
Hodges L	Lee	04/09/73	Epping		1997		Barnet		24	5	6	0	6	0	0	0
Hodges LH	Len	17/02/20	Bristol	1959	1951	1952	Swansea Town	Chippenham Town	6	0	0	0	2	0	0	0
Hodgkiss T	Tom		Sheffield		1930	1931	Sheffield Wed.		48	0	0	0	1	0	0	0
Hollis KM	Mick	14/11/49	Loughborough		1975	1976	Stockport Co.	Shepshed Chart.	25	1	0	0	6	0	0	0
Holmes HJ	Harry				1920				4	0	0	0	1	0	0	0
Holmes J	Jim	27/12/08	Skelmersdale	1971	1937	1938	West Ham Utd.	Retired	70	3	0	6	5	0	0	0
Holsgrove P	Paul	26/08/69	Wellington, Shropshire		1994	1997	Millwall	Crewe Alexandra	70	5	11	0	6	0	1	0
Holzman MR	Mark	22/02/73	Bracknell		1991	1993	YTS	Newbury Town	32	4	2	5	1	0	0	0
Hood M	Mel	05/10/39	Reading		1956	1957	Juniors		10	0	0	1	0	0	0	0
Hopkins J	Jeff	14/04/64	Swansea		1992	1996	Bristol Rovers	Selangor(Malaysia)	131	7	9	8	3	0	0	0
Horler GH	George	10/02/1895	Coleford	1967	1920	1921	Frome Town	West Ham Utd.	56	5	0	0	0	0	0	0
Horrix DV	Dean	21/11/61	Taplow	1990	1983	1987	Gillingham	Millwall	158	9	12	12	35	4	1	3
Houghton RJ	Ray	09/01/62	Glasgow		1997		Crystal Palace		25	4	6	0	1	0	0	0
Houldsworth FC	Freddie	29/05/11	Henley-on-Thames	1994	1938		Ipswich Town		8	1	0	1	0	0	0	0
Howie S	Scott	04/01/72	Glasgow		1997		Motherwell		7	0	0	0	0	0	0	0
Hudson RJ	Ray	21/11/37	Slough		1955	1958	Juniors		11	0	0	0	0	0	0	0
Hulme J	John	06/02/45	Mobberley		1972	1973	Bolton Wanderers	Bury	87	7	6	0	0	0	0	0
Humphrey J	John	31/01/61	Paddington		1993		Crystal Palace (loan)		8	0	0	1	0	0	0	0
Hunt RR	Bobby	01/10/42	Colchester		1972	1973	Charlton Ath.	Maidstone Utd.	16	2	0	0	3	0	0	0
Hunter BV	Barry	18/11/1968	Coleraine		1996		Wrexham		27	1	1	0	2	0	0	0
Hunter J	John		Stenhousemuir		1928	1930	Falkirk	Brideville	86	6	0	0	7	0	0	0
Hurley AS	Albert				1921		Oxford Univ.		2	0	0	0	0	0	0	0
Hurlock TA	Terry	22/09/58	Hackney		1985	1986	Brentford	Millwall	29	1	3	2	0	0	0	0
Hutton J	Joe	18/11/27	Dundee		1949	1950	Albion Rovers	Ayr United	8	0	0	0	0	0	0	0
Inglis W	Bill		Hebburn		1925	1929	Brentford	Exeter City	120	16	0	0	1	0	0	0
Irwin GW	George	07/01/1891	Smethwick		1923		Crystal Palace	Brierley Hill Ath.	36	1	0	0	0	0	0	0
Jackson DW	Darren	24/09/71	Bristol		1992		Oxford United (loan)		5	0	0	1	0	0	0	0
Jackson TF	Tom				1920				2	0	0	0	2	0	0	0
James GC	George	1899	Oldbury	1976	1929		West Bromwich A.	Watford	19	1	0	0	7	0	0	0
James MC	Martin	18/02/53	Slough		1971		Juniors	(South Africa)	21	1	0	0	0	0	0	0

Name		D.O.B	Place of Birth	Died	First Season	Last Season	Previous Club	Next Club	League	FAC	FLC	Other	League	FAC	FLC	Oth.
Jenkins TE	Tom	02/12/47	Bethnal Green		1969		Margate	Southampton	21	1	2	0	5	0	0	0
Jennings S	Sam	18/12/1898	Cinderhill	1944	1921	1923	Middlesbrough	West Ham Utd.	110	3	0	0	45	0	0	0
Johnson GA	George	20/07/05	Ashington	1985	1932	1936	Sheffield Wed.	Watford	161	15	0	3	8	0	0	0
Johnston JC	Jimmy	12/04/23	Aberdeen		1950	1952	Leicester City	Swindon Town	120	10	0	0	0	0	0	0
Johnstone JC	Jock	1896	Dundee	1952	1928		Aston Villa		6	0	0	0	0	0	0	0
Johnstone W	Bill	18/05/00	Fife		1926	1928	Clyde	Arsenal	78	13	0	0	33	12	0	0
Jones A	Abe		1899	West Bromwich		1921		Birmingham	Brighton & Hove A.	24	0	0	0	5	0	0	0
Jones D	Dave	07/01/32	Aberdare		1953	1960	Brentford	Aldershot	215	10	0	9	0	0	0	0
Jones FG	Freddie	11/01/38	Gelligaer		1963		Grimsby Town	Hereford United	30	1	1	0	5	0	0	0
Jones L	Linden	05/03/61	New Tredegar		1987	1991	Newport County	Newport AFC	152	15	18	5	8	3	1	2
Jones T	Tommy	07/10/64	Aldershot		1992	1995	Swindon Town	Woking	79	5	7	1	2	0	0	0
Jordan J	Jimmy	25/02/24	Glasgow		1948		Celtic	Brentford	3	0	0	0	0	0	0	0
Joseph F	Francis	06/03/60	Kilburn		1987		Brentford	Sheffield Utd.	11	0	1	1	2	0	0	0
Joslyn RDW	Roger	07/05/50	Colchester		1979	1981	Watford	Retired	68	5	4	1	1	0	0	0
Judge AG	Alan	14/05/60	Kingsbury		1982	1984	Luton Town	Oxford United	77	3	4	3	0	0	0	0
Juryeff IM	Ian	24/11/62	Gosport		1984		Southampton (loan)		7	3	0	0	2	2	0	0
Kane A	Alex		Aberdeen		1922		Hearts	Portsmouth	42	1	0	0	0	0	0	0
Kearney MJ	Mike	18/02/53	Glasgow		1977	1979	Chester	Chester	145	10	11	3	36	6	1	2
					1980	1982	Chester	Basingstoke Town								
Kearns OA	Ollie	12/06/58	Banbury		1976	1979	Banbury Utd.	Oxford United	86	7	6	0	40	2	1	0
Keeley JH	John	27/07/61	Plaistow		1991		Oldham Ath. (loan)		6	0	0	0	0	0	0	0
Keetley CF	Charlie	10/03/06	Derby	1979	1935		Bradford City		9	0	0	1	3	0	0	0
Kelly P	Paddy	26/04/78	Kirkcaldy		1997		Newcastle U (loan)		3	0	0	0	0	0	0	0
Kemp RW	Ray	18/01/22	Bristol		1949		Grays Athletic		3	0	0	0	0	0	0	0
Kempton AR	Arthur	1893	West Thurrock		1921		Arsenal		9	1	0	0	0	0	0	0
Kennedy F	Fred	1902	Radcliffe	1963	1929		Middlesbrough	Oldham Athletic	23	1	0	0	8	0	0	0
Kennedy J	James	20/02/1897	Burradon	1988	1925		Portsmouth		6	0	0	0	0	0	0	0
Kerr A	Andrew		Falkirk		1925		Luton Town	QPR	3	1	0	0	1	0	0	0
Kerr D	Dylan	14/01/67	Valetta, Malta		1993	1995	Leeds United	Kilmarnock	89	2	9	4	5	0	0	0
Kerr P	Peter	25/09/43	Paisley		1963	1964	Third Lanark	Port Elizabeth (SA)	41	6	3	0	7	1	1	0
King AJ	Andy	30/03/70	Thatcham		1988		Juniors	Oxford United	1	0	0	0	0	0	0	0
King B	Barry	30/03/35	Chesterfield		1957		Chelsea	Cambridge City	3	0	0	1	0	0	0	0
Kinsell TH	Harry	03/05/21	Cannock	1990	1950		Bolton Wanderers	West Ham Utd.	12	0	0	0	0	0	0	0
Kirkman G	Gerry	1912	Bolton		1936	1937	Bolton Wanderers	New Brighton	1	0	0	1	0	0	0	0
Kirkup BA	Brian	16/04/32	Slough		1955	1957	Bedford Town	Northampton Town	55	2	0	5	19	0	0	0
Kirkwood I	Ian	29/11/32	Edinburgh		1952	1954	Wokingham Town		5	0	0	0	1	0	0	0
Kirkwood JF	John	27/02/32	Falkirk		1952	1953	Blairhall Colliery	Dartford	31	1	0	0	0	0	0	0
Knight BT	Brian	14/11/46	High Wycombe		1964	1965	App.	Crawley Town	4	0	0	0	1	0	0	0
Knight K	Keith	16/02/69	Cheltenham		1988	1990	Cheltenham Town	Gloucester City	43	8	3	3	8	0	0	2
Knight PR	Peter	26/12/37	Ilford		1964	1965	Oxford United	Guildford City	26	3	3	0	3	0	0	0
Knox W	Bill	02/05/04	Old Cumnock		1927		Third Lanark	Norwich City	4	0	0	0	0	0	0	0
Lacey W	Bill	17/11/31	Tynemouth	1988	1959	1962	Aldershot	(Coaching staff)	90	6	2	0	40	4	2	0
Lambert CJP	James	14/09/73	Henley-on-Thames		1992	1997	Juniors		124	11	11	5	16	1	2	1
Lamble J	John	10/11/48	Reading		1967		App.	Guildford City	5	1	0	0	0	0	0	0
Lane WHC	Billy	23/10/04	Tottenham	1985	1928		Leicester City	Brentford	6	0	0	0	2	0	0	0
Lawrence D	David	12/05/33	Poole		1957	1958	Bristol Rovers	Poole Town	23	2	0	3	0	0	0	0
Lawson HT	Herbert	1913	Sunderland		1934			Bournemouth	2	0	0	1	1	0	0	0
Layton WH	Bill	13/01/15	Shirley	1984	1937	1946	Shirley Town	Bradford	51	4	0	5	17	1	0	1
Leach BE	Brian	20/07/32	Reading		1952	1956	Local	Headington Utd.	108	7	0	3	1	0	0	0
Legg A	Andy	28/07/66	Neath		1997		Birmingham City		10	0	0	0	0	0	0	0
Lee DJ	David	26/11/69	Kingswood		1991		Chelsea (loan)		5	0	0	0	5	0	0	0
Leighton J	Jim	24/07/58	Johnstone		1991		Man. Utd. (loan)		8	3	0	0	0	0	0	0
Lemon PA	Paul	03/06/66	Middlesbrough		1989		Sunderland (loan)		3	0	0	0	0	0	0	0
Lenarduzzi RI	Bob	01/05/55	Vancouver, Canada		1971	1975	App.	Vancouver Whitecaps	67	2	2	0	2	0	0	0
Lewis AT	Alan	19/08/54	Oxford		1977	1981	Brighton & Hove A.	Witney Town	149	9	13	2	5	1	1	0
Lewis J	Jack	26/08/19	Walsall		1951	1952	Bournemouth	Kettering Town	74	7	0	0	17	0	0	0
Leworthy D	Dave	22/10/62	Portsmouth		1989	1991	Oxford United	Farnborough T	44	2	3	5	7	0	0	1
Liddle JS	Jimmy	1912	Felling	1994	1932	1935	Middlesbrough	Crystal Palace	67	9	0	3	35	6	0	0
Lindsay T	Tommy	11/03/03	Laighpark	1979	1927		Alloa Athletic	Wigan Borough	11	2	0	0	3	0	0	0
Littlehales H	Harold	1901	Burslem		1922			Tranmere Rovers	6	0	0	0	1	0	0	0
Livingstone WR	Bill	08/02/29	Greenock		1949	1954	Ardeer Rec.	Chelsea	49	3	0	0	2	0	0	0
Lochhead M	Matty	1885	Beith		1921	1922	Bath City		6	1	0	0	0	0	0	0
Lofty JK	Jim	05/12/45	Farnham		1963		Juniors	Birmingham City	2	0	0	0	0	0	0	0
Long TG	Trevor	01/07/31	Smethwick		1955		Gillingham	Yeovil Town	12	1	0	0	5	0	0	0
Lovell SA	Stuart	09/01/72	Sydney, Australia		1990	1997	YTS		227	16	13	10	58	2	5	2
Madden DJ	David	06/01/63	Stepney		1987		Los Angeles Aztecs	Crystal Palace	9	1	0	3	1	0	0	0
Maidment IM	Ian	09/08/47	Newbury		1965		App.	Trowbridge Town	7	0	0	0	0	0	0	0
Mansell BR	Barry	08/03/32	Petersfield		1953	1955	Portsmouth	Bournemouth	84	9	0	1	0	1	0	0
Mapson JD	Johnny	02/05/17	Birkenhead		1935		Swindon Town	Sunderland	2	0	0	0	0	0	0	0
Marks WG	George	09/04/15	Amesbury	1998	1948	1952	Bristol City	(coaching staff)	118	8	0	0	0	0	0	0
Marlow LF	Len	30/04/1899	Putney	1975	1923		Huddersfield T	Ebbw Vale	5	0	0	0	1	0	0	0
Marsden B	Ben		Hanley		1925		QPR		2	0	0	0	0	0	0	0
Marshall R	Rob		Ayrshire		1923		Kilmarnock		1	0	0	0	0	0	0	0
Marshall WE	Billy	01/10/1898	Birmingham	1966	1932		Grimsby Town	Boston Utd.	19	1	0	0	4	0	0	0
Martin JC(1)	Jimmy	02/12/1898	Stoke-on-Trent	1969	1924		Wolves	Aberdare Ath.	18	2	0	0	2	1	0	0
Martin JC	Jimmy	27/05/38	Dundee		1962	1963	Blackpool	Hillingdon Borough	22	2	0	0	6	0	0	0
Maskell CD	Craig	10/04/68	Aldershot		1990	1991	Huddersfield T	Swindon Town	72	6	2	1	26	0	0	0
Mason A	Arthur	1895	Cornsay Colliery		1925	1926	West Stanley	Norwich City	6	0	0	0	0	0	0	0
Matthews M	Mark	17/09/61	Reading		1981	1983	Juniors	Wokingham Town	8	0	0	0	1	0	0	0

Name		D.O.B	Place of Birth	Died	First Season	Last Season	Previous Club	Next Club	Appearances League	FAC	FLC	Other	Goals League	FAC	FLC	Oth.
Maughan WJ	Wes	17/02/39	Southampton		1961	1962	Southampton	Chelmsford City	16	1	1	0	3	0	0	0
Mautone S	Steve	10/08/70	Myrtleford (AUS)		1996	1997	West Ham Utd.		29	0	5	0	0	0	0	0
Mavin F	Fred	1884	Newcastle	1957	1920		Bradford	Boscombe	24	3	0	0	3	1	0	0
McBride J	John	31/12/23	Kilsyth		1947	1952	Third Lanark	Shrewsbury Town	100	6	0	0	0	0	0	0
McCaig AR	Alex	18/10/1895	Larbert		1922		Coventry City	Cowdenbeath	16	0	0	0	2	0	0	0
McCall AE	Tony	15/01/36	Thatcham		1955	1956	Juniors	Headington Utd.	8	0	0	0	1	0	0	0
McCance D	Daren	13/09/73	Consett		1992	1993	YTS	Newbury Town	1	0	0	1	0	0	0	0
McCarthy K	Ken				1938				3	0	0	1	0	0	0	0
McConnell WH	Billy		Corbolis		1924	1927	Slough Town	Slough Town	142	20	0	0	1	0	0	0
McCrohan R	Roy	22/09/30	Reading		1949	1950	Juniors	Norwich City	4	0	0	0	1	0	0	0
McDonald DH	David	02/01/71	Dublin		1992		Tottenham H (loan)		11	0	0	0	0	0	0	0
McDonald M	Murdoch		Redding		1926	1929	Bo'ness	Brighton & Hove A.	65	11	0	0	13	3	0	0
McDonald TJ	Terry	12/11/38	Plaistow		1965		Leyton Orient	Wimbledon	13	0	5	0	2	0	1	0
McGann JL	Jimmy		Wilmslow		1934		Stockport Co.	Scarborough	14	2	0	0	0	0	0	0
McGarry AM	Arthur	1898	Burslem		1921	1922	Port Vale	Rochdale	62	1	0	0	0	0	0	0
McGhee ME	Mark	25/05/57	Glasgow		1991	1992	Newcastle United	(manager)	45	1	2	2	7	0	0	0
McGhee TE	Tommy	10/05/29	Manchester		1959		Portsmouth	Poole Town	8	0	0	0	0	0	0	0
McGough J	Joe	27/10/09	Tow Law		1932	1937	Middle Docks	Chester	142	12	0	5	50	3	0	1
McHale J	Sam	07/05/54	Oldham		1974		Alton Town		1	0	0	0	0	0	0	0
McIlvenny JA	John	02/03/30	Hinckley		1959	1960	Bristol Rovers		77	8	1	1	4	2	0	0
McIntyre J	Jim	24/05/72	Alexandria		1997		Kilmarnock		6	0	0	0	0	0	0	0
McKechnie J	James				1923		Partick Thistle		1	0	0	0	0	0	0	0
McKenna T	Tom	11/11/19	Paisley		1946	1947	St. Mirren	Grimsby Town	28	3	0	0	1	0	0	0
McLaren E	Eddie	08/09/29	Dundee		1953	1958	Blackpool	Guildford City	184	13	0	10	2	0	0	1
McLean PY	Peter	27/11/23	East Fife		1949	1952	Bo'ness United	Exeter City	70	2	0	0	6	1	0	0
McLuckie GR	George	19/09/31	Falkirk		1958	1960	Ipswich Town	Poole Town	85	5	1	1	8	0	0	0
McMahon D	Des	22/03/56	Reading		1982		Hungerford T	Wokingham T	2	0	0	2	0	0	0	0
McMahon HJ	Hugh	24/09/09	Grangetown	1986	1932		Sheffield Wed.	Southend Utd.	11	2	0	1	2	0	0	0
					1934	1935	Southend Utd.	QPR								
McNeil JL	Johnny		Inverkeithing		1929	1931	Portsmouth	Guildford City	39	3	0	0	5	0	0	0
MacPhee MG	Magnus'Tony'	30/04/14	Edinburgh	1960	1937	1948	Coventry City	Banbury Spencer	132	14	0	5	90	9	0	5
McPherson FC	Frank	14/05/01	Barrow	1953	1929	1932	Watford	Watford	79	8	0	0	28	3	0	0
McPherson KA	Keith	11/09/63	Greenwich		1990	1997	Northampton Town		256	12	20	11	8	0	1	0
Meads T	Tommy	02/11/00	Grassmoor	1983	1928		Huddersfield T	Tottenham H	31	3	0	0	4	0	0	0
Meaker MJ	Michael	18/08/71	Greenford		1995	1997	QPR		67	3	3	0	2	0	1	0
Meeson DJ	Dave	06/07/34	Oxford		1954	1962	Wolves	Coventry City	156	18	2	5	0	0	0	0
Meldrum C	Colin	26/11/41	Glasgow		1962	1969	Watford	Cambridge Utd.	266	21	17	0	8	0	1	0
Mellors RD	Dick	17/03/05	Mansfield		1931	1933	Sheffield Wed.	Bournemouth	85	7	0	0	0	0	0	0
Mellows MA	Mick	14/11/47	Epsom		1970		Sutton Utd.	Winchester City	16	0	0	0	2	0	0	0
Meredith J	Jack	12/09/1899	Grimsby	1970	1930		Chelsea		5	0	0	0	0	0	0	0
Messer AT	Alfred	08/03/00	Deptford	1947	1923	1929	Nottm. Forest	Tottenham H	271	24	0	0	18	1	0	0
Mikhailov BB	Borislav'Bobby'	12/02/63	Bulgaria		1995	1996	Botev Plovdiv		24	2	2	0	0	0	0	0
Millard R	Ray	02/06/27	South Shields		1949		Blyth Spartans	Walsall	2	0	0	0	0	0	0	0
Moody P	Paul	13/06/67	Portsmouth		1992		Southampton (loan)		5	0	0	1	1	0	0	0
Moore AD	Andy	02/10/64	Wantage		1981		App.	Henley Town	1	0	0	0	0	0	0	0
Moran SJ	Steve	10/01/61	Croydon		1987	1990	Leicester City	Exeter City	116	14	6	7	30	3	2	3
Moreline DJ	Dave	02/12/50	Stepney		1974	1980	Fulham	(retired)	166	10	16	0	0	0	0	0
Morgan SE	Stuart	23/09/49	Swansea		1969	1971	West Ham Utd.	Colchester Utd.	46	6	0	1	1	0	0	0
Morley TW	Trevor	20/03/61	Nottingham		1995	1997	West Ham Utd.	Sogndal (Norway)	77	9	5	0	31	5	2	0
Morris A	Alan	06/02/41	Swansea		1963		Swansea Town	Retired	12	2	2	0	0	0	0	0
Morrow SJ	Steve	02/07/70	Belfast		1990	1991	Arsenal (loan)		13	0	0	0	0	0	0	0
Moyse R	Ron	02/04/20	Portsmouth		1946	1952	Portsmouth	Retired	189	12	0	0	0	0	0	0
Mullen J	Jimmy	16/03/47	Oxford		1966	1967	Oxford City	Charlton Ath.	8	0	0	0	1	0	0	0
Murphy M	Mike	15/04/39	Reading		1957		Thornycrofts	Redhill	1	0	0	0	0	0	0	0
Murphy M(2)	Mick	05/05/77	Slough		1994		Juniors	Slough Town	1	0	0	0	0	0	0	0
Murphy NM	Nick	25/12/46	West Bromwich		1970		Manchester Utd.		4	0	0	1	0	0	0	0
Murray GW	George		Denny		1922		Dunipace	Exeter City	3	0	0	0	0	0	0	0
Murray J(1)	Jimmy	04/02/33	Edinburgh		1953	1954	Hearts (loan)		7	0	0	0	3	0	0	0
Murray J	John	02/03/48	Newcastle		1974	1977	Bury	Brentford	131	5	14	0	44	1	4	0
Neate G	Gordon	14/03/41	Reading		1958	1965	Juniors	(groundsman)	99	5	2	1	2	0	0	0
Nelson DN	Dennis	25/02/50	Edinburgh		1975	1977	Crewe Alexandra	Crewe Alexandra	59	3	5	0	6	0	1	0
Newton F	Frank	12/11/02	Romiley	1977	1933	1934	Fulham	Fulham	32	2	0	0	29	2	0	0
Niblett V	Vic	09/12/24	Aldershot		1946	1949	Juniors	West Ham Utd.	6	4	0	0	0	0	0	0
Nimmo J	James		Longdridge		1927	1929	Broxburn Utd.		24	0	0	0	0	0	0	0
Nogan LM	Lee	21/05/69	Cardiff		1994	1996	Watford	Grimsby Town	91	2	6	3	26	0	1	2
North EJ	Joe	23/09/1895	Burton-on-Trent	1955	1922		Arsenal	Gillingham	4	0	0	0	0	0	0	0
Norton R	Ralph	11/10/42	Aylesham		1960	1965	Juniors	Bournemouth	100	8	6	0	9	1	1	0
Nutton M	Mickey	03/10/59	St Johns Wood		1982		Chelsea (loan)		6	0	0	0	0	0	0	0
O'Dell R	Bobby	10/12/34	Isle of Wight		1953		Juniors	Headington Utd.	2	0	0	0	0	0	0	0
O'Neill MA	Michael	05/07/69	Portadown		1997		Coventry C (loan)		9	0	0	0	0	0	0	0
O'Sullivan CJ	Cyril	22/02/20	Lewisham		1946	1947	Crown Villa	Headington Utd.	36	5	0	0	0	0	0	0
O'Sullivan PA	Peter	04/03/51	Colwyn Bay		1982		Fulham (loan)		9	0	0	1	0	0	0	1
Oakley JE	James	10/11/01	Tynemouth	1972	1930		Sunderland	Northampton Town	10	0	0	0	0	0	0	0
Ordish CS	Cyril	23/05/15	Chesterfield		1937	1938	Wolves		21	0	0	2	0	0	0	0
Osborn SE	Simon	19/01/72	New Addington		1994		Crystal Palace	QPR	32	0	4	3	5	0	0	0
Oswald RRB	Bert	20/12/10	Bo'ness		1928	1929	Bo'ness	Sheffield Utd.	82	3	0	0	15	1	0	0
Owen W	Billy	17/09/06	Northwich	1981	1935	1936	Manchester Utd.	Exeter City	23	0	0	0	2	0	0	0
Owens TL	Les	17/10/19	Monkwearmouth	1974	1951		Norwich City	Brighton & Hove A.	8	0	0	0	4	0	0	0
Oxberry J	Jack	04/04/01	Sunderland		1932	1934	Blackpool	Aldershot	87	9	0	1	24	3	0	0

Name		D.O.B	Place of Birth	Died	First Season	Last Season	Previous Club	Next Club	Appearances League	FAC	FLC	Other	Goals League	FAC	FLC	Oth.
Palethorpe CG	Chris	06/11/42	Maidenhead		1960	1962	Juniors	Aldershot	55	1	1	0	10	0	0	0
Palethorpe JT	Jackie	23/11/09	Leicester	1984	1930	1932	Crystal Palace	Stoke City	59	7	0	0	54	0	0	0
Parker W	Bill	15/08/25	Liverpool		1950	1952	Runcorn	Swindon Town	32	2	0	0	6	0	0	0
Parkinson PJ	Phil	01/12/67	Chorley		1992	1997	Bury		215	13	21	6	8	1	2	0
Parsons FR	Frank	29/10/47	Amersham		1974		Fulham	Staines T	1	0	0	0	0	0	0	0
Paterson J	Jim	1907	Stirling		1935	1937	Leicester City	Clapton Orient	72	7	0	3	23	3	0	0
Pattison JWP	John	23/02/25	Portsmouth		1946		Portsmouth CS	Canterbury C	2	2	0	0	0	0	0	0
Payne LJ	Lee	12/12/66	Luton		1988	1989	Newcastle United	(Holland)	27	6	3	1	3	0	0	0
Penford DH	Dennis	31/08/31	Reading		1953	1958	Juniors	Torquay United	101	8	0	3	7	0	0	0
Penny HG	Bert		Reading		1922			(ground staff)	1	0	0	0	0	0	0	0
Peters GD	Gary	03/08/54	Carshalton		1975	1978	Guildford City	Fulham	256	15	21	2	11	0	1	0
					1984	1987	Aldershot	Fulham								
Petts JWFJ	John	02/10/38	Edmonton		1962	1964	Arsenal	Bristol Rovers	34	1	1	0	0	0	0	0
Phillips GC	Gary	20/09/61	St Albans		1988		Brentford	Barnet	24	7	0	3	0	0	0	0
Pickering WH	Bill	01/11/01	Birmingham	1971	1929		Huddersfield T	Colwyn Bay U	20	1	0	0	0	0	0	0
Platnauer NR	Nicky	10/06/61	Leicester		1985		Birmingham C (loan)		7	0	0	1	0	0	0	0
Porter EW	Ernie	1901	Annfield Plain		1926		Boston Town	Norwich City	15	3	0	0	3	1	0	0
Porterfield I	Ian	11/02/46	Dunfermline		1976		Sunderland (loan)		5	0	0	0	0	0	0	0
Poulton A	Alonzo	28/03/1890	Wolverhampton	1966	1922		Bristol City		25	1	0	0	3	0	0	0
Pratt JL	John	01/03/43	Atherstone		1969	1971	Wycombe Wan.	Bath City	29	0	0	0	0	0	0	0
Price AJW	Bill	10/04/17	Hadley		1947	1948	Huddersfield T	Hull City	15	2	0	0	2	0	0	0
Price KG	Ken	26/02/55	Dudley		1982	1984	Gillingham	Basingstoke Town	43	2	1	1	6	1	1	0
Primus L	Linvoy	14/09/73	Stratford		1997		Barnet		36	1	6	0	1	0	0	0
Proudlove AG	Andy	15/01/55	Buxton		1971		App.	Buxton	5	1	0	0	0	0	0	0
Quinlan EM	Eddie	15/08/31	Finsbury Park		1953	1955	Tottenham H	Worcester City	51	2	0	2	11	0	0	0
Quinn JM	Jimmy	18/11/59	Belfast		1992	1996	Bournemouth	Peterborough Utd.	182	9	16	9	71	5	12	6
Ranson R	Ray	12/06/60	St Helens		1993		Manchester City	Witton Albion	24	2	3	1	0	0	0	0
Ratcliffe B	Beaumont	24/04/09	Barmborough		1946	1947	Oldham Athletic	Watford	32	1	0	0	0	0	0	0
Reay GT	George	1903	East Howden	1962	1923		Blyth Spartans	Kettering Town	1	0	0	0	0	0	0	0
Reck SM	Sean	05/05/67	Oxford		1985		Oxford United (loan)		1	0	0	0	0	0	0	0
Read A	Arthur	1899	Ealing		1922		QPR		3	0	0	0	0	0	0	0
Reeve FW	Fred	01/05/18	Clapton	1994	1948	1949	Grimsby Town	Ashford Town	34	4	0	0	1	0	0	0
Reeves RHE	Ray	12/08/31	Reading		1952	1960	Juniors	Brentford	284	22	0	11	28	2	0	1
Reid SE	Sid		Belfast		1936		Derby County		2	0	0	1	0	0	0	0
Richardson F	Frank	29/01/1897	Barking	1987	1925	1929	Swindon Town	Swindon Town	91	12	0	0	44	11	0	0
Richardson J	Jock	11/11/06	Motherwell	1986	1929	1933	Tottenham H	Bournemouth	125	8	0	0	0	0	0	0
Richardson LH	Lance	1899	Tow Law	1958	1929	1931	Manchester Utd.	Rowlands Gill	80	4	0	0	0	0	0	0
Richardson SE	Steve	11/02/62	Slough		1982	1992	Southampton	Newbury Town	380	32	26	19	3	0	0	0
Rickett HFJ	Horace	03/01/12	Orsett		1946	1947	Leyton Orient	Tonbridge	22	3	0	0	0	0	0	0
Ridley JG	John	19/01/03	Burdon Hill		1933		Manchester City	QPR	28	3	0	0	0	0	0	0
Rimmer JW	Jackie	15/03/10	Southport	1989	1937		Burnley	Macclesfield T	8	0	0	0	1	0	0	0
Ritchie AW	Alex	1907	Airdrie		1930	1932	Blackpool	Watford	72	3	0	0	35	1	0	0
Ritchie GW	George	1889	West Derby	1960	1921		Brighton & Hove A.		16	0	0	0	4	0	0	0
Ritchie T	Tom	10/07/30	Bangor, Co Down		1952	1954	Manchester Utd.	Dartford	18	0	0	0	5	0	0	0
Roach N	Neville	29/09/78	Reading		1996	1997	YTS		11	0	5	0	1	0	1	0
Roberts BJ	Brian	03/02/67	Windsor		1984	1985	YTS	(Finland)	5	0	0	1	0	0	0	0
Robertson WS	Billy	20/04/07	Falkirk		1935	1936	Manchester Utd.		24	4	0	4	0	0	0	0
Robins MG	Mark	22/12/69	Ashton under Lyne		1997		Leicester C (loan)		5	0	0	0	0	0	0	0
Robinson DJ	David	27/11/69	Newcastle		1991		Newcastle U (loan)		8	0	0	0	0	0	0	0
Robinson MJ	Martin	17/07/57	Chadwell St Mary		1982		Charlton Ath. (loan)		6	0	0	0	2	0	0	0
Robshaw HW	Harry	10/05/27	Edmonton		1952	1953	Tottenham H	Tonbridge	20	0	0	0	1	0	0	0
Robson JC	Jack	24/03/06	Birtley	1966	1925	1927	Hull City	Derby County	108	14	0	0	22	3	0	0
Robson MA	Mark	22/05/69	Newham		1987		Tottenham H (loan)		7	0	0	0	0	0	0	0
Robson W	Bill	1906	Southwick, Co Durham	1960	1934	1937	West Ham Utd.	(Coaching staff)	134	10	0	3	1	0	0	0
Rogers A	Andy	01/12/56	Chatteris		1985	1986	Plymouth Argyle	Southend Utd.	44	2	4	3	5	0	1	0
Rose HB	Harry	1900	Reading		1920			Bristol Rovers	5	0	0	0	0	0	0	0
Rowan B	Barry	24/04/42	Willesden		1969		Colchester Utd.	Plymouth Argyle	1	0	0	0	0	0	0	0
Rowe J	Jonty		Packmoor		1932	1934	Man. Central	QPR	77	5	0	1	0	0	0	0
Ryan TS	Tom	09/07/52	Windlesham		1970		App.	Hillingdon Borough	1	0	0	0	0	0	0	0
Sainsbury KC	Kim	21/09/57	Reading		1974		App.	Wokingham T	1	0	0	0	0	0	0	0
Sainty JA	John	24/03/46	Poplar		1967	1969	Tottenham H	Bournemouth	71	3	3	0	19	1	1	0
Sams A	Alfie	1912		1990	1938		Mansfield Town	Accrington Stanley	10	0	0	0	0	0	0	0
Samuel DJ	Dan	1911	Swansea		1933	1934	Southend Utd.	QPR	4	0	0	1	1	0	0	1
Sanchez LP	Lawrie	22/10/59	Lambeth		1977	1984	Thatcham Town	Wimbledon	262	14	22	7	28	1	0	2
Sandford LR	Lee	22/04/68	Basingstoke		1997		Sheff. Utd. (loan)		5	0	0	0	0	0	0	0
Sayles G	George		Sheffield		1921	1923	Cardiff City		21	0	0	0	0	0	0	0
Scarrott AR	Alan	22/11/44	Malmesbury		1965	1967	Chippenham Town	Hereford United	90	5	7	0	7	0	0	0
Scott J	John		Crieff		1921	1922	Ayr United		54	2	0	0	8	0	0	0
Scott RW	Bob	22/02/53	Liverpool		1974		Wrexham (loan)		5	0	0	0	0	0	0	0
Sears DR	Doug	05/01/19	Eton		1946		Grimsby Town	Aldershot	5	0	0	0	0	0	0	0
Senior TJ	Trevor	28/11/61	Dorchester		1983	1986	Portsmouth	Watford	301	32	17	12	154	18	14	5
					1988	1991	Middlesbrough	Woking								
Seymour CD	Chris	14/09/71	Reading		1990	1991	YTS	Newbury Town	13	1	0	1	0	0	0	0
Sharpe FC	Freddie	11/03/37	Brockley		1969	1970	Norwich City	Retired	64	5	3	0	1	0	0	0
Sheppard S	Simon	07/08/73	Clevedon		1995		Watford	Stevenage Borough	18	0	4	0	0	0	0	0
Sherwood JHW	Jack	03/09/13	Reading	1985	1978		Corinthians	Aldershot	9	0	0	0	1	0	0	0
Shipley GM	George	07/03/59	Newcastle		1978		Southampton (loan)		12	0	0	0	1	0	0	0
Shipman TER	Tom	04/08/10	Langwith	1972	1937		Blackpool	Oldham Athletic	2	0	0	1	0	0	0	0
Shipperley DJ	Dave	12/04/52	Uxbridge		1979	1980	Charlton Ath.	Met. Police	19	1	3	0	0	0	0	0

Name		D.O.B	Place of Birth	Died	First Season	Last Season	Previous Club	Next Club	Appearances League	FAC	FLC	Other	Goals League	FAC	FLC	Oth.
Shreeve P	Peter	30/11/40	Neath		1958	1965	Finchley	Chelmsford City	113	10	9	1	17	1	1	0
Silvester PD	Peter	19/02/48	Wokingham		1965	1969	App.	Norwich City	81	5	3	0	27	3	0	0
					1974		Southend U (loan)									
Simms E	Ernie				1920				1	0	0	0	0	0	0	0
Simpson DE	Dennis	01/11/19	Coventry		1950	1954	Coventry City	Exeter City	172	17	0	0	32	0	0	0
Simpson P	Peter	13/11/04	Leith	1974	1937		West Ham Utd.	Aldershot	19	1	0	2	4	0	0	2
Smallwood F	Fred	1910	Bryneg		1937	1938	Southampton	Retired	40	2	0	5	10	0	0	3
Smee RG	Roger	14/08/48	Reading		1966	1969	Chelsea	Chelmsford City	59	5	2	0	17	0	0	0
					1973		Hereford United	Hillingdon Borough								
Smillie N	Neil	19/07/58	Barnsley		1986	1987	Watford	Brentford	39	0	3	6	0	0	0	2
Smith B	Ben	23/11/78	Chelmsford		1996		Arsenal	Yeovil Town	1	0	0	0	0	0	0	0
Smith E	Ted	22/02/02	Sunderland		1928		Portsmouth	Luton Town	26	3	0	0	0	0	0	0
Smith EV	Eric	20/03/28	Reading	1992	1952	1955	Juniors	Yeovil Town	61	1	0	1	1	0	0	0
Smith J	Jack		Fullwood		1920		Blackburn Rovers		32	18	0	0	0	0	0	0
Smith JH	John		Barnsley		1923	1925	Huddersfield T		102	9	0	0	19	2	0	0
Smith MA	Mark	16/12/64	Bellshill		1990		Gillingham (loan)		3	0	0	0	0	0	0	0
Smith WH	Bill	07/09/26	Plymouth		1947		Plymouth Argyle	Northampton Town	3	0	0	0	0	0	0	0
Sparks CJ	Chris	22/05/60	Islington		1979		Crystal Palace (loan)		3	0	1	0	0	0	0	0
Spence DM	David		Paisley		1920		St. Mirren	Walsall	20	0	0	0	1	0	0	0
Spiers RA	Dick	27/11/37	Benson		1955	1969	Chertsey Town	Banbury Utd.	453	27	20	5	3	1	0	0
Springell GW	George		Tilehurst		1922	1926	Windsor & Eton	Walsall	75	4	0	0	2	1	0	0
Stant PR	Phil	13/10/62	Bolton		1982		Army	Didcot Town	4	1	0	0	2	0	0	0
Statham B	Brian	21/05/69	Zimbabwe		1990		Tottenham H (loan)		8	0	0	0	0	0	0	0
Stevenson NCA	Nigel	02/11/58	Swansea		1985		Swansea City (loan)		3	0	0	0	0	0	0	0
Streete FA	Floyd	05/05/59	Jamaica		1990	1991	Wolves	Leighton Town	38	5	0	3	0	0	0	0
Stuckey BG	Bruce	19/02/47	Torquay		1973	1976	Torquay United	Torquay United	97	5	4	0	7	0	0	0
Sutton DW	David	21/01/57	Tarleton		1977		Plymouth Arg. (loan)		9	0	0	0	0	0	0	0
Sutton SJ	Steve	16/04/61	Hartington		1995		Nottm. Forest (loan)		2	0	0	0	0	0	0	0
Swain M	Malcolm	02/02/52	Windsor		1970	1971	App.	Ramsgate	41	2	0	1	2	0	0	0
Swales SC	Steve	26/12/73	Whitby		1995	1997	Scarborough		43	6	7	0	1	0	0	0
Tait MP	Mick	30/09/56	Wallsend		1987	1989	Portsmouth	Darlington	99	16	9	9	9	0	2	3
Tait T	Tommy	20/11/08	Hetton-le-Hole	1976	1934	1938	Bournemouth	Torquay United	144	15	0	9	79	14	0	10
Taylor A	Archie	04/10/18	Glasgow		1946	1947		Leyton Orient	15	0	0	0	2	0	0	0
Taylor AF	Alan	07/03/54	Derby		1974		Chelsea	Worksop Town	21	0	4	0	4	0	2	0
Taylor GA	Geoff	22/01/23	Henstead		1946		Norwich City	Lincoln City	1	0	0	0	0	0	0	0
Taylor L	Les	04/12/56	North Shields		1986	1988	Watford	Colchester Utd.	75	5	8	7	3	2	0	0
Taylor SD	Scott	23/11/70	Portsmouth		1988	1994	YTS	Leicester City	207	13	12	16	24	3	1	1
Tearse DJ	David	07/08/51	Newcastle		1974		Torquay Utd. (loan)		2	0	0	0	0	0	0	0
Telling H	Hubert	1913	Swindon		1934		Swindon Victoria	Crystal Palace	1	0	0	0	0	0	0	0
Terry PA	Pat	02/10/33	Lambeth		1964	1966	Millwall	Swindon Town	99	6	11	0	42	4	6	0
Thompson GW	George	15/04/1896	Sunderland	1976	1923		Torquay United	Coventry City	23	1	0	0	2	0	0	0
Thornhill RD	Rod	24/01/42	Reading		1963	1969		Poole Town	192	11	18	0	19	3	1	0
Thorp MS	Michael	05/12/75	Wallington		1995	1997	YTS		5	2	2	0	0	0	0	0
Thorpe E	Ted	1898	Kiveton Park		1923		York City		3	0	0	0	0	0	0	0
Thorpe P	Percy	18/07/1899	Nottingham		1928	1929	Connah's Quay	Sheffield Utd.	72	1	0	0	0	0	0	0
Tindall RAE	Ron	23/09/35	Streatham		1962	1963	West Ham Utd.	Portsmouth	36	2	1	0	12	1	0	0
Tinsley WE	Walter	10/08/1891	Ironville	1966	1924	1926	App.	Nottm. Forest	55	3	0	0	13	0	0	0
Townsend CRN	Charles	1910	Reading		1932	1934	Oxford City		11	3	0	0	0	0	0	0
Travers MJP	Mike	23/06/42	Camberley		1960	1966	Juniors	Portsmouth	158	13	15	0	34	0	2	0
Tune D	David	01/11/38	Reading		1957		Juniors		1	0	0	0	0	0	0	0
Turner JGA	John	23/12/54	Peterlee		1975	1977	Derby County	Torquay United	31	0	5	0	0	0	0	0
Turner SF	Stan	31/05/41	Wokingham		1960		Juniors	(Australia)	3	1	0	0	0	0	0	0
Tutty WK	Wayne	18/06/63	Oxford		1982	1983	Banbury United	Witney Town	13	0	2	2	4	0	0	0
Uphill DE	Dennis	11/08/31	Bath		1952	1955	Tottenham H	Coventry City	92	6	0	0	42	5	0	0
Vallard LGH	Len	06/07/40	Sherborne		1959	1961	Yeovil Town	Cambridge Utd.	37	1	2	0	2	0	0	0
Vaughan NM	Nigel	20/05/59	Caerleon		1986		Cardiff City (loan)		5	0	0	0	1	0	0	0
Viveash AL	Adrian	30/09/69	Swindon		1992	1994	Swindon Town (loan)		11	0	0	1	0	0	0	1
Wagstaff A	Tony	19/02/44	Wombwell		1969	1973	Sheffield Utd.	Cheltenham T	173	14	5	1	6	0	1	0
Wagstaff B	Barry	28/11/45	Wombwell		1969	1974	Sheffield Utd.	Rotherham Utd.	203	16	15	1	23	3	1	0
Walker JA	John	1882	Beith	1968	1921	1922	Middlesbrough	Retired	59	2	0	0	0	0	0	0
Walker JH	Johnny	17/12/28	Glasgow		1957	1964	Southampton	Amersham Town	287	21	4	6	24	2	1	0
Wallace RG	Ray	02/10/69	Lewisham		1993		Leeds United (loan)		3	0	0	0	0	0	0	0
Wallbanks J	Jimmy	12/09/09	Platt Bridge	1979	1938	1946	Millwall	Ramsgate (p/m)	48	7	0	3	1	0	0	0
Walmsley C	Cliff	25/11/10	Burnley	1983	1932		Manchester City	Rochdale	3	0	0	0	0	0	0	0
Wanklyn EW	Wayne	21/01/60	Hull		1977	1980	App.	Aldershot	54	0	3	0	3	0	1	0
Watkin AD	Dennis	1911	Stapleford		1936	1938	Aston Villa		86	4	0	6	22	4	0	1
Wdowczyk D	Dariusz	21/09/62	Warsaw, Poland		1994	1997	Celtic	Polonia Warsaw(p/c)	82	1	8	3	0	0	0	0
Webb DJ	Duggie	10/03/39	Stokenchurch		1956	1966	Juniors	Cheltenham T	180	12	9	3	81	9	2	1
Webb NJ	Neil	30/07/63	Reading		1979	1981	App.	Portsmouth	72	2	4	3	22	0	0	0
Weston H	Harry		Birmingham		1920	1921	Chatham		26	2	0	0	6	0	0	0
Westwood GM	Gary	03/04/64	Barrow		1983	1987	Ipswich Town	Wokingham Town	128	10	9	4	0	0	0	0
Wheeler J	Jimmy	21/12/33	Reading		1952	1966	Huntley & Palmers	Bradford C (man)	405	27	8	13	143	15	2	8
White MI	Mark	26/10/58	Sheffield		1977	1987	Sheffield Utd.	(South Africa)	278	13	23	6	11	1	1	0
Whitehouse JA	Jimmy	19/09/34	West Bromwich		1956	1961	West Bromwich A.	Coventry City	203	15	3	6	61	3	0	3
Whitehurst W	Billy	10/06/59	Thurnscoe		1987	1988	Oxford United	Sunderland	17	0	2	0	8	0	0	0
Whitham J	Jack	08/12/46	Burnley		1975		Cardiff City	Worksop Town	19	1	1	0	3	0	0	0
Whitlock M	Mark	14/03/61	Portsmouth		1988	1989	Bournemouth	Aldershot	27	12	0	5	0	0	0	0
Whittaker P	Percy	19/11/05	Rotherham		1933	1938	Wolves		185	16	0	12	0	0	0	0
Wicks AH	Alan	08/02/33	Henley-on-Thames		1955		Juniors	Tunbridge Wells	1	0	0	0	0	0	0	0

Name		D.O.B	Place of Birth	Died	First Season	Last Season	Previous Club	Next Club	League	FAC	FLC	Other	League	FAC	FLC	Oth.
Wicks JR	Jim		Reading		1923		Nottm Forest	QPR	6	0	0	0	0	0	0	0
Wicks SM	Stan	11/07/28	Reading	1983	1949	1953	Castle St. Inst.	Chelsea	170	12	0	0	1	0	0	0
Wilde JF	Jimmy		Tinsley		1920		Burnley	Accrington Stanley	24	3	0	0	0	0	0	0
Wildman FR	Frank	1910	Pontefract		1934	1935	Wolves	Swindon Town	14	1	0	1	0	0	0	0
Wilkie AW	Arthur	07/10/42	Woolwich		1961	1967	Juniors	Chelmsford City	169	11	8	0	2	0	0	0
Wilks W	William	1917	Staveley		1936	1938			3	0	0	3	0	0	0	0
Williams A	Adrian	16/08/71	Reading		1988	1995	YTS	Wolves	196	16	17	14	14	2	2	2
Williams JS	Jerry	24/03/60	Didcot		1976	1987	App.	Gillingham	309	14	15	19	17	0	1	0
Williams MK	Martin	12/07/73	Luton		1995	1997	Luton Town		75	4	9	0	10	0	2	0
Williams R	Dick	15/12/05	Newcastle-under-Lyme	1983	1930		Stoke City	Chester	4	0	0	0	0	0	0	0
Williams, Rod	Rod	02/12/09	Newport		1937		Exeter City	West Ham Utd.	14	0	0	1	12	0	0	0
Williams RG	Bobby	17/02/40	Bristol		1969	1970	Bristol Rovers	ASO Ostend	65	5	1	1	21	1	0	0
Wilson JR	Jock		Cambois		1923	1926	Portsmouth	Northampton Town	119	6	0	0	1	0	0	0
Wilson TB	Tom	25/07/33	Ayr		1956		Thornton Hibs	Exeter City	8	0	0	1	1	0	0	0
Witter AJ	Tony	12/08/65	London		1993		QPR (loan)		4	0	0	0	0	0	0	0
Wood D	Darren	22/10/68	Derby		1989		Chesterfield	Northampton Town	32	6	4	0	2	0	0	0
Wood SA	Steve	02/02/63	Bracknell		1979	1986	App.	Millwall	219	15	10	7	9	0	0	0
Woods CCE	Chris	14/11/59	Swineshead		1995		QPR (loan)		5	0	0	0	0	0	0	0
Wooler AT	Alan	17/08/53	Poole		1971	1972	Weymouth	West Ham Utd.	38	4	1	0	0	0	0	0
Wray JH	Jimmy	17/11/1893	Didsbury	1963	1920		Bolton Wanderers	Southport	2	0	0	0	1	0	0	0
Wrigglesworth W	Wilf 'Billy'	12/11/12	South Elmsall	1980	1948		Southampton	Burton Alb. (p/m)	5	1	0	0	0	0	0	0
Wright TJ	Tommy	29/08/63	Belfast		1996		Nottm Forest(loan)		17	0	0	0	0	0	0	0
Wright WB	Billy	25/12/1899	Sheffield		1933	1937	Bolton Wanderers	Wachat Rouen	173	16	0	4	3	1	0	1
Yard EJ	Ernie	03/05/41	Stranraer		1966	1968	Crystal Palace	Cape Town C (SA)	104	8	4	0	6	0	0	0
Yarnell HG	Herbert		Pontefract		1920		Blackpool		5	0	0	0	1	0	0	0
Youlden TF	Tommy	08/07/49	Islington		1972	1976	Portsmouth	Aldershot	163	6	14	0	3	0	0	0
Young LA	Len	23/02/12	East Ham		1937	1947	West Ham Utd.	Brighton & Hove A.	84	5	0	5	0	0	0	0
Young MS	Matthew		Cambois		1924		Hartlepool Utd.	Workington	6	0	0	0	0	0	0	0

Name Changes

Goodman changed his name to Getgood in the 1920/21 season.
Goldberg changed his name to Gaunt in the 1948 close season.

Played in 1939/40 only

Name		D.O.B	Place of Birth		First	Last	Previous Club	Next Club
Edwards L	Len				1939		Fulham	
Fenwick AL	Alf				1939		Sheffield Wed.	
Gale GW	George	1916			1939		New Brighton	
Whittam EA	Ernie	07/01/11	Wealdstone		1939		Bournemouth	Rotherham Utd.
Wilson JW	Joe	10/12/11	Butsfield		1939		Brentford	Barnsley

Played in F.A. Cup Only

Name		D.O.B	Place of Birth		First	Last	Previous Club	Next Club	L	FAC	FLC	O	L	FAC	FLC	O
Honey DW	Danny	02/04/73	Ascot		1991		Juniors	Newbury Town	0	1	0	0	0	0	0	0
McCrohan AFT	Alan				1945				0	2	0	0	0	0	0	0
Painter A	Andy		Henley		1976		Juniors	Maidenhead Utd.	0	1	0	0	0	0	0	0
Peters P	Peter				1945				0	1	0	0	0	0	0	0
Summerfield A	Archie				1945				0	2	0	0	0	2	0	0

Played in F.L. Cup Only

Name		D.O.B	Place of Birth		First	Last	Previous Club	Next Club	L	FAC	FLC	O	L	FAC	FLC	O
Nixon EW	Eric	04/10/62	Manchester		1995		Tranmere R (loan)		0	0	1	0	0	0	0	0
Russell R	Roger				1961		Juniors		0	0	1	0	0	0	0	0

Played in Miscellaneous Games Only

Name		D.O.B	Place of Birth		First	Last	Previous Club	Next Club	L	FAC	FLC	O	L	FAC	FLC	O
Foster D	Deane	22/08/66	Reading		1985		Juniors	Farnborough Town	0	0	0	2	0	0	0	0
Head SJ	Steve	11/09/63	Reading		1985	1986	Juniors	Mirama Rngs. (NZ)	0	0	0	2	0	0	0	0
Jenkins G	Glyn				1936	1937		Retired	0	0	0	2	0	0	0	0
McCartney T	Terry				1958		Juniors		0	0	0	1	0	0	0	0
Morris P	Percy		Abergavenny		1933		Luton		0	0	0	1	0	0	0	0
Nicoli A					1938		Schoolboy		0	0	0	1	0	0	0	0
Sperring A	Alistair	26/10/63	Portsmouth		1984		Southampton	Bognor Regis	0	0	0	1	0	0	0	0
Staker J	John	24/12/67	Reading		1985		Juniors		0	0	0	2	0	0	0	0
Williams D	Derick	05/10/65	Sunderland		1985		Watford	Retired	0	0	0	1	0	0	0	0